Glatzel · Hofmann · Frikell

UNWIRKSAME BAUVERTRAGSKLAUSELN

Unwirksame Bauvertragsklauseln

von

Dr. Olaf Hofmann

Rechtsanwalt
Lehrbeauftragter für Baurecht
an der Universität
der Bundeswehr München

Eckhard Frikell

Rechtsanwalt
Lehrbeauftragter für Baurecht
an der Universität
der Bundeswehr München

11. Auflage 2008

VOB-Verlag Ernst Vögel OHG · Stamsried

Bestellzeichen: AGB
ISBN 978-3-89650-268-1

© Ernst Vögel, D-93491 Stamsried, 2008

Gesamtherstellung: Druck+Verlag Ernst Vögel, Kalvarienbergstr. 22, 93491 Stamsried

Vorwort

Die gesetzlichen Regelungen zu den Allgemeinen Geschäftsbedingungen beeinflussen die Vertragsgestaltung gerade bei Bauverträgen in ganz besonderem Maße.

Grundlage hierfür war das am 01. 04. 1977 in Kraft getretene „Gesetz zur Regelung des Rechts der Allgemeinen Geschäftsbedingungen" (AGBG), das mit Wirkung zum 01. 01. 2002 in das Bürgerliche Gesetzbuch (BGB) integriert wurde.

Die bisherigen Verfahrensvorschriften der §§ 13 ff. AGBG werden in einem eigenen Gesetz, nämlich dem „Gesetz über Unterlassungsklagen bei Verbraucherrechts- und anderen Verstößen" (Unterlassungsklagengesetz – UklaG) geregelt.

Die vorliegende 11. Auflage berücksichtigt alle wesentlichen Urteile, die bis zum September 2008 ergangen sind. Insbesondere wurde das durch das Forderungssicherungsgesetz geregelte **neue Verbraucherrecht** und die hierdurch **geänderten gesetzlichen Leitbilder** bei der Beurteilung der Wirksamkeit einzelner AGB-Klauseln berücksichtigt.

Besonders zu beachten ist, dass nach Art. 229 § 18 EGBGB die durch das Forderungssicherungsgesetz geänderten BGB-Paragrafen 632a, 641, 648a und 649 nur für Verträge gelten, die nach Inkrafttreten der Neuregelung abgeschlossen worden sind.

Da das neue Recht eine Reihe werkvertraglicher Regelungen des BGB verändert hat, wurde der im Anhang abgedruckte Auszug aus dem BGB um die werkvertraglichen Regelungen in der neuen Fassung erweitert.

Alle wichtigen Änderungen in Gesetzgebung und Rechtsprechung, die nach Drucklegung dieses Werks eintreten, finden Sie bis zum Erscheinen der nächsten Auflage unter www.vob-buecher.de. Klicken Sie dort bitte auf „Aktuelles – Änderungsservice Bücher". Soweit Urteile zitiert werden, für die noch das für bis zum 31. 12. 2001 abgeschlossene Verträge geltende AGB-Gesetz gilt, wird nicht mehr die jeweilige Bestimmung aus dem AGB-Gesetz, sondern die aktuelle Regelung gem. §§ 305 ff. BGB zitiert.

Die **beigefügte CD-ROM** enthält den Text des Buches, wobei durch Anklicken der blau unterlegten Aktenzeichen alle zitierten neueren BGH-Urteile im Originalwortlaut abgerufen werden können. Außerdem enthält die CD eine Stichwort- sowie eine Volltextsuche zum schnellen Auffinden gesuchter Textpassagen.

Ergänzt wird dies durch Auszüge aus dem BGB in der durch das Forderungssicherungsgesetz geänderten Fassung, dem Text des Unterlassungsklagengesetzes und der VOB-2006.

Im September 2008

Die Verfasser

Inhaltsübersicht

Teil I
Allgemeiner Teil

1. Welches Ziel verfolgt das Gesetz bei Allgemeinen Geschäftsbedingungen?

Das Bürgerliche Gesetzbuch ging ursprünglich von der liberalen Rechtsauffassung aus, dass gleichwertige und gleichberechtigte Partner im Wege individueller Vereinbarungen die für beide Partner optimale vertragliche Regelung treffen. Der Gesetzgeber hatte deshalb in der ursprünglichen Fassung des BGB, das am 01. Januar 1900 in Kraft trat, weitgehend darauf verzichtet, die gesetzlichen Regelungen verbindlich vorzuschreiben. Diese kamen vielmehr überwiegend nur dann zur Anwendung, wenn die Vertragspartner keine abweichende vertragliche Regelung getroffen hatten.

Es hat sich jedoch später gezeigt, dass der vom Gesetzgeber eingeräumte Freiraum zunehmend missbraucht worden ist. Der wirtschaftlich oder intellektuell überlegene Vertragspartner ging nämlich immer mehr dazu über, seinen Vertragspartnern sogenannte Allgemeine Geschäftsbedingungen (AGB) – also vorformulierte Vertragsmuster – vorzulegen, die weitgehend alle rechtlichen Vorteile einseitig zu seinen Gunsten in Anspruch nahmen.

Dies konnte von der Rechtsordnung auf die Dauer nicht hingenommen werden. Die schon im Jahre 1935 begonnene Diskussion um die Problematik des Rechts der Allgemeinen Geschäftsbedingungen mündete schließlich in das am 1. April 1977 in Kraft getretene Gesetz zur Regelung des Rechts der Allgemeinen Geschäftsbedingungen (AGBG).

Mit Wirkung vom 01. 01. 2002 ist dieses Gesetz – im Wesentlichen inhaltsgleich – in das BGB (§§ 305 ff.) eingearbeitet worden. Das bedeutet, dass für alle bis zum 31. 12. 2001 abgeschlossenen Verträge das „alte" AGB-Gesetz, und für danach abgeschlossene Verträge die „neuen" BGB-Vorschriften über die Allgemeinen Geschäftsbedingungen (§§ 305 ff. BGB) zur Anwendung kommen.

Die gesetzliche Regelung über Allgemeine Geschäftsbedingungen lässt – auf den einfachsten Nenner gebracht – alle Regelungen in vorformulierten Vertragsbedingungen unwirksam sein, die den Vertragspartner dessen, der sie verwendet, entgegen dem Grundsatz von Treu und Glauben unangemessen benachteiligen.

2. Welche Bedeutung hat die gesetzliche Regelung über Allgemeine Geschäftsbedingungen für die Bauwirtschaft?

Obwohl das AGB-Gesetz in seiner ursprünglichen Konzeption ein reines Verbraucherschutzgesetz werden sollte, schloss es in der verabschiedeten Fassung den Schutz aller Vertragspartner des Klauselverwenders (also auch des gewerblichen Bereiches einschließlich des kaufmännischen Geschäftsverkehrs) ein, denen vorformulierte Vertragsbedingungen gestellt werden.

Da Bauverträge fast ausschließlich mittels vorformulierter Vertragsmuster abgeschlossen werden, kommt das gesetzliche AGB-Recht bei Bauverträgen umfassend zur Anwendung.

Nachdem in aller Regel die Auftraggeber im Rahmen von Ausschreibungen Verwender solcher Bauvertragsmuster sind, die der gesetzlichen Regelung über Allgemeine Geschäftsbedingungen unterliegen, bedeutet dies für die Bauwirtschaft einerseits eine Beschränkung der Auftraggeber und andererseits einen Schutz der Auftragnehmer.

Gerade bei Bauverträgen hatte sich gezeigt, dass die Verwender vorformulierter Vertragsbedingungen die Tendenz verfolgten, sehr einseitige Vorteile aus ihren Vertragsbedingungen zu ziehen.

Interessant ist hierbei die Beobachtung, dass Baufirmen, die im Regelfall unter den Vertragsbedingungen ihrer Auftraggeber zu leiden haben, sich keineswegs anders als diese verhalten, wenn sie bei der Vergabe von Nachunternehmerleistungen selbst Auftraggeber sind.

Die Neigung zum Abschluss einseitiger, unausgewogener Bauverträge hat sich zwar seit Inkrafttreten des AGB-Gesetzes im Jahre 1977 deutlich verbessert, ist jedoch auch heute noch häufig anzutreffen.

Das ist erstaunlich, da unwirksame Klauseln, die gegen das Gesetz verstoßen auch dann unwirksam sind, wenn sich der Vertragspartner gar nicht auf die Unwirksamkeit beruft. Dies gilt selbst dann, wenn er die Bedingungen bei Vertragsabschluss ausdrücklich durch Unterschrift akzeptiert hat.[1]

Die unwirksame Klausel entfällt dann entweder ersatzlos oder sie wird durch die entsprechende gesetzliche Regelung ersetzt, wenn eine solche vorhanden ist (siehe hierzu im Einzelnen unten Nr. 8).

Im Streitfall hat das Gericht also vorformulierte Vertragsklauseln von Amts wegen zu prüfen und jede unwirksame Klausel zu beachten.

Unwirksame Bauvertragsklauseln nützen dem Verwender deshalb rechtlich eigentlich nichts. Sie können seine Position im Gegenteil sogar deutlich verschlechtern (siehe hierzu unten Nr. 8.4.1).

Nun könnte man andererseits meinen, dass die Auftraggeber von Bauleistungen auf eigene Vertragsbedingungen verzichten können, da gerade die Bauwirtschaft in Form der Vergabe- und Vertragsordnung für Bauleistungen (VOB/B) über ein Vertragsmuster verfügt, das, wie der Bundesgerichtshof[2] zutreffend festgestellt hat, in einigermaßen ausgewogener Weise die Interessen beider Vertragspartner wahrnimmt und darüber hinaus für die Abwicklung von Bauverträgen auch hinreichend praktikabel ist. Die VOB/B wird nämlich vom DVA[3], einem mit Auftraggeber- und Auftragnehmervertretern besetzten Gremium regelmäßig überarbeitet, das sich also aus Interessengruppen beider Seiten zusammensetzt. Sie stellt deshalb ein bei einer Gesamtgegen-

---

[1]   OLG Hamm vom 15. 3. 1995, Az.: 17 U 163/93, BauR 97, 645.

[2]   BGH vom 16. 12. 1982, Az: VII ZR 92/82, BB 83, 599.

[3]   Vergabe- und Vertragsausschuss für Bauleistungen.

überstellung aller Rechte und Pflichten beider Vertragspartner vertretbar gerechtes und einigermaßen praktikables Ergebnis dar, wenngleich einige VOB-Klauseln bei isolierter Betrachtungsweise gegen AGB-Vorschriften verstoßen (siehe hierzu unten S. 37 ff.)

Die VOB/B ist nun zwar bis heute Bestandteil der ganz überwiegenden Zahl der einschlägigen Bauverträge, fast immer wird deren ausgewogener Charakter jedoch dadurch wieder aufgehoben oder zumindest eingeschränkt, indem für den Auftragnehmer günstige VOB-Regelungen ausgeschlossen oder abgeändert werden (welche Konsequenzen dies hat, wird unten unter Nr. 5. behandelt).

Aufgrund dieser Situation lässt sich feststellen, dass der gesetzlichen Kontrolle Allgemeiner Geschäftsbedingungen bei Abwicklung von Bauverträgen nach wie vor außerordentlich große Bedeutung zukommt. Noch immer greift das Gesetz häufig in die Verträge aufgrund unwirksamer Klauseln ein und verändert deren Inhalt in oft entscheidender, vom Verwender keineswegs gewünschter Weise.

Hierbei ist festzustellen, dass sich die häufigsten Verstöße zunehmend in den Vorbemerkungen zu den Leistungsverzeichnissen befinden, die meist Allgemeine Vertragsbedingungen darstellen (siehe unten Nr. 4.2). Hiervon sind auch Auftraggeber betroffen, die ihre sonstigen Vertragsbedingungen den Anforderungen des Gesetzes angepasst haben. Leistungsverzeichnisse und deren Vorbemerkungen werden jedoch oft keiner besonderen Prüfung nach Gesetzesverstößen unterzogen und werden auch häufig nicht mit den übrigen Vertragsbedingungen abgestimmt.

Dies ist für den Verwender besonders fatal, da sich sein Vertragspartner zwar auf die Unwirksamkeit der entsprechenden Klauseln berufen kann, nicht jedoch der Verwender selbst, wenn bestimmte Klauseln zu seinem eigenen Nachteil sind. Das Recht, sich auf unwirksame Vertragsbedingungen berufen zu können steht ausschließlich dem Vertragspartner zu, dem die Bedingungen gestellt worden sind (BGH vom 4. 12. 1997, Az.: VII ZR 187/96, BB 98, 915).

3. Wann liegen Allgemeine Geschäftsbedingungen vor?

3.1 Wie sind die Kriterien Allgemeiner Geschäftsbedingungen im Einzelnen definiert?

Allgemeine Geschäftsbedingungen sind gem. § 305 Abs. 1 BGB alle für eine **Vielzahl** (Nr. 3.1.1) von Verträgen **vorformulierten** Vertragsbedingungen, die eine Vertragspartei der anderen bei Abschluss eines Vertrages **stellt** (siehe unten Nr. 3.1.2). Hierbei kommt es nicht auf die äußere Form an. Auch eine nur mündlich aus dem Gedächtnis zitierte vielfach verwendete Regelung stellt eine Allgemeine Geschäftsbedingung dar (BGH vom 10. 3. 1999, Az: VIII ZR 204/98, BB 99, 976). Allerdings kann sich aus dem Inhalt und der äußeren Form ein vom Verwender widerlegbarer Anschein dafür ergeben, dass diese Bedingungen für eine Mehrfachverwendung formuliert worden sind[4]. Hierzu wird im Einzelnen auf unten Nr. 3.6 verwiesen.

[4]   BGH vom 20. 10. 2005, Az: VII ZR 153/04, Baurecht 2006, 374 und BGH vom 24. 11. 2005, Az: VII ZR 87/04, Baurecht 2006, 514.

Es kommt auch nicht darauf an, ob der Verwender die Bedingungen selbst entworfen hat, sondern nur darauf, ob ein Vertragspartner sich die Bedingungen als von ihm gestellt zurechnen lassen muss.[5] Demgemäß liegen auch dann AGB vor, wenn Bedingungen von einem Dritten für eine Vielzahl von Verträgen formuliert wurden, ein bestimmter Verwender sie seinem Vertragspartner jedoch nur in einem einzigen Fall gestellt hat.[6]

Bei sogen. **Verbraucherverträgen,** bei denen ein Unternehmer vorformulierte Vertragsbedingungen gegenüber einem „Privatmann" verwendet, gilt eine eingeschränkte AGB-Definition. Hier braucht die Mehrfachverwendung, bzw. eine Mehrfachverwendungsabsicht für die Anwendung bestimmter AGB-Vorschriften nicht vorzuliegen (siehe hierzu im Einzelnen unten Nr. 11).

3.1.1 Wann sind AGB für eine Vielzahl von Verträgen vorformuliert?

Schon seit Inkrafttreten des damaligen AGB-Gesetzes im April 1977 wurde in der Literatur die Meinung vertreten, dass eine Vorformulierung für eine **Vielzahl** von Anwendungsfällen angenommen werden könne, wenn die mindestens dreimalige Verwendung von Klauseln **beabsichtigt** sei. Dies wurde vom BGH wiederholt bestätigt, siehe z. B. Urteil vom 26. 9. 1996.[7]

Grundsätzlich ist das Vielzahlkriterium also nicht erfüllt, wenn die Vorformulierung nur für **eine** oder **zwei** Ausschreibungen erfolgt ist. Hieran ändert sich auch nichts, wenn die jeweilige Ausschreibung an eine Vielzahl von Bewerbern versandt worden ist, da die Ausschreibung nur auf einen Vertrag abzielt. Die Versendung vorformulierter Vertragsbedingungen an mehrere Bieter für den Abschluss eines Vertrages stellt also allein noch keine Mehrfachverwendung der Bedingungen im Sinne von § 305 Satz 1 BGB dar.[8]

> **Beispiel:**
>
> Ein privater Bauherr stellt Vertragsbedingungen auf, die er ausschließlich zur Ausschreibung seines Einfamilienhauses verwenden will.
>
> Bei **schlüsselfertiger Vergabe** kommen die gesetzlichen AGB-Vorschriften nicht zur Anwendung, da nur ein Anwendungsfall geplant ist.
>
> Bei **Vergabe nach Gewerken** sind zwangsläufig mehr als drei Anwendungsfälle geplant, so dass das Gesetz vom ersten Verwendungsfall an zur Anwendung kommt.

Nach der Rechtsprechung des BGH kommt es hierbei nicht darauf an, dass die mindestens dreimalige Verwendung vom Verwender selbst beabsichtigt ist. Eine **Vielfach-**

---

[5] BGH, NJW 94, 2825.

[6] BGH vom 20. 10. 2005, Az: VII ZR 153/04, Baurecht 2006, 374; BGH vom 24. 11. 2005, Az: VII ZR 87/04, Baurecht 2006, 514.

[7] BGH, Az: VII ZR 318/95, Schäfer-Finnern-Hochstein, Nr. 9 zu § 1 AGBG.

[8] BGH vom 11. 12. 2003, Az: VII ZR 31/03, Baurecht 2004, 674; BGH vom 24. 11. 2005, Az: VII ZR 87/07, Baurecht 2006, 514.

verwendung ist danach auch dann anzunehmen, wenn die **Klausel durch einen Dritten aufgestellt** wurde und beispielsweise in einer Formularsammlung oder einem Formularvertrag enthalten ist. Selbst wenn solche Klauseln noch nicht mindestens dreimal verwendet wurden, sind sie doch zur Vielfachverwendung bestimmt, was für die Anwendung des Gesetzes ausreicht.[9] Dies gilt beispielsweise auch für die einmalige Verwendung der VOB/B durch einen bestimmten Auftraggeber. Die VOB/B ist als zur Verfügung stehendes Vertragsmuster „AGB aus sich heraus".[10]

Hieraus müsste man eigentlich schließen, dass allgemein gebräuchliche Klauseln immer das Vielzahlkriterium erfüllen, da sie – inhaltsgleich – schon von den verschiedensten Verwendern im Rahmen anderer Vertragsverhältnisse verwendet worden sind.[11]

Entsprechend folgerichtig meint auch das OLG München[12], dass bei „typisierten" vorformulierten Vertragsbedingungen das Vielzahlkriterium nicht eigens geprüft zu werden braucht, sondern zu unterstellen ist.

Der BGH scheint sich dieser Meinung zumindest anzunähern:

Mit Urteil vom 13. 09. 2001 – Az: VII ZR 487/99 – hat er entschieden, dass ausnahmsweise der Nachweis der Vorformulierung und die Absicht der Mehrfachverwendung zu vermuten ist „wenn es sich um Klauseln handelt, die für Bauträgerverträge typisch sind, und wenn der Auftraggeber, der sie verwendet, als gewerblicher Bauträger tätig ist".

Es bleibt allerdings abzuwarten, ob sich in der Rechtsprechung durchsetzen wird, diesen Grundsatz auch auf andere berufsmäßige Verwender vorformulierter Bauvertragsbedingungen, wie beispielsweise Architekten anzuwenden.

Die Praxis muss deshalb vorerst, abgesehen vom genannten Bauträgervertrag davon ausgehen, dass die Vielfachverwendung einzelner Regelungen im Falle des Bestreitens bei gerichtlichen Verfahren auch dann vom Auftragnehmer nachgewiesen werden muss, wenn es sich um typische Vertragsklauseln handelt, die in identischer oder inhaltsgleicher Form regelmäßig in Formularsammlungen oder anderen Vertragsmustern enthalten sind.

Nicht zweifelhaft dürfte es sein, dass Regelungen in sogenannten **„Grundlagenverträgen"** das Vielzahlkriterium ohne Weiteres erfüllen. Da ein solcher Vertrag dazu bestimmt ist, Bedingungen für noch im Einzelnen später abzuschließende Bauverträge festzulegen, ist schon hieraus abzuleiten, dass die Bedingungen des Grundlagenvertrages auch in einer Mehrzahl von Verträgen Verwendung finden sollen (OLG Oldenburg vom 18. 11. 1998, Az: 2 U 188/98, OLGR 99, 100).

---

[9] OLG Hamm, Beschluss vom 27. 2. 1981, Az: 4 Re Miet 4/80, NJW 81, 1049; BGH vom 24. 11. 2005, Az: VII ZR 87/04.

[10] BGH vom 7. 5. 1987, Az: VII ZR 129/86, BauR 87, 438.

[11] Heinrichs in NJW 77, 1506.

[12] OLG München vom 9. 2. 1993, Az: 9 U 4113/92, BauR 93, 494.

Im Übrigen muss die Rechtsprechung des Bundesverfassungsgerichtes[13] beachtet werden, wonach eine richterliche **Inhaltskontrolle auch von Individualverträgen** stattzufinden hat, wenn einer der beiden Vertragspartner außergewöhnlich stark belastet wird und dies das Ergebnis einer „strukturellen Unterlegenheit des belasteten Vertragspartners" ist. Dies könnte zu einer an den Normen der gesetzlichen AGB-Regelung (§§ 305 ff. BGB) orientierten gerichtlichen Überprüfung auch von individuell ausgehandelten Bauvertragsklauseln führen, wenn diese Vereinbarungen dergestalt zustande gekommen sind, dass der Auftraggeber unmittelbaren oder mittelbaren Druck auf den Auftragnehmer zur Durchsetzung seiner Klauseln ausüben konnte. Zu beachten ist, dass es bei sogenannten Verbraucherverträgen ebenfalls nicht auf das Vielzahlkriterium ankommt (siehe insoweit unten Nr. 11).

3.1.2 Wann sind AGB gestellt?

Zur Anwendung der gesetzlichen Regelungen über Allgemeine Geschäftsbedingungen ist es nach § 305 Abs. 1 BGB notwendig, dass eine vorformulierte Regelung auf Vorschlag eines Vertragspartners zum Vertragsinhalt bestimmt ist, ohne dass dem ein Aushandeln vorausgegangen wäre. Es muss hierzu nicht etwa schon ein Vertrag entstanden sein. Es genügt hierzu bereits die Anbahnung eines solchen, was beispielsweise im **Verwenden von Unterlagen im Rahmen einer Ausschreibung** anzunehmen ist.[14]

Vertragsunterlagen gelten im Übrigen schon dann als vom Auftraggeber gestellt, wenn dieser in der Regel Verträge unter Einbeziehung dieser AGB abschließt und ein Auftragnehmer oder ein Bieter sie deshalb zum Bestandteil seines Angebots macht, ohne dass ihn der Auftraggeber hierzu ausdrücklich aufgefordert hat.[15]

Das Gleiche gilt bei **Öffentlichen Ausschreibungen,** wenn ein Bieter seinem Angebot die Bedingungen des Öffentlichen Auftraggebers auf Weisung der Verwaltung oder auch stillschweigend zugrunde legt, weil er weiß, dass der Auftraggeber nur unter Zugrundelegung dieser Unterlagen einen Vertrag abschließt.[16]

Das Stellen von AGB im Sinne von § 305 Satz 1 BGB lässt sich im Übrigen für den Auftraggeber im Regelfall also kaum vermeiden, da er nur dann vergleichbare Angebote erhält, wenn er alle Bieter dazu auffordert, zu den gleichen von ihm vorgegebenen Bedingungen, also im Rahmen einer von ihm erstellten Ausschreibung, ihre Leistung anzubieten. Bei **Vergaben nach VOB/A** ist deshalb generell von einem „Stellen" der Vertragsbedingungen auszugehen, weil die Bieter ausdrücklich keine Änderungen an den vom Auftraggeber vorgegebenen Vertragsbedingungen vornehmen dürfen (§ 21 Nr. 1 Abs. 3 VOB/A).

---

[13] BVerfG, Beschluss vom 5. 8. 1994, Az: BvR 1402/89, NJW 94, 2749.
[14] BGH vom 28. 1. 1981, Az: VIII ZR 165/79, NJW 81, 979; Frikell-Glatzel-Hofmann E 1.17.
[15] BGH vom 09. 03. 2006, Az: VII ZR 268/04, Baurecht 2006, 1012; BGH vom 04. 03. 1997, Az: X ZR 141/95 , NJW 1997, 2043.
[16] OLG Frankfurt vom 13. 07. 2006, Az: 3 U 70/05, Baurecht 2007, 1053.

3.1.3 Wann sind Bedingungen bei sogen. Verbraucherverträgen gestellt?

Aufgrund der EG-Richtlinie über missbräuchliche Klauseln in Verbraucherverträgen wurde das damalige AGB-Gesetz am 19. 7. 1996 geändert. Für Verträge zwischen einem Unternehmer und einem „Privatmann" – also für Verbraucherverträge – gilt seit diesem Zeitpunkt ein eingeschränkter AGB-Begriff:

Während im „Normalfall", also außerhalb von Verbraucherverträgen, von Allgemeinen Geschäftsbedingungen zu sprechen ist, wenn Vertragsbedingungen für eine Vielzahl von Verträgen vorformuliert sind, die der Verwender seinem Vertragspartner **stellt,** reicht es gegenüber einem Verbraucher für das Stellen aus, es sei denn, dass der Verbraucher sie selbst in den Vertrag eingeführt hat. Zu den Verbraucherverträgen siehe im Einzelnen unten Nr. 11.

3.2 Wann liegen Individualvereinbarungen vor?

Individualvereinbarungen liegen außerhalb von Verbraucherverträgen nur dann vor, wenn Vertragsbedingungen nicht vorformuliert und dem Vertragspartner nicht einseitig auferlegt, sondern zwischen den Vertragspartnern im Einzelnen **ausgehandelt** worden sind (§ 305 Abs. 1 Satz 3 BGB).

Von einem Aushandeln kann nur dann gesprochen werden, wenn der Verwender dem Vertragspartner Gestaltungsfreiheit zur Wahrung eigener Interessen einräumt.[17]

Hierzu ist es erforderlich, dass er ihm eine „reale" Möglichkeit einräumt, die inhaltliche Ausgestaltung der Vertragsbedingungen zu beeinflussen.[18]

Es wurde bereits darauf hingewiesen, dass aufgrund des für den Auftraggeber meist unverzichtbaren Ausschreibungsverfahrens zur Erlangung mehrerer vergleichbarer Angebote in den unterschiedlichen Gewerken eine individuelle Vertragsanbahnung nur selten, meist bei geringen Auftragssummen vorkommt. Sobald der Auftraggeber eine Ausschreibung durchführen will, kann er dies – vom Fall einer einmaligen schlüsselfertigen Vergabe einmal abgesehen – in der Regel nur unter Zugrundelegung Allgemeiner Geschäftsbedingungen.

Vorformulierte Vertragsklauseln verlieren auch nicht ihre AGB-Eigenschaft, wenn die Ausschreibungsunterlagen eine allgemein gehaltene Formulierung enthalten, wonach seitens des Auftraggebers die Bereitschaft besteht, die vorgegebenen Bedingungen auf Wunsch des Auftragnehmers zu ändern.[18]

Anders ist es nur dann, wenn aufgrund einer solchen an sich unverbindlichen Klausel tatsächlich eine vom Auftragnehmer initiierte Änderung zustande gekommen ist.

Nicht selten enthalten Ausschreibungstexte in einzelnen Klauseln jedoch **Lücken,** die der Auftragnehmer bei seinem Angebot auszufüllen hat. Es fragt sich dann, ob eine solche vom Auftragnehmer ergänzte Klausel zur Individualvereinbarung wird.

---

[17] BGH vom 23. 01. 2003, Az: VII ZR 210/01, Baurecht 2003, 870.

[18] BGH vom 14. 04. 2005, Az: VII ZR 56/04, Baurecht 2005, 1154.

Der BGH[19] unterscheidet hier zu Recht danach, ob die Lücke nur eine unselbststän-
dige Ergänzung der Klausel bedeutet, oder deren wesentlichen Inhalt bestimmt. Nur
im letzteren Fall führt das Ausfüllen der Lücke durch den Auftragnehmer zu einer
Individualvereinbarung.

Beispiel:

„Der Auftragnehmer gewährt 3% Skonto bei Zahlung innerhalb ... Tagen nach
Fälligkeit."

Das Ausfüllen dieser Lücke stellt keine eigenständige, den wesentlichen Vertragsinhalt
gestaltende Klausel dar. Als wesentlicher Inhalt regelt die Klausel, dass dem Auftraggeber trotz Bezahlung erst **nach** Fälligkeit die „Belohnung" des Skontos zustehen
soll, obwohl der Grund für einen Skonto gerade in der Bezahlung **vor** Fälligkeit liegt.
Deshalb ist es nicht von wesentlicher Bedeutung, wie viele Tage der Vertragspartner in
die Lücke einsetzt. Die Klausel bleibt unabhängig hiervon eine Allgemeine Geschäftsbedingung.

Anders ist es bei folgender **Klausel:**

„Für jeden Tag der verschuldeten Überschreitung des vereinbarten Fertigstel-
lungstermins verpflichtet sich der Auftragnehmer dazu, eine werktägliche Vertragsstrafe in Höhe von

...%   0,4%   0,5%

höchstens jedoch 5% der Auftragssumme an den Auftraggeber zu bezahlen."

Da die Höhe einer Vertragsstrafe deren wesentlichen Inhalt bestimmt, handelt es sich
hier um eine eigenständige Regelung. Füllt der Auftragnehmer die vorgesehene Lücke aus, führt dies zu einer individuellen, der Inhaltskontrolle entzogenen Vertragsstrafevereinbarung.

Selbst wenn der Auftragnehmer eine der beiden vom Auftraggeber in der oben genannten Klausel vorgegebenen Möglichkeiten wählt, stellt dies nach der hier vertretenen Auffassung eine Individualvereinbarung dar, da er ja die freie und unbeein-
flusste Möglichkeit hat, auch eine andere Variante einzusetzen. Eine andere Auffassung vertritt hier allerdings das OLG Karlsruhe[20], das nur dann eine Individualvereinbarung annimmt, wenn sich der Auftragnehmer nicht für eine der vom Auftraggeber
vorformulierten Möglichkeiten entscheidet.

Um einen anderen Fall handelt es sich, wenn der Auftragnehmer nur die Wahl zwischen bestimmten, vom Auftraggeber vorgegebenen Möglichkeiten hatte[21] oder
durch die vom Auftraggeber gewählte Gestaltungsform der Klausel die vom Auftraggeber vorgegebenen Möglichkeiten „besonders hervorgehoben im Vordergrund
stünden".[22] Dann ist in jedem Fall von einer AGB-Klausel auszugehen.

---

[19] BGH vom 13. 11. 97, Az: X ZR 135/95, Baurechts-Report 2/98; BGH vom 10. 03. 1999, Az: VIII ZR 204/ 98.

[20] VersR 1995, 646.

[21] BGH vom 13. 11. 1997, Az: X ZR 135/95, BauR 2/98, BB 96, 612.

[22] VersR 1995, 646.

3.3 Der Vorrang der Individualvereinbarung

Im Gegensatz zu vorformulierten AGB-Klauseln unterliegen Individualvereinbarungen nicht der Kontrolle des Gesetzes (§ 305b BGB). Sie haben nach dem Willen des Gesetzgebers eine höhere Wertigkeit als Allgemeine Geschäftsbedingungen. Deshalb gelten für Individualvereinbarungen nach wie vor die allgemeinen Vertragsregelungen des Bürgerlichen Gesetzbuchs. Solche individuellen Vereinbarungen sind deshalb auch dann rechtswirksam, wenn sie den Vertragspartner zwar einseitig benachteiligen, jedoch nicht in derart grober Weise, dass dies als Verstoß gegen die guten Sitten gewertet werden müsste, oder dieser zumindest grob missbräuchlich belastet wird.

Liegt eine Individualvereinbarung zu einem bestimmten Regelungsinhalt vor, so hat dies wegen § 305b BGB in jedem Fall Vorrang vor einer entsprechenden AGB-Klausel.

Dieser Grundsatz gilt auch für sogenannte **Schriftformklauseln,** die häufig in Bauverträgen enthalten sind.

> **Beispiel:**
>
> „Besondere Abreden sind nur gültig, wenn der Auftraggeber sie schriftlich bestätigt."
>
> **oder:**
>
> „Änderungen und Ergänzungen bedürfen der Schriftform."

Solche Klauseln sollen beim Vertragspartner den Eindruck erwecken, dass mündlich getroffene Vereinbarungen unwirksam sind, obwohl sie als Individualvereinbarungen auch in mündlicher Form Vorrang vor Allgemeinen Geschäftsbedingungen haben (§ 305b BGB).[23]

Der Vorrang individueller Vereinbarungen gilt selbstverständlich auch für den Fall vereinbarter nachträglicher Änderungen des ursprünglichen Vertragsinhalts.

Dies kommt in der Praxis vor allem bei den einer Ausschreibung nachfolgenden Vertragsverhandlungen und Vergabegesprächen vor. Hierbei werden einzelne Klauseln möglicherweise nur erörtert oder auch auf Wunsch des Vertragspartners abgeändert. Es fragt sich dann, ob hierdurch eine Umwandlung in Individualvereinbarungen eintritt.

3.4 Wie wird aus einer AGB-Klausel eine Individualvereinbarung?

3.4.1 Änderungen vor Vertragsabschluss

Eine nachträgliche Umwandlung des formularmäßigen Ausschreibungstextes in Individualvereinbarungen setzt voraus, dass der die AGB verwendende Vertragspartner den von ihm verwendeten Ausschreibungstext wieder **ernsthaft zur Disposition**

---

[23] BGH vom 20. 10. 1994, Az: III ZR 76/94, NJW-RR 95, 179.

stellt und dem anderen Vertragspartner nachträglich eine **reale Gestaltungsfreiheit** zur Wahrung eigener Rechte einräumt.[24]

Deshalb reicht es zur Umwandlung einer verwendeten AGB-Klausel in eine Individualvereinbarung beispielsweise nicht aus, dass am Ende des Verhandlungsprotokolls vermerkt wird, dass der gesamte Wortlaut des vorgelegten Vertrages „besprochen" worden ist.[25] Eine Umwandlung von AGB-Klauseln in individuelle Vereinbarungen setzt vielmehr voraus, dass sich der Verwender deutlich und ernsthaft zu gewünschten Änderungen bereit erklärt. Hierbei ist zu beachten, dass die Gerichte äußerst strenge Anforderungen an eine solche Umwandlung stellen:

So reicht es hierzu nicht aus, dass der Verwender seinen Vertragspartner vor die Wahl stellt, entweder die gestellten Bedingungen anzunehmen oder ganz vom Vertrag Abstand zu nehmen.[26]

Es ist zur Umwandlung von AGB-Klauseln in Individualvereinbarungen auch nicht ausreichend, wenn der Vertragspartner nach gründlicher Erörterung aufgrund eigener Überlegungen zu der Erkenntnis kommt, dass die ihm gestellten Bedingungen auch seiner eigenen Vorstellung entsprechen, wenn nicht seitens des Verwenders zweifelsfrei und ernsthaft zum Ausdruck gekommen ist, dass er auch zu einer **Änderung** der von ihm gestellten Bedingungen bereit ist.[27]

Erst recht reicht es zur Umwandlung „gestellter" Klauseln in eine Individualvereinbarung nicht aus, dass der Vertragstext im Einzelnen durchgesprochen wurde, und der Vertragspartner ihn anschließend unterschrieben hat.

Teilweise wird die Auffassung vertreten, dass selbst dann keine Umwandlung einer Klausel in eine Individualvereinbarung stattgefunden hat, wenn die Vertragspartner zwar den gesamten vom Verwender vorgelegten Vertragstext in einer mehrstündigen Sitzung im Detail erörtert haben und sämtliche vom anderen gewünschten Änderungen vorgenommen wurden, wenn bei diesem Verfahren eine bestimmte Klausel nur deshalb unverändert geblieben ist, weil dieser insoweit keinen Änderungswunsch hatte.[28]

Für die Praxis muss deshalb davon ausgegangen werden, dass in aller Regel nur dann eine Umwandlung einer Klausel in eine Individualvereinbarung stattfindet, wenn die gestellte Klausel auf Wunsch des Vertragspartners **auch tatsächlich abgeändert** wird. „Allenfalls unter besonderen Umständen kann ein Vertrag auch dann als Ergebnis eines Aushandelns gewertet werden, wenn es schließlich nach gründlicher Erörterung bei der gestellten Klausel bleibt."[29]

---

[24] BGH vom 09. 10. 1986, Az: VII ZR 245/85, NJW-RR 87, 144; BGH vom 3. 11. 1999, Az: VIII ZR 269/98, WM 2000, 629.

[25] OLG Köln vom 01. 02. 2006, Az: 11 W 5/06, Baurecht 2006, 1477.

[26] BGH vom 30. 09. 1987, Az: IVa ZR 6/86, NJW 88, 410.

[27] BGH vom 09. 10. 1986, Az: II ZR 245/85, NJW-RR 87, 144; WM 87, 42.

[28] OLG Celle vom 13. 11. 2003, Az: 13 U 136/03.

[29] BGH vom 09. 10. 1986, Az: II ZR 245/85, NJW-RR 87, 144; WM 87, 42; BGH vom 03. 11. 1999, Az: VIII ZR 269/98, WM 2000, 629.

Ein solcher Ausnahmefall dürfte selten gegeben sein, beispielsweise wohl dann, wenn gestellte Vertragsbedingungen unverändert übernommen werden, die bei einem vorangegangenen Vertrag zwischen den beiden Partnern ausgehandelt worden sind.

Es bleibt jedoch festzustellen, dass in aller Regel nur dann von einer Umwandlung einer gestellten Klausel in eine Individualklausel gesprochen werden kann, wenn die Klausel auch **tatsächlich abgeändert** worden ist.

Ob der Inhalt einer auf Initiative des Vertragspartners des Verwenders abgeänderten Klausel dann auch in vollem Umfang dessen Vorstellungen entspricht oder diese nur teilweise berücksichtigt wurden, ist nicht von Bedeutung. Wurde eine Klausel nach Intervention zu dessen Gunsten abgeändert, ist in aller Regel davon auszugehen, dass insoweit eine Individualklausel entstanden ist und er sich bezüglich dieser Klausel nicht mehr auf den Schutz des Gesetzes berufen kann. Selbstverständlich bleiben dann die übrigen nicht geänderten Klauseln Allgemeine Geschäftsbedingungen, soweit er nicht ausnahmsweise eine reale Gestaltungsfreiheit zur Änderung der Klausel hatte oder ausnahmsweise der gesamte Vertrag aufgrund einer unzumutbaren Härte i. S. von § 306 Abs. 3 BGB nichtig ist.

3.4.2 Hiervon gibt es jedoch Ausnahmen:

Da nur dann eine Umwandlung von AGB in Individualvereinbarungen stattfindet, wenn der die AGB verwendende Vertragspartner die Regelungen „zur Disposition" stellt und deutlich und ernsthaft zu gewünschten Änderungen bereit ist[30], bleibt es auch dann bei einer AGB-Klausel, wenn eine Klausel zwar geändert wird, der andere Vertragspartner dabei aber nur zwischen mehreren vorgegebenen Alternativen wählen kann, ohne dass ihm eine reale Einflussmöglichkeit auf die Gestaltung der Vereinbarung eingeräumt wird.[31]

Das ist auch dann anzunehmen, wenn eine gestellte Klausel nur „rechnerisch" an eine konkrete Situation angepasst, hierdurch in ihrem eigentlichen Inhalt jedoch nicht verändert wird.[32]

Beispiel:

Eine unangemessene Zahlungsklausel wird nur an einen veränderten Leistungsumfang angepasst, ohne in ihrem unangemessenen Inhalt verändert zu werden.

Andererseits braucht der Verwender zur Umwandlung einer Formularklausel in eine Individualvereinbarung nicht völlig auf die Durchsetzung eigener Vorstellungen zu verzichten. Es ist gerade Merkmal von (individuellen) Vertragsvereinbarungen, dass die Vertragspartner einen Kompromiss suchen, die Vereinbarung also dann zustande kommt, wenn durch Verhandlungen bei meist beiderseitigem Nachgeben eine Einigung erzielt worden ist.

---

[30] BGH vom 29. 06. 1992, Az: VII ZR 128/91, BB 92, 1813.

[31] BGH vom 03. 12. 1991, Az: XI ZR 77/91, BB 92, 169.

[32] BGH vom 10. 10. 1991, Az: VII ZR 289/90, BauR 92, 226.

Deshalb ist auch dann von einer Individualvereinbarung auszugehen, wenn eine AGB-Klausel zwar aufgrund der Einflussnahme des Auftragnehmers abgeändert wurde, der Auftragnehmer hierbei jedoch seine Änderungsvorstellungen nur teilweise durchsetzen konnte. Entscheidend für die Annahme einer **Umwandlung in eine Individualvereinbarung** ist es, dass der **Vertragspartner des Verwenders überhaupt Einfluss** auf den geänderten Inhalt **nehmen konnte.**

Beispiel:

Der Auftraggeber hatte eine Vertragsstrafe in Höhe von 1% der Auftragssumme für jeden Tag der verschuldeten Verspätung gestellt. Aufgrund von durch den Auftragnehmer geäußerten Bedenken gegen deren Höhe wird die Vertragsstrafe auf 0,5% der Auftragssumme pro Verspätungstag reduziert.

Obwohl auch die abgeänderte Vertragsstrafenregelung als AGB-Klausel zu hoch und damit unwirksam wäre, wird sie durch die Abänderung zur Individualvereinbarung, die wirksam ist, wenn auch die sonstigen Voraussetzungen einer wirksamen Vertragsstrafevereinbarung vorliegen.

3.4.3 Ist auch noch nach Vertragsabschluss eine Umwandlung in eine Individualvereinbarung möglich?

Auch nach Vertragsabschluss findet eine Umwandlung in eine Individualvereinbarung dann ohne Weiteres statt, wenn der ursprüngliche Inhalt einer Klausel nach Einflussnahme durch den Vertragspartner des Verwenders (das ist in der Regel der Auftragnehmer) **abgeändert** wird.

Auch ohne eine solche Abänderung **kann** eine unangemessene AGB-Klausel dadurch zur wirksamen Individualvereinbarung werden, dass sie der Auftragnehmer durch sein **nachträgliches freiwilliges Einverständnis** in unveränderter Form akzeptiert.

Denn die zum Zeitpunkt des Vertragsabschlusses bestehende Drucksituation des „Stellens" ist zu diesem Zeitpunkt in aller Regel nicht mehr in dem Maße gegeben. Trotzdem fordert der BGH[33], dass eine nach Vertragsabschluss gegebene Bestätigung des Auftragnehmers, in der er eine unwirksame AGB-Klausel individuell anerkennt, nur dann zur wirksamen Individualvereinbarung führt, wenn

- die Klausel im Einzelfall konkrete Bedeutung erlangt und
- der Auftragnehmer die Unwirksamkeit der Klausel kennt oder zumindest Zweifel an ihrer Wirksamkeit hat.

Der Auftragnehmer kann ein solches Einverständnis auch stillschweigend erklären.

Beispiel:

Zwischen Haupt- und Subunternehmer ist im Formularvertrag vereinbart, dass die Subunternehmerleistung erst mit der Gesamtabnahme durch den Bauherrn abgenommen wird.

---

[33] BGH vom 18. 04. 1984, Az: VIII ZR 50/83, NJW 85, 57.

Nach Fertigstellung seiner Leistungen verlangt der Subunternehmer wegen der Unwirksamkeit der Abnahmeklausel trotzdem die Abnahme. Der Hauptunternehmer schreibt daraufhin zurück, dass er hoffe, der Subunternehmer sei mit der vorgesehenen späteren Gesamtabnahme einverstanden. Der Subunternehmer reagiert hierauf nicht.

Der Bundesgerichtshof[34] hat hierzu erklärt, dass der Subunternehmer auf das Schreiben des Hauptunternehmers hätte reagieren müssen, wenn er mit dem Vorschlag des Auftraggebers nicht einverstanden gewesen wäre. Zwar sei die ursprüngliche Klausel wegen Verstoßes gegen §§ 307, 308 Nr. 1 BGB unwirksam; **in der widerspruchslosen Hinnahme des Schreibens des Hauptunternehmers müsse jedoch „ein schlüssiges Einverständnis des Subunternehmers mit der vorgeschlagenen Gesamtabnahme" gesehen werden.**

3.4.4 In welchem Umfang findet die Umwandlung in Individualvereinbarungen statt?

Werden im Rahmen eines Vertragstextes eine oder mehrere Klauseln abgeändert, so wandeln sich diese abgeänderten Klauseln in Individualvereinbarungen um. Die restlichen, nicht geänderten Klauseln bleiben grds. als Allgemeine Geschäftsbedingungen bestehen.[35]

3.5 Lassen sich die gesetzlichen AGB-Vorschriften umgehen?

Es stellt sich die Frage, ob sich die Anwendung der AGB-Regelungen durch entsprechende Vertragsgestaltung umgehen lässt.

3.5.1 Durch Bedingungen für den Einzelfall?

Die AGB-Vorschriften des Gesetzes kommen nicht zur Anwendung, wenn die Bedingungen nicht für eine **„Vielzahl"** von Anwendungsfällen vorformuliert sind (siehe oben Nr. 3.1.1).

Ein Ausweichen auf Bedingungen für den Einzelfall scheidet jedoch aus praktischen Gründen in aller Regel schon deshalb aus, da schon die Verwendungs**absicht** bei mehreren Gewerken eines einzigen Bauvorhabens eine Vielfachverwendung i. S. des Gesetzes darstellt.

3.5.2 Durch Vermeidung des „Stellen"?

Aufgrund des für den Auftraggeber im allgemeinen sinnvollen Ausschreibungsverfahrens lässt sich auch ein „Stellen" im Sinne des Gesetzes kaum vermeiden, da es ja gerade Voraussetzung einer Ausschreibung ist, Preise zu vergleichen, was voraussetzt, dass alle Bieter auf der Grundlage gleicher Vertragsbedingungen anbieten (siehe oben Nr. 3.1.2).

---

[34] BGH vom 11. 04. 1991, Az: VII ZR 369/89, Baurechts-Report 7/91.
[35] OLG Karlsruhe vom 04. 06. 1996, Az: 17 U 207/95.

3.5.3 Durch Umwandlung von AGB in Individualvereinbarungen?

Die Umwandlung von AGB in Individualvereinbarungen kann den ursprünglichen AGB-Verstoß „abstrakt" nicht beseitigen, sondern nur im konkreten Einzelfall nachträglich dazu führen, dass eine unwirksame AGB-Klausel in eine (wirksame) Individualvereinbarung übergeht, wenn z. B. der Auftraggeber den Klauselinhalt gegenüber dem Auftragnehmer so zur Disposition stellt, dass hierdurch eine Umwandlung in eine Individualvereinbarung stattfindet.

Eine solche ausnahmsweise in Frage kommende spätere Umwandlung kann also den Verstoß gegen das Gesetz nicht „heilen".[36]

So kann ein solcher Auftraggeber im Rahmen eines Unterlassungsverfahrens nach § 1 des Unterlassungsklagengesetzes – UklaG von den bauwirtschaftlichen und gewerblichen Verbänden in einem abstrakten „Normen-Kontrollverfahren" zur Unterlassung weiterer Verwendung gezwungen werden (siehe unten Nr. 13). Der Unterlassungsanspruch besteht hier völlig unabhängig davon, ob sich die verwendeten AGB später in Individualvereinbarungen umwandeln oder nicht.[37]

Trotzdem wurden in der Vergangenheit eine Vielzahl allerdings nicht erfolgreicher Gestaltungsversuche unternommen, eine pauschale Umwandlung von AGB in Individualvereinbarungen zu erreichen. Nachfolgend hierzu einige **Beispiele:**

3.5.3.1 Der Auftraggeber fügt seinen Bedingungen folgende Klausel an:

> „Ich fordere Sie auf, alle Klauseln abzuändern, die nicht Ihren Vorstellungen entsprechen."

> Alle Klauseln bleiben unverändert stehen.

Oben genannte Klausel führt nicht zur Umwandlung in eine Individualvereinbarung, wenn keine tatsächliche Änderung vorgenommen wurde. Der Auftraggeber muss die Klausel zu einer Umwandlung in eine Individualvereinbarung ernsthaft zur Disposition stellen und dem Vertragspartner zumindest die realistische Möglichkeit einräumen, deren Inhalt zu beeinflussen. Eine nur allgemein geäußerte Bereitschaft, Vertragsklauseln auf Anforderung des Vertragspartners zu ändern erfüllt nicht die Voraussetzungen eines Aushandelns i. S. von § 305 Abs. 1 BGB.[38] Es ist auch kein Ausnahmefall erkennbar, da es sogar nahe liegt, dass der Auftraggeber darauf vertraut, dass der Auftragnehmer keine nennenswerten Änderungswünsche geltend machen wird, um seine Chancen, den Auftrag zu erhalten, nicht zu mindern.

3.5.3.2 Der Auftraggeber fügt seinen AGB die Klausel an:

> „Die vorstehenden Bedingungen sind im Einzelnen ausgehandelt."

---

[36] LG München vom 22. 09. 1988, Az: 7 O 2820/88, nicht veröffentlicht.

[37] LG München vom 22. 09. 1988, Az: 7 O 2820/88, nicht veröffentlicht.

[38] BGH vom 14. 04. 2005, Az: VII ZR 56/04, Baurechts-Report 9/2005; BGH vom 09. 10. 1986, Az: VII ZR 245/85, WM 87, 41.

Der Bundesgerichtshof[39] hat diese Klausel wegen Verstoßes gegen § 11 Nr. 12 AGBG (ab 01. 01. 2002: § 309 Nr. 12 BGB) für **unwirksam** erklärt, da sie den Auftragnehmer formularmäßig ihn benachteiligende Tatsachen bestätigen lässt. Zum gleichen Ergebnis kommt das OLG Stuttgart.[40]

3.5.3.3 Der Auftraggeber **lässt im Formulartext Lücken** und füllt diese vor Vertragsabschluss handschriftlich aus, ohne allerdings dem Auftragnehmer eine reale Änderungsmöglichkeit eingeräumt zu haben.

Das OLG Nürnberg[41] hat hierzu festgestellt, dass sich der AGB-Charakter des Textes, mit dem die Lücken gefüllt wurden, durch die gewählte Form nicht geändert hat (siehe hierzu auch unten Nr. 4.3 zu Verhandlungsprotokollen). Die handschriftliche Form setzt allerdings einen irreführenden Rechtsschein, den der Auftragnehmer im Zweifel widerlegen muss (siehe hierzu unten Nr. 3.6).

3.5.3.4 Es muss festgestellt werden, dass es für den Auftraggeber grundsätzlich kaum eine Möglichkeit gibt, eine Bauleistung ohne Verwendung vorformulierter Bedingungen zu vergeben, wenn er Wettbewerbspreise einholen will. Es besteht andererseits auch **keine** praktische **Möglichkeit der Umgehung** des Gesetzes. Der Gesetzgeber hat im Übrigen in § 306a BGB ausdrücklich ein Umgehungsverbot formuliert, das, wie obige Ausführungen zeigen, von den Gerichten auch strikt beachtet wird.

Dem Auftraggeber bleibt deshalb praktisch kaum eine andere Wahl, als zwar einerseits AGB zu verwenden, andererseits aber nur solche, die den Anforderungen des Gesetzes an deren ausgewogenen Charakter entsprechen, also neben der Wahrung eigener Interessen auch diejenigen des Auftragnehmers berücksichtigen.

Anderenfalls findet kraft Gesetzes eine Umgestaltung des Vertragsinhalts in einer von ihm gerade nicht gewünschten Weise statt (siehe hierzu unten unter Nr. 10).

3.6 Wer muss beweisen, dass eine AGB-Klausel bzw. eine Allgemeine Geschäftsbedingung vorliegt?

Wer sich auf den Schutz der gesetzlichen Regelungen über Allgemeine Geschäftsbedingungen berufen will, muss beweisen, dass die von ihm beanstandeten Klauseln der Anwendung des Gesetzes unterliegen, also Formularklauseln darstellen.

Er muss also beweisen, dass es sich um Vertragsbedingungen handelt, die für eine Vielzahl von Anwendungsfällen vorformuliert und ihm vom Vertragspartner gestellt wurden. Eine **Ausnahme** besteht insoweit nur **bei Verbraucherverträgen** (siehe hierzu unten Nr. 11).

---

[39] BGH vom 28. 01. 1987, Az: IVa ZR 173/85, BauR 87, 308.

[40] OLG Stuttgart vom 28. 06. 1985. Blick d. d. Wirtschaft vom 14. 10. 1985, S. 1.

[41] OLG Nürnberg vom 24. 11. 1982, Az: 4 U 2180/82, BB 83, 1307.

Diese Beweislast wurde früher dadurch erleichtert, dass aufgrund der äußeren Form der betreffenden Klausel auf die Grundsätze des sogenannten Anscheinsbeweises zurückgegriffen werden konnte.

Lag die Klausel in gedruckter oder auf andere Weise vervielfältigter Form vor, so ergab sich schon hieraus die Vermutung, dass es sich um AGB handelt.[42] Mit zunehmender Einführung der EDV lässt sich aus dem Schriftbild selbst jedoch kaum noch erkennen, ob eine Klausel öfter verwendet werden soll oder nicht. Auch höchst individuell aussehende Texte können überwiegend oder ausschließlich aus standardisierten Textbausteinen bestehen.

Trotzdem kann der Vertragspartner des Verwenders seiner Darlegungslast, dass es sich bei bestimmten Vertragsbedingungen um AGB handelt, u. U. anhand anderer äußerer Indizien nachkommen.

Handelt es sich beim ausschreibenden Auftraggeber beispielsweise um einen Bauträger und verwendet dieser Bedingungen, die nach ihrer inhaltlichen Gestaltung aller Lebenserfahrung nach für eine mehrfache Verwendung entworfen wurden, so spricht nach Auffassung des BGH[43] der „erste Anschein" für einen Formularvertrag.

Hierunter fallen gerade formelhafte Klauseln, die typischerweise in Bauträgerverträgen enthalten sind. Auf die hierbei verwendete Schriftart kommt es dann nicht mehr entscheidend an.

Diese Auffassung hat der BGH im Urteil vom 13. 09. 2001[44] bestätigt, wenn es sich um **Klauseln handelt, die für Bauträgerverträge typisch** sind und von einem **gewerblichen Bauträger** verwendet werden.

Ein solcher Beweis des ersten Anscheins, der sich auf oben genannte äußere Indizien gründet, stellt nach überwiegender Meinung der Gerichte einen echten, dem Formalbeweis gleichwertigen Beweis dar.[45]

Deshalb muss der Verwender, will er dieses Beweisergebnis bestreiten, einen Gegenbeweis führen, also beweisen, dass die Klauseln trotz der für eine Allgemeine Geschäftsbedingung sprechenden Umstände eine Individualvereinbarung darstellen.

Diesen Beweis muss dann der Auftragnehmer entkräften, wenn er behauptet, dass entgegen dem durch den Auftraggeber geführten Beweis doch Allgemeine Geschäftsbedingungen vorliegen.

Umgekehrt erlaubt eine handschriftlich in einem gedruckten Text vorgenommene Einfügung die Annahme, dass es sich insoweit um eine Individualvereinbarung handelt. Will dies der Auftragnehmer bestreiten, muss er einen geeigneten Gegenbeweis

---

[42] OLG Stuttgart vom 03. 10. 1978, Az: 8 W 340/78, NJW 79, 222; BGH vom 03. 11. 1999, Az: VIII ZR 269/98, WM 2000, 629.

[43] BGH vom 14. 05. 1992, Az: VII ZR 204/90.

[44] BGH vom 13. 09. 2001, Az: VII ZR 487/99.

[45] BGH vom 18. 09. 1984, Az: VI ZR 223/82, NJW 85, 47. Siehe auch Zöller, Zivilprozessordnung, Rdnr. 16 zu § 286.

führen, aus dem sich beispielsweise ergibt, dass die Einfügung vom Auftraggeber „diktiert" worden ist.

Kann er diesen Gegenbeweis nicht führen, so bleibt es bei der Annahme des Vorliegens einer Individualklausel.

4. Welche Bauvertragsunterlagen unterliegen den gesetzlichen Bestimmungen über Allgemeine Geschäftsbedingungen?

4.1 Die üblichen Vertragsbestandteile

Die Vorschriften der §§ 305 ff. BGB gelten für alle für eine Vielzahl von Anwendungsfällen vorformulierten Vertragsbedingungen (zu den Ausnahmen bei Verbraucherverträgen siehe Nr. 11).

Deshalb kommen sie auf fast sämtliche im Zusammenhang mit Bauverträgen vorkommenden Vertragsbestandteile zur Anwendung, insbesondere also für

Allgemeine Vertragsbedingungen,
Besondere Vertragsbedingungen,
Zusätzliche Vertragsbedingungen,
Zusätzliche technische Vorschriften,

und zwar unabhängig davon, ob private oder öffentliche Auftraggeber die Bedingungen verwenden.

4.2 Leistungsbeschreibungen

Auch Leistungsbeschreibungen können Vertragsbedingungen i. S. von § 305 Abs. 1 BGB darstellen, wenn sie für eine Vielzahl von Anwendungsfällen vorformuliert und dem Auftragnehmer gestellt worden sind.

Sie unterliegen dann zwar nicht der gesetzlichen Inhaltskontrolle nach §§ 307 bis 309 BGB, da sie keine von Rechtsvorschriften abweichenden Regelungen treffen.[46]

Zur Anwendung kommen jedoch auch bei nur leistungsbeschreibenden AGB die Vorschriften gem. §§ 305 bis 306a BGB. Sie unterliegen damit u. a. dem Gebot klarer und verständlicher Formulierung (siehe unten Nr. 7 und Nr. 9) und der Anwendung des Grundsatzes des Vorrangs individueller Vereinbarungen.

Eine Inhaltskontrolle im eigentlichen Sinn (siehe unten Nr. 10), nämlich die Überprüfung, ob der Inhalt einer Klausel die Interessenlage des Vertragspartners auch in hinreichend ausgewogener Weise berücksichtigt, findet für reine Leistungsbeschreibungen dagegen nicht statt:

---

[46] BGH vom 26. 09. 1996, Az: VII ZR 318/95, IBR 97, 46, vgl. hierzu Nr. 10.3.

Anders ist dies allerdings bei **Vorbemerkungen zur Leistungsbeschreibung.** Diese enthalten häufig **rechtsgeschäftliche Regelungen** und nicht nur technische und tatsächliche Beschreibungen der auszuführenden Leistung. Sie unterliegen dann insoweit der Inhaltskontrolle[47] gemäß § 307 BGB (siehe unten Nr. 11.1.2).

Da eine große Zahl von Meinungsverschiedenheiten gerade durch nicht eindeutige Beschreibung der Leistung entsteht, kommt der Anwendung des Gesetzes auch insoweit eine nicht unerhebliche Bedeutung zu.

4.3 Verhandlungsprotokolle

Obwohl der Auftragserteilung von Bauleistungen in der Regel eine Ausschreibung vorausgeht, wird bei privaten Aufträgen sehr häufig in unmittelbarem Zusammenhang mit dem Vertragsabschluss ein sogenanntes Verhandlungsprotokoll angefertigt, das den ursprünglichen Ausschreibungstext ändernde oder ergänzende Regelungen enthält. Ob der Inhalt solcher Verhandlungsprotokolle tatsächlich eine individuelle Vereinbarung darstellt, bedarf sorgfältiger Überprüfung.

Auszugehen ist hierbei von den beträchtlichen Anforderungen, die die Rechtsprechung an den Begriff des Aushandelns bzw. der Umwandlung von Formularklauseln in Individualklauseln stellt (siehe oben Nr. 3.5.3).

Verhandlungsprotokolle sind häufig dergestalt aufgebaut, dass vorformulierte Textteile durch hand- oder maschinenschriftliche Teile ergänzt werden.

Soweit diese Ergänzungen vom Auftraggeber gestellt und lediglich mit dem Auftragnehmer durchgesprochen werden, ohne dass dieser Text auf Vorschlag des Auftragnehmers abgeändert wird, bleiben auch diese Passagen trotz ihrer auf Individualvereinbarungen hinweisenden äußeren Form Allgemeine Geschäftsbedingungen, was auch der Formulierung des § 305 Abs. 1 Satz 2 BGB zu entnehmen ist.[48] Dies gilt auch, wenn der Auftraggeber die Klausel nur aus dem Gedächtnis in den jeweiligen Vertragstext übernimmt.[49]

Auch die Tatsache, dass andere Auftragnehmer eine Abänderung bestimmter Textteile erreicht haben, ändert am AGB-Charakter nichts.[50]

4.4 Die VOB/B und C

Es wurde schon darauf hingewiesen, dass die Bauwirtschaft durch die VOB/B über ein Vertragsmuster verfügt, das in einigermaßen ausgewogener Weise die Interessen beider Vertragspartner berücksichtigt und für die Abwicklung von Bauverträgen auch praktikabel ist.

---

[47] LG Nürnberg-Fürth vom 02. 05. 1979, Az: 3 O 6364/78, Schäfer-Finnern-Hochstein Nr. 2 zu § 10 Nr. 1 AGBG.

[48] OLG Stuttgart vom 26. 06. 1986, Az: 2 W 21/86, WM 87, 114.

[49] BGH vom 30. 09. 1987, Az: IVa ZR 6/86, NJW 88, 410; DB 88, 439.

[50] OLG Nürnberg vom 24. 11. 1982, Az: 4 U 2180/82, BB 83, 1307.

Allerdings stellt die VOB/B nur eine Allgemeine Geschäftsbedingung dar, was sich aus §§ 308 Nr. 5 und 309 Nr. 8 ff. BGB entnehmen lässt. Gleiches gilt für die in der VOB/C enthaltenen „Allgemeinen Technischen Vertragsbedingungen" (ATV).[51]

5. Die Sonderstellung der VOB/B

5.1 Das Privileg der VOB/B, die „insgesamt einbezogen ist"

Die VOB/B als Allgemeine Geschäftsbedingung unterliegt grundsätzlich der AGB-Kontrolle des Gesetzes (§§ 305 ff. BGB). Damit stellt sich die Frage, ob die VOB/B den Anforderungen des Gesetzes entspricht, ob sie also in allen Einzelregelungen wirksam ist.

Hierbei ist zu berücksichtigen, dass der Gesetzgeber der VOB/B schon bei Inkrafttreten des AGB-Gesetzes am 01. 04. 1977 eine Sonderstellung eingeräumt hatte.

Der Gesetzgeber hatte nämlich erkannt, dass die VOB/B gerade nicht in allen Einzelregelungen einer Inhaltskontrolle standhalten würde. Deshalb hatte er in das Gesetz zwei Ausnahmeregelungen aufgenommen, die die VOB/B als besondere AGB privilegieren. Danach führten die in der VOB/B enthaltenen fingierten Erklärungen (§ 308 Nr. 5 BGB) und die verkürzten Gewährleistungsfristen (§ 309 Nr. 8 b) ff. BGB) nicht zur Unwirksamkeit, wenn die VOB „Vertragsgrundlage" ist.

In einem Grundsatzurteil[52] hat der Bundesgerichtshof diese gesetzliche Regelung dahingehend ausgelegt, dass die in der VOB/B geregelte verkürzte Gewährleistungsfrist und die diversen Fiktionen nur dann wegen der im Gesetz verankerten VOB-Privilegierung mit den gesetzlichen AGB-Regelungen vereinbar sind, wenn die VOB „als Ganzes" Vertragsgrundlage geworden ist.

Wann dies zutrifft, machte der Bundesgerichtshof in der Vergangenheit in einer Reihe von Einzelentscheidungen davon abhängig, ob trotz der in der Bauwirtschaft bei der Vertragsgestaltung üblichen Abänderungen und Ergänzungen der VOB/B diese zumindest in ihrem „Kernbereich" erhalten geblieben ist.

Begründet hat der Bundesgerichtshof diese Rechtsprechung damit, dass die VOB/B ein Vertragswerk sei, das nicht nur – wie sonst bei Allgemeinen Geschäftsbedingungen üblich – die Interessen des AGB-Verwenders, meist also der Auftraggeberseite wahrnehme, sondern an deren Ausarbeitung auch Interessengruppen der Auftragnehmerseite beteiligt seien.

Deshalb stelle die VOB/B einen „im Ganzen einigermaßen ausgewogenen Ausgleich der beteiligten Interessen" dar.

Der Bundesgerichtshof verweist in diesem Zusammenhang darauf, dass es bei dieser Sachlage verfehlt wäre, einzelne Bestimmungen des Gesamtwerks „VOB" einer iso-

---

[51] OLG Düsseldorf vom 07. 05. 1991, Az: 23 U 165/90, BauR 91, 772.
[52] BGH vom 16. 12. 1982, Az: VII ZR 92/82.

lierten Angemessenheitskontrolle zu unterziehen. Gerade hierdurch würde der in der VOB/B realisierte Ausgleich der beiderseitigen Interessen, der sich aus einer Gesamtwürdigung der einzelnen Bestimmungen ergibt, wieder gestört werden. (BGH, NJW 1983, 816).

Der Bundesgerichtshof hat mit dieser Rechtsprechung die enge Begrenzung der im Gesetzestext verankerten Sonderregelungen für die VOB/B, die sich nur auf fingierte Erklärungen und die Verkürzung der gesetzlich geregelten Gewährleistungsfrist beschränkten, erheblich ausgeweitet. Er entzieht in Form richterlicher Rechtsfortbildung über den Gesetzeswortlaut hinaus **sämtliche** VOB-Regelungen einer AGB-Kontrolle, allerdings **nur dann,** wenn die **VOB als „Ganzes"** vereinbart worden ist.

Diese Rechtsprechung war insoweit konsequent, als anderenfalls der ausgewogene Charakter der VOB/B gerade durch das Eingreifen der gesetzlichen Inhaltskontrolle wieder zerstört werden würde. Denn die VOB/B enthält bei isolierter Klauselbetrachtung nicht nur diese im Gesetz erwähnten AGB-Verstöße, sondern noch eine Reihe weiterer Verstöße (siehe hierzu unten Nr. 5.2).

Deshalb war es folgerichtig, die vom Gesetzgeber zwar offensichtlich gewollte, jedoch im Gesetz nicht zum Ausdruck gekommene **Gesamtprivilegierung der VOB/B** durch die Rechtsprechung zu entwickeln.

Konsequent ist es auch, dass der Bundesgerichtshof der VOB/B dieses **Privileg nur dann eingeräumt hat,** wenn im konkreten Fall ihrer Einbeziehung in einen Vertrag deren „einigermaßen ausgewogener" Charakter nicht vom VOB-Verwender selbst durch **abweichende Klauseln zerstört** worden ist.

Dann wäre es nicht vertretbar, der ohnehin nicht mehr ausgewogenen „Rest-VOB" noch die gesetzlich geregelten Privilegien einzuräumen. Denn dies würde dann zu einer zusätzlichen Unausgewogenheit des Vertrages führen.

In der Vergangenheit stellte es allerdings ein Problem dar, jeweils festzustellen, ob bestimmte Änderungen oder Ergänzungen der VOB/B in Form zusätzlicher oder ergänzender Vertragsbedingungen deren „Kernbereich" berührten oder ob sie die VOB/B unangetastet ließen. Der Bundesgerichtshof, aber auch die diesem nachgeordneten Gerichte haben hierzu in der Vergangenheit eine Vielzahl von Urteilen erlassen, die in der Vorauflage noch ausführlich dargestellt worden sind.

Trotz dieser umfangreichen Rechtsprechung konnte hierdurch für die Praxis kaum eine ausreichende Rechtssicherheit erreicht werden, da die Vertragsgestaltung Raum für eine unübersehbar große Zahl abweichender Klauseln lässt, die möglicherweise vom sogen. Kernbereich der VOB/B abweichen.

Aus diesem Grund hat der Bundesgerichtshof im Jahr 2004[53] entschieden, dass die **VOB/B nur dann in ihrem Kernbereich erhalten** ist, wenn sie **ohne jede Änderung** Vertragsgrundlage ist.

---

[53] Urteile vom 22. 01. 2004, Az: VII ZR 419/02; vom 15. 04. 2004, Az: VII ZR 129/02; vom 10. 05. 2007, Az: VI ZR 226/05.

Aufgrund dieser neuen Rechtsprechung spielt es keine Rolle mehr, ob der sogen. Kernbereich der VOB/B durch eine Änderung berührt wird oder nicht. Auch geringfügige Änderungen der VOB/B entziehen ihr das im Gesetz verankerte Privileg und führen dazu, dass sämtliche VOB-Regelungen einer gesetzlichen AGB-Kontrolle unterliegen.

Beispiel:

Der Auftraggeber hat einen VOB-Vertrag ausgeschrieben, und zwar mit einer einzigen zusätzlichen Klausel folgenden Inhalts: „Der AN haftet für sämtliche Personen-, Sach- und Vermögensschäden, die schuldhaft aus Anlass der Arbeiten oder aus deren Folgen entstehen." Der Auftraggeber hat nach Fertigstellung der Leistung die Schlussrechnungssumme überwiesen und den Auftragnehmer auf die Ausschlusswirkung nach § 16 Nr. 3 VOB/B hingewiesen. $2^1/_2$ Jahre später macht der Auftragnehmer weitere Vergütungsforderungen geltend. Der Auftraggeber wendet dagegen die vorbehaltlose Annahme der Schlusszahlung ein.

Diese relativ geringfügige Abweichung von § 10 VOB/B durch die genannte Klausel reicht aus, sie „als „Ganzes" zu vernichten. Das bedeutet, dass sich der Auftraggeber nicht auf die Ausschlusswirkung des § 16 Nr. 3 VOB/B berufen kann, da diese Regelung bei isolierter Inhaltskontrolle unwirksam ist.[54] Die Klausel kürzt nämlich die gesetzlich geregelte Verjährungsfrist in unzulässiger Weise ab.

In der Literatur wurden in der Vergangenheit allerdings Zweifel daran geäußert, ob die vorstehend dargestellte Rechtsprechung des Bundesgerichtshofs zur VOB als Ganzes rechtsdogmatisch vertretbar ist.

Dies vor allem im Hinblick darauf, dass der Gesetzgeber auch nach der Übernahme des AGB-Gesetzes in das BGB im Jahr 2002 das sehr eingeschränkt formulierte VOB-Privileg nicht erweitert, sondern es in den §§ 308 Nr. 5 und 309 Nr. 8 b) ff. bei der schon urspünglich eng gefassten Formulierung belassen hat.

Hinzu kam, dass das vom Gesetzgeber ausgesprochene VOB-Privileg ein Regelwerk betrifft, das durch keinerlei parlamentarische Kontrolle legitimiert war. Deshalb konnte es sich eigentlich nur auf die zum Zeitpunkt des Inkrafttretens des Gesetzes geltende VOB-Fassung beziehen und nicht auf zum damaligen Zeitpunkt noch gar nicht absehbare Neufassungen, wie beispielsweise die VOB-2006.

Schließlich wurde auch in Zweifel gezogen, ob die Gesamtprivilegierung der VOB/B bei deren unveränderter Vereinbarung in Anbetracht der EU-Richtlinie über missbräuchliche Klauseln in **Verbraucherverträgen zur Anwendung kommen kann.**

Aufgrund des dort geregelten besonderen Verbraucherschutzes war es fraglich, ob es vor allem wegen der in § 13 Nr. 4 VOB/B verkürzten Gewährleistungsfristen vertretbar ist, dieser und allen anderen VOB-Klauseln das oben dargestellte VOB-Privileg einzuräumen. Während das Kammergericht[55] meinte, dass die VOB/B nicht dem Geltungsbereich der erwähnten EU-Richtlinie unterliegt, wurde dies in der Literatur in Zweifel gezogen.[56]

---

[54] BGH vom 22. 01. 2004, Az: VII ZR 419/02.

[55] Urteil vom 15. 02. 2007, Az: 23 U 12/06, nicht rechtskräftig.

[56] Lang, NJW 1995, 2063 ff.; Quack, BauR 1997, 24 ff.; Tomic, BauR 2001, 23.

Aus diesem Grund war es fraglich, ob das oben dargestellte VOB-Privileg auch sogen. Verbraucherverträgen einzuräumen ist.

Denn die Interessenlage privater Auftraggeber ist nicht unbedingt identisch mit derjenigen Öffentlicher Auftraggeber.

So hat bei Verbrauchern die Verkürzung der gesetzlich geregelten Gewährleistungsfrist sicher ein höheres Gewicht – zum anderen fehlte für diesen Bereich eine „Legitimierung durch Beteiligung". Denn die Interessenverbände der Verbraucher haben keine Stimme im DVA (Kniffka, ibr-online-Kommentar Bauvertragsrecht, Stand 17. 03. 2008, Einleitung Rz. 35).

Mit Urteil vom 24. 07. 2008[57] hat der BGH diese Rechtsunsicherheit beendet und entschieden, dass die **Privilegierung der VOB/B bei Verwendung gegenüber Verbrauchern nicht gerechtfertig** ist, da die VOB/B im DVA zwar von Vertretern der Auftraggeber- und Auftragnehmerseite erarbeitet wird, die besonders schutzbedürftigen Verbraucher dort jedoch nicht vertreten seien, und deshalb ihre spezifischen Interessen nicht einbringen können.

Dies ist ebenso in den durch das **Forderungssicherungsgesetz** geänderten BGB-Vorschriften geregelt, wobei auch eine Klarstellung zur bisher gesetzlich nicht eindeutig geregelten Bedeutung der VOB/B erfolgt ist.

Danach entfällt das bisher in den §§ 308 Nr. 5 und 309 Nr. 8 b) ff. BGB eng formulierte VOB-Privileg, dafür wird dem § 310 Abs. 1 BGB ein Passus beigefügt, der klarstellt, dass **außerhalb von Verbraucherverträgen** – also gegenüber Unternehmen i. S. von § 14 BGB, juristischen Personen des öffentlichen Rechts und Sondervermögen des öffentlichen Rechts die **gesamte VOB/B** in der jeweils zum Zeitpunkt des Vertragsabschlusses geltenden Fassung einer **Inhaltskontrolle entzogen** ist, wenn sie **ohne inhaltliche Abweichungen** insgesamt in den Vertrag einbezogen wird.

Damit wird die vom BGH entwickelte, oben dargestellte Rechtsprechung zur VOB/B als Ganzes gesetzlich verankert.

Gleichzeitig stellt die gesetzliche Neuregelung klar, dass das **AGB-Privileg der VOB/B nicht gilt, wenn ein Verbraucher Vertragspartner des Verwenders ist.**

Einer Inhaltskontrolle nach §§ 307 ff. BGB unterliegt die VOB/B danach also einerseits bei ihrer Verwendung gegenüber Verbrauchern, andererseits auch außerhalb von Verbraucherverträgen, wenn sie dem Vertrag nicht als Ganzes zugrunde liegt.

Bei der Anwendung der VOB-Privilegierung ist allerdings zu beachten, dass inhaltliche Änderungen der VOB/B grundsätzlich nicht vorliegen, wenn die jeweilige VOB-Regelung ausdrücklich eine abweichende Regelung zulässt, wie dies beispielsweise in §§ 4 Nr. 4 oder 17 Nr. 8 Abs. 2 VOB/B der Fall ist. Insoweit hat sich an der bisherigen Rechtslage nichts geändert.

Strittig ist allerdings nach wie vor, ob dies generell gilt, oder ob es hiervon zumindest eine Ausnahme gibt.

---

[57] Az: VII ZR 55/07.

Beispiel:

Der Auftraggeber ändert § 13 Nr. 4 Abs. 1 VOB/B durch folgende Klausel ab: „Es gilt eine Gewährleistungsfrist von fünf Jahren und zwei Monaten. Ansonsten gelten die Vorschriften der VOB/B."

Zwar lässt der Wortlaut von § 13 Nr. 4 Abs. 1 VOB/B Abänderungen der dort geregelten jetzt 4-jährigen Verjährungsfrist ausdrücklich zu. Eine Verlängerung auf 5 Jahre stellt nach einem Urteil des OLG Naumburg[58] gegenüber § 13 Nr. 4 VOB/B jedoch eine nicht nur unwesentliche, sondern sogar eine wesentliche Änderung dar, die das Privileg der VOB/B „als Ganzes" ausschließt.

Diese Auffassung ist zwar nicht unumstritten[59], dürfte unseres Erachtens aber zutreffend sein, da durch diese Änderung das Gesamtgefüge der VOB/B trotz der genannten Öffnungsklausel nachhaltig verändert wird, da generell und unabhängig vom speziellen Gewährleistungsrisiko der jeweiligen Leistung die Gewährleistungsfrist verlängert wird.

5.2 Welche VOB-Klauseln sind unwirksam, wenn die VOB/B nicht das Privileg des § 310 Abs. 1 BGB genießt?

Bei Verträgen, denen die VOB/B nur in abgeänderter Form zugrunde liegt und die deshalb **nicht** mehr **als Ganzes** vereinbart wurde und bei Verträgen, bei denen ein **Verbraucher** Vertragspartner des Verwenders ist, unterliegen **alle** VOB/B-Regelungen im Hinblick auf eine unangemessene Benachteiligung des Vertragspartners der Inhaltskontrolle des Gesetzes (§§ 305 ff. BGB).

Allerdings muss bei der Überprüfung von AGB-Klauseln immer beachtet werden, **wer jeweils Verwender** der VOB/B ist. Das Gesetz schützt nämlich bei Verwendung Allgemeiner Geschäftsbedingungen niemals den Verwender selbst, sondern immer nur dessen Vertragspartner, dem er die Bedingungen gestellt hat. Deshalb kann sich der Verwender selbst nicht, auch wenn er ein privater Auftraggeber ist, darauf berufen, dass beispielsweise eine nicht wirksam in den Vertrag einbezogene, aber von ihm gestellte Klausel, unwirksam ist.

Beispiel:

Ein Auftraggeber hat dem Vertrag die VOB/B zugrunde gelegt. Kurz nach Ablauf der 4-jährigen Gewährleistungsfrist erhebt er eine Mängelrüge und beruft sich auf die Unwirksamkeit von § 13 Nr. 4 VOB/B, da er die VOB/B nicht „als Ganzes" vereinbart habe, so dass die 5-jährige Frist nach § 634a BGB gelte.

Diese Argumentation geht fehl. Als Verursacher der unwirksamen Einbeziehung der VOB/B „als Ganzes" ist es dem Auftraggeber nach „Treu und Glauben" verwehrt,

---

[58] Vom 27. 04. 2006, Az: 2 U 138/05, Baurechts-Report 4/2007, S. 14; ebenso OLG München NJW-RR 1995, 1301.

[59] Siehe beispielsweise Kniffka, ibr-online-Kommentar Bauvertragsrecht, Stand 17. 03. 2008, vor § 631 Nr. 2.4.2.1.2.1; OLG Brandenburg vom 08. 11. 2007, Az: 12 U 30/07.

sich hierauf zu berufen.[60] Deshalb kommt § 13 Nr. 4 VOB/B zur Anwendung. Die Mängelrüge erfolgte zu spät.

Es kann sich also auch ein **Verbraucher** nicht auf die Unwirksamkeit einer VOB-Klausel berufen, wenn er selbst die VOB/B zur Vertragsgrundlage gemacht hat.

5.3 Prüfungsmaßstab

AGB-Klauseln sind ausschließlich daran zu messen, ob sie den **Vertragspartner des Klauselverwenders unangemessen benachteiligen** (§ 307 Abs. 1 BGB). Dass eine Klausel im Einzelfall den Verwender selbst benachteiligt, spielt in AGB-rechtlicher Hinsicht also keine Rolle. Der Verwender kann sich hierauf nicht berufen.[61]

> **Beispiel:**
>
> Der Auftraggeber verwendet in einem Vertrag, dem die VOB/B nicht als Ganzes zugrunde liegt eine Klausel, wonach sich die Verjährung der Gewährleistungsansprüche nach § 13 Nr. 4 VOB/B richtet. Dies ist wirksam, da der Auftragnehmer hierdurch nicht etwa unangemessen benachteiligt wird, die kürzere als die gesetzlich geregelte Frist für ihn sogar von Vorteil ist. Stellt umgekehrt aber der Auftragnehmer die Vertragsbedingungen und verwendet er die gleiche Klausel, benachteiligt dies den Auftraggeber aufgrund der Verkürzung der gesetzlich geregelten Frist sehr wohl in unangemessener Weise. Das führt dann zur Unwirksamkeit dieser Klausel, wenn die VOB/B nicht als Ganzes vereinbart worden ist.
>
> Nachfolgend wird die Wirksamkeit einzelner „kritischer" Klauseln der VOB/B zuerst für den Regelfall geprüft, in dem der **Auftraggeber Verwender** der VOB/B ist.

5.4 Unwirksame VOB-Klauseln, wenn der Auftraggeber Verwender ist

5.4.1 Unwirksamkeit von § 1 Nr. 3 VOB/B? (Auftraggeber als Verwender) – wirksam –

In § 1 Nr. 3 VOB/B ist geregelt, dass der Auftraggeber ohne Einverständnis des Auftragnehmers einen wirksam geschlossenen Bauvertrag abändern darf, was zu einer einseitigen Belastung des Auftragnehmers führen kann. Dies beispielsweise dann, wenn die vom Auftraggeber angeordneten Änderungen eine Mehrleistung für den Auftragnehmer bedeuten, er jedoch aufgrund seiner konkreten Auslastungssituation nicht über die notwendigen Mehrkapazitäten verfügt. Hinzu kommt, dass in § 1 Nr. 3 VOB/B nicht eindeutig definiert ist, welche Grenzen dem Auftraggeber bezüglich des Umfangs von Anordnungen gesetzt sind. Deshalb wird in der Literatur überwiegend der Standpunkt vertreten, dass § 1 Nr. 3 VOB/B einer isolierten Inhaltskontrolle nicht standhält.[62]

---

[60] OLG Düsseldorf vom 23. 06. 1995, Az: 22 U 205/94.

[61] BGH, NJW 1987, 837.

[62] Ingenstau-Korbion, Anhang 1, Rdnr. 71; Korbion/Locher/Sienz, IV F Rdnr. 24; Markus/Kaiser/Kapellmann, Rdnr. 101.

Zur Wirksamkeit von § 1 Nr. 3 VOB/B liegt bisher noch keine Entscheidung des BGH vor. Allerdings hat der BGH[63] am 25. 01. 1996 entschieden, dass § 1 Nr. 4 VOB/B einer Inhaltskontrolle standhält (siehe unten Nr. 5.4.2). Da bei § 1 Nr. 3 VOB/B eine immerhin vergleichbare Problematik besteht, wenn die Änderungsbefugnis des Auftraggebers bei § 1 Nr. 4 VOB/B auch nicht so weit gefasst ist wie bei § 1 Nr. 3 VOB/B, **dürfte nach unserer Auffassung trotzdem auch § 1 Nr. 3 VOB/B einer isolierten Inhaltskontrolle standhalten.**

5.4.2 Unwirksamkeit von § 1 Nr. 4 Satz 1 VOB/B? (Auftraggeber als Verwender) – wirksam –

In § 1 Nr. 4 Satz 1 VOB/B ist geregelt, dass der Auftragnehmer auch nicht vereinbarte Leistungen auf Verlangen des Auftraggebers mit auszuführen hat, wenn sie zur Ausführung der vertraglichen Leistung erforderlich werden.

Durch diese Regelung wird der Auftragnehmer zum Abschluss eines (zusätzlichen) Vertrages mit dem Auftraggeber – und zwar mit vorgegebener Preisermittlungsgrundlage (§ 2 Nr. 6 Abs. 2 VOB/B) – gezwungen.

Ein solcher formularmäßiger Kontrahierungszwang könnte im Hinblick auf die Grundsätze des Bürgerlichen Rechts, nämlich den dort verankerten Grundsatz der Vertragsfreiheit, problematisch sein.

Das LG München I hatte § 1 Nr. 4 Satz 1 VOB/B deshalb bei einer isolierten Überprüfung außerhalb der „insgesamt" einbezogenen VOB wegen Verstoßes gegen wesentliche Grundgedanken der gesetzlichen Regelung und damit gegen § 307 Abs. 2 Nr. 1 BGB für unwirksam gehalten.

Diese Entscheidung hat der BGH[64] aufgehoben. § 1 Nr. 4 VOB/B stellt nach diesem Urteil ein zulässiges Leistungsbestimmungsrecht für den Auftraggeber dar, das nicht unangemessen ist.

Bei Bauverträgen lasse sich häufig zum Zeitpunkt des Vertragsabschlusses noch nicht absehen, ob Leistungen zusätzlicher Art erforderlich werden. § 1 Nr. 4 VOB/B trage deshalb dem Spannungsverhältnis zwischen Planung und Ausführung angemessen Rechnung, wobei zugleich die Grenzen geregelt seien, innerhalb derer der Auftraggeber sein Leistungsbestimmungsrecht ausüben dürfe. § 1 Nr. 4 VOB/B **halte deshalb einer Inhaltskontrolle nach** § 307 BGB **stand.**

5.4.3 Unwirksamkeit von § 2 Nr. 5 Satz 1 VOB/B? (Auftraggeber als Verwender) – wirksam –

Die Regelung in § 2 Nr. 5 Satz 1 VOB/B, wonach bei vom Auftraggeber angeordneten Änderungen ein neuer Preis unter Berücksichtigung der Mehr- oder Minderkosten zu vereinbaren ist, ist ebenfalls bei isolierter Inhaltskontrolle problematisch. Die Regelung nimmt dem Auftragnehmer nämlich bei Änderungsanordnungen die Möglich-

---

[63] BauR 1996, 378.
[64] BGH vom 25. 01. 1996, Az: VII ZR 233/94, NJW 96, 1346.

keit, den geänderten Preis ohne Bezugnahme auf die Preisermittlungsgrundlagen des Hauptvertrages frei zu bestimmen.

Hierdurch ist der Auftragnehmer z. B. daran gehindert, in der Nachtragsvereinbarung einen ursprünglich zu niedrig kalkulierten Preis zu korrigieren. Dies ist nach Meinung des BGH[65] jedoch **nicht unangemessen,** da dem Auftragnehmer auch etwaige Vorteile seiner ursprünglichen Kalkulation bleiben. Es sei hierbei zu berücksichtigen, dass es der Auftragnehmer in der Hand habe, seine Preise gründlich und auskömmlich zu kalkulieren, wovon der Auftraggeber auch ausgehen dürfe.

Deshalb sei es nicht unangemessen, den Auftragnehmer auch bei einer geänderten Leistung am ursprünglichen Preisniveau festzuhalten.

Aus diesem Grund **halte § 2 Nr. 5 VOB/B einer Inhaltskontrolle gem. § 307 BGB stand.**

5.4.4 Unwirksamkeit von § 2 Nr. 6 Abs. 1 Satz 2 VOB/B?
(Auftraggeber als Verwender)
– wirksam –

Nach § 2 Nr. 6 Abs. 1 Satz 2 VOB/B steht dem Auftragnehmer für eine vom Auftraggeber zusätzlich in Auftrag gegebene Leistung nur dann ein Vergütungsanspruch zu, wenn er dem Auftraggeber diesen Anspruch **ankündigt,** bevor er mit der Ausführung der zusätzlichen Leistung beginnt.

Der **Wortlaut** dieser VOB-Bestimmung weicht in entscheidender Weise von der gesetzlichen Regelung des § 632 BGB ab, wonach auch ohne eine solche vorherige Ankündigung ein angemessener Vergütungsanspruch für zusätzlich vom Auftraggeber erteilte Zusatzaufträge besteht.[66]

Trotzdem hat der BGH[67] entschieden, dass § 2 Nr. 6 VOB/B einer Inhaltskontrolle auch dann standhält, wenn die VOB nicht „insgesamt" vereinbart worden ist.

Begründet wird dies damit, dass die in § 2 Nr. 6 VOB/B geregelte Ankündigungspflicht abweichend von der bisherigen Rechtsprechung einschränkend auszulegen sei.

Das Unterlassen der Mehrvergütungsankündigung bedeute nämlich nicht unbedingt den Verlust des Vergütungsanspruchs.

Musste der Auftraggeber vielmehr davon ausgehen, dass die Zusatzleistung nicht ohne Vergütung erfolge – was bei gewerblichen Bauleistungen regelmäßig zutreffe – so sei die Mehrpreisankündigung entbehrlich.

Gleiches gelte dann, wenn nach Lage der Dinge keine Alternative zur sofortigen Ausführung der Leistung bestehe. Und schließlich verliere der Auftragnehmer seinen Ver-

---

[65] BGH vom 25. 01. 1996, Az: VII ZR 233/94, NJW 96, 1346; so z. B. auch Markus/Kaiser/Kapellmann, Rdnr. 103.
[66] OLG München vom 29. 05. 1993, Az: 13 U 7002/92, Baurechts-Report 7/93, S. 1.
[67] BGH vom 23. 05. 1996, Az: VII ZR 245/94, BauR 96, 542.

gütungsanspruch auch dann nicht, wenn er die Ankündigung ohne sein Verschulden versäumt habe.

Unter Zugrundelegung dieser Auslegung hält § 2 Nr. 6 VOB/B **einer Inhaltskontrolle stand,** da keine wesentliche Abweichung von der gesetzlichen Regelung bestehe.

Dieser Meinung ist zwar nur relativ schwer zu folgen, da die oben dargestellte Auslegung des § 2 Nr. 6 VOB/B deutlich von dessen Wortlaut abweicht, sodass die Klausel eigentlich gegen das sogen. Transparenzgebot des § 305c Abs. 2 BGB verstößt. Schon dies müsste im Grunde die Unwirksamkeit von § 2 Nr. 6 Abs. 1 Satz 2 VOB/B zur Folge haben (so beispielsweise auch Korbion/Locher/Sienz, IV F, Rdnr. 25).

Für die Praxis dürften solche Erwägungen allerdings keine wesentliche Rolle spielen, da die Rechtsprechung des BGH der für die Praxis entscheidende Maßstab ist, sodass von der Wirksamkeit von § 2 Nr. 6 Abs. 1 Satz 2 VOB/B auszugehen ist.

5.4.5 Unwirksamkeit von § 2 Nr. 8 Abs. 1 und 2 VOB/B?
(Auftraggeber als Verwender)
– unwirksam –

Der Bundesgerichtshof hatte schon im Jahr 1991 darauf hingewiesen, dass der Auftragnehmer nach der gesetzlichen Regelung bei auftragslos erbrachten Leistungen Ansprüche aus Geschäftsführung ohne Auftrag[68] und ungerechtfertigter Bereicherung[69] haben könne. Solche Ansprüche bestünden in aller Regel dann, wenn die Leistungen zur Erfüllung des Vertrages notwendig waren. Von einer Anzeige der Leistung hängen sie nach der gesetzlichen Regelung nicht ab. Demgegenüber sei der in § 2 Nr. 8 Abs. 1 Satz 1 VOB/B geregelte Ausschluss jeglichen Vergütungsanspruchs bei unterlassener Anzeige eine schwerwiegende Folge, die durch das Interesse des Auftraggebers an einer Anzeige nicht zu rechtfertigen sei. Deshalb halte § 2 Nr. 8 Abs. 1 Satz 1 VOB/B einer isolierten Inhaltskontrolle nicht stand.[70]

Das gleiche gelte für § 2 Nr. 8 Abs. 2 VOB/B, der ebenfalls zulasten des Auftragnehmers von der gesetzlichen Regelung dadurch abweiche, dass der Vergütungsanspruch von einer Ausführungsanzeige des Auftragnehmers abhängig sei.

Als Reaktion hierauf wurde dem § 2 Nr. 8 VOB/B bei Änderung der VOB im Sommer 1996 ein 3. Absatz angefügt, der regelt, dass die Vorschriften des BGB über die Geschäftsführung ohne Auftrag (§§ 677 ff. BGB) „unberührt" bleiben.

Damit kommt zwar die gesetzliche Regelung der „Geschäftsführung ohne Auftrag" zur Anwendung, wenn bei unaufgeforderten Leistungen die unverzügliche Anzeige unterblieben ist.

Trotzdem hält Absatz 2 des § 2 Nr. 8 VOB/B einer Inhaltskontrolle auch nach dieser Änderung der VOB/B nicht stand, da im Absatz 3 des § 2 Nr. 8 VOB/B nur die

---

[68] Vgl. BGH vom 02. 03. 1972, Az: VII ZR 143/79.

[69] Vgl. BGH vom 23. 03. 1972, Az: VII ZR 184/79.

[70] BGH vom 31. 01. 1991, Az: VII ZR 291/88.

§§ 677 ff. BGB als Ersatzregelung gelten, nicht jedoch auch die §§ 812 ff. BGB (ungerechtfertigte Bereicherung), die in bestimmten Fällen bei auftragslos erbrachten Leistungen heranzuziehen sind. Die oben angeführten diesbezüglichen Hinweise des BGH in seiner Entscheidung vom 31. 01. 1991 sind vom Vergabe- und Vertragsausschuss, der für Änderungen der VOB/B zuständig ist, jedoch nicht beachtet worden. **Deshalb hält § 2 Nr. 8 Abs. 1 und 2 VOB/B** – nicht zuletzt auch wegen dessen Intransparenz – **einer Inhaltskontrolle bei isolierter Betrachtung** auch in der Fassung 2006 der VOB/B **nicht stand.** Hierauf hat das OLG Jena[71] noch einmal ausdrücklich hingewiesen.

5.4.6 Unwirksamkeit von § 4 Nr. 8 Abs. 1 Satz 2 VOB/B?
(Auftraggeber als Verwender)
– wirksam –

Die in § 4 Nr. 8 Abs. 1 Satz 2 VOB/B geregelte Verpflichtung des Auftragnehmers zur **Selbstausführung** der Leistung weicht inhaltlich von der Regelung des Bürgerlichen Gesetzbuches ab. Das BGB regelt Werkleistungen rein erfolgsbezogen, der Auftraggeber kann keinen Einfluss darauf nehmen, von wem die Leistung ausgeführt wird.

Die VOB trägt demgegenüber der Tatsache Rechnung, dass gerade bei Bauleistungen ein besonderes Vertrauensverhältnis zwischen Auftraggeber und Auftragnehmer besteht. Es erscheint deshalb vertretbar, dem Auftragnehmer, wie in § 4 Nr. 8 VOB/B, nur dann auch ohne Zustimmung des Auftraggebers das Recht zum Nachunternehmereinsatz einzuräumen, wenn es sich um die Ausführung von Leistungen handelt, auf die der Betrieb des Auftragnehmers nicht eingerichtet ist. Diese Regelung weicht zwar von der gesetzlichen Regelung ab, jedoch geschieht dies unserer Auffassung nach nicht in unangemessener oder unbilliger Weise. **Ein Verstoß gegen § 307 BGB dürfte deshalb nicht gegeben sein.**[72]

5.4.7 Unwirksamkeit von § 6 Nr. 6 VOB/B? (Auftraggeber als Verwender)
– unwirksam –

In § 6 Nr. 6 VOB/B ist geregelt, dass der Auftragnehmer im Falle auftraggeberseitiger **Behinderungen** entgangenen Gewinn nur dann geltend machen kann, wenn den Auftraggeber Vorsatz oder grobe Fahrlässigkeit hieran trifft. Bei nur leichter Fahrlässigkeit ist dieser Anspruch ausgeschlossen.

Dieser Ausschluss des gesetzlichen Schadensersatzanspruches auch bei Verletzung wesentlicher Vertragspflichten (Kardinalpflichten) **verstößt** bei isolierter Inhaltskontrolle, wenn also die VOB nicht „insgesamt" vereinbart ist, **gegen § 307 Abs. 2 Nr. 1 BGB.**[73]

---

[71] Urteil vom 19. 09. 2007, Az: 7 U 35/07, Baurechts-Report 2007, 43.

[72] Andere Ansicht jedoch Tempel in NZBau 9/2002, S. 465 ff., der die Entscheidungsfreiheit der Vertragsgestaltung in unbilliger Weise für eingeschränkt hält.

[73] So auch BGH in NJW 1994, 1060 sowie Kleine-Möller/Merl/Oelmeier, Rdnr. 108 zu § 4; andere Ansicht Markus/Kaiser/Kapellmann, Rdnr. 108.

5.4.8 Unwirksamkeit von § 12 Nr. 5 Abs. 1 und 2 VOB/B?
(Auftraggeber als Verwender)
– wirksam –

§ 12 Nr. 5 Absätze 1 und 2 VOB/B enthalten zwar nach h. M. Abnahmefiktionen, die mit § 308 Nr. 5 a) und b) BGB nicht vereinbar sind, da § 12 Nr. 5 VOB/B nicht die im Gesetz genannten Voraussetzungen für eine Wirksamkeit fingierter Erklärungen erfüllt (OLG Hamm, OLGR 1995, 74).

Dies führt jedoch auch dann nicht zur Unwirksamkeit von § 12 Nr. 5 Absätze 1 und 2 VOB/B, wenn die VOB/B in abgeänderter Form Vertragsgrundlage geworden ist.

Denn die Regelung in § 12 Nr. 5 Abs. 1 und 2 VOB/B benachteiligt nicht etwa den Auftragnehmer als Vertragspartner des Klauselverwenders, sondern den Auftraggeber als Verwender dieser VOB-Bestimmung selbst.

Nach § 307 Abs. 1 BGB ist jedoch nur der Vertragspartner des Verwenders, hier also der Auftragnehmer vor unangemessenen Klauseln geschützt. Der Auftraggeber selbst kann sich als Klauselverwender nicht auf die Unwirksamkeit der von ihm gestellten Klausel gem. § 13 Nr. 5 Abs. 1 und 2 VOB/B berufen. (Zur Wirksamkeit von § 12 Nr. 5 VOB/B, **bei Verwendung durch den Auftragnehmer** siehe unten Nr. 5.5.4)

5.4.9 Unwirksamkeit von § 13 Nr. 4 Abs. 1 VOB/B? (Auftraggeber als Verwender)
– wirksam –

In § 13 Nr. 4 VOB/B wird die Verjährungsfrist für Mängelansprüche gegenüber der gesetzlichen Regelung auch noch in der VOB-Fassung 2006 deutlich verkürzt. Dies geht jedoch ausschließlich zulasten des Auftraggebers. Ist er selbst derjenige, der die Vertragsbedingungen stellt, kann er sich nach allgemeinen AGB-rechtlichen Grundsätzen nicht auf deren Unwirksamkeit berufen.

Bei Verwendung durch den Auftraggeber hält § 13 Nr. 4 VOB/B also einer Inhaltskontrolle auch dann stand, wenn die VOB/B in abgeänderter Form verwendet worden ist[74]; zur Wirksamkeit von § 13 Nr. 4 VOB/B, wenn der Auftragnehmer Verwender ist, siehe unten Nr. 5.5.5.

5.4.10 Unwirksamkeit von § 16 Nr. 3 Abs. 1 Satz 1 VOB/B?
(Auftraggeber als Verwender)
– unwirksam –

Während die Fälligkeit der Schlusszahlung nach dem gesetzlichen Leitbild des § 641 Abs. 1 BGB **mit der Abnahme** eintritt, tritt die **Fälligkeit der Schlusszahlung** nach § 16 Nr. 3 Abs. 1 Satz 1 VOB/B erst 2 Monate nach dem Zugang der Schlussrechnung ein.

---

[74] Ingenstau-Korbion, Anhang 1, Rdnr. 80.

Diese erhebliche Abweichung von der gesetzlichen Regelung nach § 641 Abs.1 BGB zulasten des Auftragnehmers verstößt nach einem Urteil des OLG München gegen § 307 BGB, wenn die VOB abgeändert worden ist.[75]

Nach dem ab 01. 05. 2000 geltenden § 286 Abs. 3 BGB tritt sogar der **Verzug** einer Rechnung spätestens 30 Tage nach deren Zugang beim Auftraggeber ein. Damit ist klargestellt, dass nach der gesetzlichen Regelung eine angemessene Prüffrist keinesfalls mehr als 30 Kalendertage beträgt, da danach ohne Weiteres die Verzugslage eintritt.

Diese Rechtslage stellt das gesetzliche Leitbild dar. § 16 Nr. 3 Abs. 2 VOB/B weicht hiervon in gravierender Weise zugunsten des Auftraggebers ab. Denn die Fälligkeit des Schlusszahlungsanspruchs tritt hier erst erheblich später ein.

Damit **verstößt § 16 Nr. 3 Abs. 1 VOB/B gegen § 307 BGB,** wenn eine isolierte Inhaltskontrolle stattzufinden hat.

5.4.11 Unwirksamkeit von § 16 Nr. 3 Abs. 2 VOB/B?
(Auftraggeber als Verwender)
– unwirksam –

Nach § 16 Nr. 3 Abs. 2 VOB/B der Fassung, die bis zum Sommer 1990 gegolten hat, war der Auftragnehmer **mit weiteren Zahlungsansprüchen ausgeschlossen,** wenn der Auftraggeber Schlusszahlung geleistet und der Auftragnehmer nicht innerhalb von 12 Werktagen nach Zahlungserhalt einen Vorbehalt beim Auftraggeber angemeldet hat, mit dem er weitere Zahlungen forderte.

Diese Regelung enthielt eine unzulässige Fiktion und verkürzte darüber hinaus die gesetzlich geregelten Fristen für die Verjährung bzw. Verwirkung von Forderungen in gravierender Weise.

Der BGH[76] hatte hierzu entschieden, dass diese (frühere) VOB-Regelung gegen §§ 307, 308 Nr. 5 BGB verstößt, wenn die VOB/B nicht „insgesamt" vereinbart ist.

Die Fassung der VOB/B vom Sommer 1990, die auch in den nachfolgend weiter geänderten Fassungen der VOB/B insoweit unverändert geblieben ist, hat die frühere Regelung zwar dadurch etwas entschärft, dass die Ausschlusswirkung nur noch dann eintritt, wenn der Auftraggeber den Auftragnehmer über die Schlusszahlung schriftlich unterrichtet und auf die **Ausschlusswirkung hingewiesen** hat.

Dies räumt allerdings nur den Verstoß gegen § 308 Nr. 5 BGB (unzulässige Fiktion), nicht jedoch gegen § 307 BGB aufgrund der **unangemessenen Verkürzung der gesetzlichen Verjährungsvorschriften** (3 Jahre gem. § 195 BGB) aus. Die Verlän-

---

[75] OLG München vom 26. 07. 1994, Az: 13 U 1804/94, Baurechts-Report 10/94; Korbion/Locher/Sienz, IV F Rdnr. 36.
[76] BGH vom 17. 09. 1987, Az: VII ZR 155/86, NJW 88, 55 und BGH vom 23. 11. 1989, Az: VII ZR 228/88, Baurechts-Report 3/90, BGH vom 28. 09. 1989, Az: VII ZR 9/89, Baurechts-Report 12/89, sowie BGH vom 06. 06. 1991, Az: ZR 101/90, NJW-RR 91, 1238; OLG Hamm vom 14. 07. 1995, Az: 12 U 186/94, IBR 95, 422; OLG Köln vom 03. 03. 1995, Az: 19 U 119/94, BB 95, 1926.

gerung der früheren 12-Tage-Frist auf nunmehr 24 Werktage ändert hieran nichts. § 16 Nr. 3 Abs. 2 VOB/B ist **wegen Verstoßes gegen** § 307 BGB unwirksam, wenn die VOB/B nicht „insgesamt" vereinbart wurde.[77] Das Gleiche gilt für die insoweit inhaltsgleiche Regelung des § 16 Nr. 3 Abs. 3 VOB/B.

5.4.12 Unwirksamkeit von § 16 Nr. 5 Abs. 3 VOB/B?
(Auftraggeber als Verwender)
– unwirksam –

Die Regelung in § 16 Nr. 5 Abs. 3 VOB/B sieht vor, dass der Auftraggeber erst in Verzug gerät, wenn ihm der Auftragnehmer nach Rechnungszugang und Ablauf der Zahlungsfristen (18 Werktage für Abschlagszahlungen, 2 Monate für die Schlusszahlung) eine **angemessene Nachfrist** gesetzt hat und diese ergebnislos abgelaufen ist. Im Gegensatz dazu tritt die Verzugslage nach § 284 Abs. 3 BGB in der seit 01. 05. 2000 geltenden Fassung **ohne Mahnung** allein durch Ablauf einer Frist von 30 Tagen nach Zugang der Rechnung ein.

Diese gesetzliche Regelung stellt ein Kernstück des „Gesetzes zur Beschleunigung fälliger Zahlungen" dar. Die automatisch eintretende Verzugslage soll Druck auf den Auftraggeber ausüben, Rechnungen pünktlich zu bezahlen und zwar unabhängig von einem Eingreifen des Auftragnehmers in Form einer Mahnung.

Berücksichtigt man, dass neben der nach VOB erforderlichen Nachfristsetzung gem. § 16 Nr. 5 Abs. 3 VOB/B auch noch eine Verdoppelung der in § 286 Abs. 3 BGB für den Verzugseintritt geregelten Frist kommt, wird klar, dass die **Regelung in § 16 Nr. 5 Abs. 3 VOB/B** bei Verträgen, die einer Inhaltskontrolle nicht wegen unverändert vereinbarter VOB/B von vorneherein entzogen sind, **gegen § 307 BGB verstößt** und damit unwirksam ist.[78]

5.4.13 Unwirksamkeit von § 16 Nr. 6 Satz 1 VOB/B?
(Auftraggeber als Verwender)
– wirksam –

§ 16 Nr. 6 Satz 1 VOB/B hatte es in den Fassungen bis einschließlich der VOB-2000 dem Auftraggeber ermöglicht, direkt an einen Subunternehmer seines Vertragspartners (Haupt- oder Generalunternehmer) zu zahlen, wenn sich der (General)-Unternehmer gegenüber seinem Subunternehmer in Zahlungsverzug befand.

Der BGH[79] hatte hierzu entschieden, dass diese Regelung von wesentlichen Grundgedanken der gesetzlichen Regelung abweicht.

---

[77] So auch BGH vom 09. 10. 2001, Az: X ZR 153/99, IBR 2002, 1; BGH vom 19. 03. 1998, Az: VII ZR 116/97; LG München vom 27. 07. 1994, Az: 21 O 11308/93, rechtskräftig, Revision vom BGH (Beschluss vom 13. 07. 1995, Az: VII ZR 233/94) nicht angenommen; OLG Hamburg vom 26. 02. 1997, Az: 8 U 114/96, Revision vom BGH (Beschluss vom 22. 10. 1998, Az: VII ZR 113/97) nicht angenommen; Korbion/Locher/Sienz, IV F Rdnr. 37.

[78] So auch Korbion/Locher/Sienz, IV F Rdnr. 37.

[79] BGH vom 21. 06. 1990, Az: VII ZR 109/89, NJW 90, 2384.

Deshalb sei § 16 Nr. 6 Satz 1 VOB/B unwirksam, wenn dem Vertrag nicht das Privileg der „insgesamt" vereinbarten VOB zugrunde liege.

Dieses Urteil hat unserer Auffassung nach allerdings keine Bedeutung mehr für Verträge ab der VOB-2002, da der Text von § 16 Nr. 6 VOB/B entsprechend dem zitierten Urteil des BGH geändert wurde. Nach der geänderten Fassung kann eine direkte Zahlung an den Subunternehmer nur dann erfolgen, wenn dieser die Weiterarbeit verweigert und die Zahlung die Fortführung der Arbeiten sicherstellen soll. Damit **hält § 16 Nr. 6 VOB/B auch einer Inhaltskontrolle stand,** wenn die VOB/B nicht als Ganzes vereinbart worden ist.[80]

5.4.14 Unwirksamkeit von § 18 Nr. 4 VOB/B? (Auftraggeber als Verwender) – wirksam –

Die Regelung in § 18 Nr. 4 VOB/B, wonach „Streitfälle" den Auftragnehmer nicht dazu berechtigen, die **Arbeiten einzustellen,** könnte gegen § 307 Abs. 2 Nr. 2 BGB verstoßen, da sie so weit und so undifferenziert gefasst ist, dass man vermuten könnte, dass sie auch dann eingreift, wenn ein vertragswidriges Verhalten des Auftraggebers Anlass des Streitfalles ist. Damit könnte die Regelung gesetzliche Zurückbehaltungsrechte ausschließen, zumindest gegen das Transparenzgebot (§ 307 Abs. 1 Satz 2 BGB) verstoßen.

Der BGH hat jedoch im Urteil vom 25. 1. 1996[81] **entschieden, dass § 18 Nr. 4 VOB/B einer Inhaltskontrolle standhält.**

Im Wege ergänzender Vertragsauslegung stellt er fest, dass § 18 Nr. 4 VOB/B lediglich sicherstellen soll, dass Meinungsverschiedenheiten über Vertragsinhalt oder Bauausführung das Bauvorhaben nicht gefährden sollen. Die Regelung habe lediglich klarstellenden Charakter, schneide dem Auftragnehmer jedoch nicht ihm zustehende Leistungsverweigerungsrechte ab.

5.5 Welche VOB-Klauseln sind unwirksam, wenn der Auftragnehmer Verwender ist?

Bei Verträgen, bei denen der **Auftragnehmer Verwender** ist, ist für den Fall von **Eingriffen des Auftragnehmers in die „insgesamt" vereinbarte VOB/B** oder unabhängig hiervon **gegenüber Verbrauchern** zu prüfen, ob alle VOB/B-Regelungen im Hinblick auf eine mögliche unangemessene Benachteiligung des Auftraggebers i. S. von §§ 307 ff. BGB einer Inhaltskontrolle standhalten.

5.5.1 Unwirksamkeit von § 4 Nr. 7 Satz 3, § 5 Nr. 4 und § 8 Nr. 3 VOB/B? (Auftragnehmer als Verwender) – unwirksam / wirksam –

Alle drei genannten VOB-Klauseln regeln die Auftraggeberkündigung, wobei jeweils vor Kündigungsausspruch die Entziehung des Auftrags **angedroht** werden muss. Die-

---

[80] Andere Ansicht Markus/Kaiser/Kapellmann, Rdnr. 126.

[81] BGH vom 25. 01. 1996, Az: VII ZR 233/94, NJW 96,1346.

se Verpflichtung zur Kündigungsandrohung weicht vom gesetzlichen Leitbild gem. §§ 281, 323 BGB zulasten des Auftraggebers ab, das keine Kündigungsandrohung mehr kennt.

Der Gesetzgeber hatte die §§ 326 Abs. 1 und 634 Abs. 1 BGB alter Fassung nämlich seinerzeit geändert, um dem Auftraggeber die Lösung vom Vertrag zu erleichtern. Er wollte verhindern, dass bereits eine vergessene Androhung die Kündigung zunichte macht.

Dieses Argument führt jedoch dann **nicht zur Unwirksamkeit** der genannten VOB-Regelungen, wenn der Auftraggeber **Unternehmer** ist, da erwartet werden kann, dass er mit den Formalien der Vertragsabwicklung vertraut ist.[82]

Eine andere Situation dürfte jedoch bei Verträgen mit **Verbrauchern** gegeben sein. Diese Gruppe ist mit geschäftlichen Angelegenheiten gerade nicht entsprechend vertraut, sodass hier die VOB/B das vom Gesetzgeber geschaffene Leitbild in unangemessener Weise zu seinen Lasten abändert. Deshalb dürften die genannten VOB-Klauseln bei Verwendung **gegenüber einem Verbraucher wegen Verstoßes gegen § 307 Abs. 2 Nr. 1 BGB unwirksam** sein.

5.5.2 § 6 Nr. 6 VOB/B? (Auftragnehmer als Verwender)
– unwirksam –

In § 6 Nr. 6 VOB/B ist geregelt, dass der Auftraggeber nur dann Schadensersatzansprüche auf entgangenen Gewinn bei auftragnehmerseitig verursachten Behinderungen geltend machen kann, wenn der Auftragnehmer grob fahrlässig gehandelt hat. Eine solche Haftungsbeschränkung bei Verletzung sogen. Kardinalpflichten verstößt gegen § 307 BGB.[83]

5.5.3 Unwirksamkeit von § 7 Nr. 1 VOB/B? (Auftragnehmer als Verwender)
– unwirksam –

Gemäß § 7 VOB/B (in Verbindung mit § 12 Nr. 6 VOB/B) hat der Auftraggeber das Risiko der Beschädigung oder völligen Zerstörung der vom Auftragnehmer ausgeführten Leistungen durch **höhere Gewalt** oder andere von ihm nicht zu vertretende Umstände schon vor der Abnahme zu tragen.

Dies verbessert die Rechtsstellung des Auftragnehmers gegenüber der in § 644 Abs. 1 Satz 1 BGB getroffenen gesetzlichen Regelung, wonach diese Gefahr erst mit der Abnahme auf den Auftraggeber übergeht, erheblich zulasten des Auftraggebers.

Aus diesem Grund hält § 7 VOB/B nach der hier vertretenen Meinung, die allerdings nicht der überwiegenden Meinung der Literatur[84] entspricht, einer außerhalb der

---

[82] Ingenstau-Korbion, Anhang 1, Rdnr. 73.

[83] Korbion/Locher/Sienz, IV F Rdnr. 27.

[84] So z. B. Ingenstau-Korbion, § 7 Nr. 1–3 VOB/B, Rdnr. 31; Wolf/Horn/Lindacher Rdnr. 253; Markus/Kaiser/Kapellmann, Rdnr. 109 und Korbion/Locher/Sienz IV F Rdnr. 28, die meinen, dass § 7 VOB/B eine für Bauleistungen interessengerechte Gefahrenverteilung darstellt, zumal sich der Unternehmer durch eine Bauleistungsversicherung absichern kann.

„insgesamt" vereinbarten VOB durchzuführenden Inhaltskontrolle nicht stand. **Die in § 7 VOB/B geregelte Verlagerung der Vergütungsgefahr auf den Auftraggeber schon vor der Abnahme ist nach dieser Auffassung unwirksam.**[85]

5.5.4 Unwirksamkeit von § 12 Nr. 5 Abs. 1 und 2 VOB/B? (Auftragnehmer als Verwender) – unwirksam –

§ 12 Nr. 5 Abs.1 VOB/B regelt, dass die Abnahme der vom Auftragnehmer erstellten Leistung mit Ablauf von 12 Werktagen nach schriftlicher Mitteilung über die Fertigstellung, bzw. nach Ablauf von 6 Werktagen nach Beginn der Benutzung (§ 12 Nr. 5 Abs. 2 VOB/B) durch Fiktion eintritt, ohne dass der Auftraggeber hierauf ausdrücklich hinzuweisen ist.

Dies **verstößt gegen §§ 307, 308 Nr. 5 BGB,** da es eine unbillige Benachteiligung des Auftraggebers darstellt, wenn die VOB nicht „insgesamt" vereinbart wurde.[86] Zwar kennt auch die gesetzliche Regelung (§§ 640, 641a BGB) zwei Abnahmefiktionen. Die VOB-Regelung weicht jedoch deutlich von der gesetzlichen Regelung ab. Bei den Abnahmefiktionen nach § 12 Nr. 5 Abs. 1 und 2 VOB/B tritt ohne ausdrückliches Abnahmeverlangen, wie dies im Gesetz geregelt ist, vor allem ohne Warnfunktion die Abnahme ein. Das birgt die erhebliche Gefahr für den Auftraggeber, den Abnahmeeintritt zu übersehen. Deshalb dürfte nach der hier vertretenen Auffassung § 12 Nr. 5 VOB/B gegen § 307 BGB verstoßen, wenn die VOB/B nicht „insgesamt" oder gegenüber einem Verbraucher vereinbart ist.[87]

5.5.5 Unwirksamkeit von § 13 Nr. 4 VOB/B? (Auftragnehmer als Verwender) – unwirksam –

Die in § 634a Abs. 1 Nr. 2 BGB gesetzlich geregelte 5-jährige Verjährungsfrist für Mängelansprüche wird in § 13 Nr. 4 Abs. 1 VOB/B von früher 2 Jahren, zwar ab der VOB-2002 auf 4 Jahre verlängert, gegenüber der gesetzlichen Regelung stellt dies jedoch noch immer eine Verkürzung dar, für bestimmte technische Anlagen sogar auf nur 1 Jahr.

Das hält bei Verwendung durch den Auftragnehmer wegen § 309 Nr. 8 b) ff.) BGB nur dann einer Inhaltskontrolle stand, wenn die VOB/B als Ganzes vereinbart worden ist und nicht gegenüber einem Verbraucher verwendet wird.

Der Auftraggeber wird durch diese Klausel, gemessen an der gesetzlichen Regelung nämlich einseitig benachteiligt. Die Verkürzung der gesetzlichen Gewährleistungsfrist von 5 auf nunmehr 4 Jahre wird nicht etwa durch die in § 13 Nr. 5 Abs. 1 VOB/B gegebene Möglichkeit der Verlängerung der Frist durch schriftliche Mängelanzeige kompensiert. Diese Verlängerungsmöglichkeit scheidet nämlich immer dann aus, wenn ein Mangel erst nach Ablauf von 4 Jahren entdeckt wird.

---

[85] Zustimmend Ulmer-Brandner-Hensen, Anh. §§ 9–11, Rdnr. 911 bei Verwendung gegenüber privaten Bauherren.

[86] Korbion/Locher/Sienz, IV F Rdnr. 31.

[87] So auch Korbion/Locher/Sienz, IV F Rdnr. 31; Markus/Kaiser/Kapellmann, Rdnr. 112.

Der BGH kommt in mehreren Urteilen zum gleichen Ergebnis, allerdings noch für die damals in der VOB/B geregelte 2-jährige Verjährungsfrist.[88]

Da die ab der VOB-2002 geregelten Fristen noch immer deutlich hinter der gesetzlich geregelten 5-Jahresfrist für Bauwerke (§ 634a BGB) zurückbleiben, reicht diese Änderung der VOB/B noch immer nicht aus, die Anforderungen des § 309 Nr. 8 b) ff.) BGB zu erfüllen, wenn die VOB/B nicht als Ganzes vereinbart worden ist bzw. einem Verbraucher gestellt wird.[89]

5.5.6 Unwirksamkeit von § 13 Nr. 7 Abs. 1–3 VOB/B?

(Auftragnehmer als Verwender)

– unwirksam –

In § 13 Nr. 7 Abs. 1–3 VOB/B werden sogen. Kardinalpflichten des Auftragnehmers gegenüber dem Auftraggeber eingeschränkt. Bei bestimmten Mängeln, die der Auftragnehmer zu vertreten hat, haftet er nicht im gesetzlich geregelten Umfang. Deshalb hält diese Bestimmung einer Inhaltskontrolle nach § 307 BGB nicht stand, wenn die VOB nicht als Ganzes vereinbart worden ist oder gegenüber einem Verbraucher verwendet wird.[90]

5.5.7 Unwirksamkeit von § 15 Nr. 3 Satz 5 VOB/B?

(Auftragnehmer als Verwender)

– unwirksam –

Während die Nichtrückgabe der vom Auftragnehmer vorgelegten Stundenlohnzettel nach den Grundsätzen des Bürgerlichen Rechts kein Anerkenntnis seitens des Auftraggebers bezüglich deren Inhaltes bedeutet, regelt § 15 Nr. 3 Satz 5 VOB/B eine entsprechende Anerkenntnisfiktion. Dies dürfte einen Verstoß gegen §§ 307, 308 Nr. 5 BGB bedeuten,[91] wenn die VOB nicht „insgesamt" vereinbart ist oder gegenüber einem Verbraucher verwendet wird.

5.5.8 Unwirksamkeit von § 16 Nr. 1 Abs. 1 Satz 1 VOB/B?

(Auftragnehmer als Verwender)

– wirksam –

Nach § 16 Nr. 1 Abs. 1 Satz 1 VOB/B besteht ein Anspruch auf Abschlagszahlung „in Höhe des Wertes der jeweils nachgewiesenen Leistung" und zwar in „möglichst kurzen Zeitabständen".

Nach der früheren Regelung sah § 632a BGB a. F. zwar ebenfalls einen Anspruch auf Abschlagszahlung vor, allerdings nur für „in sich abgeschlossene Teile des Werkes".

Deshalb war es bisher fraglich, ob § 16 Nr. 1 Satz 1 VOB/B einer Inhaltskontrolle standhält, wenn die VOB/B nicht in unveränderter Form oder gegenüber Verbrauchern verwendet worden ist.

---

[88] Urteile vom 10. 10. 1985, Az: VII ZR 325/84; vom 28. 11. 2002, Az: VII ZR 4/00 und vom 15. 04. 2004, Az: VII 129/02.

[89] So auch Ingenstau-Korbion, Anhang 1, Rdnr. 79 und Korbion/Locher/Sienz, IV F Rdnr. 32.

[90] So auch Korbion/Locher/Sienz, IV F Rdnr. 33; andere Ansicht Markus/Kaiser/Kapellmann, Rdnr. 116.

[91] So auch Korbion/Locher/Sienz, IV F Rdnr. 34.

Nach Inkrafttreten des **Forderungssicherungsgesetzes** ist diese Zweifelsfrage durch die neue Fassung des § 632a BGB ausgeräumt, da diese weitgehend an die Regelung der VOB/B angepasst worden ist. Nach dem geänderten § 632a BGB hat der Auftragnehmer nun einen Anspruch auf Abschlagszahlung in der **Höhe,** „in der der Besteller durch die Leistung einen **Wertzuwachs erlangt hat".**[92]

§ 16 Nr. 1 Abs. 1 Satz 1 VOB/B weicht damit vom neuen, geänderten gesetz-lichen Leitbild nicht mehr ab, die Regelung **hält deshalb einer Inhaltskontrolle stand.**

6. Wie werden Vertragsklauseln Bestandteil eines Vertrages?

Vorformulierte Vertragsbedingungen werden nicht allein durch bloße Vereinbarung zum Vertragsbestandteil. Nach § 305 Abs. 2 BGB muss hinzukommen, dass derje-nige, der die Vertragsbedingungen verwendet, dem anderen Vertragspartner „die Möglichkeit verschafft, in zumutbarer Weise von ihrem Inhalt **Kenntnis zu erlan-gen".** Etwas anderes gilt nur dann, wenn der Vertragspartner „Unternehmer" i. S. von § 310 Abs. 1 BGB ist.

6.1 Wenn der Vertragspartner Unternehmer ist

Da überwiegend der Auftraggeber Verwender der Vertragsbedingungen ist, ist der durch das Gesetz geschützte Vertragspartner meist der Auftragnehmer. Da dieser praktisch immer „Unternehmer" (siehe hierzu oben Nr. 3.1) i. S. von § 14 BGB ist, kommt § 305 Abs. 2 BGB hier nicht zur Anwendung, was sich aus § 310 Abs. 1 BGB ergibt.

Denn zur wirksamen Einbeziehung von AGB gegenüber einem Unternehmer reicht grundsätzlich deren ausdrückliche oder stillschweigende Vereinbarung aus.[93]

Trotzdem gilt auch gegenüber Unternehmern der Grundsatz, dass der Verwender dem anderen Vertragspartner die Möglichkeit verschaffen muss, in zumutbarer Weise vom Inhalt seiner Bedingungen Kenntnis zu nehmen. Hierzu reicht es bei einem Un-ternehmer bzw. einem Kaufmann als Vertragspartner allerdings aus, wenn sich der Verwender in seinen Bedingungen bereit erklärt, diese dem anderen auf Wunsch zu übersenden.[94]

Es ist deshalb bei einer Ausschreibung durch einen öffentlichen Auftraggeber zur Einbeziehung seiner Allgemeinen Vergabebedingungen ausreichend, wenn auf einen Abdruck im Ministerialamtsblatt verwiesen wird.[95]

Man wird die vom BGH für Kaufleute entwickelte Rechtsprechung, wonach in diesem Bereich nur solche Vertragsbedingungen wirksam in den Vertrag einbezogen werden, auf die so eindeutig hingewiesen worden ist, „dass bei dem Vertragspartner keine

---

[92]   Die geänderte Fassung von § 632a BGB ist auf S. 358 f. abgedruckt.
[93]   BGH vom 12. 02. 1992, Az: VIII ZR 84, 91, DB 92, 1977.
[94]   OLG Düsseldorf, VersR 96, 1394.
[95]   OLG München vom 29. 09. 1994, Az: U (K) 7111/93, NJW 95, 733.

Zweifel auftreten können und er auch sonst in der Lage ist, sich über die Bedingungen ohne weiteres Kenntnis zu verschaffen"[96], auch auf den Unternehmer als Vertragspartner anwenden müssen.

Die zur wirksamen Einbeziehung von Vertragsbedingungen notwendige rechtsgeschäftliche Vereinbarung dieser Bedingungen kann grds. nicht daraus hergeleitet werden, dass bei einer vorausgegangenen Vereinbarung nachfolgend genannte Klausel verwendet wurde:

> „Allen Angeboten, Verträgen, Lieferungen und sonstigen Leistungen – auch zukünftigen – liegen unsere allgemeinen Vertragsbedingungen zugrunde."

Grundsätzlich ist nämlich die Vereinbarung von Vertragsbedingungen nur für den jeweiligen konkreten Vertrag von Bedeutung. Etwas anderes kann allenfalls ausnahmsweise dann gelten, wenn die Vertragspartner in laufenden Geschäftsbeziehungen zueinander stehen und deshalb die Bedingungen stets zugrunde legen.

Bei der Vereinbarung von Nachunternehmerverträgen sollte der Hauptunternehmer deshalb darauf achten, dass der Hauptvertrag schon bei der Ausschreibung mit ausgehändigt wird, wenn er – wie meist – zum Bestandteil des Nachunternehmervertrages gemacht werden soll.

6.2 Wenn der Vertragspartner nicht Unternehmer ist

Dies wird im Wesentlichen dann der Fall sein, wenn die Vertragsbedingungen nicht vom Auftraggeber, sondern vom Auftragnehmer gestellt werden. Es werden dann nach § 305 Abs. 2 Nr. 2 BGB nur diejenigen vorformulierten Vertragsbedingungen wirksam in den Vertrag einbezogen, auf die der Auftragnehmer klar und unmissverständlich hingewiesen hat und die dem – nicht unternehmerisch tätigen – Auftraggeber zur Angebotsabgabe **ausgehändigt** worden sind.[97]

Diese Voraussetzungen müssen grundsätzlich bei jedem Vertrag neu erfüllt werden, falls nicht durch einen Rahmenvertrag die Einbeziehung für künftige Vertragsabschlüsse vereinbart worden ist.[98]

Nicht ausreichend ist es, wenn dem Vertragspartner die Vertragsbedingungen lediglich aus einem früheren Vertragsverhältnis zur Verfügung stehen.[99]

Voraussetzung wirksamer Einbeziehung ist auch die **Lesbarkeit** der Bedingungen. Solche, die nur mühsam „mit der Lupe" zu lesen sind, werden von vornherein nicht wirksam in den Vertrag einbezogen.[100]

---

[96] BGH vom 03. 12. 1987, Az: VII ZR 374/86, NJW 88, 1210.

[97] Locher in NJW 1979, 2235; entsprechende VOB-Texte „als Beilage z. Angebot Fassung 2006" unter www.vob-buecher.de

[98] BGH vom 18. 06. 1986, Az: VII ZR 137/85, DB 86, 2074, BGH vom 12. 02. 1992, Az: VIII ZR 84/91, NJW 92, 1232; für den kaufmännischen Geschäftsverkehr siehe hierzu unten 6.2.

[99] OLG Frankfurt vom 23. 04. 1992, Az: 26 U 116/91.

[100] BGH vom 30. 05. 1983, Az: II ZR 135/82, NJW 83, 2772; OLG Hamburg vom 14. 04. 1987, Az: 12 U 89/ 85, BB 87, 1703.

Für die wirksame Einbeziehung von Vertragsbedingungen (Vereinbarung und Aushändigung) ist der Verwender **beweispflichtig,** wenn er sich auf seine Vertragsbedingungen berufen will.

Einen solchen Beweis kann er nicht durch eine „Einbeziehungsklausel" führen.

Beispiel:

„Diese Vertragsbedingungen wurden dem Auftragnehmer ausgehändigt."

Eine solche formularmäßige Einbeziehungsklausel ist unwirksam.[101] Der Verwender kann sich die Aushändigung der Bedingungen allerdings wirksam auf einem gesonderten Blatt von seinem Vertragspartner durch Unterschrift individuell bestätigen lassen.

Die **VOB/B,** die auch eine Allgemeine Geschäftsbedingung darstellt und damit grundsätzlich der Einbeziehungsregelung des § 305 Abs. 2 BGB unterliegt, muss gegenüber einem als Unternehmer im Baugewerbe tätigen Partner nicht ausgehändigt werden[102], da deren Kenntnis von diesem Personenkreis unterstellt werden kann.

Etwas anderes gilt jedoch dann, wenn ein Auftragnehmer die VOB **gegenüber Privatkunden** vereinbart. Sind diese nicht mit der VOB/B vertraut und auch **im Zusammenhang mit dem Vertragsabschluss** nicht durch einen Baufachmann (z. B. Architekt) vertreten, so ist die Aushändigung des Textes der VOB/B Voraussetzung für deren wirksame Vereinbarung.[103] Dies gilt auch bei notariellen Verträgen.[104]

Zu beachten ist hierbei jedoch, dass es zur wirksamen Einbeziehung der VOB/B nicht ausreicht, wenn zwar vom nicht baukundigen Auftraggeber ein Architekt eingeschaltet wurde, dieser jedoch nur mit der Planung und der Bauüberwachung beauftragt wurde und weder beim Vertragsabschluss mitgewirkt, noch den Auftraggeber über den Inhalt der VOB/B beraten hat.[105]

Auch wenn ein Architekt mit dem Unternehmer, den er selbst empfohlen hat, ständig zusammenarbeitet, muss der Text der VOB/B ausgehändigt werden, um wirksam i. S. von § 305 Abs. 2 BGB in den Vertrag einbezogen zu sein, da in einem solchen Fall Zweifel an einer hinreichenden Aufklärung des Auftraggebers durch den Architekten bestehen.

---

[101] BGH vom 28. 01. 1987, Az: IVa ZR 173/85, BauR 87, 308 sowie BGH vom 09. 11. 1989, Az: VII ZR 16/89, NJW 90, 715 und OLG München vom 15. 10. 1991, Az: 9 U 1979, BauR 92, 69.

[102] OLG Hamm vom 24. 06. 1988, Az: 26 U 199/87, NJW-RR 88, 1366 sowie BGH vom 18. 06. 1986, Az: VII ZR 137/85, Schäfer-Finnern-Hochstein Nr. 3 zu § 2 AGBG, BGH vom 19. 05. 1994, Az: VII ZR 26/93, NJW 94, 2547 und OLG Köln vom 04. 02. 1994, Az: 19 U 138/93, IBR 95, 96.

[103] BGH vom 19. 05. 1994, Az: VII ZR 26/93, NJW 94, 617, OLG München vom 15. 10. 1991, Az: U 1979/91, BauR 92, 69; OLG Düsseldorf vom 28. 07. 1993, Az: 22 U 67/93, NJW-RR 94, 15; OLG Hamm vom 03. 12. 1997, Az: 12 U 125/97, OLGR 98, 90.

[104] BGH vom 26. 03. 1992, Az: VII ZR 258/90, BGH vom 19. 05. 1994, Az: VII ZR 26/93, Schäfer-Finnern-Hochstein Nr. 10 zu § 2 AGBG.

[105] OLG Saarbrücken vom 15. 12. 2005, Az: 8 U 627/04-172, BauR 2006, 2060.

Nicht ausreichend zur wirksamen Einbeziehung bei Privatkunden ist es auch, wenn dem Vertragspartner lediglich angeboten wird, die VOB/B in den Geschäftsräumen des Verwenders einzusehen[106] oder ihm **auf Wunsch** ein kostenloses Exemplar der VOB/B zuzusenden.[107]

Ebenfalls reicht es nicht aus, wenn der Verwender seinen Vertragspartner lediglich über ihn belastende Bestimmungen der VOB/B informiert, während er für ihn günstige Regelungen lediglich mit einer Verweisung auf die VOB/B einführen will. Dem Vertragspartner ist der **volle VOB-Text zur Kenntnis** zu bringen.[108]

Gehen in einem Prozess beide Vertragspartner davon aus, dass die VOB Vertragsbestandteil geworden ist, ergibt sich jedoch aus den vorgelegten Vertragsunterlagen kein Anhaltspunkt dafür, dass dem nicht mit der VOB vertrauten Privatkunden die VOB konkret zur Kenntnis gebracht wurde, dann muss ein Gericht den Verwender, der sich auf die Geltung der von ihm gestellten VOB beruft, auffordern, die Tatsachen für die wirksame Einbeziehung vorzutragen. Das Gericht darf die Geltung der VOB/B nicht einfach als zutreffend unterstellen.[109]

Schließlich ist zu beachten, dass die Verpflichtung zur Kenntnisverschaffung gem. § 305 Abs. 2 BGB auch beinhaltet, dass gerade der nichtgewerbliche Vertragspartner, beispielsweise ein **Verbraucher,** die Bedingungen verstehen kann. Sie müssen **klar, übersichtlich und verständlich** – also **transparent** – sein (§ 307 Abs. 1 Satz 2 BGB). Das Transparenzgebot ist gerade gegenüber Verbrauchern mit erheblicher Strenge anzuwenden (BGH vom 07. 05. 2008, Az: VII ZR 5/06).

Das bedeutet, dass eine Regelung so formuliert sein muss, dass der Vertragspartner sie ohne Expertenrat verstehen kann. Sie muss so verständlich formuliert sein, dass er erkennen kann, welche Rechte und Pflichten sich für ihn aus der jeweiligen Regelung ergeben. Zu beachten ist hierbei auch, dass die Klausel so im Gesamtgefüge der Vertragsbedingungen angeordnet sein muss, dass nicht die Gefahr besteht, dass sie übersehen wird, beispielsweise deshalb, weil sie an einer Stelle platziert ist, an der eine solche Regelung nicht zu erwarten ist (BGH, NJW 1998, 651).

Aufgrund eines Urteils des EuGH[110] wurde das ursprünglich nur von der Rechtsprechung entwickelte Transparenzgebot ausdrücklich in § 307 Abs. 1 Satz 2 BGB im Gesetz verankert.

Die Auffassung, dass **mangelnde Transparenz** in diesem Bereich nicht nur einen Verstoß gegen § 307 BGB bedeutet, sondern auch ein **Einbeziehungshindernis** darstellt, findet in Literatur und Rechtsprechung Unterstützung[111] und muss deshalb

---

[106] OLG Düsseldorf vom 23. 02. 1996, Az: 22 U 194/95, BauR 96, 712.

[107] BGH vom 10. 06. 1999, Az: VII ZR 170/98, NJW 90, 715 und OLG München vom 15. 10. 1991, Az: 9 U 1979/91, BauR 92, 69.

[108] BGH vom 14. 02. 1991, Az: VII ZR 132/90, BB 91, 798.

[109] BGH vom 12. 02. 1992, Az: VII ZR 84/91, EBE/BGH 92, 101; BGH vom 19. 05. 1994, Az: VII ZR 26/93, NJW 94, 2547.

[110] Urteil vom 10. 05. 2001, NJW 2002, 12 ff.

[111] OLG Schleswig vom 27. 03. 1995, Az: 4 RE-Miet 1/93, NJW 95, 2858, OLG Celle vom 08. 02. 1996, Az: 14 U 23/95, NJW-RR 97, 82.

bei der Ausgestaltung von Vertragsbedingungen dringend beachtet werden. Wegen Verstoßes gegen das Transparenzgebot (§ 307 Abs. 1 Satz 2 BGB) wird beispielsweise folgende Klausel nicht wirksamer Vertragsbestandteil:[112]

> „Die Gewährleistung richtet sich nach VOB/B und BGB."

Allgemeine Geschäftsbedingungen können auch **nachträglich** durch eine den Erfordernissen des § 305 Abs. 2 BGB entsprechende Änderungsvereinbarung in den Vertrag **einbezogen** werden.[113] Hierzu reicht es jedoch nicht aus, wenn die Bedingungen auf Rechnungen oder sonstigen Schreiben abgedruckt sind.[114] Deshalb führt beispielsweise der häufig auf Abschlags- und Schlussrechnungen abgedruckte nachträgliche Hinweis: „Handwerkerrechnung, zahlbar sofort ohne Abzug" nicht zu einer Änderung der für den jeweiligen Bauvertrag vereinbarten Zahlungsfristen, auch wenn der Auftraggeber hierauf nicht reagiert.

Berufen sich die **Anwälte** beider Vertragspartner übereinstimmend auf die VOB, obwohl diese nicht vereinbart wurde, kann auch hierin keine stillschweigende Einbeziehungsvereinbarung gesehen werden, da es an einem entsprechenden Erklärungsbewusstsein der Vertragspartner fehlt.[115]

Hat der Verwender der VOB/B andererseits deren wirksame Einbeziehung dadurch vereitelt, dass er sie nicht ausgehändigt hat, kann er selbst sich später nicht darauf berufen, dass die VOB/B mangels wirksamer Einbeziehung nicht anzuwenden sei. Dies ist ihm als Verursacher der unterbliebenen Aushändigung nach Treu und Glauben verwehrt.[116]

Beispiel:

Nachdem der Auftragnehmer, der die Vertragsbedingungen gestellt hat, nicht auf eine Aufforderung des Auftraggebers zur Mängelbeseitigung während der Bauausführung reagiert, kündigt dieser den Vertrag und macht Ansprüche gem. § 4 Nr. 7 VOB/B und § 8 Nr. 3 VOB/B geltend. Der Auftragnehmer bestreitet die behaupteten Mängel. Im späteren Prozess macht er geltend, dass die Ansprüche schon deshalb nicht bestehen, da die VOB/B mangels Aushändigung nicht wirksam in den Vertrag einbezogen worden sei.

Dieses Argument ginge also fehl!

6.3 Wie können nachrangige Klauselwerke wirksam einbezogen werden?

Bauverträge bestehen häufig aus mehreren Bestandteilen, wobei meist eine Rangfolge zwischen den einzelnen Regelwerken festgelegt wird.

---

[112] BGH vom 21. 11. 1985, Az: VII ZR 22/85, NJW 86, 925.
[113] LG Gießen vom 24. 01. 1996, Az: 1 S 394/95, NJW-RR 96, 630.
[114] LG Gießen a.a.O.
[115] BGH vom 08. 07. 1999, Az: VII ZR 237/98, BB 99, 1997.
[116] OLG Düsseldorf vom 23. 06. 1995, Az: 22 U 205/94, BauR 96, 757.

Beispiel:

Die Vertragsbedingungen enthalten die Klausel:

„Es gelten die nachstehenden Bedingungen in der aufgeführten Reihenfolge:

1. Der Vertrag

2. Die Ausführungszeichnungen

3. Die Bau- und Leistungsbeschreibung

4. Die VOB/B"

Es fragt sich, ob eine solche gestaffelte Vereinbarung unterschiedlicher Vertragsbedingungen – vor allem die nachrangige Vereinbarung der VOB/B – im Rahmen eines Formularvertrages transparent und damit rechtswirksam ist, wenn die vorrangigen Bedingungen die VOB/B ändern.

Der Bundesgerichtshof[117] hatte schon mit Urteil vom 21. Juni 1990 festgestellt, dass durch die gestaffelte Geltung mehrerer Klauselwerke in Allgemeinen Geschäftsbedingungen das **Transparenzgebot** (Klarheitsgebot) nicht verletzt werden dürfe. Es ist zwar grundsätzlich zulässig, unterschiedliche Klauselwerke in einen Vertrag einzubeziehen, allerdings kann es bei sich überschneidenden Klauseln unklar sein, welche jeweilige Klausel nun gelten soll. Das führt dann dazu, dass keine der konkurrierenden Klauseln angewendet werden kann und das hat wiederum zur Folge, dass statt dieser Klauseln die jeweilige gesetzliche Regelung zum Tragen kommt (BGH vom 16. 03. 2006, Az: VII ZR 65/06, NJW-RR 2006, 1350).

Eine gestaffelte Regelung ist nach dem erwähnten Urteil des BGH[118] also dann unzulässig, wenn sie zur Unklarheit des Vertragsinhaltes führt. Dies kann entweder dadurch eintreten, dass das Verhältnis der einzelnen Regelwerke zueinander unklar ist. Das Klarheitsgebot ist jedoch auch dann verletzt, wenn das in den Vertrag einbezogene einzelne Regelwerk unübersichtlich und in rechtlicher Beziehung „undurchdringlich" ist, weil es beispielsweise ganz oder überwiegend unwirksame Bestimmungen enthält.

Grundsätzlich ist festzuhalten, dass Klauseln, die für einen durchschnittlichen Vertragspartner unverständlich oder in sich unklar sind, wegen § 305 Abs. 2 BGB von vornherein nicht wirksam in den Vertrag einbezogen werden.[119] Es gilt dann jeweils die gesetzliche Regelung.

Für die **nachrangige Einbeziehung** der VOB/B gilt diese Einschränkung jedoch nicht.

Deren Einbeziehung führt nach Meinung des BGH im oben genannten Urteil keineswegs zur Undurchsichtigkeit des Vertragsinhalts.

---

[117] BGH vom 21. 06. 1990, Az: VII ZR 308/89, ZfBR 90, 289.

[118] BGH vom 21. 06. 1990, Az: VII ZR 308/89, ZfBR 90, 289.

[119] OLG Hamm vom 18. 06. 1993, Az: 12 U 43/93, NJW-RR 94, 888.

Die mit der nachrangigen Einbeziehung der VOB/B verbundene Schwierigkeit für den Vertragspartner sei in der Regel nicht größer als dann, wenn die VOB/B uneingeschränkt Vertragsgrundlage geworden und gegenüber den Vorschriften des BGB abzugrenzen sei.

Deshalb sei es zulässig, durch Allgemeine Geschäftsbedingungen die Geltung der VOB/B, wie im Beispielsfall, auch nachrangig zu vereinbaren.

7. Was sind überraschende Klauseln?

Nach § 305c Abs. 1 BGB werden „überraschende" Klauseln nicht Vertragsbestandteil.

Von einer solchen überraschenden Klausel kann dann gesprochen werden, wenn sie vom Gesamtbild des Vertrages und den Erwartungen eines redlichen Geschäftsverkehrs deutlich abweicht. Dies kann angenommen werden, wenn sie einen Überrumpelungs- oder Übertölpelungseffekt enthält, also eine deutliche Diskrepanz zwischen den berechtigten Erwartungen des Vertragspartners und dem tatsächlichen Inhalt des Vertrages besteht.[120] Dies ist dem Gesamtbild des Vertrages sowie den Erwartungen zu entnehmen, die der redliche Umgang der Vertragsparteien typischerweise an den Vertragsinhalt knüpft.[121]

Beispiel:

Die Vorbemerkungen einer Ausschreibung über eine Gebäudesanierung enthalten folgende Klausel, ohne dass das LV entsprechende Positionen enthält:

„Der AN hat WC-Container für die von der Sanierung betroffenen Bewohner aufzustellen und zu unterhalten, fremden Bauschutt zu entsorgen, für die Bauleitung ein Baubüro und dessen Unterhaltskosten sowie Postgebühren zu übernehmen."

Diese Klausel dürfte aus den vorstehend genannten Gründen überraschend i. S. von § 305c BGB und deshalb nicht Vertragsbestandteil geworden sein. Der BGH hat dies im oben zitierten Urteil allerdings offengelassen.

Der Überrumpelungseffekt kann sich aus dem **Inhalt** ergeben:

Beispiel:

„Der Auftragnehmer versichert, Kaufmann bzw. Unternehmer zu sein;"[122] oder

Beispiel:

Klausel in einem Einheitspreisvertrag:

„Die Auftragssumme ist auf ... limitiert;"[123] oder

---

[120] BGH vom 06. 03. 1986, Az: VII ZR 195/84, NJW 86, 1805, Schäfer-Finnern-Hochstein Nr. 5 zu § 232 BGB; BGH vom 30. 06. 1995, Az: V ZR 184/94, NJW 95, 2337.

[121] BGH vom 24. 11. 2005, Az: VII ZR 87/04, BauR 2006, 514.

[122] BGH vom 17. 05. 1982, Az: VII ZR 316/81, Schäfer-Finnern-Hochstein Nr. 1 zu § 11 Nr. 12 AGBG.

[123] BGH vom 14. 10. 2004, Az: 190/03, BauR 2005, 94.

Beispiel:

Ein Generalübernehmer verwendet folgende Klausel: „Der Bauherr beauftragt und bevollmächtigt die Firma T., in seinem Namen alle Handwerker zu beauftragen, die zur Fertigstellung des Bauwerks gemäß dieses Vertrages erforderlich sind."

Diese Klausel ist aufgrund ihres Inhalts für den Bauherrn überraschend, da ein Generalübernehmer üblicherweise nach dem Vertrag die Verpflichtung übernommen hat, selbst alle Leistungen für den vereinbarten Preis zu erbringen, die zur vollständigen Herstellung des Bauwerks erforderlich waren. Im Hinblick hierauf ist die Klausel so ungewöhnlich, dass der Bauherr nicht mit ihr zu rechnen brauchte, sodass sie nach § 305c BGB auch nicht Vertragsbestandteil geworden ist; zu Überraschungsklauseln siehe im Übrigen Nr. 7.[124]

Ein Überrumpelungseffekt kann sich aber auch, wie folgendes Beispiel zeigt, aus der **Platzierung** einer Klausel ergeben.

Beispiel:

In den Besonderen Vertragsbedingungen wird vereinbart, dass § 13 VOB/B gelten soll, in den Vorbemerkungen zum Leistungsverzeichnis unter **„Technischen Hinweisen"** ist festgelegt, dass eine fünfjährige Gewährleistungsfrist vereinbart ist. Gleichzeitig soll das Leistungsverzeichnis bei Widersprüchen vor den Besonderen Vertragsbedingungen gelten.

Nicht selten ergibt sich der Überrumpelungseffekt einer Klausel sowohl aus deren Inhalt, als auch aus der Platzierung.

Beispiel:

In einem Formularvertrag über Dachdeckerarbeiten wird in den Vorbemerkungen zum Leistungsverzeichnis auf VOB/C DIN 18 338 verwiesen (Gerüste bis zu einer Höhe von 2 m gelten danach als Nebenleistung). In den ZTV ist dagegen eine Klausel enthalten, wonach Gerüste in jeder erforderlichen Höhe als vergütungsfreie Nebenleistung zu stellen sind.

Die Klausel ist sowohl inhaltlich unangemessen, als auch durch ihre Platzierung überraschend.[125]

Demgegenüber war die nachfolgend genannte Klausel aus den Vertragsbedingungen eines öffentlichen Auftraggebers (die Gewährleistungsfrist nach § 13 Nr. 4 VOB/B betrug damals 2 Jahre) nicht überraschend:

---

[124] BGH vom 10. 05. 2007, Az: VII ZR 288/05, BauR 2007, 1592.
[125] Brandenburgisches OLG vom 16. 01. 2007, Az: 11 U 72/06, Baurechts-Report 5/2007, S. 18; OLG Celle vom 05. 01. 1995, Az: 22 U 7/94, OLGR-Celle 95, 21.

Beispiel:

„Die Gewährleistung beträgt vier Jahre nach VOB, ausgenommen hiervon sind Erdkörper, Entwässerungseinrichtungen und Bodenverfestigungen. Für diese Leistung gilt eine fünfjährige Verjährungsfrist."

Diese Klausel enthält **keinen Überrumpelungseffekt** aufgrund ihres Inhalts, da die verlängerte Gewährleistungsfrist in den genannten Gewerken sachlich als angemessen und damit als nicht ungewöhnlich im genannten Sinn betrachtet werden kann.[126]

Eine Klausel, nach der der Gesamtkaufpreis eines Grundstücks schon mehrere Monate vor Vertragsschluss zu verzinsen ist, enthält dagegen sehr wohl einen Übertölpelungseffekt, da eine Verpflichtung zur Entrichtung von Zinsen **vor** Fälligkeit der Hauptforderung völlig ungewöhnlich ist.[127]

Bei der Frage, ob eine Klausel einen Überrumpelungseffekt beinhaltet, ist im Übrigen grundsätzlich nicht auf die Erkenntnismöglichkeit des konkreten, sondern auf den typischen, „durchschnittlichen" Vertragspartner abzustellen.[128]

Der überraschende Charakter einer Klausel entfällt jedoch grundsätzlich, wenn der Vertragspartner während der Vertragsverhandlungen auf die Klausel ausdrücklich hingewiesen wurde.[129] Die Klausel ist dann wirksam in dem Vertrag einbezogen, sie kann dann allerdings trotzdem wegen ihres Inhalts unwirksam sein.

8. Was geschieht, wenn eine Klausel nicht Vertragsbestandteil wird oder unwirksam ist?

Nach § 306 Abs. 1 BGB führt die Unwirksamkeit einer oder mehrerer Klauseln eines Formularvertrages nicht etwa zur Unwirksamkeit des gesamten Vertrages. Das Gesetz regelt im Gegenteil, dass der Vertrag trotz der unwirksamen Klausel erhalten bleibt.

Lediglich in seltenen Ausnahmefällen, wenn nämlich eine Aufrechterhaltung des Vertrages eine unzumutbare Härte für einen Vertragspartner bedeuten würde, kann der Vertrag nach § 306 Abs. 3 BGB insgesamt unwirksam sein.

8.1 Das Gesetz als Lückenfüller

Soweit Klauseln nicht Vertragsbestandteil geworden oder unwirksam sind, richtet sich der Inhalt des Vertrages dann insoweit nach den gesetzlichen Vorschriften (§ 306 Abs. 2 BGB).

Hierunter sind nicht nur Gesetze im eigentlichen Sinn zu verstehen, sondern auch ungeschriebenes Recht, wie Gewohnheitsrecht und alle anderen Rechtssätze, die von den Gerichten und der Rechtsfortbildung in der Rechtslehre gebildet worden sind.[130]

---

[126] BGH vom 26. 03. 1987, Az: VII ZR 196/86, BauR 87, 445; siehe Beispiel c) auf dieser Seite.

[127] BGH vom 06. 03. 1986, Az: VII ZR 195/84, NJW 86, 1805.

[128] BGH vom 30. 06. 1995, Az: V ZR 184/94, NJW 95, 2637.

[129] BGH vom 04. 10. 1995, Az: XI ZR 215/94, NJW 96, 191.

[130] BGH vom 02. 02. 1984, Az: IX ZR 8/83, NJW 84, 1184.

8.1.1 Dies bedeutet entweder, dass die unwirksame, bzw. nicht wirksam einbezogene Klausel ersatzlos entfällt, da im Gesetz keine entsprechende Regelung getroffen ist.

Beispiel:

Im Formularvertrag wird ein Bareinbehalt für das Gewährleistungsrisiko des Auftraggebers gefordert, der erst ein Jahr nach der Abnahme durch Bürgschaft abgelöst werden kann. Diese Regelung verstößt gegen § 308 Nr. 1 BGB bzw. § 307 Abs. 2 Nr. 1 BGB.

Da das Gesetz für Werkverträge keine Sicherheitsleistung regelt, entfällt diese Vereinbarung ersatzlos, ohne dass die durch die unwirksame Klausel entstandene Lücke durch eine Ersatzregelung geschlossen werden würde.

8.1.2 Sieht das Gesetz dagegen im Bereich der unwirksamen oder nicht wirksam einbezogenen Klauseln eine Regelung vor, so schließt die gesetzliche Regelung die entstandene Lücke.

Beispiel:

Im Formularvertrag über einen Rohbau ist geregelt, dass der Auftragnehmer erst dann die Abnahme verlangen kann, wenn das gesamte Bauvorhaben fertig gestellt ist.

Dies verstößt gegen §§ 307, 308 Nr. 1 BGB, da der Auftragnehmer nach § 640 BGB das Recht auf Abnahme hat, wenn er seine Leistung fertig gestellt hat.

Da das Gesetz für den Zeitpunkt, zu dem der Auftragnehmer Anspruch auf Abnahme hat, eine Regelung getroffen hat, füllt diese die entstandene Lücke aus. Der Auftragnehmer hat also Anspruch auf Abnahme zum Zeitpunkt der Fertigstellung seiner eigenen Vertragsleistung (§ 640 BGB), wenn diese keine oder nur unwesentliche Mängel aufweist, also abnahmereif ist.

8.2 Wann wird eine Lücke durch ergänzende Vertragsauslegung gefüllt?

In seltenen Ausnahmefällen kommt es vor, dass einerseits für eine entstandene Lücke keine gesetzliche Ersatzregelung vorhanden ist, andererseits der ersatzlose Wegfall der unwirksamen Klausel keine angemessene, den typischen Interessen des AGB-Verwenders und seines Vertragspartners entsprechende Lösung bietet.[131]

In diesen Fällen kommt eine sogenannte ergänzende Vertragsauslegung (§ 157 BGB) zur Anwendung, bei der der sogenannte „hypothetische Parteiwille" (also das, was die Vertragspartner gewollt hätten, wenn ihnen die Unwirksamkeit der Klausel bewusst gewesen wäre) zu ermitteln ist.

Beispiel:

Aufgrund einer Ausführungszeit von drei Jahren hat der Auftragnehmer, der die Vertragsbedingungen gestellt hat, eine Lohngleitklausel vorgesehen, wonach

---

[131] BGH vom 06. 07. 1983, Az: IVa ZR 206/81, NJW 83, 2632; BGH vom 03. 11. 1999, Az: VIII ZR 269/98, WM 2000, 629.

alle nach Vertragsabschluss eintretenden Lohnerhöhungen vom Auftraggeber zu erstatten sind, also auch solche, die unmittelbar nach Vertragsabschluss eintreten.

Dies verstößt gegen § 309 Nr. 1 BGB, wonach Klauseln unwirksam sind, die Preiserhöhungen für Leistungen innerhalb von vier Monaten nach Vertragsabschluss vorsehen.

Der ersatzlose Entfall der unwirksamen Klausel wäre in Anbetracht der langen Ausführungszeit unbillig und würde auch dem erwähnten hypothetischen Willen der Vertragspartner widersprechen.

Im Wege der ergänzenden Vertragsauslegung wird deshalb hier ausnahmsweise die Lücke dergestalt zu schließen sein, dass die unwirksame Klausel nicht ersatzlos entfällt (da es keine gesetzliche Ersatzregelung gibt), sondern dahingehend ergänzt wird, dass die vereinbarte Lohngleitklausel nicht innerhalb des genannten Vier-Monats-Zeitraums gelten soll.[132]

8.3 Kann eine Lücke durch eine vereinbarte Ersatzregelung geschlossen werden?

Entsteht durch die Unwirksamkeit einer AGB-Klausel eine Lücke, so ist streitig, ob – wenn im Vertrag ein wirksames nachrangiges Klauselwerk vereinbart ist – die unwirksame Regelung durch die nachrangig vereinbarte Vertragsbedingung geschlossen werden kann.

Beispiel:

„Für den Fall unwirksamer Regelungen dieses Vertrages soll die jeweilige Bestimmung der VOB/B gelten."

Der Bundesgerichtshof[133] hat zu dieser Frage erklärt, dass eine solche Verweisungsklausel nur dann wirksam sei, wenn sie im Zusammenhang mit konkurrierenden Regelungen nicht zur Unverständlichkeit führe.[134]

Dagegen widersprechen sogenannte „salvatorische Klauseln", z. B.

„Eine unwirksame Bedingung ist durch eine solche zu ersetzen, die dem gewollten wirtschaftlichen Zweck am nächsten kommt"

allerdings nach unbestrittener Meinung dem Transparenzgebot des § 307 Abs. 1 Satz 2 BGB (siehe hierzu Nr. 10.1). Der Vertragsinhalt bleibt hier völlig unklar. Solche Klauseln sind deshalb wegen Verstoßes gegen das Transparenzgebot unwirksam.[135] Gleiches gilt für die Klausel: „Soweit gesetzlich zulässig."[136]

---

[132] Analog BGH zur Tagespreisklausel vom 07. 10. 1981, Az: VIII ZR 229/80, NJW 82, 331.

[133] BGH vom 21. 06. 1990, Az: VII ZR 308/89, ZfBR 90/289.

[134] So auch OLG Düsseldorf vom 23. 05. 1995, Az: 23 U 133/94, IBR 96, 106.

[135] BGH vom 24. 09. 2002, Az: KZR 10/01, ZfBR 2003, 38.

[136] BGH vom 26. 06. 1991, Az: VIII ZR 231/90, ZfBR 91, 262.

Dagegen ist die Klausel:

„Sollte eine oder mehrere Bestimmungen dieses Vertrages unwirksam oder nichtig sein, wird die Wirksamkeit der übrigen Bestimmungen nicht berührt"

wirksam, da sie die durch § 306 Abs.1 BGB geregelte Rechtslage lediglich wiederholt.

8.4 Entfällt eine unwirksame Klausel insgesamt oder bleiben (wirksame) Restbestandteile erhalten?

8.4.1 Keine Reduzierung auf den wirksamen „Restbereich" (geltungserhaltende Reduktion).

Nach überwiegender und zutreffender Ansicht in Literatur und Rechtsprechung ist eine unwirksame AGB-Klausel in aller Regel (zu den Ausnahmen bei unzumutbarer Härte gem. § 305 Abs. 3 BGB und teilbaren Klauseln siehe unten Nr. 8.4.2) nicht etwa auf einen wirksamen Restgehalt zu reduzieren und insoweit aufrechtzuerhalten.[137]

Beispiel:

Eine Vertragsstrafenklausel enthält eine unangemessen hohe Vertragsstrafe, z. B. 0,5 % pro Kalendertag der verschuldeten Verspätung. Die Klausel ist wegen ihrer unangemessenen Höhe unwirksam und entfällt. Eine Reduzierung auf einen angemessenen Prozentsatz (beispielsweise auf die eigentlich zulässigen 0,2 %) findet nicht statt.

Eine Reduzierung auf den wirksamen Gehalt einer Klausel hätte nämlich zur Folge, dass die Gerichte bei unwirksamen Klauseln jeweils rechtsgestaltend das gerade noch Zulässige feststellen müssten, das dann aufrechtzuerhalten wäre.

Beispiel:

Der Auftraggeber verwendet eine Klausel zur **Sicherstellung seiner Gewährleistungsansprüche,** wonach er vom Auftragnehmer einen zinslosen Bareinbehalt fordert, der nur durch eine Bürgschaft auf 1. Anfordern ablösbar ist.

Nachdem der BGH[138] die Unangemessenheit dieser Klausel und damit deren Unwirksamkeit festgestellt hat, kann der Auftraggeber statt der unwirksamen Bürgschaftsforderung „auf erstes Anfordern" nicht etwa eine „normale" Bürgschaft fordern, die Sicherheitsleistung entfällt vielmehr ganz.[139]

8.4.2 Ist von unwirksamen Klauseln ein wirksamer Teilbereich abtrennbar?

Eine weitere Frage stellt sich bei Klauseln, die in einem Absatz zwei sachlich unterschiedliche Regelungen treffen, von denen eine wirksam, die andere jedoch unwirksam ist.

---

[137] BGH vom 01. 02. 1984, Az: VIII ZR 54/83, NJW 84, 1177; BGH vom 16. 10. 1984, Az: X ZR 97/83, NJW 85, 319; BGH NJW 96, 1407.

[138] BGH vom 05. 06. 1997, Az: VII ZR 324/95, Baurechts-Report 8/97; BGH vom 02. 03. 2000, Az: VII ZR 475/98. BGH vom 28. 09. 2000, Az: VII ZR 460/97.

[139] BGH vom 22. 11. 2001, Az: VII ZR 208/00, Baurechts-Report 2/02, S. 2.

Ist hier die gesamte Regelung oder nur der gegen das Gesetz verstoßende Teil unwirksam?

Der BGH[140] vertritt hier die Meinung, dass in einem solchen Fall der wirksame Teil erhalten bleibt und nur der gegen das Gesetz verstoßende Teil unwirksam sei. Dies setze allerdings voraus, dass der wirksame Teil vom unwirksamen **inhaltlich trennbar und „einzeln aus sich heraus verständlich"** sei.

Beispiel:

Ein Handwerker verwendet in seinen Bedingungen für Privatkunden folgende Klausel: „Die Zurückhaltung von Zahlungen oder die Aufrechnung mit vom Auftragnehmer bestrittenen Gegenansprüchen des Auftraggebers ist nicht statthaft."

Vorliegend handelt es sich um zwei sachlich trennbare Regelungen. Während das Aufrechnungsverbot zulässig ist und deshalb bestehen bleibt, verstößt das Verbot der Ausübung des Zurückbehaltungsrechts zumindest im nichtkaufmännischen Geschäftsverkehr gegen § 309 Nr. 2b BGB und ist deshalb hier unwirksam.[141]

Es schadet also nicht, wenn beide Regelungen in einem äußeren sprachlichen Zusammenhang stehen. Wäre jedoch ein Klauselteil nur deshalb wirksam, weil der abtrennbare andere Teil unwirksam ist (und deshalb die gesetzliche Regelung eingreift), so blieben wegen des Gebots der **Transparenz** (§ 307 Abs. 1 Satz 2 BGB) beide Klauselteile unwirksam.[142]

Fraglich ist, wie eine Klausel zu behandeln ist, die unter Kaufleuten wirksam, unter Nichtkaufleuten jedoch unwirksam ist, die aber die Anwendung für Nichtkaufleute nicht ausschließt.

Beispiel:

„Als Gerichtsstand ist X-stadt vereinbart."

Während das OLG Karlsruhe[143] hier die Auffassung vertritt, dass es mit dem Verbot geltungserhaltender Reduktion nicht vereinbar sei, die Klausel auf die Anwendung im kaufmännischen Geschäftsverkehr zu beschränken, sie vielmehr insgesamt unwirksam sei, vertritt der BGH[144] und nachfolgend auch das OLG Frankfurt[145] die Auffassung, dass die Wirksamkeit einer solchen Klausel für jeden Verkehrskreis getrennt zu prüfen und damit unter Kaufleuten wirksam, unter Nichtkaufleuten jedoch unwirksam sei.

[140] BGH vom 18. 04. 1989, Az: X ZR 31/88, BB 89, 1295.
[141] BGH vom 18. 04. 1989, Az: X ZR 31/88, NJW 89, 3215.
[142] BGH vom 26. 06. 1991, Az: VIII ZR 231/90, ZfBR 91, 262.
[143] OLG Karlsruhe, NJW-RR 97, 56.
[144] BGH vom 09. 02. 1990, Az: V ZR 200/88, NJW 90, 1601.
[145] OLG Frankfurt vom 03. 02. 1998, Az: 5 U 267/96, BB 98, 2230.

9. Wie sind AGB-Klauseln auszulegen?

Ist der Inhalt einer AGB-Klausel nicht eindeutig, so muss durch sogenannte Auslegung ermittelt werden, was unter der Klausel zu verstehen ist.

Hierbei kommt es in keiner Weise darauf an, was der Auftraggeber nach seiner eigenen Vorstellung mit dieser Klausel gemeint hat. Ausschlaggebend ist ausschließlich, was bei hiervon unabhängiger **objektiver Betrachtungsweise** als Klauselinhalt zu ermitteln ist.

Etwas anderes würde nur dann gelten, wenn beide Parteien bei Vertragsabschluss einer mehrdeutigen Klausel übereinstimmend einen bestimmten Erklärungsinhalt beimessen.

Für die Auslegung ist zwar der Zusammenhang der einzelnen Klausel mit dem Gesamtklauselwerk zu berücksichtigen,[146] nicht jedoch das Verhalten des Auftraggebers vor, bei oder nach Vertragsabschluss.[147] Anders ist dies nur bei sogen. Verbraucherverträgen (siehe hierzu unten Nr. 11.3).

Beispiel:

Ein Detail-Pauschalvertrag enthält folgende Klausel:
„Mehr- und Mindermassen von 5% gelten als vereinbart."

In einem Detail-Pauschalvertrag ist die Klausel dahingehend auszulegen, dass bei einer nicht durch Planänderungen bedingten Mengenabweichung in den einzelnen Positionen die über 5% hinausgeht, auf Verlangen ein neuer Preis gebildet werden muss. Hierbei ist nicht entscheidend, ob die Gesamtsumme der Mehr- oder Mindermengen mehr als 5% abweichen oder nicht (BGH, Urteil vom 11. 09. 2003, Az: VII ZR 116/02, Baurechts-Report 1/2004).

Lässt sich, wie hier, ein eindeutiger Klauselinhalt ermitteln, so stellt sich ausschließlich die Frage, ob dieser Klauselinhalt auch den Anforderungen der §§ 307 ff. BGB standhält oder unangemessen und damit unwirksam ist (siehe insoweit unter Nr. 10).

Lässt sich dagegen kein eindeutiger Klauselinhalt durch Auslegung ermitteln, und ist die Klausel nicht schon wegen Verstoßes gegen das Transparenzgebot (siehe Nr. 10.1) nichtig, kommt die sogenannte **Unklarheitenregelung** nach § 305c Abs. 2 BGB zur Anwendung. Danach gehen Unklarheiten in AGB-Klauseln zulasten des Verwenders.

Beispiel:

Ein LV beinhaltet folgende Position:
„Natürliches Tonmaterial liefern und abladen: … cbm."

In den Vorbemerkungen zum LV ist geregelt:
„Sämtliche Bodenpositionen werden nach fester Masse abgerechnet."

---

[146] BGH vom 11. 02. 1992, a.a.O.
[147] BGH vom 05. 11. 1991, Az: XI ZR 246/90, WM 91, 2055.

Diese Leistungsbeschreibung ist unklar. Die Vorbemerkungen legen zwar fest, dass Bodenpositionen nach fester Masse abzurechnen sind, eine Lieferposition von Erdmaterial ist jedoch nicht unbedingt eine Bodenposition. Deshalb ist wegen § 305c Abs. 2 BGB zugunsten des Auftragnehmers nach loser Masse abzurechnen.[148]

Die Anwendung des § 305c Abs. 2 BGB kommt allerdings nicht schon dann in Frage, wenn zwischen den Vertragspartnern Streit über die Auslegung einer Vertragsklausel besteht. Der Anwendung des § 305c Abs. 2 BGB muss vielmehr immer eine **Vertragsauslegung** vorausgehen. Nur wenn sich hieraus objektiv kein eindeutiger Inhalt ermitteln lässt, wenn also zumindest zwei Auslegungsmöglichkeiten bleiben, kommt § 305c Abs. 2 BGB zur Anwendung.

Beispiel:

Die Vorbemerkung eines Einheitspreis-LV lautet: „Für die angebotenen Leistungen übernimmt der Auftragnehmer die Verpflichtung der Vollständigkeit, das heißt Leistungen und Nebenleistungen, die sich aus den Positionen zwangsläufig ergeben, sind einzukalkulieren, auch wenn sie im Leistungsverzeichnis nicht ausdrücklich erwähnt sind."

Diese Klausel scheint zwar auf den ersten Blick die Aussage zu treffen, dass der Auftragnehmer im Rahmen eines Einheitspreisvertrages auch Leistungen schulden soll, die zum Erreichen einer funktionierenden Leistung erforderlich, jedoch im Leistungsverzeichnis nicht erwähnt sind.

Der BGH hat mit Beschluss vom 26. 02. 2004[149] jedoch entschieden, dass die Klausel nicht etwa so auszulegen sei, dass sie dem Auftragnehmer das Vollständigkeitsrisiko bezüglich der Gesamtleistung in umfassender Weise auferlegen wolle. Die Klausel sei vielmehr so zu verstehen, dass der Auftragnehmer nur die zur Ausführung der vereinbarten Teilleistungen (Positionen) notwendigen Teilarbeiten vollständig zu erbringen habe, auch wenn nicht jedes Detail im Einzelnen beschrieben sei.

Anders ist es in folgendem **Beispiel:**

Im Rahmen einer Ausschreibung eines Verwaltungsgebäudes nach VOB/A wird der Einbau von „1300 kunststoffbeschichteten Türen, Farbe nach Wahl des Auftraggebers" vereinbart.

Der Auftraggeber vertritt die Auffassung, dass der Auftragnehmer damit auch Türen in Farbnuancen außerhalb von Standardfarben schuldet, die nur im Rahmen einer kostenaufwändigen Sonderproduktion mit erheblichem Mehraufwand beschafft werden können.

Zwar lässt hier der reine Wortlaut die Frage offen, ob auch eine solche außergewöhnliche Farbwahl eingeschlossen ist.

---

[148] BGH vom 09. 01. 1997, Az: VII ZR 259/95 BauR 97, 466.
[149] Az: VII ZR 96/03.

Bei der vorzunehmenden Auslegung des Ausschreibungstextes muss allerdings berücksichtigt werden, dass sich der Auftragnehmer grundsätzlich darauf verlassen kann, dass ein Öffentlicher Auftraggeber seiner aus § 9 VOB/A herrührenden Verpflichtung zu transparenter Ausschreibung, die dem Auftragnehmer kein ungewöhnliches Wagnis auferlegt, nachkommt. Deshalb kann der Ausschreibungstext nur so verstanden werden, dass sich die Farbwahl innerhalb der kalkulatorisch erfassbaren Standardfarben bewegt. Das führt durch Auslegung zu dem Ergebnis, dass der Auftragnehmer nur Türenfarben schuldet, die von den Schichtstoffplattenherstellern in Standardfarben vorgehalten werden.[150]

Ist eine Klausel dagegen von vornherein so unverständlich, dass ihr gar kein nachvollziehbarer Sinn zugeordnet werden kann, so verstößt sie gegen das **Transparenzgebot.** Sie ist dann wegen §§ 305 Abs. 2 Nr. 2, 307 Abs. 1, Satz 2 BGB von vornherein gar nicht wirksam in den Vertrag einbezogen (siehe hierzu oben unter Nr. 6.1).

Bei der Auslegung einer AGB-Klausel ist von § 305c Abs. 2 BGB auszugehen, wonach Auslegungszweifel zulasten des Verwenders gehen.

Bei der Frage, welcher Maßstab hierbei bei nicht eindeutigem Inhalt einer Klausel anzuwenden ist, besteht bei einem sogen. **Verbandsprozess** nach dem Unterlassungsklagengesetz (siehe hierzu unten unter Nr. 12.3.2), kein Zweifel.

In diesem Verfahren ist die **Unklarheitenregelung** gem. § 305c Abs. 2 BGB **umgekehrt anzuwenden.** Soweit mehrere Auslegungsmöglichkeiten bestehen, ist von derjenigen auszugehen, die zur Unwirksamkeit der Klausel führt, da dies die für die Vertragspartner des Verwenders der Klausel günstigere Variante ist.[151]

Beispiel:

Die Klausel: „Der Einwand eines Preis- oder Kalkulationsirrtums seitens des Auftragnehmers ist ausgeschlossen" könnte bedeuten, dass nur der ohnehin unbeachtliche „Motivirrtum" ausgeschlossen sein soll (wenn sich der Auftragnehmer z. B. falsche Vorstellungen über seinen Preis macht). Die Klausel wäre wirksam.

Bei kundenfeindlicher Auslegung bedeutet die Klausel dagegen, dass **jeder** Irrtum über die Kalkulationsgrundlage, also auch der nach §§ 119 ff. BGB geregelte Erklärungsirrtum (der Auftragnehmer schreibt beispielsweise aufgrund eines Versehens als Einheitspreis 10 € statt 100 €) ausgeschlossen sein soll. Die Klausel ist dann unwirksam.

Die Gerichte sind sich im Rahmen eines Unterlassungsklageverfahrens der Verbände[152] nach dem Unterlassungsklagengesetz – UKlaG, bei dem „abstrakt" über die Wirksamkeit bzw. Unwirksamkeit von AGB-Klauseln entschieden wird und bei dem der Verwender bzw. Empfehler unwirksamer Klauseln zu einem Unterlassen zukünftiger Verwendung verurteilt werden kann, darüber einig, dass bei der Prüfung der

---

[150] OLG Köln, Az: 20 U 259/90, Baurechts-Report 2/1999.
[151] Palandt (Heinrichs) Rdnr. 19 zu § 305c BGB.
[152] Siehe unten Nr. 13.

Wirksamkeit die **„kundenfeindlichste" Auslegung** heranzuziehen ist. Obige Klausel ist bei dieser Betrachtungsweise unwirksam, da sie nicht allen denkbaren Anwendungsfällen standhält.[153]

Denn im sogen. Verbandsklageverfahren muss eine Klausel selbst dann noch einer Inhaltskontrolle standhalten, wenn ein „böswilliger" Verwender einem Vertragspartner den ungünstigsten, von der Klausel gerade noch erfassten Fall vorhält, wobei allerdings nur solche Varianten heranzuziehen sind, die ernsthaft in Betracht kommen können.

In diesem den Verbänden zur Verfügung stehenden „Normenkontrollverfahren" werden Klauseln also abstrakt dahingehend überprüft, ob ein Sachverhalt gefunden werden kann, der noch vernünftigerweise eintreten kann und der dann bei Anwendung der Klausel eine unangemessene Benachteiligung des Vertragspartners ergäbe.

Nicht ganz so eindeutig verhält es sich bei der **Auslegung** von AGB-Klauseln im **Individualprozess,** also im konkreten Rechtsstreit zwischen einem Auftragnehmer und seinem Auftraggeber, bei dem sich ein Vertragspartner auf die Unwirksamkeit von AGB-Klauseln beruft.

Der BGH hatte hier in einem früheren Urteil[154] geäußert, dass in diesem Verfahren bei Mehrdeutigkeit einer Klausel im Gegensatz zum oben genannten Verbandsklageverfahren nach dem UKlaG, die „kundengünstigste" Auslegung anzuwenden sei.

Dies würde bedeuten, dass im Individualprozess eine Klausel gültig sein kann, die im Verbandsklageverfahren unwirksam wäre.

Ein solches Ergebnis kann nach unserer Auffassung nicht richtig sein! Es wird in der Literatur auch ganz überwiegend die Meinung vertreten, dass Klauseln hinsichtlich der Unwirksamkeitsfolgen unabhängig von der Verfahrensart weitgehend gleich zu behandeln sind.[155]

Bunte[156] und auch Palandt[157] vertreten die Auffassung, dass zunächst auch im Individualprozess abstrakt entschieden werden muss, ob eine Klausel wirksam oder unwirksam ist (also wie unbestritten beim Verbandsklageverfahren" gem. dem UKlaG).

Erst wenn sich herausgestellt hat, dass die Klausel wirksam ist, können bei der konkreten Anwendung dieser Klausel „kundenfreundliche" Erwägungen angestellt werden.

Der Bundesgerichtshof scheint, wie sich aus neueren Entscheidungen[158] erkennen lässt, seine bisherige Meinung zur unterschiedlichen Betrachtungsweise bei der Aus-

---

[153] BGH vom 28. 04. 1983, Az: VII ZR 259, 82, BB 83, 1877; BGH vom 10. 05. 1994, Az: XI ZR 65/93, NJW 94, 1798.

[154] BGH vom 06. 12. 1984, Az: VII ZR 227/83, NJW 85, 855.

[155] Palandt/Heinrichs, Rdnr. 20 zu 305c BGB; Korbion/Locher/Sienz, IV F Rdnr. 21; Ulmer in NJW 81, 2025.

[156] NJW 87, 921.

[157] Palandt, Rdnr. 20 zu § 305c BGB.

[158] BGH vom 11. 02. 1992, Az: XI ZR 151/91, NJW 92, 1097; BGH vom 10. 05. 1994, Az: XI ZR 65/93, NJW 94, 1798.

legung von Formularklauseln zu überdenken. In diesen Urteilen weist er darauf hin, dass im neueren Schrifttum mit beachtlichen Argumenten überwiegend die Auffassung vertreten werde, dass eine Klausel, die im Verbandsprozess gegen § 307 BGB verstoße, auch im Rahmen eines Individualprozesses unwirksam sei.

Für diese Auffassung spreche insbesondere, dass man bei dieser Betrachtungsweise zu keinem unterschiedlichen Auslegungsergebnis komme, je nachdem, ob die Klausel im Rahmen einer Verbandsklage oder eines Individualprozesses auf ihre Wirksamkeit zu überprüfen sei.

Trotzdem wendet der BGH diese Erwägung nicht in allen Fällen an. So hat er bei der Überprüfung der Wirksamkeit des § 2 Nr. 6 VOB/B die Unklarheitenregel zugunsten der Auftragnehmerseite angewandt, er hat also eine „kundenfreundliche" Auslegung vorgenommen, ehe er die Wirksamkeit dieser Regelung überprüft hat. Anschließend hat er § 2 Nr. 6 VOB/B – auf der Grundlage des durch Auslegung eingeschränkten Inhalts – für wirksam erachtet.[159]

Der dargestellten Auffassung der Literatur und der überwiegenden Rechtsprechung, wonach AGB-Klauseln auch im Individualprozess einheitlich in einem ersten Schritt nach „kundenfeindlicher" Auslegung zu werten sind, ist uneingeschränkt zuzustimmen! Es kann für die Wirksamkeit einer Klausel nicht darauf ankommen, in welcher Verfahrensart diese zu überprüfen ist. Nach der hier vertretenen Auffassung ist also auch im Rahmen eines Individualprozesses vorab abstrakt von der für den Auftragnehmer nachteiligsten Auslegungsvariante auszugehen, wenn der Auftraggeber Verwender der Vertragsbedingungen ist. Erst wenn eine Klausel nach Anwendung dieses Maßstabs wirksam ist, kann sie in einem 2. Schritt im Individualprozess zugunsten des Auftragnehmers ausgelegt werden.

Dass AGB-Klauseln nach dem Willen des Gesetzgebers grds. abstrakt, und nicht auf den konkreten Einzelfall bezogen auszulegen sind, ergibt sich nach der hier vertretenen Auffassung auch aus der speziell für **Verbraucherverträge** getroffenen Gesetzeslage. Für den Verbraucherbereich hat der Gesetzgeber nämlich in § 310 Abs. 3 Nr. 3 BGB ausdrücklich festgelegt, dass „auch die den Vertragsschluss begleitenden Umstände" bei der Beurteilung der Frage der Angemessenheit zu berücksichtigen sind.

Das bedeutet, dass die Situation beim Vertragsabschluss gewertet werden muss. Hat der Vertragspartner den Verbraucher beispielsweise überrumpelt oder in sonstiger Weise dessen geschäftliche Unerfahrenheit ausgenutzt, kann dies zur Unwirksamkeit einer Klausel führen, die unter „normalen" Verhältnissen einer Inhaltskontrolle standhalten würde. Im Umkehrschluss kann das jedoch nur bedeuten, dass außerhalb von Verbraucherverträgen eine abstrakte Betrachtungsweise maßgeblich ist.

---

[159] BGH vom 23. 05. 1996, Az: VII ZR 245/94, DB 1996,1565.

10. Welche Klauseln verstoßen aufgrund ihres unangemessenen Inhalts gegen das Gesetz?

AGB-Klauseln, die gem. § 305 Abs. 2 BGB (oben 6.) wirksam in den Vertrag einbezogen wurden und nicht überraschend i. S. von § 305c Abs.1 BGB sind (oben Nr. 7) bzw. bei denen nicht eine individuelle Vereinbarung Vorrang hat (§ 305b BGB) und deshalb von vornherein gar nicht Vertragsbestandteil geworden sind, unterliegen der sogenannten **Inhaltskontrolle nach §§ 307 bis 309 BGB.**

Dies setzt allerdings voraus, dass es sich um **Bedingungen** handelt, die „von Rechtsvorschriften abweichende oder diese ergänzende Vereinbarungen enthalten" (§ 307 Abs. 3 BGB).

Eine Inhaltskontrolle kann immer nur **zugunsten** desjenigen Vertragspartners stattfinden, dem Vertragsbedingungen vom anderen Vertragspartner gestellt worden sind. Der Verwender der Klausel selbst kann sich nicht auf die Unwirksamkeit seiner eigenen Vertragsbedingungen mit der Begründung berufen, dass sie ihn selbst belasten.[160]

> **Beispiel:**
>
> Der Auftragnehmer bietet seine Leistung gegenüber einem nicht fachkundig vertretenen Privatkunden auf der Grundlage von § 16 VOB/B an. Er beruft sich später auf die Unwirksamkeit der in § 16 Nr. 3 Abs. 1 VOB/B gegenüber dem BGB längeren Zahlungsfristen für die Schlusszahlung, da die VOB/B nicht „als Ganzes" vereinbart ist.
>
> Dies geht fehl, der Auftragnehmer ist als Verwender der Bedingungen mit diesem Argument nach „Treu und Glauben" ausgeschlossen.

§ 307 BGB stellt die Grundnorm der gesetzlichen Regelung über Allgemeine Geschäftsbedingungen dar (sogen. Generalklausel).

In § 307 Abs. 1 Satz 1 BGB ist festgelegt, dass alle Klauseln, die den Vertragspartner des Verwenders **entgegen den Geboten von Treu und Glauben** (§ 242 BGB) unangemessen benachteiligen, **unwirksam** sind.

In § 307 Abs. 1 Satz 2 BGB ist geregelt, dass sich eine unangemessene Benachteiligung auch daraus ergeben kann, dass die **Bestimmung nicht klar und verständlich ist** (Verstoß gegen das Transparenzgebot).

10.1 Wann liegt ein Verstoß gegen das Transparenzgebot vor (§ 307 Abs. 1 Satz 2 BGB)?

Die bloße Tatsache, dass eine Klausel nicht hinreichend klar und verständlich formuliert ist, kann nach § 307 Abs. 1 Satz 2 BGB zu **ihrer Unangemessenheit führen.**[161]

---

[160] BGH vom 04. 12. 1986, Az: VII ZR 354/85, BauR 87, 205; OLG Düsseldorf vom 23. 06. 1995, Az: 22 U 205/94, BauR 1996, 757.

[161] BGH vom 22. 11. 1995, Az: VIII ZR 57/95, NJW 96, 455 und BGH vom 12. 10. 1995, Az: I ZR 172/93, NJW 96, 1407.

Beispiel:

Die Klausel: „Auf Verlangen hat der AN notwendige bzw. vom AG als erforderlich erachtete Prüfungen/Abnahmen bei unabhängigen Prüfinstituten/Gutachtern zu veranlassen. Der AN hat keinen Anspruch auf eine besondere Vergütung/Kostenerstattung",

räumt dem Auftraggeber einen erheblichen Ermessensspielraum ein, was eine exakte Kalkulation unmöglich macht. Diese mangelnde Transparenz führt zur Unwirksamkeit nach § 307 BGB.[162]

Ein weiteres **Beispiel** einer Klausel, die gegen das Transparenzgebot verstößt:

„Für die Erfüllung der übernommenen Gewährleistung wird nach der Abnahme bis zum Ablauf der Gewährleistungszeit eine Sicherheit von 5% der Schlussrechnungssumme einbehalten. Der Sicherheitseinbehalt kann vom Auftragnehmer ausschließlich durch unbefristete Bankbürgschaft oder Bankgarantie mit einem vom Auftraggeber genehmigten Wortlaut abgelöst werden."

Die in dieser Klausel vereinbarte Sicherungsabrede ist nicht transparent, da offen bleibt, mit welcher Art von Bürgschaft der Einbehalt abgelöst werden kann. Der Wortlaut deckt auch die Forderung nach einer bei Kaufleuten in der Baubranche nicht unüblichen Bürgschaft auf 1. Anfordern.[163]

Aber auch Klauseln, die das Transparenzgebot außer Kraft setzen wollen, halten einer Inhaltskontrolle nach § 307 BGB nicht stand.

Beispiel:

„Der Bieter erklärt, dass er sich Klarheit über die zu leistenden Arbeiten durch ausreichende Einsichtnahme in die Angebotsunterlagen und Zeichnungen sowie, sofern möglich, durch eingehende Besichtigung der Baustelle verschafft hat."[164]

10.2 Wann ist eine Klausel aufgrund ihres unangemessenen Inhalts unwirksam (§ 307 Abs. 1 Satz 1 BGB)?

Wesentlicher Kern von § 307 BGB ist das Verbot, den Vertragspartner durch Verwendung unangemessener Klauseln entgegen den Geboten von Treu und Glauben unangemessen zu benachteiligen.

Beispiel:

„Werden Mehrleistungen über den vertraglich erteilten Auftrag erforderlich, so hat der Auftragnehmer unaufgefordert ein Nachtragsangebot einzureichen. Ein Anspruch auf Vergütung besteht erst, wenn der Auftraggeber dieses Nachtragsangebot angenommen und schriftlich bestätigt hat."

---

[162] BGH vom 05. 06. 1997, Az: VII ZR 54/96, Baurechts-Report 9/97.

[163] OLG Braunschweig, Urteil vom 27. 02. 2003, BauR 2004, 137.

[164] OLG Frankfurt/Main, Urteil vom 03. 06. 2002, Az: 1 U 26/01, BauR 2003, 269.

Der Auftragnehmer wird hier unangemessen i. S. von § 307 Abs. 2 BGB benachteiligt, weil seine gesetzlichen und vertraglichen Ansprüche für alle zusätzlichen und geänderten Leistungen insgesamt ausgeschlossen werden. Das Interesse des Auftraggebers an Kostenklarheit, Kostensicherheit und Vermeidung unliebsamer Überraschungen rechtfertigt es nicht, dass der Auftraggeber seine Leistungen unentgeltlich nutzen kann.[165]

Bei der Anwendung von § 307 BGB sind die für die formularmäßige Regelung sprechenden Interessen des Verwenders und die entgegenstehenden Interessen seines Vertragspartners sorgfältig gegeneinander abzuwägen.[166]

Zur Erleichterung der Anwendung der sogen. Generalklausel des § 307 Abs. 1 BGB hat der Gesetzgeber in § 307 Abs. 2 BGB eine zusätzliche Anwendungshilfe gegeben, die den Begriff der unangemessenen Benachteiligung näher erläutert. Danach ist eine solche unangemessene Benachteiligung im Zweifel anzunehmen, wenn eine Regelung

- mit wesentlichen Grundgedanken der gesetzlichen Regelung, von der abgewichen wird, nicht zu vereinbaren ist oder

- wesentliche Rechte und Pflichten, die sich aus der Natur des Vertrages ergeben, so eingeschränkt werden, dass die Erreichung des Vertragszwecks gefährdet ist.

Mit dieser Bestimmung kommt zum Ausdruck, dass die gesetzlichen Regelungen Maßstab für die Beurteilung der Frage sein sollen, ob eine Klausel unangemessen ist oder nicht.

Unwirksam ist die Abweichung von einer gesetzlichen Regelung dann, wenn die Änderung nicht nur auf Zweckmäßigkeitserwägungen beruht, sondern von einer Gesetzesregelung abweicht, die „dem Gerechtigkeitsgebot Ausdruck verleiht",[167] und der Verwender damit „durch einseitige Vertragsgestaltung missbräuchlich eigene Interessen auf Kosten seines Vertragspartners durchzusetzen versucht, ohne von vornherein auch dessen Belange hinreichend zu berücksichtigen und ihm einen angemessenen Ausgleich zuzugestehen".[168]

Neben dem Bürgerlichen Gesetzbuch kommen auch alle anderen Rechtssätze, die durch Auslegung, Rechtsfortbildung oder Analogien aus den gesetzlichen Vorschriften abgeleitet werden als Beurteilungsmaßstab in Frage.[169]

Neben der Grundnorm des § 307 BGB hat der Gesetzgeber mit den §§ 308 und 309 BGB noch „Kataloge" von Anwendungsbeispielen des § 307 BGB vorgegeben, die

---

[165] BGH, Urteil vom 27. 11. 2003, Az: VII ZR 53/03, Baurechts-Report 2/2004.

[166] BGH vom 29. 03. 1994, Az: XI ZR 69/93, NJW 94, 1532.

[167] BGH vom 18. 04. 1984, Az: VIII ZR 50/83, NJW 85, 57; BGH vom 26. 01. 1994, Az: VIII ZR 39/93, NJW 94, 1069.

[168] BGH vom 03. 11. 1999, Az: VII ZR 269/98, WM 2000, 629 und vom 20. 04. 2000, Az: VII ZR 458/97, Baurechts-Report 8/00.

[169] BGH vom 28. 04. 1983, Az: VII ZR 259/87, BB 83, 1877.

nicht unmittelbar gegenüber Unternehmern, sondern speziell bei AGB zur Anwendung kommen, die Verbrauchern gestellt worden sind.

Es stellt jedoch ein Indiz dafür dar, dass eine Klausel, die beispielsweise gegenüber einem Verbraucher nach § 309 BGB unwirksam ist, auch gegenüber einem Unternehmer zu einer unangemessenen Benachteiligung führt.

Dies wäre nur dann anders zu beurteilen, wenn die Klausel ausnahmsweise wegen der besonderen Interessen und Bedürfnisse des unternehmerischen Geschäftsverkehrs als angemessen anzusehen wäre.[170]

§ 308 BGB enthält Klauselverbote, die eine fallbezogene Wertung erforderlich machen, während § 309 BGB Verbote ohne eine solche fallbezogene Wertungsmöglichkeit enthält.

Zu beachten ist jedoch, dass in beiden Vorschriften keine vollständige Aufzählung unwirksamer Klauseln vorgenommen wurde, es sich vielmehr nur um nicht abschließend genannte Beispielsfälle von nach § 307 BGB unwirksamen Klauseln handelt.

Zu beachten ist ferner, dass nach zutreffender Auffassung des BGH[171] die Frage der Angemessenheit oder **Unangemessenheit** einer Klausel ganz wesentlich **davon abhängt, in welchem vertraglichen Gesamtzusammenhang eine Klausel verwendet wird.**

Beispiel:

Die Klausel: „Der Auftragnehmer hat für ein vollständiges und funktionsgerechtes Leistungsergebnis einzustehen"

ist im Rahmen eines Vertrages zur Erstellung eines schlüsselfertigen Bauwerks, der aufgrund einer nur funktionalen Leistungsbeschreibung zustande gekommen ist, sicher angemessen und AGB-konform.

Die gleiche Klausel stellt dagegen in einem vom Auftraggeber geplanten und von ihm nach Einheitspreisen erstellten Leistungsverzeichnis eine unangemessene Regelung dar, die wegen unzulässiger Verlagerung des Planungsrisikos auf den Auftragnehmer gegen § 307 BGB verstößt.

Wie oben ausgeführt wurde, findet eine Inhaltskontrolle nicht bei jeder Art von AGB, sondern nur bei solchen statt, die von Rechtsvorschriften abweichende oder diese ergänzende Regelungen treffen (§ 307 Abs. 3 Satz 1 BGB).

Aus diesem Grunde kommt eine **Inhaltskontrolle bei reinen Standardleistungsbeschreibungen,** die wegen der geplanten oder praktizierten Mehrfachverwendung auch AGB sind, **nicht in Betracht.**

Anzuwenden sind auf solche Regelungen ohne rechtlichen Charakter jedoch die §§ 305 Abs. 2 BGB (Einbeziehungsvoraussetzungen), 305b BGB (Vorrang der Indivi-

---

[170] BGH, Urteil vom 19. 09. 2007, Az: VII ZR 141/06.
[171] BGH vom 26. 09. 1996, Az: VII ZR 318/95, BauR 97, 123.

dualabrede), 305c Abs. 1 BGB (Überraschungsklausel) und 307 Abs. 1 Satz 2 BGB in Verbindung mit § 307 Abs. 3 Satz 2 BGB (Transparenzgebot).

Häufig enthalten jedoch auch Leistungsbeschreibungen Regelungen, die rechtlichen Charakter haben, die also Rechtsvorschriften abändern oder ergänzen. Dies gilt beispielsweise für folgende Klausel:

> „Der Auftragnehmer gerät bei Baufristüberschreitungen nach Fristsetzung ohne erneute Aufforderung in Verzug."

Diese Klausel regelt, auch wenn sie Teil der Leistungsbeschreibung ist, einen rechtlichen Sachverhalt und unterliegt deshalb der Inhaltskontrolle. Sie ist gem. § 309 Nr. 4 BGB unwirksam, da sie den Verwender entgegen § 286 BGB von der Obliegenheit freistellt, den Vertragspartner zu mahnen.

10.3 Keine Inhaltskontrolle bei Leistungsbeschreibungen, die Bestandteil der Preisvereinbarung sind!

Preisvereinbarungen, die Art und Umfang der Vergütung unmittelbar festlegen – beispielsweise beim Einheitspreisvertrag die einzelnen Positionen des Leistungsverzeichnisses – haben keinen Rechtscharakter und sind deshalb einer Inhaltskontrolle des Gesetzes nach §§ 307 ff. BGB entzogen.

Beispiel:

Im Leistungsverzeichnis eines Einheitspreisvertrages ist eine Leistungsposition so ungenau beschrieben, dass wesentliche für die Kalkulation erforderliche Fakten fehlen. Trotzdem füllt der Bieter das LV aus und erhält den Zuschlag. Später verlangt er eine erhöhte Vergütung, da er bei seiner Kalkulation aufgrund der fehlenden Fakten von durchschnittlichen Verhältnissen ausgegangen ist, die sich tatsächlich als sehr viel ungünstiger herausgestellt haben.

Zwar stellt eine Leistungsbeschreibung, die mehrfach verwendet (Standard-LV) wird eine Allgemeine Geschäftsbedingung dar.

Eine Inhaltskontrolle nach § 307 BGB scheidet trotzdem aus, da die nicht ausreichend beschriebene Leistung nicht mit einer Rechtsvorschrift in Zusammenhang steht. Das wäre nur dann der Fall, wenn die Beschreibung der Leistung im Falle ihrer Unwirksamkeit durch eine Rechtsvorschrift ersetzt werden könnte.

Dem Auftragnehmer könnten deshalb allenfalls Schadensersatzansprüche gegen den Auftraggeber zustehen, wenn er von diesem beim Vertragsabschluss in seinem Vertrauen auf eine transparente Leistungsbeschreibung getäuscht worden wäre (culpa in contrahendo, zur Auslegung von Leistungsbeschreibungen siehe auch oben Nr. 9). Das ist jedoch hier nicht der Fall, da die mangelnde Kalkulierbarkeit der Leistungsposition offen erkennbar war.[172] Eine Täuschung oder Überrumpelung scheidet deshalb von vornherein aus, der Auftragnehmer ist an seinen Angebotspreis in vollem Umfang gebunden.

---

[172] BGH vom 25. 02. 1988, Az: VII ZR 310/86, BauR 1988, 338.

10.4 Leistungsbeschreibungen außerhalb der eigentlichen Vergütungsregelung

Schon schwieriger ist die Situation zu beurteilen, wenn eine Vergütungsregelung nicht Bestandteil der eigentlichen Leistungsbeschreibung, sondern von dieser getrennt an anderer Stelle im Vertrag geregelt ist.

Beispiel:

Die Vorbemerkungen zum LV enthalten folgende Klausel:

„In der Schlussrechnung werden die Verbrauchskosten für Bauwasser und etwaige Kosten für Messer und Zähler in Höhe von 1,2% des Endbetrages von der Schlussrechnung abgesetzt."

Diese Klausel enthält eine von der eigentlichen Vergütungsregelung losgelöste zusätzliche Preisvereinbarung für zur Verfügung gestelltes Bauwasser.

Auch diese Klausel stellt eine der Inhaltskontrolle entzogene Preisvereinbarung dar, die nur die Besonderheit aufweist, außerhalb der eigentlichen Preisvereinbarung platziert zu sein. Trotzdem erfüllt die Klausel alle zu einer Preisvereinbarung erforderlichen Elemente: Der Auftraggeber bietet Bauwasser zu einem bestimmten Preis an, der Auftragnehmer akzeptiert dies durch Abgabe seines Angebotes. Würde eine diesbezügliche Vereinbarung fehlen, könnte sie auch nicht durch Gesetzesrecht ersetzt werden. Deshalb ist auch diese Klausel einer Inhaltskontrolle nach § 307 BGB entzogen.[173]

Allerdings muss bei solchen reinen Vergütungsregelungen, die außerhalb der eigentlichen Preisvereinbarung platziert sind jeweils geprüft werden, ob die **Klausel auch so deutlich im Vertrag angeordnet** wurde, dass der Auftragnehmer nicht Gefahr läuft sie zu übersehen oder zu überlesen. Er darf von ihr also nicht **überrascht** (siehe oben Nr. 7) werden, anderenfalls würde die Regelung nicht Vertragsbestandteil (§ 305c BGB).

10.5 Preisnebenabreden mit Rechtscharakter

In Bauverträgen sind häufig außerhalb der eigentlichen Preisvereinbarung Klauseln enthalten, die diese zumindest mittelbar zulasten des Auftragnehmers abändern. Das sind solche Regelungen, die sich zwar auf die Vergütung auswirken, an deren Stelle aber, wenn eine wirksame Regelung fehlt, eine Rechtsvorschrift treten könnte. Solche Klauseln können auf eine versteckte Erhöhung oder Verbilligung des eigentlichen Vertragspreises abzielen (BGH, Urteil vom 10. 06. 1999, Az: VII ZR 365/98, BauR 1999, 1290).

Beispiel:

Eine Klausel, die im Rahmen einer gewerksweisen Ausschreibung verwendet wird lautet: „Für anteilige Baureinigung wird dem Auftragnehmer 1,7% der Abrechnungssumme in Abzug gebracht."

---

[173] BGH vom 10. 06. 1999, Az: VII ZR 365/98, BB 1999, 2052.

Diese Klausel regelt die Erstattung von Mängelbeseitigungskosten im Sinne von §§ 633 Abs. 2, 635 BGB.

Ohne die Klausel würden die erwähnten gesetzlichen Vorschriften zur Anwendung kommen.

Das bedeutet, dass die Klausel als Preisnebenabrede (mit Rechtscharakter) der Inhaltskontrolle unterliegt.

Sie nimmt dem Auftragnehmer im Falle der Nichtbeseitigung seines eigenen Bauschutts das ihm nach § 635 Abs. 1 BGB zustehende Nachbesserungsrecht. Darüber hinaus will sie dem Auftragnehmer die Übernahme pauschalierter Reinigungskosten selbst für den Fall auferlegen, dass dieser seine eigene Reinigungsleistung mangelfrei erledigt hat.

Deshalb ist die Klausel ihrem Inhalt nach unangemessen und verstößt gegen § 307 Abs. 2 BGB. Die Klausel ist deshalb unwirksam.[174]

Nachfolgend ein weiteres **Beispiel** einer Klausel, die nicht nur der Inhaltskontrolle entzogene, beschreibende Funktion, sondern rechtlichen Charakter hat:

> In der Vorbemerkung eines Leistungsverzeichnisses zur Ausschreibung von Trockenbauarbeiten ist geregelt, dass für die Gerüstvorhaltung nicht die Trockenbau-DIN 18340, sondern die Mauerwerks-DIN 18330 zur Anwendung kommt.

Das bedeutet, dass alle notwendigen Gerüste, unabhängig von ihrer Höhe, mit den Einheitspreisen abgegolten sind, da bei Mauerwerksarbeiten sämtliche notwendigen Gerüste eine Nebenleistung darstellen (DIN 18330, Nr. 4.1.2).

In der für Trockenbauarbeiten in Frage kommenden DIN 18340 ist dagegen geregelt, dass nur solche Gerüste mit den Einheitspreisen abgegolten sind, die nicht höher als 2 m über Gelände oder Fußboden liegen (DIN 18350 Nr. 4.1.1).

Die Klausel will die eigentliche Preisvereinbarung zulasten des Auftragnehmers umgestalten. Die in der Preisvereinbarung geregelte Vergütung soll inhaltlich so verändert werden, dass der Auftragnehmer eine umfangreichere Leistung schuldet, als nach den Grundsätzen des § 631 Abs. 1 BGB unter Einbeziehung der zur Auslegung des Leistungsumfangs heranzuziehenden „passenden" DIN eigentlich von ihm geschuldet wird.

Solche Klauseln, die den „Leistungsgegenstand (das Hauptleistungsversprechen) einschränken, verändern, aushöhlen oder nur ausgestalten bzw. modifizieren" unterliegen der Inhaltskontrolle nach § 307 ff. BGB (vgl. BGH, Az: VII ZR 37/86, NJW 1987, 1931; Markus/Kaiser/Kapellmann, Rdnr. 30 ff.).

Durch die Vereinbarung der „falschen" Norm hat der Auftragnehmer im genannten Beispiel eine Mehrleistung zu erbringen, die über den in der eigentlichen Preisvereinbarung geschuldeten Umfang hinausgeht.

---

[174] BGH vom 06. 07. 2000, Az: VII ZR 73/00; BauR 2000, 1756.

Die reine LV-Position für Trockenbauarbeiten – ohne Bezugnahme auf eine DIN – würde nämlich – falls den Vertragsbedingungen keine anderen Anhaltspunkte zu entnehmen sind – im Wege ergänzender Vertragsauslegung nach den §§ 632, 133, 157 BGB dahin auszulegen sein, dass die für Trockenbauarbeiten „passende" und gewerbeübliche Gerüstvorhalteverpflichtung der einschlägigen DIN 18340 Vertragsgrundlage ist.

Die Klausel ist deshalb als Preisnebenabrede der gesetzlichen Inhaltskontrolle unterworfen.

Aufgrund ihres unangemessenen Inhalts, wonach eine Leistung geschuldet werden soll, die von dem im jeweiligen Gewerk üblichen Rahmen zulasten des Auftragnehmers abweicht ist sie gem. § 307 Abs. 2 BGB unwirksam (siehe hierzu Anmerkung 125 zum Beispiel auf S. 57 unten).

Der Inhaltskontrolle unterworfene Preisnebenabreden treffen also keine selbstständige Vereinbarung über eine über die in der eigentlichen Preisvereinbarung hinausgehende Leistung, sondern wollen die eigentliche Preisvereinbarung ohne Gegenleistung des Auftraggebers einseitig umgestalten.

11. Die Besonderheiten bei Verbraucherverträgen

Verbraucherverträge sind Verträge, die zwischen einem Unternehmer (§ 14 BGB) und einer natürlichen Person außerhalb deren gewerblicher oder selbstständiger beruflicher Tätigkeit geschlossen werden (§ 13 BGB).

Aufgrund der EG-Richtlinie über missbräuchliche Klauseln in Verbraucherverträgen[175] wurde eine Reihe nationaler gesetzlicher Regelungen speziell für Verbraucherverträge geschaffen.

11.1 Fiktion des Stellens

Bei Verbraucherverträgen gelten vorformulierte Vertragsbedingungen nach § 310 Abs. 3 Nr. 1 BGB als vom Unternehmer gestellt, wenn sie nicht durch den Verbraucher selbst in den Vertrag eingeführt worden sind, dieser also selbst Wert auf deren Anwendung gelegt hat.

11.2 Anwendung von AGB-Vorschriften bei einmaliger Klauselverwendung

Wenn der **Verbraucher** keinen Einfluss auf den Inhalt der vom Unternehmer gestellten Klauseln nehmen konnte, reicht es zur Anwendung einer Reihe AGB-rechtlicher Bestimmungen aus, wenn diese nur zur einmaligen Verwendung bestimmt sind (§ 310 Abs. 3 Nr. 2 BGB). Der Verbraucher trägt allerdings die Beweislast dafür, dass es sich um eine von seinem Vertragspartner vorformulierte Klausel handelt. Er muss darüber hinaus nachweisen, dass er augrund der Vorformulierung auf ihren Inhalt keinen Einfluss nehmen konnte (BGH vom 15. 04. 2008, Az: X ZR 126/06).

---

[175] Nr. 93/13/EWG vom 05. 04. 1993.

11.3 Besonderheiten bei der Inhaltskontrolle

Vor allem findet aber bei Verbraucherverträgen eine **Inhaltskontrolle** nach §§ 307 bis 309 BGB auch dann statt, wenn die Bedingungen **nur zur einmaligen Verwendung** aufgestellt worden sind (§ 310 Abs. 3 Nr. 2 BGB). Der Verbraucher muss dann also nicht nachweisen, dass die Bedingungen tatsächlich verwendet worden sind oder dies zumindest beabsichtigt sei.

Darüber hinaus sind bei der Inhaltskontrolle (§§ 307 ff. BGB) von Verbraucherverträgen die Klauseln nicht nur nach ihrem abstrakten Inhalt zu beurteilen. Bei Verbraucherverträgen sind auch die den Vertragsabschluss begleitenden Umstände zu berücksichtigen, so beispielsweise das erstrebte Vertragsziel, die näheren Umstände bei den Vertragsverhandlungen, der Umfang der persönlichen Geschäftserfahrung des Verbrauchers, und insbesondere auch der Grad der Sachaufklärung durch den Verwender bei Vertragsabschluss sowie ggf. die konkrete wirtschaftliche Situation des Verbrauchers (§ 310 Abs. 3 Nr. 3 BGB; Ingenstau-Korbion, Anhang 1, Rdnr. 126).

Dies soll der Verbesserung der Stellung des Verbrauchers dienen, weil sich hieraus ein zusätzlicher Grund für die Unangemessenheit einer Klausel ergeben kann. Es ist jedoch zu berücksichtigen, dass diese Regelung auch die Gefahr enthält, dass bei besonders umfangreicher Sachaufklärung beispielsweise eine an sich intransparente Klausel für den Verbraucher verständlich geworden ist.[176]

Denn gerade bei Verbraucherverträgen ist das sogen. **Transparenzgebot** (siehe hierzu oben Nr. 10.1) ganz besonders zu beachten, da in Art. 4 und 5 der EU-Verbrauchervertragsrichtlinie gefordert wird, dass Klauseln in Verbraucherverträgen „klar und verständlich" abgefasst sein müssen und den Verbraucher nicht irreführen dürfen. Wird dieses Gebot verletzt, führt auch dies nach h. M. zur Unwirksamkeit der Klausel gem. § 307 Abs. 1 Satz 2 BGB.

11.4 Gilt das VOB-Privileg auch gegenüber Verbrauchern?

Wie oben unter Nr. 5.1 dargestellt wurde, ist durch das ab 01. 01. 2009 geltende **Forderungssicherungsgesetz** in Form eines zusätzlichen Absatzes in § 310 Abs. 1 BGB klargestellt worden, dass – was bis dahin streitig war – das **VOB-Privileg nicht zur Anwendung kommt, wenn ein Verbraucher Vertragspartner des Verwenders ist.**

Dies hat dann zur Folge, dass unabhängig davon, ob die VOB/B in unveränderter oder veränderter Form verwendet wird, alle VOB-Klauseln der Inhaltskontrolle gem. §§ 307 ff. BGB unterliegen. Welche VOB-Klauseln dann unwirksam sind, ergibt sich aus der Darstellung gem. Nr. 5.5 auf den Seiten 46 bis 50.

---

[176] Korbion/Kaiser/Sienz, Rdnr. 15.

12. Ist es für die Inhaltskontrolle von Bedeutung, ob der Vertragspartner Unternehmer ist?

Wenn der Vertragspartner des Klauselverwenders Unternehmer ist, kommt zwar eine Inhaltskontrolle nach § 307 BGB zur Anwendung, wegen § 310 Abs. 1 BGB nicht jedoch die unmittelbare Anwendung der Klauselkataloge der §§ 308 und 309 BGB. Das Gleiche gilt für juristische Personen des öffentlichen Rechts und sogen. öffentlich-rechtliche Sondervermögen.

Hieraus darf jedoch nicht gefolgert werden, dass die in den §§ 308 und 309 BGB aufgezählten Klauselverbote keine Rolle spielen, wenn der Auftragnehmer Unternehmer ist:

§§ 308 und 309 BGB sind nämlich lediglich, wenn auch nicht abschließende, Anwendungsfälle von § 307 BGB. Deshalb kann bei der Prüfung von Klauseln in diesem Bereich durchaus auf die in den §§ 308 und 309 BGB enthaltenen Wertungen zurückgegriffen werden, wobei dann jeweils zu prüfen ist, ob sich aus der Unternehmereigenschaft des Vertragspartners etwas anderes ergibt.[177/178]

Die nachfolgende Klauseltabelle im Teil 2 lässt jedoch erkennen, dass ein solch abweichendes Ergebnis in relativ seltenen Ausnahmefällen festzustellen ist. Dies ist darauf zurückzuführen, dass sich in der Bauwirtschaft kein besonderes Recht für gewerblich tätige Auftragnehmer herausgebildet hat.

13. Welche Konsequenzen müssen die Baubeteiligten aus den AGB-rechtlichen Vorschriften ziehen?

13.1 Die Vertragspartner des Verwenders Allgemeiner Geschäftsbedingungen

Obwohl die gesetzliche Regelung zu Allgemeinen Geschäftsbedingungen, ursprünglich in Form des AGB-Gesetzes, schon im April 1977 in Kraft getreten ist, muss derjenige dem Bauvertragsbedingungen gestellt werden noch immer damit rechnen, mit unwirksamen Klauseln in den Ausschreibungsunterlagen konfrontiert zu werden.

Ihn trifft grundsätzlich keine Verpflichtung, den Verwender auf solche unwirksamen Klauseln hinzuweisen, wenn er diese bei der Ausschreibung erkennt. Er kann sich später trotzdem zu jedem Zeitpunkt auf die Unwirksamkeit solcher Klauseln berufen, ohne dass ihm dies dadurch abgeschnitten wäre, dass er den Vertrag in Kenntnis der Unwirksamkeit unterschrieben hat.

---

[177] Markus/Kaiser/Kapellmann, Rdnr. 37.
[178] § 310 Abs. 1 BGB; BGH vom 08. 03. 1984, Az: VII ZR 349/82, BGHZ 90, 273.

Bei Ausschreibungen durch den **Auftraggeber** kann der Auftragnehmer also bei seiner Kalkulation Risiken unberücksichtigt lassen, die sich aus unwirksamen Klauseln ergeben und sich hierdurch einen Preisvorteil gegenüber Mitbewerbern verschaffen, die unwirksame Klauseln kalkulatorisch berücksichtigen.

Weist er den Auftraggeber schon bei Angebotsabgabe oder bei den Vertragsverhandlungen auf die Unwirksamkeit hin und vereinbart er daraufhin mit dem Auftraggeber eine „abgeschwächte" Regelung, so ist diese grundsätzlich als Individualvereinbarung wirksam (siehe oben Nr. 3.4.1). Dies hat allerdings den Vorteil, dass klare Verhältnisse geschaffen und damit eventuelle spätere Konflikte vermieden werden.

Bei dieser Rechtslage ist es verständlich, dass in der Praxis wenige Auftragnehmer im Zuge von Vertragsverhandlungen schon auf unwirksame Klauseln hinweisen, sondern – wenn sie die Unwirksamkeit überhaupt erkennen – abwarten, ob es später zu einem konkreten Konfliktfall kommt.

Auftragnehmer müssen beachten, dass gegenüber **„Verbrauchern"** einige VOB-Klauseln unwirksam sind, so dass es sinnvoll erscheint, die VOB/B insoweit abzuändern (siehe hierzu S. 37 ff.), um zu vermeiden, einem Unterlassungsanspruch nach dem Unterlassungsklagengesetz (UKlaG) ausgesetzt zu sein (siehe hierzu unten S. 80)

13.2 Die Architekten

13.2.1 Die Haftung des Architekten für die Wirksamkeit von ihm empfohlener Klauseln

Soweit Architekten einem Auftraggeber Vertragsbedingungen für die Vergabe einer Bauleistung **empfehlen,** sind sie im Rahmen ihrer Architektentätigkeit (zulässigerweise) rechtsberatend tätig. Auch für diese Tätigkeit haften sie im Falle fehlerhafter Beratung gegenüber ihrem Auftraggeber.

Die Empfehlung unwirksamer Klauseln durch einen Architekten kann also zu Schadenersatzansprüchen des Auftraggebers gegen diesen führen.

Beispiel:

Der Architekt empfiehlt dem Auftraggeber eine Vertragsstrafeklausel, ohne dass er eine Obergrenze der insgesamt anfallenden Vertragsstrafe vorsieht. Der Auftragnehmer wird zwar verspätet fertig, er lehnt die Vertragsstrafezahlung jedoch wegen der Unwirksamkeit dieser Vertragsstrafeklausel zurecht ab. Kann ein Verspätungsschaden mangels Nachweisbarkeit eines tatsächlich entstandenen Schadens nicht durchgesetzt werden, haftet der Architekt in Höhe der zulässigen Vertragsstrafe.

Hiergegen können sich Architekten nur dadurch schützen, dass sie unwirksame Klauseln aus den von ihren empfohlenen Formularverträgen entfernen.

13.2.2 Unterlassungsansprüche gegen Architekten

Unwirksame Klauseln können auch gegenüber Architekten zu Unterlassungsansprüchen durch die in § 3 UKlaG genannten Verbände (Bauinnungen, bauwirtschaftliche Verbände, Handwerkskammern, Industrie- und Handelskammern) führen.

Hierbei kann ein Architekt sowohl als „Empfehler" als auch u. U. als „Verwender" unwirksamer Vertragsbedingungen in Anspruch genommen werden (§ 1 UKlaG).

„Empfehler" ist er dann, wenn er Vertragstexte mehreren Auftraggebern zur Verwendung zur Verfügung stellt, ohne selbst an den Vertragsverhandlungen oder Ausschreibungen beteiligt zu sein.[179]

„Verwender" ist er, wenn er zum einen die Ausschreibungen unter Verwendung „seiner" Bedingungen durchführt oder die Vertragsverhandlungen auf der Grundlage von ihm zur Verfügung gestellter Vertragsbedingungen (mit)-führt und zum anderen ein Eigeninteresse an der Verwendung gerade dieser Bedingungen hat.[180] Die Durchführung der Ausschreibung bedeutet nämlich das eigentliche „Stellen", also das „in den Verkehr bringen" der Bedingungen.

Ein solches Eigeninteresse ist dann anzunehmen, wenn die Bedingungen den Architekten in seinem Verhältnis zum Bauherrn gegenüber üblichen Regelungen begünstigen.[181] Er ist dann neben dem Auftraggeber selbst Verwender.

Ein nur bauleitend tätiger Architekt, der am Vertragsabschluss nicht beteiligt war, ist nach den genannten Kriterien selbst dann nicht Verwender der Vertragsbedingungen, wenn er ein wirtschaftliches Interesse an der Verwendung der Bedingungen hat.[182]

Der gerichtlich durchsetzbare Unterlassungsanspruch beschränkt sich nicht auf das Verbot künftiger Empfehlung oder Verwendung der unwirksamen Bedingungen. Er bezieht sich auch auf bereits abgeschlossene Bauverträge, sodass dem Architekten auch das Berufen auf die unwirksamen Klauseln in bereits früher abgeschlossenen Verträgen untersagt werden kann.[183] Außerdem hat er zumindest den Bauherrn auf die Unwirksamkeit der von ihm empfohlenen Klauseln hinzuweisen.[184]

13.3 Die Verwender

13.3.1 Unwirksame Klauseln können unerwünschte Nachteile bringen

Verwender Allgemeiner Geschäftsbedingungen sind meist die Auftraggeber, also Bauherren, öffentliche Auftraggeber oder Hauptunternehmer, Generalunternehmer, aber auch die Auftragnehmer, vor allem wenn sie kleinere Leistungen gegenüber Privatleuten anbieten.

---

[179] OLG Karlsruhe vom 22. 07. 1982, Az: 27/81, BB 83, 725; OLG München vom 09. 02. 1993, Az: 9 U 4113/92, BauR 93, 494.

[180] BGH vom 09. 07. 1981, Az: VII ZR 139/80, NJW 81, 2351.

[181] OLG Koblenz vom 16. 09. 1994, Az: 2 U 1813/92 (unveröffentlicht).

[182] BGH vom 19. 09. 1990, Az: VIII ZR 239/89, BB 90, 2288.

[183] OLG Koblenz vom 16. 09. 1994, Az: 2 U 1813/92 (unveröffentlicht); BGH, NJW 81, 1511.

[184] OLG München vom 09. 02. 1993, Az: 9 U 4113/92, BauR 93, 494.

Da Auftraggeber Aufträge in wirtschaftlicher Weise vergeben wollen, müssen sie sich zwangsläufig vorformulierter Vertragsbedingungen bedienen, da sonst kein Ausschreibungsverfahren möglich wäre, bei dem alle Anbieter auf der Grundlage gleicher Vertragsbedingungen ihre Preise kalkulieren können.

Benutzen sie hierbei Bedingungen, bei denen die eigene Interessenswahrnehmung zulasten der Vertragspartner zu weit geht, so erreichen sie das Gegenteil ihres eigentlichen Anliegens.

Beispiel:

Als Gewährleistungssicherheit vereinbart ein Auftraggeber den zinslosen Einbehalt von 5% der Abrechnungssumme.

Diese Klausel ist unangemessen, da sie über das legitime Anliegen des Auftraggebers zur Erlangung einer Sicherheit zur Durchsetzung späterer Gewährleistungsansprüche hinausgeht und statt dessen dem Auftragnehmer einen Teil des ihm nach der Abnahme zustehenden Werklohns vorenthalten will.

Wegen Verstoßes gegen § 307 bzw. §§ 308, 309 BGB ist die Klausel unwirksam. Gemäß § 306 Abs. 2 BGB entfällt sie ersatzlos, da nach dem gesetzlichen Leitbild keine Ersatzregelung zur Verfügung steht. Der Auftraggeber bleibt ohne Sicherheitsleistung.

Bei ausgewogener Gestaltung, beispielsweise durch Forderung einer unbefristeten selbstschuldnerischen Bürgschaft, hätte der Auftraggeber dagegen eine sinnvolle Wahrnehmung seiner Interessen erreicht.

Der Auftraggeber kann sich im Übrigen nicht darauf verlassen, dass der Auftragnehmer unwirksame Klauseln nicht bemerken wird.

Kommt es beispielsweise zum Rechtsstreit, muss der Richter von Amts wegen unwirksame Klauseln selbst dann beachten, wenn sich der Auftragnehmer hierauf gar nicht beruft.

13.3.2 Unwirksame Klauseln können zu einem Unterlassungsverfahren führen

Der Verwender unwirksamer Klauseln in vorformulierten Bauvertragsbedingungen kann nach dem Unterlassungsklagengesetz (UKlaG) gerichtlich von den rechtsfähigen Verbänden zur Förderung gewerblicher Interessen (also den Bauverbänden und Kammern) auf Unterlassung weiterer Verwendung in Anspruch genommen werden.[185] Hierbei ist der Auftraggeber als Vertragspartner in diesem Verfahren auch dann Verwender, wenn er die Bedingungen weder selbst aufgestellt hat, noch mit dem Vertragsabschluss selbst befasst war.[186]

---

[185] So hat der BGH (Urteil vom 24. 07. 2008, Az: VII ZR 55/07) entschieden, dass der DVA **„Empfehler"** der VOB/B gegenüber Verbrauchern ist und dem Verbraucherverband ein enstprechendes Klagerecht zusteht.

[186] Palandt, Rdnr. 9 zu § 1 UKlaG.

Durch diese Regelung will der Gesetzgeber die von unwirksamen Klauseln ausgehende Störung des Rechtsverkehrs unterbinden, und zwar geschieht dies in einem abstrakten „Normenkontrollverfahren".

Dieses sogen. Verbandsklageverfahren soll den Verwender unwirksamer Klauseln dazu zwingen, sich in Zukunft generell nicht mehr auf die unwirksamen Bedingungen zu berufen und zwar auch nicht gegenüber Vertragspartnern, mit denen er die Verträge schon vor Geltendmachung des Unterlassungsanspruchs abgeschlossen hat.[187]

Von einem Verwenden ist schon dann auszugehen, wenn die Bedingungen zur Grundlage einer Ausschreibung gemacht werden. Ob es tatsächlich später zu einem Vertragsabschluss auf Basis dieser Bedingungen kommt, ist ohne Belang.

Wer AGB-Klauseln stellt kann in aller Regel auch dann als „Verwender" der Bedingungen in Anspruch genommen werden, wenn die unwirksamen Bedingungen durch einen Angestellten oder einen anderen Vertreter – wie beispielsweise seinen Architekten – zum Gegenstand der Ausschreibung gemacht worden sind.

Vor Durchführung eines Gerichtsverfahrens wird der einschreitende Verband in aller Regel außergerichtlich eine Unterlassungserklärung einzuholen versuchen.

Da das Verwenden unwirksamer Klauseln eine tatsächliche Vermutung für die Gefahr weiterer Verwendung in nachfolgenden Verträgen bedeutet, kann der Verwender diese Vermutung nur durch eine ernsthafte Unterlassungserklärung ausräumen, die er in der Regel durch das Versprechen einer Vertragsstrafe für jeden Fall weiterer Verwendung (sog. strafbewehrte Unterlassungserklärung) absichern muss.[188]

Der Nachweis, dass der Verwender die beanstandeten AGB für neue Verträge nicht mehr verwendet, beeinträchtigt den Anspruch des Verbandes auf eine Unterlassungserklärung selbst dann nicht, wenn der Verwender schon neue Bedingungen benutzt und die alten vernichtet hat. Wegen der vorangegangenen Verwendung ist auch hier trotzdem eine Wiederholungsgefahr gegeben. Dies kann der Verwender auch in diesem Fall nur durch Abgabe einer Unterlassungserklärung bei gleichzeitigem Strafversprechen entkräften.[189]

Als angemessenes Strafversprechen für den Fall eines Verstoßes gegen eine abgegebene Unterlassungserklärung wurde von den Gerichten in der Vergangenheit ein Strafversprechen von 1.000 € pro wiederverwendeter Klausel für jeden erneuten Verwendungsfall angesehen.

Hinzuweisen ist hierbei darauf, dass der Verwender eine abgegebene Unterlassungserklärung nicht dadurch unterlaufen kann, dass er die fraglichen Klauseln sprachlich abwandelt. **Maßgeblich ist** nicht die sprachliche, sondern **die inhaltliche Identität!**

Wird es notwendig, den Unterlassungsanspruch gerichtlich geltend zu machen, ist gem. § 6 UKlaG das Landgericht ausschließlich zuständig, in dessen Bezirk der Ver-

---

[187] BGH vom 11. 02. 1981, Az: VIII ZR 335/79, NJW 81, 1511.

[188] OLG Zweibrücken vom 10. 03. 1994, Az: 4 U 143/93, NJW-RR 94, 1363.

[189] BGH vom 09. 07. 1992, Az: VII ZR 7/92, NJW 94, 2693.

wender seine gewerbliche Niederlassung oder in Ermangelung einer solchen seinen Wohnsitz hat.

Wird der Klage stattgegeben, kann dem Kläger auf Antrag die Befugnis zugesprochen werden, die Urteilsformel mit Offenlegung des verurteilten Beklagten auf dessen Kosten im Bundesanzeiger bzw. – auf eigene Kosten – in sonstiger Weise bekannt zu machen. Diese Befugnis kann das Gericht allerdings zeitlich begrenzen (§ 7 UKlaG).

Benutzt der Verwender eine Klausel trotz seiner Verurteilung zur Unterlassung weiterer Verwendung erneut, ist deren Vereinbarung als unwirksam anzusehen, soweit sich der betroffene Vertragsteil auf die Wirkung des Unterlassungsurteils beruft.

Der rechtskräftig verurteilte Verwender kann allerdings mit einer Vollstreckungsgegenklage gegen die Entscheidung vorgehen, wenn nachträglich eine vom Urteil abweichende Entscheidung des BGH oder des Gemeinsamen Senats der Obersten Gerichtshöfe des Bundes ergangen ist (§ 10 UKlaG).

Ist eine solche abweichende Entscheidung ergangen, die die Verwendung der Klauseln für dieselbe Art von Verträgen **nicht untersagt,** kann sich ein betroffener Vertragspartner selbst dann nicht mehr auf das Unterlassungsurteil berufen, wenn der verurteilte Verwender zwar keine Klage gegen die ursprüngliche Entscheidung erhoben hat, jedoch eine solche erheben könnte (§ 11 UKlaG).

13.3.3 Die Verwendung unwirksamer Klauseln kann zu Schadensersatzansprüchen führen

Die Verwendung unwirksamer Vertragsklauseln kann zu einer Schadenersatzpflicht gegenüber dem Vertragspartner aus dem Gesichtspunkt des „Verschuldens bei Vertragsabschluss" (culpa in contrahendo) führen. Entsprechender Schaden kann sich daraus ergeben, dass beim Auftragnehmer aufgrund der unwirksamen Bedingungen

– Rechtsberatungs- und Prozesskosten,

– Aufwendungen wegen Unkenntnis der Unwirksamkeit der Klauseln oder

– Schäden, aufgrund dieser Unkenntnis

entstehen.

Zusammenfassend ist den Verwendern vorformulierter Vertragsbedingungen zu raten, ihre Vertragsbedingungen von unwirksamen Klauseln zu befreien. Nur so können sie erreichen, dass sich ihre Vertragspartner in vollem Umfange an die vereinbarten Bedingungen halten müssen und deren Angebote auch vergleichbar sind.

AGB-Klauseln, die die vorhandenen Spielräume wirksam ausschöpfen, bringen dem Verwender mehr als Klauseln, die wegen ihrer Unwirksamkeit entweder ersatzlos entfallen oder durch häufig nicht sachgerechte „gesetzliche Lückenfüller" umgestaltet werden.

Teil II

Prüfliste für
Bauvertragsbedingungen

Vorbemerkung zu Teil II

Durch das am 01. 01. 2002 in Kraft getretene Schuldrechtsmodernisierungsgesetz haben sich eine Reihe gesetzlicher Bestimmungean im BGB geändert, vor allem wurde das AGB-Gesetz in das BGB eingearbeitet (§§ 305 ff. BGB). Das bedeutet, dass für alle ab dem 01. 01. 2002 abgeschlossenen Verträge nicht mehr das AGB-Gesetz, sondern die §§ 305 ff. BGB zur Anwendung kommen. Da die bisherigen Bestimmungen im AGB-Gesetz weitgehend unverändert in das BGB übernommen wurden, kann auch die zum AGB-Gesetz ergangene Rechtsprechung weitestgehend auf Verträge angewendet werden, die erst ab dem 01. 01. 2002 abgeschlossen worden sind. In der nachfolgenden Prüfliste wurde daher jeweils der für die ab 01. 01. 2002 abgeschlossenen Verträge geltende BGB-Paragraf vermerkt.

1. Allgemeine Fragen zur Gestaltung von AGB

1.1 Handelt es sich bei folgenden Vertragsbestimmungen um AGB im Sinne des Gesetzes?

a)	VOB/Teil A	**nein**	Die VOB/A enthält keine Vertragsbedingungen gem. § 305 Abs. 1 BGB. Ausnahme allerdings §§ 1 und 19 VOB/A.
b)	VOB/Teil B	**ja**	Bei der VOB/B handelt es sich um eine für eine Vielzahl von Verträgen vorformulierte Vertragsbedingung, die in der Regel eine Vertragspartei (Verwender) der anderen bei Abschluss des Bauvertrags stellt (§ 305 Abs. 1 BGB).
c)	VOB/Teil C	**ja**	Die VOB/C ohne Abschn. O (Hinweise für das Aufstellen der Leistungsbeschreibung) ist ebenfalls eine AGB. Vgl. OLG Düsseldorf vom 07. 05. 1991, Az: 23 U 165/90, BauR 91, 772. Ebenso: OLG Celle vom 15. 01. 2003, Az: 7 U 64/00; IBR 2003, 289.
d)	Zusätzliche technische Vertragsbedingungen	**ja**	
e)	Zusätzliche Vertragsbedingungen	**ja**	Soweit nicht einzeln zwischen den Vertragspartnern ausgehandelt, sondern für eine Vielzahl von Verträgen vorformuliert (im Übrigen vgl. Teil I Ziff. 3.1.1).
f)	Besondere Vertragsbedingungen	**ja**	unter der Voraussetzung von e)
g)	Leistungsbeschreibung/Leistungsverzeichnis	**ja**	unter der Voraussetzung von e)
h)	Verhandlungsprotokoll	**ja**	unter der Voraussetzung von e)
i)	Preisvereinbarungen	**nein**	Etwas **anderes** gilt allerdings für sogenannte **Preisnebenbestimmungen** (siehe hierzu Teil I Ziff. 10.3 ff.).
1.2	Kommt es für die Frage, ob es sich um AGB handelt, auf die äußere Form der Bedingung an?	**nein**	Für AGB ist es gleichgültig, ob sie lang oder kurz, gedruckt, anders vervielfältigt, mit der Schreibmaschine oder der Hand geschrieben sind, auf der Rückseite von Vertragstexten oder auf gesondertem Blatt oder auch im Vertragstext selbst stehen (§ 305 Abs. 1 Satz 2 BGB); entscheidend ist nur, dass sie für eine Vielzahl von Verträgen vorformuliert und nicht im Einzelfall ausgehandelt sind. Die äußere Form lässt allerdings Rückschlüsse im Sinne eines sogenannten Anscheinsbeweises zu.

PRÜFLISTE	zulässig	Anmerkung
1.3 Sind Aufdrucke auf Rechnungsformularen sinnvoll?	**nein**	AGB können nur bei **Vertragsschluss** wirksam vereinbart werden, nicht hinterher durch einseitige Erklärung (§ 2 Abs. 1 AGBG // ab 01. 01. 2002: § 305 Abs. 2 BGB); an diesem auch bisher schon geltenden Grundsatz des Vertragsrechts hat sich durch die gesetzliche Regelung zu den Allgemeinen Geschäftsbedingungen nichts geändert (LG München I vom 31. 05. 1979, Az: 7 O 3595/79, BB 1979, 1789). **Allerdings:** Im Rahmen laufender Geschäftsbeziehungen unter Kaufleuten bzw. Unternehmern können geänderte AGB dadurch für künftige Verträge einbezogen werden, dass auf Rechnungen auf die Neufassung der AGB **deutlich** hingewiesen wird (BGH vom 06. 12. 1990, Az: I ZR 138/89; BB 91, 501).
1.4 Ist es daher gleichgültig, ob die AGB auf Rechnungsvordrucken mit dem Gesetz im Einklang steht?	**nein**	Auch das nachträgliche Verwenden von AGB auf einem Rechnungsfomular ist „Verwendung" im Sinne von § 1 UKlaG und kann mit der „Verbandsklage" angegriffen werden (vgl. LG München I vom 31. 05. 1979, Az: 7 O 3595/79; BB 1979, 1789).
1.5 Macht das Gesetz wesentliche Unterschiede, ob es sich um Kaufleute bzw. Unternehmer oder Privatpersonen handelt?	**nein**	Bei der Durchführung von Bauverträgen hat sich in der Vergangenheit für den kaufmännischen Geschäftsverkehr kein typischer Handelsbrauch gebildet. Die im Gesetz für den kaufmännischen Verkehr geregelten Einschränkungen führen deshalb bei Bauverträgen nur in seltenen Ausnahmefällen zu abweichender Beurteilung (siehe Frikell/Glatzel/Hofmann, Bauvertragsklauseln und AGB-Gesetz, 2. Aufl. Anm. E 3.26 ff.). Gleiches gilt unter Unternehmern, die nicht Kaufleute sind.

2. Zusammenstellung häufig verwendeter Bauvertragsklauseln

2.1 Vertragsschluss – Art und Umfang der Leistung (§ 1 VOB/B)

2.1.1 Aushandelnsklauseln

Vorbemerkung:

Das Recht der Allgemeinen Geschäfsbedingungen in §§ 305 ff. BGB findet auf im Einzelnen ausgehandelte Vertragsbedingungen keine Anwendung (§ 305 Abs. 1 BGB). Deshalb wird häufig versucht, die Wirkungen dieser gesetzlichen Regeln durch „Aushandelnsklauseln" zu vermeiden.

Grundsätzlich trägt der Verwender die **Beweislast** dafür, dass die Bedingungen „ausgehandelt" wurden (vgl. z. B. BGH, NJW 82, 1035). Aushandelnsbestätigungen zielen darauf ab, die Beweislast zugunsten des Verwenders zu ändern und sind daher nach § 309 Nr. 12 BGB zu beurteilen. Im Übrigen vgl. Teil 1 Ziff. 3.4.

PRÜFLISTE	zulässig	Anmerkung
a) Die im Vertrag festgelegten Klauseln wurden heute zwischen den Parteien im Einzelnen ausgehandelt und endgültig festgelegt.	**nein**	Die Klausel will dem Verwender den Beweis ersparen, dass die Klauseln gemäß § 305 Abs. 2 BGB „ausgehandelt" wurden. Der BGH (Urteil vom 28. 01. 1987, Az: IVa ZR 173/85; BauR 87, 308) hält die Klausel wegen Verstoßes gegen § 309 Nr. 12 BGB für unwirksam: „Nach dem Gesetz ist eine (unzulässige) Änderung der Beweislast schon der Versuch des Verwenders, die Beweisposition des Kunden zu verschlechtern." Eine „Beweislastumkehr" ist zur Erfüllung des Tatbestandes von § 309 Nr. 12 BGB nicht erforderlich. **Anderer Ansicht:** OLG Karlsruhe, BB 1983, 725. Die Klausel verändere die Beweislast nicht sondern schaffe nur ein den Auftragnehmer nicht unangemessen benachteiligendes „Beweisindiz".
b) Die Vertragsunterlagen, insbesondere die Allgemeinen Bedingungen für Nachunternehmerverträge des AG **wurden im Einzelnen durchgesprochen.**	**nein**	„Diese Klausel ist wegen Verstoßes gegen §§ 307 Abs. 1, 309 Nr. 12 BGB ebenfalls unwirksam. Die Klausel zielt darauf ab, den Vertragspartner in die unangenehme Situation zu bringen, gegen seine eigene Erklärung im Streitfall argumentieren zu müssen, auch wenn sie nicht der Wahrheit entspricht. Gemäß § 309 Nr. 12b BGB stellt dies einen besonders krassen Fall der Beweislastumkehr zum Nachteil des Vertragspartners dar" (LG München I vom 22. 09. 1988, Az: 7 O 2820/88, nicht veröffentlicht). **Anderer Ansicht:** OLG Karlsruhe, BB 1983, 725. Die Klausel verändere die Beweislast nicht sondern schaffe nur ein den Auftragnehmer nicht unangemessen benachteiligendes „Beweisindiz".

PRÜFLISTE	zulässig	Anmerkung
c) Sofern Sie mit einzelnen Klauseln nicht einverstanden sind, **bitten** wir, diese in dem übersandten Vertragsmuster **zu streichen.**	**ja**	Nach dem Urteil des BGH vom 09. 04. 1987, Az: III ZR 84/86, DB 87, 1678, ist die fragliche Klausel wirksam. Sie ist allerdings **weitestgehend wirkungslos.** Insbesondere kann die Klausel ein tatsächliches „Aushandeln" nach § 305 Abs. 1 BGB nicht ersetzen. Das bedeutet, dass sich unwirksame AGB-Klauseln nicht mit Hilfe der genannten Klausel zu wirksamen Individualvereinbarungen umwandeln.

2.1.2 Zumutbare Kenntnisnahme – Aushändigung

Vorbemerkung:

Nur solche Allgemeinen Geschäftsbedingungen werden Vertragsbestandteil, von denen der Vertragspartner Kenntnis nehmen konnte. Bei den Anforderungen an die Kenntnisnahmemöglichkeit wird dabei zwischen dem Geschäftsverkehr mit Unternehmern (§ 14 BGB) und Verbrauchern unterschieden (vgl. §§ 310 Abs. 1, 305 Abs. 2 BGB). Die nachstehenden Klauseln befassen sich mit diesem Problem.

Grundsätzlich trägt der Verwender die Beweislast dafür, dass sein Vertragspartner von seinen Bedingungen Kenntnis nehmen konnte (vgl. z. B. Palandt, § 305 Rdnr. 28). Klauseln, die sich beweislaständernd auswirken, sind unter dem Gesichtspunkt des § 309 BGB bedenklich.

PRÜFLISTE	zulässig	Anmerkung
a) Der Vertragspartner hat von den umseitig abgedruckten Vertragsbedingungen **Kenntnis genommen** und ist mit ihnen **einverstanden.**	**ja**	Allerdings bestätigt der Vertragspartner „nur den Inhalt seines Willens, auch die Geltung der Allgemeinen Geschäftsbedingungen vereinbaren zu wollen, auf die er im Vertragsformular unmissverständlich hingewiesen wird" (BGH vom 01. 03. 1982, Az: VII ZR 63/81, BB 1983, 16), d. h., dass die nach § 305 Abs. 2 BGB für die Einbeziehung in den Vertrag verlangten Voraussetzungen erfüllt sind.
		Aber: Nur die tatsächlich abgedruckten oder ausgehändigten Vertragsbedingungen werden (zu mindest im Verkehr mit Verbrauchern) Vertragsbestandteil. Der Vertragspartner hat keine Pflicht, die AGB auf ihre Vollständigkeit zu überprüfen (OLG Frankfurt vom 02. 11. 1988, Az: 17 U 148/87, WM 89, 760).
b) Der Auftragnehmer bestätigt ausdrücklich, dass er die Besonderen Vertragsbedingungen, die Zusätzlichen Vertragsbedingungen, die Allgemeinen Vorbemerkungen im vorderen Teil der Vertragsunterlagen zur Kenntnis genommen hat und die darin enthaltenen Bestimmungen in allen Punkten als rechtsverbindlich anerkennt.	**nein**	Der Verwender von Allgemeinen Geschäftsbedingungen trägt die Beweislast dafür, dass er seinem Vertragspartner die Vertragsbedingungen zur Kenntnis gebracht beziehungsweise ausgehändigt hat. Die genannte Klausel will diese Beweislastverteilung durch eine Fiktion verändern. Die Klausel beinhaltet ferner den Zwang für den Vertragspartner, auch einzelne unwirksame Bestimmungen anzuerkennen was den Auftragnehmer veranlassen könnte, die Unwirksamkeit derartiger Klauseln nicht geltend zu machen. Verstoß gegen § 307 BGB (OLG Frankfurt/Main., BauR 2003, 269 – rechtskräftig, da die zugelassene Revision nicht eingelegt wurde). Ähnlich BGH, Az: III ZR 21/87; WM 1988, 607, 610.

PRÜFLISTE	zulässig	Anmerkung
c) (I) Der Bieter (Subunternehmer) muss den Hauptvertrag, der Vertragsbestandteil wird, beim Auftraggeber **einsehen.**	**ja**	Abs. 1 ist **zulässig. Aber Vorsicht:** Die Klausel genügt für sich nicht dem Verständlichkeitsgebot des § 305 Abs. 2 BGB. Allgemeine Geschäftsbedingungen werden auch im Geschäftsverkehr mit Unternehmern nur dann Vertragsbestandteil, wenn die Vertragsparteien ihre Anwendung ausdrücklich oder unter bestimmten Voraussetzungen wenigstens stillschweigend vereinbaren (BGH, NJW 1985, 1838). Wenn auch nicht in jedem Fall die Aushändigung solcher Zusätzlicher Vertragsbedingungen an den kaufmännischen Vertragspartner notwendig ist, muss jedoch regelmäßig klar und eindeutig darauf hingewiesen werden. Dabei muss die Bezugnahme auf solche Vertragsbedingungen so gefasst sein, dass bei dem Vertragspartner keine Zweifel auftreten können und er auch sonst in der Lage ist, sich über die Bedingungen ohne weiteres Kenntnis zu verschaffen (vgl. BGH, WM 88, 463).
Aber: (II) Der Bieter **kann sich nicht auf Unkenntnis** der Vertragsgrundlagen **berufen,** außer wenn er bei Angebotsabgabe in einem Begleitschreiben auf diesen Umstand hingewiesen hat.	**nein**	Abs. 2 ist unzulässig. Er verstößt gegen §§ 9, §§ 307 und 308 Nr. 1 BGB. Er lässt völlig im Unklaren, um welche „Vertragsgrundlagen" es sich handelt, setzt also den Bieter dem Risiko aus, später bei fehlendem Begleitschreiben auf ihm unbekannte Vertragsbedingungen verwiesen zu werden (LG München v. 13. 06. 1991, Az: 7 O 22256/90; Baurechts-Report 8/91).
d) Der Auftragnehmer bestätigt, **Vollkaufmann** zu sein.	**nein**	Nach BGH vom 17. 05. 1982, Az: VII ZR 316/81, Schäfer-Finnern-Hochstein Nr. 1 zu § 12 Nr. 3 VOB/B verstößt diese Klausel gegen § 305c BGB. „Ein Vertragspartner . . . braucht mit einer solchen Klausel nicht zu rechnen . . . Er muss sich nicht darauf einstellen, dass der Auftraggeber, der sich . . . von Art und Größe seines Gewerbebetriebes überzeugen konnte, eine in einer Klausel enthaltene Erklärung von ihm fordert, die mit der Abwicklung des zustande gekommenen Vertrags nicht unmittelbar etwas zu tun hat."

PRÜFLISTE	zulässig	Anmerkung
e) Vertragsgrundlage sind die Zusätzlichen Vertragsbedingungen für die Ausführung von Bauleistungen im Hochbau, Ausgabe 1976 (ZVH). (Verwendet von einem Öffentlichen Auftraggeber unter Hinweis auf ein Ministerialamtsblatt, in dem die AGB abgedruckt sind.)	**ja**	Zumindest im Geschäftsverkehr mit Unternehmern genügt der Hinweis des Verwenders auf eine **allgemein zugängliche Fundstelle,** um AGB wirksam in den Vertrag einzubeziehen. Der § 305 BGB findet keine Anwendung, wenn der Vertragspartner Unternehmer ist, § 310 BGB (OLG München vom 29. 09. 1994, Az: U (K) 111/93; NJW 95, 733).
f) Vertragsgrundlage sind die Vorschriften und Bedingungen der Straßenbauverwaltung von Rheinland-Pfalz.	**ja**	**Aber Vorsicht:** Die genannte Klausel gewährleistet **auch im Geschäftsverkehr mit Unternehmern** nicht, dass damit die „Vorschriften und Bedingungen" der genannten Verwaltung Vertragsgrundlage werden. Gegenüber Kaufleuten hat man zwar keine generelle Pflicht, alle Vertragsbedingungen, die man zur Grundlage des Vertrages machen will, auszuhändigen. Der Auftraggeber muss jedoch auf seine Geschäftsbedingungen so deutlich hinweisen, dass bei dem Vertragspartner keine Zweifel auftreten können und er auch sonst in der Lage ist, sich über die Bedingungen ohne weiteres Kenntnis zu verschaffen. Bei der genannten unbestimmten Umschreibung ist dies nicht der Fall. Angesichts der Vielzahl der in Betracht kommenden Bedingungen hätte es einer klaren und unverwechselbaren Bezeichnung bedurft (BGH vom 03. 12. 1987, Az: VII ZR 374/86, WM 88, 460 = DB 88, 648).
g) Der Empfänger bestätigt, die vorgenannten Bedingungen **ausgehändigt** bekommen zu haben.	**nein**	Die Klausel ist zumindest im Geschäftsverkehr mit Verbrauchern unwirksam. Der Verwender von Geschäftsbedingungen trägt die Beweislast dafür, dass er seinem Vertragspartner die Vertragsbedingungen zur Kenntnis gebracht bzw. ausgehändigt hat. Somit enthält die Klausel eine gemäß § 309 BGB unzulässige Beweislastumkehr (BGH vom 24. 03. 1988, WM 88, 607).
h) Der Bieter erklärt, dass er sich Klarheit über die zu leistenden Arbeiten durch ausreichende Einsichtnahme in die Angebotsunterlagen, sowie, sofern möglich, durch eingehende Besichtigung der Baustelle verschafft hat.	**nein**	Die Klausel beinhaltet eine unzulässige Fiktion. Außerdem verstößt sie gegen das Transparenzgebot (Gebot der Klarheit), weil völlig unklar ist, was die geforderte Bieterangabe eigentlich beinhalten soll (OLG Frankfurt/M. vom 03. 06. 2002, Az: 1 U 16/01). BauR 2003, 269 – rechtskräftig, da zugelassene Revision nicht eingelegt.

PRÜFLISTE	zulässig	Anmerkung
i) „Der AN **bestätigt,** dass er außerdem von ihm gewünschte **Auskünfte** vom AG **erhalten** hat."	**nein**	Auch hier wird eine Bestätigung des AN fingiert und mit Hilfe dieser Fiktion eine Beweislaständerung versucht. Schließlich wird auch mit dieser Klausel versucht, eine etwaige Mithaftung des Verwenders für evtl. unrichtige Auskünfte von vornherein auszuschließen. Verstoß gegen § 307 BGB und § 309 Nr. 12 BGB (LG München vom 24. 01. 1989, Az: 7 O 19798/88, Baurechts-Report 3/89).
j) Falls den Bietern die zusätzlichen Vertragsbedingungen und Technischen Vorschriften nicht bekannt sind, können sie diese, ebenso die nicht beigefügten weiteren Verdingungsunterlagen **bei der ausschreibenden Stelle einsehen.** Die Bieter können sich nicht auf Unkenntnis der Vertragsgrundlagen berufen, außer wenn sie bei Angebotsabgabe in einem Begleitschreiben auf diesen Umstand hingewiesen haben.	**nein**	Die Klausel verstößt gegen § 307, 308 Nr. 1 BGB. Sie lässt völlig im Unklaren, um welche „Vertragsgrundlagen" es sich handelt, setzt also den Bieter dem Risiko aus, später bei fehlendem „Begleitschreiben" auf ihm unbekannte „Vertragsbedingungen" verwiesen zu werden. Somit verletzt die Klausel das sog. **Transparenzgebot.** (LG München vom 13. 06. 1991, Az: 7 O 22256/90; Baurechts-Report 8/91), vgl. § 307 Abs. 1 S. 2 BGB.
k) Allen Verträgen – **auch zukünftigen** – liegen unsere allgemeinen Verkaufs- und Lieferbedingungen zugrunde.	**ja**	**Aber:** Auch im Geschäftsverkehr mit Unternehmern verschafft diese Klausel nicht die Möglichkeit zumutbarer Kenntnisnahme von AGB, die die Geltung der Bedingungen für künftige Verträge regeln. Diese müssen dem Vertragspartner zugegangen sein (BGH v. 12. 02. 1992, Az: VIII ZR 84/91, BauR 92, 496).

2.1.3 Zumutbare Kenntnisnahme von der VOB

Vorbemerkung:

Zur Frage, unter welchen Voraussetzungen die VOB dem Vertragspartner in zumutbarer Weise zur Kenntnis gebracht worden ist (§ 305 BGB), hat sich eine besondere Rechtsprechung entwickelt. Dies deshalb, weil die VOB in den „beteiligten Verkehrskreisen" weitgehend bekannt ist und weil sie, wenn sie insgesamt und ohne maßgebliche Abweichungen vereinbart wird, eine Sonderrolle einnimmt (§§ 308 Nr. 5 und 309 Nr. 8b ff. BGB). Im Übrigen vgl. Teil I Ziff. 5. Bitte beachten Sie, dass nach dem durch das **neue Forderungssicherungsgesetz** geänderten § 310 Abs. 1 BGB die VOB/B **in einzelnen Bestimmungen** auch dann **nicht wirksamer Vertragsbestandteil** wird, wenn die VOB/B einem **„Verbraucher"** in zumutbarer Weise zur Kenntnis gebracht wird (vgl. Teil I S. 36 f.).

PRÜFLISTE	zulässig	Anmerkung
a) Grundlage unseres Angebots ist die VOB/B in der jeweils neuesten Fassung.	**ja**	Nach ständiger Rechtsprechung des BGH (z. B. Urteil vom 16. 02. 1982, Az: VII ZR 92/82, BauR 83, 161) genügt diese Formulierung, um die VOB **gegenüber im Baugewerbe tätigen Vertragspartnern** für Bauleistungen wirksam in den Vertrag einzubeziehen. Gleiches gilt, wenn der Vertragspartner durch einen Fachmann (z. B. Architekt) vertreten ist. Die Klausel genügt dem Klarheitsgebot des § 305c BGB (OLG Köln vom 20. 11. 03; Baurecht 2005, 765. **Anderer Ansicht** Putzier in IBR 2005, 128 und Korbion/Locher/Sienz; K 8. Nach ihrer Ansicht ist die Formulierung „neueste Fassung" zu unbestimmt, was unseres Erachtens für den hier maßgeblichen Personenkreis (im Baugewerbe tätige Vertragspartner) nicht gelten dürfte.
		Aber: Die bloße Bezugnahme auf die VOB genügt **nicht,** wenn der AN Verwender ist und der **AG weder Fachmann, noch bei Vertragsschluss durch einen solchen** (z. B. Architekt) **vertreten ist** (vgl. OLG Hamm, NJW-RR 88, 1366). Hier wird man grundsätzlich die Aushändigung der VOB verlangen müssen (vgl. OLG München vom 15. 10. 1991, Az: 9 U 1979/91; BauR 92, 69; vgl. auch BGH v. 19. 05. 1994, Az: VII ZR 26/93; Schäfer-Finnern-Hochstein Nr. 60 zu § 9 AGB-Gesetz; OLG Brandenburg vom 6. 03. 2008, Az: 12 U 45/06; Baurechts-Report 4/2008, S. 15.
		Auch dann, wenn die VOB/B **ausgehändigt** wird, ist zu beachten, dass sie in einzelnen Klauseln unwirksam ist, wenn der Vertragspartner „Verbraucher" ist (siehe Teil I S. 36 und S. 46 ff.).

PRÜFLISTE	zulässig	Anmerkung
b) **Zusatz:** Die VOB/B kann in den Geschäftsräumen des Auftragnehmers **eingesehen** werden.	**nein**	Die Möglichkeit der Einsichtnahme in den Geschäftsräumen **genügt bei einem bauunerfahrenen Auftraggeber nicht** (OLG Düsseldorf vom 23. 02. 1996, Az: 22 U 194/95; BauR 96, 712; OLG Düsseldorf vom 01. 08. 1995, Az: 21 U 225/94; NJW-RR 96, 1170).
Variante: Die VOB/B wird auf Wunsch kostenlos zur Verfügung gestellt.	**nein**	Der Kunde muss sich hier selbst darum kümmern, die VOB zu erhalten. Dies ist unzumutbar (BGH vom 10. 06. 1999, Az: VII ZR 170/98).
c) Grundlage unseres Angebots ist die VOB/B. (Anschließend folgt eine **textliche Wiedergabe einzelner Bestimmungen aus der VOB/B,** die für den Vertragspartner nachteilig sind.) Verwender: Auftragnehmer	**ja**	**Aber:** In dieser Form kann die VOB/B gegenüber im Baubereich nicht bewanderten Vertragspartnern **im Ganzen** nicht wirksam vereinbart werden. Vielmehr ist hierzu nach § 305 Abs. 2 BGB **„Gelegenheit zur Kenntnis des vollen Textes der VOB/B** erforderlich" (vgl. BGH vom 14. 02. 1991, Az: VII ZR 132/90; BauR 91, 328).
d) Die Erstellung der Wohnanlage erfolgt auf der Grundlage der VOB/B. **Verwendung:** Im Rahmen eines **notariell beurkundeten Vertrags.**	**ja**	**Aber:** Die Grundsätze gemäß Buchstabe c gelten auch für notariell beurkundete Verträge (vgl. BGH v. 26. 03. 1992, Az: VII ZR 258/90; BauR 92, 503). **Allerdings: Vorsicht bei Bauträgerkaufverträgen (vgl. 2.13.2.6).**

2.1.4 Inhalt des Angebots

2.1.4.1 AGB der Auftraggeberseite

Nicht selten kommt vor, dass ein Vertragspartner versucht, die Willenserklärung des anderen Vertragspartners „umzugestalten". Solche Klauseln sind generell bedenklich, weil hier in die Grundsätze unseres Vertragsrechts insbesondere in die Auslegungsregeln der §§ 133, 157 BGB eingegriffen wird.

PRÜFLISTE	zulässig	Anmerkung
a) Der AG ist berechtigt, die angebotenen Leistungen geteilt an mehrere Bieter zu vergeben bzw. angebotene Leistungen vom Zuschlag aus-zuschließen. Der AG behält sich vor, einzelne Positionen bauseits auszuführen. Eine Ersatzpflicht besteht nicht.	nein	Durch diese Klausel soll § 150 BGB abbedungen werden, da sie eine einseitige Abänderung des Angebots durch den Annehmenden bei einer wirksamen Annahme ermöglicht. Damit verstößt sie gegen § 307 Abs. 2 Nr. 1 BGB, da es mit gutem Grund der wesentliche Inhalt des § 150 BGB ist, dass der Vertragsumfang von beiden Parteien ak-zeptiert werden muss (LG München vom 18. 03. 1986, Az: 7 O 23299/85, Baurechts-Report 4/86; vom 22. 09. 1988, Az: 7 O 3095/88, nicht ver-öffentlicht; LG München vom 06. 08. 1993, Az: 21 O 3782/93; nicht veröffentlicht). Zu Teilkündi-gungsklauseln vgl. Ziff. 2.8.1.2.
Oder: Der AG behält sich eine Ver-gabe in Losen vor.		**Zur zweiten Variante** vgl. OLG Koblenz vom 19. 09. 1994, Az: 2 U 1813/92, ZDB-Verbands-klageregister Nr. 575.
b) Aus Gründen vernünftiger Optimierung behält sich der AG vor, Teilleistungen bzw. Leistungsgruppen auszuklam-mern und anderweitig zu ver-geben, sofern die Konzeption in technischer und preislicher Hinsicht nicht den gewünsch-ten Vorstellungen entspricht.	nein	Die Klausel gibt schon ihrem Wortlaut nach dem AG ein einseitiges Angebotsänderungsrecht und einen einseitigen Vertragsänderungsvorbehalt. Ohne dass dafür Gründe in der Klausel hinrei-chend bestimmt wären und sachgerecht erschie-nen, kann der Auftraggeber die Angebotsvo-raussetzungen abändern oder sich vom Vertrag teilweise lossagen. Damit verstößt die Klausel nicht nur gegen die Vorschrift des § 308 Nr. 3 BGB, sondern wegen der damit verbundenen unangemessenen Benachteiligung auch gegen § 307 BGB. Insoweit ist ihre Verwendung auch im Verkehr mit Kaufleuten unwirksam, denn derartige einseitige, den Auftraggeber ohne Nennung sachgerechter Gründe begünstigende Änderungsvorbehalte sind auch angesichts der Usancen im kaufmännischen Verkehr nicht hinzunehmen (vgl. OLG Frankfurt vom 20. 09. 1984, Az: 6 U 37/84, Bunte V, 282/283; OLG Karlsruhe vom 22. 07. 1982, Az: 9 U 27/81, Bunte III, 195/196; OLG Düsseldorf vom 22. 07. 1982, Az: 6 U 220/81, Bunte III, 205).

PRÜFLISTE	zulässig	Anmerkung
c) Erweiterungen, Einschränkungen oder sonstige Änderungen des Angebotes des AN, welche im Zuschlagsschreiben getroffen werden, **gelten als vom AN angenommen,** wenn er nicht innerhalb von 10 Kalendertagen nach Empfang des Zuschlagsschreibens schriftlich widerspricht.	**nein**	Derartige **Fiktionen** sind nur für Erklärungen im Rahmen **der Vertragsdurchführung** (nicht des Vertragsschlusses) in den Grenzen des § 308 BGB möglich (Palandt, § 308 BGB Rdnr. 25). Auch die Grundsätze des Schweigens auf ein kaufmännisches Bestätigungsschreiben können nicht angewandt werden, da der Wortlaut der Klausel auch für den Fall gilt, dass das Zuschlagsschreiben gegenüber dem Verhandlungsergebnis gerade abweicht. Die Klausel verstößt gegen § 307 Abs. 2 Nr. 1 BGB [LG München vom 13. 04. 1989, Az: 7 O 19799/88, nicht veröffentlicht; ähnlich LG München vom 14. 07. 1994, Az: 7 O 23409/93; nicht veröffentlicht (Verstoß gegen § 150 Abs. 2 BGB)].
d) Ist im LV bei einer Teilleistung eine Bezeichnung für ein bestimmtes Fabrikat mit dem **Zusatz „oder gleichwertiger Art"** verwendet worden und fehlt die für das Angebot geforderte Bieterangabe, gilt das im LV genannte Fabrikat als vereinbart.	**nein**	Die Klausel beinhaltet eine unzulässige Fiktion nach § 308 Nr. 5 BGB und ist unwirksam. Sie wäre nur wirksam wenn sie eine angemessene Frist zur Abgabe einer entsprechenden Erklärung durch den Auftragnehmer vorsehen würde, verbunden mit der Verpflichtung des Auftraggebers, den Auftragnehmer zu Fristbeginn auf die Bedeutung seines diesbezüglichen Verhaltens besonders hinzuweisen. OLG Dresden, Az: 14 U 1523/05 vom 06. 12. 2005; Nichtzulassungsbeschwerde mit Beschluss des BGH vom 14. 06. 2007, Az: VII ZR 2/06, zurückgewiesen (Baurechts-Report 9/2007, S. 36).
e) Nicht vereinbarte Leistungen, die zur Ausführung der vertraglichen Leistung erforderlich werden, hat der AN auf Verlangen des AG mit auszuführen, außer wenn sein Betrieb auf derartige Leistungen nicht eingerichtet ist **(Wortlaut des § 1 Nr. 4 VOB/B).**	**ja**	Diese Regelung ist nicht unangemessen. Bei Bauleistungen werden während der Ausführung immer wieder zunächst nicht vorgesehene Leistungen notwendig. Dem trägt § 1 Nr. 4 VOB/B in angemessener Weise Rechnung. Die Klausel ist auch isoliert (außerhalb eines VOB-Vertrages) gültig (vgl. BGH vom 25. 01. 1996, Az: VII ZR 233/94, BB 96, 763).

2.1.4.2 AGB der Auftragnehmerseite

PRÜFLISTE	zulässig	Anmerkung
a) Abweichungen und Änderungen gegenüber der Baubeschreibung bleiben vorbehalten, wenn sie den Wert der Leistung **nicht wesentlich beeinträchtigen.**	**nein**	Dieser Vertragsänderungsvorbehalt ist zu unbestimmt (vgl. § 308 Nr. 4 BGB und Richtlinie 93/13/EWG des Rates vom 05. 04. 1993 – Anhang, Klauseln gem. Art. 3 Abs. 3 Ziff. 1 j).
b) Ein von uns getätigter **Kostenvoranschlag** ist mit . . . Euro zu vergüten. (AGB in den Reparaturbedingungen eines Elektrobetriebs).	**nein**	Die formularmäßig bestimmte Vergütungspflicht von Kostenvoranschlägen ist mit dem wesentlichen Grundgedanken der – mit der Schuldrechtsreform neu eingefügten – Regelung des § 632 Absatz 3 BGB nicht zu vereinbaren und benachteiligt den Kunden deshalb unangemessen. Gemäß BGH NJW-RR 1987, 45 sind Kostenvoranschläge nur dann vergütungspflichtig, wenn dies vor Annahme etwa eines Reparaturauftrags unmissverständlich mit dem Kunden vereinbart wird. (OLG Karlsruhe vom 29. 12. 2005, Az: 19 U 57/05; BauR) 2006, 683.
c) Wenn und insoweit eine der Bestimmungen dieses Vertrags gegen zwingende gesetzliche Vorschriften verstößt, tritt an ihre Stelle die entsprechende gesetztliche Regelung.	**ja**	Diese Regelung entspricht der in § 306 Abs. 2 BGB vorgesehenen Rechtslage (BGH, Az: VIII ZR 38/90; NJW 1991, 1754).

2.1.5 Rangfolgeklauseln allgemein – Salvatorische Klauseln

Vorbemerkung:

Bauverträge gliedern sich in aller Regel in unterschiedliche Vertragsteile. Dabei wird sehr häufig durch Allgemeine Geschäftsbedingungen eine Rangfolge zwischen den einzelnen Vertragsteilen hergestellt. Rangfolgeklauseln können insbesondere am „Transparenzgebot" (Gebot der Klarheit und Durchschaubarkeit) scheitern, das durch § 307 Abs. 1 S. 2 BGB geschützt ist. Salvatorische Klauseln sind solche, die eine etwa unwirksame Regelung durch eine andere „retten" sollen.

PRÜFLISTE	zulässig	Anmerkung
Sollten einzelne der vorstehenden Bedingungen unwirksam oder aus einem sonstigen Grund nicht anwendbar sein, so bleiben die übrigen Bestimmungen gültig. Eine unwirksame Bedingung ist durch solche zu ersetzen, die dem gewollten a) wirtschaftlichen Zweck am nächsten kommt. Variante: **„. . . dem gesetzlich erlaubten Sinn** am nächsten kommt. "**	**nein**	Nach § 306 BGB soll grundsätzlich den Verwender das Risiko treffen, dass die von ihm in unangemessener Weise formulierten Klauseln unwirksam sind. Eine Änderung dieser Grundsätze benachteiligt den Vertragspartner. Daher „sind vorformulierte **salvatorische Klauseln,** die bezwecken, dass an die Stelle der unwirksamen Regelung eine dieser möglichst nahekommende wirksame treten soll, grundsätzlich gemäß § 307 BGB unwirksam". (LG Hamburg, vom 07. 11. 1983, Az: 74 O 389/82, Bunte IV, § 6 Nr. 24). Daran ändere auch nichts die Besonderheit des hier vorliegenden Vertrags (Fertighausvertrag), der nur wenige spezielle „gesetzliche Regelungen" kennt (vgl. auch LG München vom 22. 09. 1988, Az: 7 O 3095/88; LG München vom 30. 03. 1989, Az: 7 O 20301/88; LG München vom 07. 02. 1991, Az: 7 O 16246/90; alle nicht veröffentlicht). Die Klausel genügt auch nicht dem durch § 307 Abs. 1 S. 2 BGB geschützten **Transparenzgebot** (Gebot der Klarheit). Ebenso OLG Celle v. 12. 01. 1994, Az: 2 U 28/93; WM 94, 893 und LG Frankfurt/M. v. 09. 11. 2000, Az: 2/2 040/00; BauR 2001, 636; OLG Frankfurt/M. v. 03. 06. 2002, Az: 1 U 26/01.
b) Ansprüche des Vertragspartners werden, **soweit gesetzlich zulässig,** ausgeschlossen.	**nein**	Verstoß gegen das Gebot der Klarheit (Transparenzgebot). Die Rechtsfolge, dass anstelle der unwirksamen AGB die gesetzlichen Vorschriften treten (§ 306 Abs. 2 BGB), kann der Verwender nicht dadurch umgehen, dass die AGB nur „soweit gesetzlich zulässig" gelten sollen (BGH vom 05. 12. 1995, Az: X ZR 14/93; NJW-RR 96, 788).

PRÜFLISTE	zulässig	Anmerkung
c) Stehen vertragliche Regelungen im Widerspruch zueinander, so ist die **für den Auftraggeber günstigste** anzuwenden.	**nein**	Verstoß gegen das Transparenzgebot und Verletzung der Unklarheitenregel des § 305c BGB (OLG Hamburg vom 06. 12. 1995, Az: 5 U 215/94, **Revision** mit Beschluss des BGH vom 05. 06. 1997, Az: VII ZR 54/96, **nicht angenommen**). Ebenso OLG Bremen vom 6. 12. 1995, Az: 5 U 215/94, ZfBR 1998, 35, bestätigt durch Beschluss des BGH vom 05. 06. 1997, Az: VII ZR 54/96, ZfBR 1998, 41.
d) Lassen die Angebotsunterlagen oder sonstige Bestandteile des Angebots nach Meinung des Bieters **verschiedene Auslegungen** zu, so hat der Bieter dies vor Abgabe des Angebots einwandfrei zu klären, andernfalls verpflichtet er sich, die **Auslegung des Auftraggebers** anzuerkennen, die **billigem Ermessen** entsprechen muss.	**nein**	Die Klausel verstößt gegen § 307 Abs. 1 BGB. Der Vertragspartner (Auftragnehmer) soll hier das Risiko nicht schlüssiger und von ihm nicht beeinflussbarer Vertragsunterlagen tragen. Der Zusatz „billiges Ermessen" heilt die Klausel nicht. Weil ein Maßstab für die Handhabung des „billigen Ermessens" fehlt, handelt es sich hier nur um eine bloße Leerformel (LG München vom 14. 12. 1989, Az: 7 O 12915/89, nicht veröffentlicht).
e) Ist im Leistungsverzeichnis bei einer Teilleistung eine Bezeichnung für ein bestimmtes Fabrikat mit dem Zusatz **„oder gleichwertiger Art"** verwendet worden und fehlt die für das Angebot geforderte Bieterangabe, gilt das im Leistungsverzeichnis genannte Fabrikat als vereinbart.	**nein**	Die Klausel verstößt gegen das Transparenzgebot (Gebot der Klarheit). Nach der Gestaltung der Klausel ist völlig unklar, was die geforderte Bieterangabe eigentlich beinhalten soll, sodass von einer mangelnden Transparenz und damit von einem Verstoß gegen § 307 BGB auszugehen ist (OLG Frankfurt/M. vom 03. 06. 2002, Az: 1 U 26/01, nicht veröffentlicht). Im Ergebnis ebenso OLG Dresden. Die Klausel beinhaltet eine unzulässige Fiktion nach § 308 Nr. 5 BGB. Sie wäre nur wirksam wenn sie eine angemessene Frist zur Abgabe einer entsprechenden Erklärung durch den Auftragnehmer vorsehen würde, verbunden mit der Verpflichtung des Auftraggebers, den Auftragnehmer zu Fristbeginn auf die Bedeutung seines diesbezüglichen Verhaltens besonders hinzuweisen. (OLG Dresden, Az: 14 U 1523/05 vom 06. 12. 2005; Nichtzulassungsbeschwerde mit Beschluss des BGH vom 14. 06. 2007, Az: VII ZR 2/06, zurückgewiesen; (Baurechts-Report 9/2007, S. 36).

2.1.6 Rangfolgeklauseln mit der VOB

Vorbemerkung:

Die VOB/B beinhaltet in § 1 Nr. 2 eine Rangfolgeregelung. Diese Rangfolgeregelung wird allerdings häufig durch Allgemeine Geschäftsbedingungen abgeändert. Solche Änderungen sind grundsätzlich zulässig, soweit der Verfasser den Grundsatz des **Vorrangs der Individualabrede** § 305b BGB) und das **Transparenzgebot** (Grundsatz der Klarheit; § 307 Abs. 1 Satz 2 BGB) beachtet.

PRÜFLISTE	zulässig	Anmerkung
a) Es gelten die nachstehenden Bedingungen in der aufgeführten Reihenfolge: 1. Der Vertrag einschließlich getroffener Zusatzvereinbarungen 2. Diese Vertragsbedingungen 3. Die Vertrags-Zeichnungen 4. Die Bau-Leistungsbeschreibung 5. Die VOB Teil B	ja	Solche „gestaffelten Verweisungsklauseln" sind grundsätzlich zulässig. Dabei ist allerdings der Verwender gehalten, die Rechte und Pflichten seiner Vertragspartner klar überschaubar darzustellen. **Aber:** Ist die Klausel nicht **überschaubar,** verstößt sie gegen das durch § 307 Abs. 1 S. 2 BGB geschützte **Transparenzgebot** (vgl. BGH vom 21. 06. 1990, Az: VII ZR 308/89; WM 1990, 1785 und OLG Düsseldorf vom 23. 05. 1995; vgl. Klausel d).
b) Vertragsbestandteile sind in nachstehender Reihenfolge: Dieser Bauvertrag, die Besonderen Vertragsbedingungen, die VOB/B.	ja	**Aber:** Nach dem Urteil des OLG München vom 15. 04. 1988, Az: 23 U 6557/88, NJW-RR 88, 786 lässt sich die Klausel nur so auslegen, dass die jeweils nachgeordneten Vertragsbestandteile nur für den Fall gelten sollen, dass die vorangestellten Vertragsbestandteile keine einschlägigen Regelungen enthalten. „Die Parteien haben nicht vereinbart, dass bei Unwirksamkeit einzelner Vertragsbestimmungen subsidiär andere AGB gelten sollten – auch bei der VOB/B handelt es sich um AGB." Das OLG München stellt weiterhin fest, dass eine Klausel, die versuchen würde, bei Unwirksamkeit einzelner Vertragsbestimmungen andere Vertragsbedingungen (z. B. die VOB) durchzusetzen, **unwirksam** wäre. „Vorformulierte Ersatzklauseln" zur Einschränkung der Vorschriften des § 306 BGB würden als Umgehung (§ 306a BGB) gegen § 307 BGB verstoßen. Steht eine taugliche gesetzliche Ersatzregelung nicht zur Verfügung, ist die Vertragslücke durch „ergänzende Vertragsauslegung" zu schließen (BGH v. 03. 11. 1999, Az: VIII ZR 269/98; NJW 2000, 1110).

PRÜFLISTE	zulässig	Anmerkung
c) Es gilt die VOB/B, sofern in den folgenden Vertrags-grundlagen 1.1 bis 1.3 nichts anderes oder zusätzliches geregelt ist.	ja	Sofern der Vertragspartner die VOB/B (als Fach-mann) kennen muss oder sofern ihm die Mög-lichkeit zumutbarer Kenntnisnahme verschafft wurde (BGH BauR 1983, 162; OLG Brandenburg BauR 2006, 1473).
d) Grundlage dieses Vertrages sind in nachstehender Reihen-folge: Die VOB Teile B und C, das BGB, die Unfallverhütungsvor-schriften, die Werkpläne, das Leistungsverzeichnis.	nein	Entgegen der Regel werden hier allgemeine Ver-tragsbestandteile den individuellen bzw. indivi-duell ausgehandelten Vertragsbestandteilen vo-rangestellt. Dies ist schon aus der Sicht des durch § 307 BGB geschützten Vorrangs der Individu-alabrede (§ 305b BGB) bedenklich. Weiterhin „ist eine solche Klausel zumindest unklar, was nach § 305c BGB zulasten des Verwenders geht. Außerdem kann man hier von überraschenden, insoweit daher unwirksamen Klauseln nach § 305c BGB sprechen". (Korbion/Locher/Sienz, I K 1 ff.).
e) Die in diesen Bedingungen nicht ausdrücklich geregelten Rechte und Pflichten bestim-men sich ausschließlich nach der VOB/B.	nein	Verstoß gegen das Verständlichkeitsgebot (Transparenzgebot) das durch § 307 Abs. 1 S. 2 geschützt ist (OLG Stuttgart v. 25. 03. 1988, Az: 2 U 155/87, NJW-RR 1988, 786). **Ebenso:** Ne-ben dem Vertrag gilt ergänzend die VOB/B (OLG Düsseldorf vom 23. 05. 1995, Az: 23 U 133/94; BB 96, 658).

2.1.7 Abwehrklauseln – Durchsetzung der eigenen Bedingungen

Vorbemerkung:

Diese Klauseln verfolgen den Zweck, die eigenen Bedingungen durchzusetzen und die Geltung der Allgemeinen Geschäftsbedingungen des Vertragspartners zu verhindern. Abwehrklauseln sind grundsätzlich **zulässig,** soweit sie nur darauf gerichtet sind, fremde AGB abzuwehren (vgl. z. B. Palandt, § 307 BGB Rdnr. 70). **Unzulässig** ist jedoch, durch Klauseln die Durchsetzung eines Vertragsinhalts zu versuchen, der im Widerspruch **zu individuellen Äußerungen** des Vertragspartners steht. Hier werden Grundlagen unseres gesetzlichen Vertragsrechts tangiert.

PRÜFLISTE	zulässig	Anmerkung
a) Der Auftrag und die Auftragsbedingungen werden dann verbindlich, wenn diese durch Unterschrift anerkannt wurden, bzw. werden automatisch anerkannt, wenn mit den Arbeiten begonnen wird. **Verwender: Auftraggeber**	**nein**	Die Klausel lässt sich dahin interpretieren, dass sie durch Arbeitsaufnahme selbst dann anerkannt wird, wenn vorher oder gleichzeitig abweichende Bedingungen vereinbart werden. Die Klausel verstößt gegen § 307 Abs. 2 Nr. 2 BGB (LG Frankfurt/M. vom 06. 02. 1980, Az: 2/6 O 502/79, nicht veröffentlicht).
b) Mit seiner Unterschrift unter die Allgemeinen Vertragsbestimmungen erkennt der AN an, dass die in diesen Allgemeinen Geschäftsbedingungen enthaltenen Regelungen Vertragsbestandteil werden und dass eigene Vertragsbestimmungen des AN keine Gültigkeit haben, und zwar auch dann nicht, wenn in dem Angebot des AN oder sonstigen Schriftstücken auf sie Bezug genommen wird.	**ja**	Nach OLG Düsseldorf vom 22. 07. 1982, Az: 6 U 220/81, BauR 1984, 95, enthält die Regelung eine **zulässige Abwehrklausel,** mit der der AG bezweckt, allein seine AGB zu vereinbaren und die Geltung anderslautender AGB seiner Vertragspartner auszuschließen. Die Klausel beinhaltet keine unzulässige Abwehr individueller vertraglicher Abreden (vgl. nächste Klausel).
c) **Änderungen** der Leistungsbeschreibung, Allgemeine oder Besondere Geschäftsbedingungen, Verkaufsbedingungen und Vorbehalte des AN **haben keine Gültigkeit,** auch wenn der AG nicht ausdrücklich widerspricht.	**nein**	Die Klausel verstößt gegen § 307 Abs. 2 Nr. 1 BGB. Bei der gebotenen vertragspartnerfeindlichsten Auslegung besagt die Klausel, dass auch Streichungen und individuelle Änderungen des Vertragspartners in den Geschäftsbedingungen ohne weitere Erklärung als nicht vorgenommen gelten sollen. Hierdurch werden Grundlagen unseres Vertragsrechts, wie sie in den §§ 145 ff. BGB zum Ausdruck kommen, verletzt und der **Vorrang der individuellen Äußerung** gegenüber AGB (§ 305b BGB) nicht berücksichtigt (LG München vom 16. 02. 1989, Az: 7 O 19797/88, nicht veröffentlicht).

PRÜFLISTE	zulässig	Anmerkung
d) **Streichungen** in den Angebotsunterlagen des AG sind unwirksam.	nein	Klauseln, die versuchen, Allgemeine Geschäftsbedingungen trotz entgegenstehender vorrangiger individueller Äußerungen durchzusetzen, verstoßen gegen Grundgedanken der gesetzlichen Regelung (Vertragsfreiheit) und verstoßen damit gegen § 307 Abs. 2 Nr. 1 BGB (vgl. Frikell/Glatzel/Hofmann, K 1.31).

2.1.8 Bindung an das Angebot – den Vertrag

Vorbemerkung:

Nach dem Bürgerlichen Gesetzbuch ist der Bieter an sein schriftliches Angebot für eine angemessene Zeit gebunden (§ 147 Abs. 2 BGB). Durch Allgemeine Geschäftsbedingungen kann die Bindefrist nicht beliebig verlängert werden.

Bei **öffentlichen Bauverträgen** ist zu beachten, dass die VOB/A in § 19 eine Regelhöchstbindefrist von **30 Kalendertagen** nennt und damit einen gewissen Richtwert für die Beurteilung von Bindefristregelungen auch außerhalb der VOB/A gibt. Auch die Bindung an eine Zuschlagserteilung kann ohne sachlichen Grund nicht aufgehoben werden.

PRÜFLISTE	zulässig	Anmerkung
a) Der Bieter hält sich acht (oder mehr) Wochen an sein Angebot gebunden. **oder:** Der Auftragnehmer ist an sein Angebot für die Dauer der Gesamtlaufzeit, vom Tag des Eingangs bis zur Fertigstellung der gesamten Leistung, gebunden.	**nein**	Unangemessen lange oder unbestimmbar lange Fristen für die Angebotsabgabe sind unwirksam (§ 308 Nr. 1 BGB). Als angemessene Regelhöchstfrist für Bauaufträge sieht § 19 Nr. 2 VOB/A 30 Kalendertage vor. Eine Frist, die die genannte und in dieser Branche übliche Regelhöchstfrist **generell** um das Doppelte verlängert, ist unangemessen lang im Sinne der genannten Vorschriften (vgl. OLG Nürnberg vom 29. 01. 1980, Az: 3 U 84/79; LG Nürnberg-Fürth vom 02. 05. 1979, Az: 3 O 6364/78; Schäfer-Finnern-Hochstein, Nr. 2 zu § 10 Nr. 1 AGBG; OLG Düsseldorf vom 22. 07. 1982, Az: 6 U 220/81 („Eine über 6 Wochen hinausgehende Bindungsfrist ist nicht mehr vertretbar"): LG Frankfurt vom 24. 11. 1981, Az: 2/13 O 284/81; OLG Koblenz v. 19. 09. 1994, Az: 2 U 1813/92; ZDB-Verbandsklageregister Nr. 575). Zur 2. Klausel vgl. OLG Frankfurt/M. vom 03. 06. 2002, Az: 1 U 26/01.
b) **Öffentlicher Auftrag:** Die Auftragserteilung aufgrund des vorliegenden Angebots erfolgt vorbehaltlich der Mittelbereitstellung der zuständigen öffentlichen Behörden. Sollten wider Erwarten die in Aussicht gestellten Mittel zur vollen Finanzierung nicht bereitgestellt werden, behält sich der Auftraggeber vor, die Ausschreibung aufzuheben.	**nein**	Nach § 26 Nr. 1c VOB/A darf der an die VOB gebundene öffentliche Auftraggeber eine Ausschreibung nur bei Bestehen eines schwerwiegenden Grundes aufheben. Die ungesicherte Finanzierung ist kein „schwerwiegender Grund", zumal der Auftraggeber erst dann ausschreiben darf, wenn die Finanzierung gesichert ist. Die Klausel wälzt das Risiko ungesicherter Finanzierung auf den Auftragnehmer/Bieter ab und versucht, den Auftraggeber von Schadensersatzansprüchen aus „Verschulden bei Vertragsschluss" (§ 242 BGB) freizustellen. Diese Klausel verstößt gegen § 307 BGB. (LG München, Az: 11 O 8041/96; Baurechts-Report 1/97).

PRÜFLISTE	zulässig	Anmerkung
c) **Öffentlicher Auftrag:** Der Bieter hält sich **36 Werktage** an sein Angebot gebunden.	**nein**	Nach OLG Köln vom 21. 01. 1982, Az: 13 U 172/81 Schäfer-Finnern-Hochstein § 19 VOB/A Nr. 4 unwirksam. Auch die Tatsache, dass öffentliche Auftraggeber (hier Gemeinde) mehrere Instanzen vor Zuschlagserteilung einschalten müssten, ändere nichts daran, dass eine **generelle** Abänderung der Regelhöchstfrist des § 19 VOB/A (30 Kalendertage) für den Auftragnehmer unzumutbar sei. Allerdings war die Baumaßnahme einfach und hatte einen Auftragswert von ca. 30 000,– €. Zur Bindefrist bei **kommunalen Aufträgen** vgl. auch BGH vom 21. 11. 1991, Az: VII ZR 203/90; WM 92, 358; BauR 92, 221.
d) Unser Angebot ist bis zur Zuschlagserteilung **freibleibend.** Verwender: Auftragnehmer	**strittig**	Nach Palandt (§ 308 BGB Rdnr. 18) schränkt die Klausel die Bindung des Verwenders **unzulässig** weit ein. Einschränkend BGH v. 12. 01. 1994, Az: VIII ZR 165/92; BGH Z 124, 358 (zulässig im kaufmännischen Verkehr: **„Liefermöglichkeit vorbehalten").**
e) „Die Auftragserteilung aufgrund des vorliegenden Angebots erfolgt **vorbehaltlich der Mittelbereitstellung der zuständigen öffentlichen Behörden."** Sollten wider Erwarten die in Aussicht gestellten Mittel zur vollen Finanzierung nicht bereitgestellt werden, so behält sich der Auftraggeber vor, die Ausschreibung aufzuheben. **Verwender: Öffentlicher Auftraggeber**	**nein**	Grundsätzlich hat ein Bieter Schadensersatzansprüche gegen den Ausschreibenden in Höhe des „Vertrauensschadens", wenn der Auftraggeber eine Ausschreibung wegen einer von vornherein ungesicherten Finanzierung aufhebt. Zum einen ist dies kein „schwerwiegender Grund" für eine Aufhebung im Sinne von § 26 Nr. 1c) VOB/A. „Gemäß § 16 VOB/A soll der Auftraggeber nämlich erst ausschreiben, wenn innerhalb der angegebenen Frist mit der Ausführung begonnen werden kann. Daraus folgt, dass die finanziellen Mittel für die Bauleistung sichergestellt sein müssen." Zum anderen ist der Bieter auch dann zu entschädigen, wenn dies ein Aufhebungsgrund wäre, weil der Auftraggeber mangels ausreichender Haushaltmittel die Aufhebungssituation leichtfertig herbeigeführt hat. Die Abwälzung dieser Risiken verstößt gegen § 307 BGB (LG München vom 29. 10. 1996, Az: 11 O 8041/96, Baurechts-Report 1/97).

2.1.9 Klauseln zu vorvertraglichen Ansprüchen

Vorbemerkung:

Auch in der vorvertraglichen Phase können Pflichten – insbesondere Schadensersatzansprüche – der Beteiligten entstehen. Diese können per AGB nicht generell ausgeschlossen werden.

PRÜFLISTE	zulässig	Anmerkung
a) **Öffentlicher Auftrag:** Die Bieter werden ausdrücklich darauf hingewiesen, dass aus der Abgabe von Angeboten für die vorbezeichnete Maßnahme keinerlei Rechte oder Ansprüche geltend gemacht werden können, wenn **aus Gründen der Finanzierung** die geplante Maßnahme **nicht** oder nur **teilweise** durchgeführt werden kann.	**nein**	Der pauschale Ausschluss von Ansprüchen aus Verschulden bei Vertragsschluss ist mit §§ 307 BGB nicht zu vereinbaren (OLG Frankfurt/M. v. 03. 06. 2002, Az: 1 U 26/01, BauR 2003, S. 269, rechtskräftig, da die zugelassene Revision nicht eingereicht wurde).
b) Für das Bearbeiten und Einreichen des Angebots wird eine Entschädigung nur gewährt, wenn dies in der Aufforderung zur Angebotsabgabe ausdrücklich angegeben ist.	**nein**	Bei der gebotenen kundenfeindlichsten Auslegung negiert die Klausel Ansprüche, die aus einem anderen Rechtsgrund als dem der ausdrücklichen Zusage in der Aufforderung zur Angebotsabgabe entstanden sein können. Verstoß gegen § 307 BGB (OLG Frankfurt/M. vom 03. 06. 2002, Az: 1 U 26/01, BauR 2003, S. 269, unwirksam.

2.1.10 Irrtumsklauseln

Vorbemerkung:

Das Bürgerliche Gesetzbuch schützt durch die §§ 119 ff. BGB auch denjenigen, der sich bei Abgabe einer Willenserklärung irrt. Dieser vom BGB gewährte Schutz gehört zu den „wesentlichen Grundgedanken der gesetzlichen Regelung" im Sinne von § 307 Abs. 2 Nr. 1 BGB. Entsprechend sind Klauseln zu behandeln, die das „gesetzliche Irrtumsrecht" des Vertragspartners einschränken.

2.1.10.1 AGB der Auftraggeberseite

PRÜFLISTE	zulässig	Anmerkung
a) Der Einwand eines **Preis- oder Kalkulationsirrtums** aufseiten des Auftragnehmers ist ausgeschlossen. **oder:** Nach Vertragsschluss kann sich der Auftragnehmer nicht darauf berufen, Unterlagen oder Auskünfte nicht rechtzeitig, nicht vollständig, nicht genau oder überhaupt nicht erhalten zu haben oder einem **Kalkulationsirrtum oder sonstigem Missverständnis** unterlegen zu sein.	**nein**	BGH vom 28. 04. 1983, Az: VII ZR 259/82, BB 1983, 1878: Danach verstößt die Klausel gegen § 307 BGB. Nach der maßgeblichen „kundenfeindlichsten" Auslegung verwehrt die Klausel dem Vertragspartner nicht nur die Berufung auf einen ohnehin unbeachtlichen Motivirrtum. Vielmehr soll der Einwand je des Preis- oder Kalkulationsirrtums ausgeschlossen sein und somit auch Preis- und Kalkulationsirrtümer, „die für den Irrenden nicht ein Anfechtungsrecht, sondern unter bestimmten Voraussetzungen einen anderen Rechtsbehelf, etwa die Einrede der unzulässigen Rechtsausübung oder einen Anspruch aus culpa in contrahendo, begründen können". Der AN müsste sich danach beispielsweise auch an vom AG **erkannten** Irrtümern festhalten lassen. Die Klausel ist mit dem in der gesetzlichen Regelung (z. B. § 119 BGB) verwirklichten Gerechtigkeitsgehalt nicht vereinbar und benachteiligt den AN entgegen Treu und Glauben (§ 307 Abs. 1 BGB). Dies gilt auch bei **Pauschalverträgen.** Die Klausel beinhaltet auch eine nach §§ 307, 309 Nr. 7 BGB unzulässige Haftungsfreizeichnung (vgl. OLG München vom 22. 05. 1990, Az: 9 U 6108/89, nicht veröffentlicht). Zur zweiten Klausel mit ähnlicher Begründung vgl. OLG München vom 03. 11. 1983, Az: 6 U 1390/83, Bunte IV, § 9 Nr. 23.
b) Der Einheitspreis ist der vertragliche Preis, auch wenn im Angebot der Gesamtbetrag einer Ordnungszahl (Position) nicht dem Ergebnis der Multiplikation von Mengenansatz und Einheitspreis entspricht.	**nein**	Die Klausel verstößt gegen § 307 BGB, da sie eine Anfechtung wegen eines Erklärungsirrtums ausschließt (OLG Frankfurt/M. vom 03. 06. 2002, Az: 1 U 26/01, nicht veröffentlicht).

2.1.10.2 AGB der Auftragnehmerseite

PRÜFLISTE	zulässig	Anmerkung
a) Rechenfehler vorbehalten.	**nein**	Anerkenntnisurteil des LG Dortmund, Az: 8 O 15/92 AGB; ZDB AGB-Verbandsklageregister Nr. 511.

2.1.11 Schriftformklauseln allgemein

Vorbemerkung:

Schriftformklauseln spielen im Recht der allgemeinen Geschäftsbedingungen eine große Rolle. In seinem Urteil vom 10. 05. 2007, Az: VII ZR 288/05; Baurecht 2007, 1592 hat der BGH hierzu einige grundsätzliche Ausführungen gemacht.

„Schriftformklauseln sind nicht schlechthin unwirksam. Unwirksam ist eine Schriftformklausel, wenn sie dazu dient, insbesondere nach Vertragsschluss getroffene Individualvereinbarungen zu unterlaufen, indem sie beim anderen Vertragsteil den Eindruck erweckt, eine mündliche Abrede sei entgegen allgemeinen Grundsätzen unwirksam. Schriftformklauseln in privatrechtlichen Verträgen, die in Vertretung des Bundes, der Länder, der Gemeinden oder vergleichbarer Körperschaften geschlossen werden, haben erkennbar nicht die Zielrichtung, Individualvereinbarungen auszuschließen. Sie dienen der Kontrolle der Verwaltung und schließen sich an die Formvorschriften für öffentlich-rechtliche Verträge an. Allein der Umstand, dass die für den öffentlichen Auftraggeber auftretenden Verhandlungspartner in den Verhandlungen nicht auf Einhaltung der Schriftform bestehen und erst später die fehlende Schriftform rügen, rechtfertigt nicht die Annahme, sie hätten für die vertretene Körperschaft eine Einigung erzielen wollen, die ohne Schriftform gültig sein soll."

Zu Schriftformklauseln bei **Vertragsänderungen** und **Zusatzleistungen** vgl. 2.2.5 und 2.2.6.

PRÜFLISTE	zulässig	Anmerkung
a) Mündliche Nebenabreden sind nicht getroffen. **oder:** Änderungen und Ergänzungen zu diesem Vertrag wurden nicht getroffen.	**ja**	Nach BGH vom 19. 06. 1985, Az: VIII ZR 238/84, NJW 85, 2330, und vom 14. 10. 1999, Az: III ZR 203, 98, BB 99, 2372 **wirksam.** Insbesondere liegt kein Verstoß gegen § 309 Nr. 12b BGB vor, weil diese Vorschrift nur dann eingreift, wenn die formularmäßige Bestätigung von Tatsachen durch den Kunden zur Folge hat, dass die Beweislast in Bezug auf diese Tatsache, die nach den gesetzlichen Beweislastregeln oder den von der Rechtsprechung entwickelten Beweislastgrundsätzen den Verwender trifft, auf den AGB-Kunden überbürdet wird. Der § 309 Nr. 12b BGB erfasst aber keine Tatsachenbestätigung, die nur wie hier die ohnehin bestehende Beweislastverteilung wiederholt. Es kann dahin stehen, ob der fraglichen Aussage der Wert eines „Beweiszeichens" zukommt. Dieser Umstand könnte allenfalls die Beweisführung, nicht aber worauf § 309 Nr. 12b BGB abstellt die **Beweislast** beeinflussen. Zur **zweiten Klausel** vgl. OLG Düsseldorf vom 15. 11. 1990, Az: 10 U 68/90; BauR 91, 516.

PRÜFLISTE	zulässig	Anmerkung
b) Vereinbarungen oder Änderungen sind nur in schriftlicher Form gültig. **oder:** Änderungen und Ergänzungen zu diesem Vertrag bedürfen zu ihrer Rechtswirksamkeit der Schriftform. **oder:** Änderungen oder Ergänzungen bedürfen der Schriftform.	**nein**	**Schriftformklauseln** in AGB **sind zwar nicht schlechthin** unzulässig. Es kommt vielmehr auf die Ausgestaltung im Einzelfall an. Insbesondere sind sie dann **zulässig,** wenn sich der Verwender mit ihnen vor unbedachten Äußerungen seiner Angestellten **bei Vertragsabschluss** schützen will. Erfasst jedoch wie hier die Schriftformklausel auch nachträgliche Zusatzvereinbarungen (z. B. Vertragsänderungen, Zusatzleistungen) mit dem Klauselverwender selbst oder seinem vertretungsberechtigten Personal und führt sie damit zu einer völligen Verdrängung des § 305b BGB verankerten Prinzips des Vorrangs der Individualabrede, ist sie „unangemessen im Sinne von § 307 BGB" (vgl. zusammenfassend BGH vom 31. 10. 1984, Az: VIII ZR 226/83, BB 1985, 689). Zur **zweiten Variante** vgl. ebenfalls BGH vom 31. 10. 1984. Zur **dritten Variante** vgl. BGH vom 15. 02. 1995, Az: VIII ZR 93/94, NJW 95, 1488. Der Begriff **„bedürfen"** macht deutlich, dass die Schriftform Wirksamkeitsvoraussetzung ist.
c) Mündliche Abmachungen haben ohne schriftliche Bestätigung keine Gültigkeit.	**nein**	Die genannte Klausel lässt auch nach Vertragsabschluss getroffene mündliche Abreden zwischen **vertretungsberechtigten** Personen unwirksam sein. Ein derart umfassender Ausschluss des § 305b BGB (Vorrang der Einzelabrede vor Allgemeinen Geschäftsbedingungen) verstößt gegen § 307 BGB (BGH vom 26. 03. 1986, Az: VIII ZR 85/85, WM 86, 712; BGH vom 09. 07. 1991, Az: XI ZR 72/90; DB 91, 2130).
d) Aus Beweisgründen ist Schriftform zu wählen.	**ja**	Hier wird klargestellt, dass die Schriftform nur Beweissicherungsfunktion hat, das Fehlen der Schriftform also nicht die Wirksamkeit getroffener Vereinbarungen in Frage stellt (vgl. Kleine-Möller/Merl/Oelmeier, § 6 Rdnr. 79 f.).
e) Die Kündigung des Bauvertrags ist nur in schriftlicher Form wirksam.	**ja**	Für **einseitige** Erklärungen kann per AGB die Schriftform vorgeschrieben werden. Dies ergibt sich aus § 309 Nr. 13 BGB (BGH v. 18. 01. 1989, Az: VIII ZR 142/88; NJW-RR 89, 625).

PRÜFLISTE	zulässig	Anmerkung
f) Reparaturzeiten sind nur verbindlich, wenn sie schriftlich bestätigt werden.	**nein**	Die Klausel, welche eine – möglicherweise sogar schriftliche – Individualabrede mit dem Kunden außer Kraft setzen will, verstößt u. a. gegen § 305b BGB und gegen § 307 Abs. 1 Satz 1 BGB (BGH, NJW 1982, 1389 f.).
g) Die Kündigung muss per Einschreiben erfolgen.	**ja**	Allerdings nur im **kaufmännischen Geschäftsverkehr** zwischen Unternehmen, weil hier § 309 Nr. 13 BGB nicht anwendbar ist (vgl. Palandt, § 309 BGB Rdnr. 107). **Aber:** Ist der Vertragspartner Verbraucher, ist die Klausel unwirksam (§ 309 Nr. 13 BGB). Bei **nebensächlichen Erklärungen** können solche Klauseln generell an § 305c BGB scheitern.

2.2 Vergütung (§ 2 VOB/B)

2.2.1 Umfang der Gegenleistung (§ 2 Nr. 1 VOB/B)

2.2.1.1 Vollständigkeitsklauseln – AGB der Auftraggeberseite

Vorbemerkung:

Die Frage, inwieweit Vergütungsregelungen in AGB, die versuchen, den Leistungsgegenstand vollständig zu erfassen, zulässig sind, kann nicht einheitlich beantwortet werden. Vielmehr ist die Antwort auch davon abhängig, um welche Art des Vertrages es sich handelt. Liefert beispielsweise der Auftraggeber die Unterlagen, aufgrund deren der Auftragnehmer seinen Aufwand zur Erreichung des Auftragsziels berechnen soll (Leistungsverzeichnis), so kann der Auftragnehmer grundsätzlich davon ausgehen, dass das vom Auftraggeber oder seinem Erfüllungsgehilfen (z. B. Architekt) entworfene Leistungsverzeichnis vollständig, und die Mengen richtig berechnet sind. Dabei ist zu beachten, dass auch bei einem Detail-Pauschalvertrag die Vermutung für die Vollständigkeit der Leistungsbeschreibung besteht (OLG Düsseldorf vom 19. 03. 1991, Az: 23 U 141/90; BauR 91, 747). Klauseln, die versuchen, die Folgen etwa unvollständiger bzw. mangelhafter Mitwirkungshandlungen, z. B. bei Erstellung der Leistungsbeschreibung, auf den Vertragspartner abzuwälzen, sind daher grundsätzlich bedenklich. Zu den **„Nebenleistungen" im Einzelnen** vgl. Ziff. 2.2.1.3.

PRÜFLISTE	zulässig	Anmerkung
a) Gegen die vereinbarte Vergütung übernimmt der Auftragnehmer alle Leistungen, die erforderlich sind, um das Werk **vollständig zu erbringen,** selbst wenn sie in den Vertragsunterlagen nicht erwähnt sind. **oder:** Mit Abgabe des Angebots übernimmt der Bieter die Gewähr dafür, dass das Angebot **alles** enthält, **was zur Erstellung des Werkes gehört.**	**nein**	Die Klausel verstößt gegen das in den §§ 320 ff. BGB für gegenseitige Verträge verankerte und durch § 307 BGB geschützte Äquivalenzprinzip (Prinzip von Leistung und Gegenleistung), weil der AN „zu einem inhaltlich ganz unbestimmten Leistungsumfang verpflichtet wird, ohne hierfür eine Gegenleistung zu erhalten" (OLG München vom 30. 01. 1986, Az: 29 U 3832/85; LG München vom 07. 02. 1991, Az: 7 O 16246/90, nicht veröffentlicht; Kleine-Möller/Merl/Oelmeier, § 2 Rdnr. 204). Nach LG München vom 22. 09. 1988, Az: 7 O 2820/88 und LG München vom 20. 06. 1991, Az: 7 O 23168/90; LG Frankfurt vom 21. 09. 1982, Az: 2/13013/82; nicht veröffentlicht, verstößt die Klausel auch deshalb gegen §§ 309 Nr. 7 und 307 BGB, weil hier das Planungsrisiko auf den Auftragnehmer unzulässig verschoben werde. Zur **zweiten Klausel** vgl. BGH vom 05. 06. 1997, Az: VII ZR 54/96, Baurechts-Report 9/97 (Verstoß gegen das **Transparenzgebot**).

[handschriftliche Notiz:] nur wenn Klausel von AG ausgelend ist.

PRÜFLISTE	zulässig	Anmerkung
b) Die Angebots- und Vertragspreise gelten für die fertige Leistung bzw. Lieferung frei Bau einschließlich Abladen und Verpackung. Für die angebotenen Leistungen übernimmt der AN die Verpflichtung der Vollständigkeit, das heißt **Leistungen und Nebenleistungen, die sich aus den Positionen zwangsläufig ergeben,** sind einzukalkulieren, auch wenn sie im Leistungsverzeichnis nicht ausdrücklich erwähnt sind.	ja	Die Klausel ist als wirksame Verpflichtung des AN zu verstehen, die zur Ausführung der Leistungen einer ausgeschriebenen Position notwendigen Teilarbeiten bei der Kalkulation vollständig zu berücksichtigen, auch wenn nicht jedes Detail eigens beschrieben ist. Dabei ist zu beachten, dass die Klausel das Massenrisiko auf den Auftragnehmer nicht überträgt. (BGH, Beschluss vom 26. 02. 2004, Az: VII ZR 96/03; BauR 2004, 995).
c) Alle Lieferungen und Leistungen sind **fix und fertig,** funktionsfähig und nützungsfertig anzubieten und zwar soweit, als die Zweckbestimmung aus den bis Angebotsabgabe einzusehenden Ausführungsgrundlagen zu erkennen ist, wenn auch einzelne dazugehörige Teilleistungen, die aber erforderlich sind, nicht im Leistungsbeschrieb eigens aufgeführt sind.	nein	**Wenn** der AG zu Mitwirkungshandlungen z. B. Planungsleistungen verpflichtet ist oder wenn es sich um einen sog. **Detail-Pauschalvertrag** handelt. Die maßgebliche „vertragspartnerfeindlichste" Auslegung ergibt, dass der Verwender hier sämtliche Nachteile eines Fehlers aus der ihm obliegenden Planung auf den Vertragspartner abwälzen will. Dies benachteiligt den Handwerker in unangemessener Weise (OLG München vom 19. 06. 1990, Az: 9 U 2013/90, unveröffentlicht; Kapellmann/Schiffers, Band 2, Pauschalvertrag Rdnr. 272).
		Ähnlich OLG Bamberg vom 10. 03. 1994; Az: 3 U 163/93; Baurechts-Report 5/94, wonach der Auftragnehmer alle „Haupt-, Vor-, Nach-, Neben- und Ausbesserungsarbeiten nach der **gewerblichen Verkehrssitte"** kostenfrei zu erbringen hat. Die an sich zulässige Beschränkung auf die „gewerbliche Verkehrssitte" ist im Hinblick auf die vorherige Aufzählung untauglich.
d) Der pauschale Einheitspreis wird für die komplette Sanierung vereinbart. Die Vergütung erfasst alle notwendigen Leistungen, auch wenn sie nicht im LV aufgeführt sind. **(Auftragnehmer hat LV erstellt)**	ja	**Erstellt der Auftragnehmer im Rahmen eines Detail-Pauschalvertrags das Leistungsverzeichnis** und vereinbaren die Parteien die Geltung einer Komplettklausel, so trägt der Auftragnehmer das Risiko nicht berücksichtigter Mehrmengen. Dabei bestimmt sich in die Reichweite einer solchen Klausel danach, was der Auftragnehmer als Komplettheitserfordernis erkennen konnte. (OLG Düsseldorf vom 30. 09. 2003, Az: 23 U 204/02; Baurecht 2004, 506).

PRÜFLISTE	zulässig	Anmerkung
e) Bei **gewerblich genutzten Räumen** müssen alle für deren Nutzung geltenden Vorschriften und Regelungen beachtet werden, insbesondere müssen die entsprechenden Beanspruchungsgruppen auch bei der Materialauswahl berücksichtigt werden, soweit bei Angebotsabgabe oder bei Vertragsabschluss auf die gewerbliche Nutzung der . . . Räume hingewiesen wurde.	nein	LG München vom 08. 08. 1991, Az: 7 O 779/91; nicht veröffentlicht: Die Klausel verstößt gegen § 307 Abs. 2 BGB. Sie suggeriert dem Auftragnehmer, mit Nachforderungen für evtl. Zusatzleistungen als Folge gewerblicher Nutzung ausgeschlossen zu sein, wenn er diese nicht spätestens bei Vertragsschluss geltend macht. Außerdem ist unbillig, durch pauschalen Hinweis auf „gewerbliche Nutzung" sämtliche evtl. Fehler bei Ausführung und Materialauswahl auf den Auftragnehmer abwälzen zu können.
f) Ist der Auftrag auf einen **Änderungsvorschlag** oder ein **Nebenangebot** erteilt worden, dann sind mit der vereinbarten Vergütung alle von dem Änderungsvorschlag oder dem Nebenangebot beeinflussten Leistungen abgegolten, die zur vollständigen Ausführung der vertraglichen Leistung erforderlich waren.	nein	Der Leistungsumfang ist mit dem Einschluss aller von dem Änderungsvorschlag oder dem Nebenangebot „beeinflussten" Leistungen zu unbestimmt. Verstoß gegen § 307 BGB (OLG Frankfurt/M. vom 03. 06. 2002, Az: 1 U 26/0; BauR 2003, 269.

2.2.1.2 Informationsklauseln

Es ist selbstverständliche Pflicht jedes Vertragspartners, sich über den Vertragsgegenstand zu informieren. Bedenklich sind allerdings Klauseln, mit denen ein Informationsstand des Vertragspartners fingiert wird oder mit denen versucht wird, einen Informationsstand zu unterstellen, den der Vertragspartner aufgrund der zur Verfügung gestellten Informationen und Unterlagen mit zumutbarem Aufwand nicht haben kann. Hier kommt in Betracht, dass gesetzliche Beweislast- oder Haftungsregeln abgeändert werden, also gesetzliche Grundlagen mit erheblichem Gerechtigkeitsgehalt. Auch hier ist der Vertragstyp bei Beurteilung der Klausel zu berücksichtigen.

PRÜFLISTE	zulässig	Anmerkung
a) Der Bieter ist verpflichtet, vor Abgabe seines Angebotes sich ein Bild von der Baustelle zu machen.	ja	„Wenn nicht schon ohnehin zur normalen vertraglichen Leistungspflicht des AN zählend, handelt es sich in diesem klar umgrenzten Rahmen um eine keineswegs in ihrem Umfang und in ihrer Tragweite unklare und darüber hinaus unzumutbare Regelung. Unbedingte Voraussetzung ist allerdings, dass die Baustelle . . . auch **besichtigungsreif** ist" (Korbion/Locher/Sienz, K III 18).
b) Der Bieter wird ausdrücklich angehalten, sich vor Kalkulation des Angebotes von der Situation an Ort und Stelle zu informieren. Nachforderungen aufgrund unberücksichtigter Schwierigkeiten werden grundsätzlich nicht anerkannt.	nein	Eine solche Klausel, die spätere Nachforderungen aufgrund unberücksichtigter Erschwernisse generell ausschließen will, ist als bedenklich anzusehen zumal die Haftung des Auftraggebers für ein mitwirkendes Verschulden bei unklaren Angebotsunterlagen ausgeschlossen wird (BGH, Beschluss vom 26. 02. 2004, Az: VII ZR 96/03; BauR 2004, 995).
c) Der Bieter erkennt mit Abgabe des Angebots an, dass er sich an der Baustelle über alle die Preisermittlung beeinflussenden Umstände informiert hat. **oder:** Vor Abgabe des Angebots hat sich der Bieter mit den örtlichen Gegebenheiten vertraut zu machen. Nachforderungen aufgrund vorhersehbarer Schwierigkeiten werden nicht anerkannt.	nein	Nach OLG Frankfurt vom 07. 06. 1985, Az: 6 U 148/84, Bunte VI, 201, ist die Klausel **beweislaständernd**. Erleidet nämlich der Bieter im Falle unzureichender Beschreibung der Örtlichkeiten im Leistungsverzeichnis einen Schaden, weil er bestimmte Umstände, die bei Kenntnis der örtlichen Umstände hätten berücksichtigt werden können, in seine Kalkulation nicht einfließen lässt, führt die Klausel dazu, dass er nun selbst beweisen muss, ihn treffe kein Mitverschulden, weil ihm entgegen seiner Erklärung die örtlichen Verhältnisse unbekannt gewesen seien. Die Erstellung der Ausschreibungsbedingungen ist Sache des AG. Die Klausel ist auch im kaufmännischen Geschäftsverkehr unzulässig, weil Beweislastregeln von grundsätzlicher Bedeutung sind. Korbion/Locher/Sienz, K III, 17) weisen darauf hin, dass die Klausel „ersichtlich das Bereitstellungsrisiko des AG abwälzen soll". „Dies verstößt dann gegen

PRÜFLISTE	zulässig	Anmerkung
oder: Unklarheiten sind ausgeräumt oder mit dem AG geklärt. Der AN kann sich weder entlasten, noch Ansprüche erheben, wenn er gegenüber den aus den Vertragsunterlagen ersichtlichen, andersgeartete örtliche Verhältnisse antrifft, die er hätte erkennen können oder müssen.		§ 307 BGB, wenn sich die betreffenden, vor allem für den Leistungsinhalt und Leistungsumfang maßgebenden Feststellungen an Ort und Stelle überhaupt nicht oder nicht ohne besonderen Aufwand treffen lassen." Mit gleichem Ergebnis und der Begründung, dass hier der Verwender unzulässig versuche, „klassische Planungsrisiken auf den AN abzuschieben", LG München vom 22. 09. 1988, Az: 7 O 3095/88, nicht veröffentlicht. OLG Hamburg vom 06. 12. 1995, Az: 5 U 215/94; **Nichtannahmebeschluss** des BGH vom 05. 06. 1997, Az: 7 VII ZR 54/96. OLG München vom 22. 05. 1990, Az: 9 U 6108/89; Baurechts-Report 10/90.
d) Der Bieter **erklärt,** dass er sich Klarheit über die zu leistenden Arbeiten durch ausreichende Einsichtnahme in die Angebotsunterlagen zu Zeichnungen sowie, sofern möglich, durch eingehende Besichtigung der Baustelle verschafft hat. Darüber hinaus bestätigt er ausdrücklich, dass er die Besonderen Vertragsbedingungen, die Zusätzlichen Vertragsbedingungen, die Allgemeinen Vorbemerkungen im vorderen Teil der Vertragsunterlagen zur Kenntnis genommen hat und die darin enthaltenen Bestimmungen in allen Punkten als rechtsverbindlich anerkennt.	**nein**	Auch diese Klausel beinhaltet eine nach § 308 Nr. 5 BGB **unzulässige Fiktion,** mit deren Hilfe eine nach § 309 Nr. 12 BGB nicht statthafte Änderung der Beweislast erreicht wird. Nach OLG Frankfurt/Main, Urteil vom 03. 06. 2002, Az: 1 U 26/01; BauR 2003, S. 269, unwirksam.
e) Forderungen infolge mangelhafter Information über die Verhältnisse werden nicht an erkannt.	**nein**	Diese Klausel ist so **unklar,** dass sie einer Auslegung gemäß §§ 133, 157 BGB nicht mehr zugänglich ist. Sollte damit gemeint sein, dass der Auftragnehmer seine Preise unter Berücksichtigung der an der Baustelle gegebenen örtlichen Verhältnisse kalkulieren müsse, so läge beim Einheitspreisvertrag eine unangemessene Benachteiligung des AN darin, dass ihm wirtschaftliche Risiken für Umstände aufgebürdet werden sollen, die allein in die Risikosphäre des jeweiligen AG gehören (LG Koblenz vom 21. 02. 1991, Az: 1 O 294/90; LG Koblenz vom 19. 08. 1994, Az: 8 O 685/93, nicht veröffentlicht).

PRÜFLISTE	zulässig	Anmerkung
f) Der AN hat sich über die Boden- und Wasserverhältnisse zu informieren und daraus entstehende Risiken zu übernehmen. Er kann sich später nicht damit entlasten, dass er die Eigenart und Menge der Bodenverhältnisse nicht gekannt hat.	**nein**	Der Baugrund und die Grundwasserverhältnisse sind ein vom AG bereitzustellender Stoff, der in den Risikobereich des AG fällt. Die Klausel verstößt gegen § 307 (Englert/Grauvogl/Maurer Rdn. 950). **Siehe auch Ziff. 2.2.1.3.1.3.**
g) Der AN hat sich über die örtlichen Verhältnisse und insbesondere über die erforderlichen Maßnahmen zum Schutz nachbarlicher Grundstücke, Gebäude usw., zu informieren und in das Angebot einzurechnen.	**nein**	Auch hier wird eine unzulässige Kostenabwälzung aus dem Risikobereich des AG versucht. Englert/Grauvogl/Maurer a. a. O.

2.2.1.3 Nebenleistungsklauseln

Vorbemerkung:

Die §§ 632 BGB und 2 Nr. 1 VOB/B legen fest, dass die vereinbarte Vergütung alle Leistungen abdeckt, die nach dem Vertragsinhalt unter Berücksichtigung der gewerblichen Verkehrssitte zur vom Auftragnehmer geschuldeten Werkleistung gehören.

Nach der VOB umfasst der vereinbarte Preis insbesondere auch Nebenleistungen, also Leistungen, die auch ohne Erwähnung im Vertrag Inhalt der vertraglichen Leistung sind (vgl. DIN 18 299 i. V. m. § 2 Nr. 1 VOB/B).

Weil die Nebenleistungskataloge der VOB/C nicht zwingend sind, ist es durchaus möglich, durch Allgemeine Geschäftsbedingungen Art und Umfang der Nebenleistungen zu beschränken bzw. zu erweitern. Handelt es sich dabei allerdings um Nebenleistungen, die für das einzelne Gewerk untypisch sind oder die das in den §§ 320 ff. BGB verankerte Prinzip von Leistung und Gegenleistung verletzen, also die Berechenbarkeit der Gegenleistung unzumutbar erschweren oder gar unmöglich machen, sind Nebenleistungsklauseln bedenklich. Bei Beurteilungen einer Klausel ist allerdings auch der jeweilige Vertragstyp wesentlich (BGH BauR 97, 123 ff.). **Zu den schwierigen Abgrenzungsfragen zwischen zulässigen und unzulässigen Preisabreden und -nebenabreden vgl. oben Teil I Ziff. 10.3.**

2.2.1.3.1 AGB der Auftraggeberseite

2.2.1.3.1.1 Allgemein

PRÜFLISTE	zulässig	Anmerkung
a) Mit den Einheitspreisen sind sämtliche Nebenleistungen abgegolten.	**ja**	Nebenleistungen sind solche, die auch ohne Erwähnung im LV zur vertraglichen Leistung gehören (§ 2 Nr. 1 VOB/B). Die Klausel wiederholt somit eine Selbstverständlichkeit. Anderer Ansicht LG München vom 17. 12. 1992 (Az: 7 O 9858/92, nicht veröffentlicht) für den Fall dass der Begriff **„notwendige Nebenarbeiten"** verwendet werde. Dies sei zu unbestimmt. **Siehe hierzu auch Ziffer 2.2.1.1 (Vollständigkeitsklauseln).**
b) In die Leistungsbeschreibung sind eingeschlossen alle Nebenleistungen gemäß VOB/C sowie alle Leistungen, die zur vertragsgemäßen Ausführung gehören.	**nein**	Diese Klausel ist wegen Verstoßes gegen § 307 Abs. 1 Nr. 1 BGB unwirksam. Hier wird ein Vertragspartner zu einem inhaltlich ganz unbestimmten Leistungsumfang verpflichtet, weil für den Auftragnehmer nicht vorhersehbar bzw. kalkulierbar ist, was unter „vertragsgemäß" zu verstehen ist (LG München vom 19. 05. 1993, Az: 21 O 12454/92; nicht veröffentlicht).
c) Der Auftraggeber kann verlangen, dass Besprechungen auch außerhalb des Ortes der Baustelle durchgeführt werden. Ein Anspruch auf Kostenerstattung entsteht dadurch nicht.	**nein**	Die Leistung ist für den Auftragnehmer unkalkulierbar und insbesondere bei Kleinaufträgen unzumutbar (OLG Hamburg vom 06. 12. 1995, Az: 5 U 215/94; **Nichtannahmebeschluss** des BGH vom 05. 06. 1997, Az: VII ZR 54/96).

2.2.1.3.1.2 Baustelleneinrichtung

PRÜFLISTE	zulässig	Anmerkung
a) Folgende besondere Leistung gehört zur Vertragsleistung und wird nicht gesondert vergütet: **Vorhaltungs- und Stilllegungskosten der Baustelleneinrichtung.**	**nein**	Bei der gebotenen kundenfeindlichsten Auslegung sind von der Klausel auch solche Stilllegungs- und Vorhaltekosten umfasst, die durch ein **Verschulden des AG** entstanden sind. Daher versucht der Verwender mit dieser Klausel auch Schadensersatzansprüche des AN für diesen Fall abzuschneiden (LG München vom 30. 03. 1989, Az: 7 O 20301/88; vgl. auch OLG München vom 15. 01. 1987, Az: 29 U 4348/86; **Revision** durch BGH **abgelehnt,** Beschluss vom 10. 11. 1988, Az: VII ZR 89/87).
b) Die Bereitstellung und der Unterhalt von **Baubüro-** (mit Bautelefon), Aufenthalts-, Lager- und WC-Räumen ist in die EP einzukalkulieren.	**nein**	Anerkenntnisurteil des LG München vom 24. 02. 1994, Az: 7 O 12830/93 und des LG München vom 06. 08. 1993, Az: 21 O 3782/93, nicht veröffentlicht.

2.2.1.3.1.3 Bodenverhältnisse – Leitungen – Straßen

PRÜFLISTE	zulässig	Anmerkung
a) Der AN ist verpflichtet, sich über Lage und Verlauf unterirdisch verlegter **Versorgungsleitungen** zu vergewissern.	**ja**	Diese Tätigkeit gehört zur allgemeinen Verkehrssicherungspflicht des AN (zur Verkehrssicherungspflicht im Einzelnen vgl. Ingenstau/Korbion, B § 10 Nr. 2, Rdnr. 38 ff.).
b) Das Sichern jeglicher **Leitungen, Versorgungskabel** und dergleichen, sowie ein ganz oder teilweise erforderliches Absteifen der **Baugrube,** das Vorhalten der **Böschungen** bis zur Übernahme durch die Bauunternehmung, Abfuhr von Schuttmaterial etc. gilt mit dem EP als abgegolten.	**nein**	Nach LG München I vom 23. 01. 1992, Az: 7 O 10431/91, nicht veröffentlicht, verletzt die Klausel mangels Berechenbarkeit das Äquivalenzprinzip der §§ 320 ff. BGB und verstößt damit gegen § 307 BGB. Gleiches gilt für derartige Klauseln, die in Form einer Fiktion gekleidet sind: **„Der Auftragnehmer erklärt ausdrücklich, dass er sich über Leitungen aller Art informiert hat"** (LG München vom 05. 07. 1990, Az: 7 O 24100/89, nicht veröffentlicht; vgl. auch LG München vom 27. 07. 1994, Az: 21 O 11308/93, **Revision vom BGH** mit Beschluss vom 13. 07. 1995, Az: VII ZR 233/94, **nicht angenommen**).

PRÜFLISTE	zulässig	Anmerkung
c) Der Auftragnehmer hat sich vor Baubeginn bei allen zuständigen Versorgungsträgern über die genaue Art der vorhandenen Ver- und **Entsorgungsleitungen** zu informieren. Die Sicherung der Leitungen ist Sache des Auftragnehmers. Alle Kosten für die Sicherung der Leitungen, erforderliche Anschaffungen sowie Kosten aus Verzögerungen im Bauablauf werden nicht gesondert vergütet, sie sind in die Einheitspreise einzukalkulieren.	nein	Nach Ansicht des LG Koblenz, Urteil vom 18. 02. 2005; Az: 8 O 58/04; Baurecht-Report 7/2005, verstößt die Klausel gegen § 307 BGB, weil sie den Auftragnehmer mit einem unkalkulierbaren Risiko belastet.
d) Der Auftragnehmer ist verpflichtet, sich **Unterlagen** und Angaben für alle im Baubereich verlegten **Kabel, Leitungen und Rohre selbst zu beschaffen.** Bei den Baulastträgern der Versorgungsleitungen ist rechtzeitig eine örtliche Einweisung zu beantragen. Für alle Schäden an unterirdischen Leitungen (Kanal, Gas, Wasser, Kabel aller Art, usw.) während der gesamten Bauzeit sowie auch nach der Bauvollendung, wenn der Schaden auf die Bauausführung zurückzuführen ist, ist der Auftragnehmer **voll verantwortlich.**	nein	Nach OLG München vom 17. 10. 1995, Az: 9 U 6434/94; Baurechts-Report 1/96, § 307 BGB unwirksam, weil hier dem Auftragnehmer eine „verschuldensunabhängige Haftung während der gesamten Bauzeit auferlegt wird". Dem Unternehmer wird das volle Risiko selbst bei örtlicher Einweisung durch Dritte oder bei unrichtigen Plänen auferlegt.
e) Der AN lässt **Boden- und Wasseruntersuchungen,** hydrologische Untersuchungen, soweit diese nicht im Bodengutachten erfasst sind, die zur ordnungsgemäßen Ausführung jedoch erforderlich sind, erstellen.	nein	Sofern die Klausel in einem Einheitspreisvertrag Verwendung findet, bei dem diesbezügliche Aufgaben typischerweise zu dem Planungsaufgaben des Auftraggebers gehören. Hier weicht die Klausel vom Üblichen (§ 2 Nr. 9 VOB/B) ab und belastet den Auftragnehmer mit unwägbaren unkalkulierbaren Risiken. Verstoß gegen § 307 BGB (LG München I vom 25. 07. 1989, Az: 7 O 26309/88, nicht veröffentlicht).

PRÜFLISTE	zulässig	Anmerkung
f) Der Auftragnehmer hat sich über die **Boden- und Wasserverhältnisse** zu informieren und daraus entstehende Risiken zu übernehmen. Er kann sich später nicht damit entlasten, dass er die Eigenart und Menge der Bodenverhältnisse nicht gekannt habe.	nein	Die Klausel fingiert einer Bodenerkundung durch den Auftragnehmer und belastet ihn mit unkalkulierbaren und unangemessenen Risiken. Dem Auftragnehmer wird in der Regel nicht die Möglichkeit gegeben, eine ordnungsgemäße Baugrunderkundung selbst durchzuführen. Eine solche Risikoverteilungsklausel wäre nur in einem Individualvertrag, nicht jedoch bei einer Ausschreibung möglich, die sich an eine Vielzahl von Bietern richtet. (Englert/Grauvogl/Maurer, Handbuch des Baugrund- und Tiefbaurechts, 3. Aufl. 2004, Rdnr. 950; Markus/Kaiser/Kapellmann, Rdnr. 231).
g) Änderungen der Bodenklassen gegenüber der Ausschreibung und dem Bodengutachten berechtigen nicht zu Mehrforderungen.	nein	Die Klausel verstößt gegen gesetzliche Leitbilder, weil sie Änderungen des Vertragssolls ohne angemessene Gegenleistung ermöglicht (Verstoß gegen §§ 631, 632 BGB.) Ebenso mit ähnlicher Begründung: Englert/Grauvogl/Maurer, Handbuch des Baugrund- und Tiefbaurechts, 3. Auflage 2004, Rdnr. 950; Markus/Kaiser/Kapellmann, Rdnr. 230).
h) Der Baugrund ist durch Bohrungen vom Auftraggeber aufgeschlossen worden. Das vom Auftraggeber veranlasste Baugrundgutachten ist als Anlage beigefügt und Vertragsbestandteil. Erfahrungsgemäß muss jedoch damit gerechnet werden, dass die Bodenschichten und Arten sowie deren Konsistenz zwischen den einzelnen Bohrstellen wechseln können und andere Bodenarten angetroffen werden. Der Auftraggeber übernimmt nur die Gewähr für die vom Baugrundgutachter entnommenen und ausgewerteten Bodenproben.	nein	Die Klausel verschiebt in den Absätzen 2 und 3 in unzulässiger Weise das Planungs- und Baugrundrisiko auf den Auftragnehmer und verlagert die Verpflichtung des Auftragnehmers zur Anmeldung von **Bedenken** unzulässig auf den Zeitpunkt **vor Vertragsschluss.** Zur Begründung des letztgenannten Gesichtspunkts siehe Ziffer 2.4.3 b.) Ebenso mit ähnlicher Begründung Englert/Grauvogl/Maurer, Handbuch des Baugrund- und Tiefbaurechts, 3. Auflage 2004, Rdnr. 950; A. A. Markus/Kaiser/Kapellmann Rdnr. 232.

PRÜFLISTE	zulässig	Anmerkung
	Ist der Bieter der Ansicht, dass die in der Ausschreibung vom Auftraggeber gemachten Angaben über den Baugrund und die Grundwasserverhältnisse nicht ausreichend und unvollständig sind, hat er dies gemäß § 4 Nr. 3 VOB/B rechtzeitig vor Abgabe seines Angebots unter Darlegung der konkreten Gründe schriftlich anzuzeigen.		
i)	Mit Beginn der Fundamentarbeiten gilt die **Baugrube** als ordnungsgemäß übernommen, d. h. Mehrkosten wegen ungenügender Böschung, Abmessung, Codierung, Bodenvorkommen, Lage etc. werden nicht anerkannt.	nein	Nach LG München I vom 23. 01. 1992, Az: 7 O 10431/91, nicht veröffentlicht, verstößt die Klausel gegen §§ 307, 308 Nr. 5 BGB, weil hier mit Hilfe einer Fiktion mögliche Ansprüche des Auftragnehmers unterlaufen werden. Gleichzeitig beinhaltet die Klausel eine unzulässige Haftungsfreistellung zugunsten des Auftraggebers.
j)	Die Bauarbeiten sind durchwegs im Bereich öffentlicher Straßen innerorts bei beengten Verhältnissen auszuführen. Es sind streckenweise parallel zum Kanalgraben verlaufende, stellenweise schleifend kreuzende Regenwasserkanäle und Wasserleitungen zu erwarten. Leistungen, die sich durch die oben genannten Besonderheiten der Baustelle ergeben, wie z. B. Materiallängstransport, sind in die entsprechenden Leistungspositionen einzurechnen und werden nicht gesondert vergütet. Ausgenommen hiervon sind lediglich Kreuzungen des Abwasserkanals mit Spartenleitungen.	nein	Nach OLG München vom 17. 10. 1995, Az: 9 U 6434/94, Baurechts-Report 1/96, ist die Klausel unkalkulierbar, weil sie auf den Auftragnehmer „das Risiko sämtlicher nicht näher definierter Besonderheiten der Baustelle überbürdet". Gleichwohl wird festgelegt, dass hierdurch verursachte Erschwernisse ohne Rücksicht auf deren Umfang nicht gesondert vergütet werden. Verstoß gegen § 307 BGB.

PRÜFLISTE	zulässig	Anmerkung
k) Im Bereich von Höhenänderungen bis zu +/20 cm des alten Geländes werden **Grenzpunktveränderungen** oder -vernichtungen auf Kosten des Unternehmers wieder neu hergestellt.	nein	Hier handelt es sich um eine Leistung, die eindeutig in den Planungsbereich fällt, der vom AG auszuführen ist. Eine denkbare Fallgestaltung nach dieser Klausel ist jeweils von einer Planänderung oder einem Planfehler begleitet, die aber jeweils dem Risikobereich des AG zuzurechnen ist. Damit erweist sich diese Klausel als unbillig und ist nach §§ 307 BGB unwirksam (Landgericht Kreuznach vom 22. 06. 1988, Az: 2 O 188/87, nicht veröffentlicht).
l) Von der Bauleitung **gekennzeichnete Bäume, Sträucher/Pflanzen,** und dergl., sind sorgfältig herauszunehmen und fachgerecht zur Wiedereinpflanzung zu lagern und zu pflegen – über die Verwendung entscheidet der Auftraggeber. Zur Fällung freigegebene Bäume sind zu fällen und abzufahren.	nein	Die Klausel verletzt das Äquivalenzprinzip (das Prinzip der Berechenbarkeit von Leistung und Gegenleistung) wie es in den §§ 320 ff. BGB verankert ist. Die Klausel lasse insbesondere die Möglichkeit offen, nach Vertragsschluss zusätzliche Leistungen anzuordnen, ohne dass sich der Vergütungsanspruch entsprechend erhöht (LG München I vom 25. 07. 1989, Az: 7 O 26309/88, Baurechts-Report 8/89).
m) Sofern **verkehrspolizeiliche Maßnahmen** (Beschilderung, Ampelanlage, Umleitungen) gefordert werden, sind diese mit den zuständigen Behörden abzustimmen und genehmigen zu lassen. Die entstehenden Kosten der oben genannten Leistungen sind in den Einheitspreis der entsprechenden Position mit einzukalkulieren, wenn keine gesonderte Position im Leistungsverzeichnis aufgeführt ist.	ja	Nach LG Kreuznach vom 22. 06. 1988 (Az: 2 O 188/87, nicht veröffentlicht) betrifft die Klausel Nebenleistungen des AN zur Erfüllung der Verkehrssicherungspflicht. Der AN kann überschauen, welche Arbeiten er ausführen werde und welche Sicherungspflichten er dabei erfüllen müsse.

2.2.1.3.1.4 Energie

PRÜFLISTE	zulässig	Anmerkung
a) Die Beschaffung von Genehmigungen und deren Kosten für die Benutzung öffentlicher Wege für **Bauanschlüsse** Strom, Wasser, Gas usw.) sowie für eine etwa notwendig werdende **Benutzung von Nachbargrundstücken** sind Sache des Auftragnehmers.	**nein**	Hier wird im Rahmen eines klassischen **Einheitspreisvertrages** versucht, Leistungen, die typischerweise zum Leistungsbild des Auftraggebers gehören, auf den Auftragnehmer abzuwälzen, ohne eine angemessene Kostentragungsregelung zu treffen. Verstoß gegen § 307 BGB (LG München vom 10. 08. 1989, Az: 7 O 7763/89, Baurechts-Report 9/89).
b) Im Angebotspreis enthalten sind die Kosten für die Einrichtung von Anschlüssen und Zuleitung von **Bauwasser, Strom.** Die Einrichtungen **bleiben bis zur Herstellung sämtlicher Gewerke** an der Baustelle. Gleiches gilt für das **Vorhalten der Gerüste.**	**nein**	Nach LG Frankfurt/M. vom 08. 10. 1985, Az: 2/13 O 177/85, Bunte VI, 219 führt die Klausel zu einer „nicht einkalkulierbaren Belastung". Der Auftraggeber könnte beispielsweise durch Nichtausführung des letzten Gewerkes den Auftragnehmer zwingen, z. B. die Gerüste auf unabsehbare Zeit zu belassen. Unzulässig nach § 307 BGB.
c) Folgende besondere Leistung gehört zu den Vertragsleistungen und wird nicht gesondert vergütet: Alle vom Baubeginn **bis zur Übergabe des Hauses an den Käufer** des AG entstehenden **Energie-, Wasser- und Kanalbenutzungskosten.**	**nein**	OLG München vom 15. 01. 1987, Az: 29 U 4348/86, Baurechts-Report 3/87; NJW-RR 87, 661 (rechtskräftig durch **Ablehnung der Revision** seitens des BGH mit Beschluss vom 10. 11. 1988, Az: VII ZR 89/87): Die Klausel verstößt gegen § 307 BGB, weil sie das in den §§ 320 ff. BGB verankerte Prinzip der Berechenbarkeit von Leistung und Gegenleistung verletzt.
d) Das **Wasser- und Lichtgeld** wird von der Schlussrechnung in Abzug gebracht, auch wenn das Material bauseitig zur Verfügung gestellt wird.	**ja**	Die Klausel besagt unmissverständlich, dass Kosten in der Form von Wasser- und Lichtgeld im Zusammenhang mit den Arbeiten des Auftragnehmers in jedem Fall von diesem zu tragen sind. Dies ist weder unklar noch unbestimmt und auch im Übrigen nicht unangemessen (OLG Köln vom 09. 10. 1992, Az: 6 U 91/92, Schäfer/Finnern/Hochstein Nr. 57 zu § 9 AGB-Gesetz.

PRÜFLISTE	zulässig	Anmerkung
e) Es gehört zur vertraglichen Leistungspflicht des AN gegenüber dem AG, die Baustelle insgesamt mit Bauwasser, Baustrom und Sanitäranlagen zu versorgen und diese Einrichtungen allen am Bau beteiligten Auftragnehmern zur Mitbenutzung zu überlassen. Der Auftragnehmer hat direkt mit den übrigen am Bau beteiligten Unternehmern zu den in Punkt 1.5 vorgesehenen Preisen abzurechnen.	**nein**	Dem Rohbauunternehmer wird auferlegt, seine Vergütung für eine dem Besteller geschuldete Leistung gegenüber Dritten geltend zu machen, die vom Besteller ohne seine Mitwirkung und ohne Einwirkungsmöglichkeit von seiner Seite ausgesucht sind. Außerdem sieht er sich erheblichen Abrechnungsproblemen gegenüber, da er den anderen Unternehmern im Streitfall den Umfang der von ihnen in Anspruch genommenen Leistungen beweisen muss. Hierfür müsste er z. B. den Einbau von Zwischenzählern durch jeden einzelnen Unternehmer über den gesamten Zeitraum des Bauvorhabens hinweg ständig kontrollieren, und zwar auch dann, wenn sein eigenes Gewerk schon längst fertig gestellt ist und seine Mitarbeiter gar nicht mehr auf der Baustelle tätig sind. Hinzu kommt ein beträchtliches Kostenrisiko für den Rohbauunternehmer bei streitigen Abrechnungsfällen. Dies ist für ihn nicht zumutbar. Die Klausel ist auch nicht nach § 307 Abs. 3 BGB einer Inhaltskontrolle entzogen, weil es keine reine Entgeltabrede sondern eine Preisnebenabrede ist, mit der der § 632 BGB modifiziert wird (OLG Celle vom 05. 08. 2004, Az: 6 U 178/03; BauR 2004, 1955. Ebenso LG München vom 25. 11. 1997, Az: 8 O 12821/97, Baurechts-Report 2/99).
f) Der **Baustromzählerschrank** ist auch nach Fertigstellung des Rohbaus vorzuhalten **für die Nachfolgehandwerker.** Mit diesen ist in eigener Verantwortung abzurechnen.	**nein**	Verstoß gegen § 307 BGB. Dem Auftragnehmer werden Pflichten des Auftraggebers gegenüber den nachfolgenden Handwerkern auferlegt, mit denen er in **keiner Vertragsbeziehung** steht (LG München vom 23. 01. 1992, Az: 7 O 10431/91, nicht veröffentlicht).

PRÜFLISTE	zulässig	Anmerkung
g) Der Rohbauunternehmer stellt alle erforderlichen Anschlüsse wie Strom und Wasser her, hält sie für die Dauer der Bauzeit vor und stellt sie den anderen am Bau Beteiligten gegen entsprechende Bezahlung zur Verfügung. Die Abrechnung erfolgt direkt zwischen dem Rohbauunternehmer und den anderen am Bau Beteiligten, sofern der Auftraggeber die anderen am Bau Beteiligten in den mit diesen geschlossenen Verträgen ausdrücklich zur Zahlung dieser Kosten verpflichtet.	**nein**	Nach LG München I vom 8. 8. 1991, Az: 7 O 779/91, nicht veröffentlicht, verstößt die Klausel gegen § 307 Abs. 2 BGB. Auch hier versucht der Verwender, sich seiner Hauptpflicht – Zahlungspflicht – durch Verweisung auf Dritte zu entziehen. Im Übrigen ist der Vergütungsanspruch mit dem Begriff „entsprechende Zahlung" zu unbestimmt, verletzt also das **Transparenzgebot.** Ob der Auftragnehmer auch seine fixen Kosten vergütet erhält, bleibt ungeklärt. **Ebenso:** VOB-Stelle Niedersachsen, Fall 1107 vom 19. 11. 1996.

2.2.1.3.1.5 Gerüste – Baubehelfe

PRÜFLISTE	zulässig	Anmerkung
a) In die Einheitspreise ist mit einzukalkulieren: Die **Gerüstkosten,** soweit sie im LV nicht besonders erfasst sind.	**nein**	Nach LG München vom 09. 12. 1993, Az: 7 O 9529/93; unveröffentlicht, verstößt die Klausel gegen § 307 BGB. Zur Begründung siehe folgende Klausel.
b) Folgende besondere Leistung gehört zur Vertragsleistung und wird nicht gesondert vergütet: **Gestellung, Vorhaltung** – auch länger als 3 Wochen über die eigene Benutzungsdauer hinaus – sowie ggf. erforderliche **Umbauten aller erforderlichen Gerüste,** auch für andere Gewerke (z. B.: Zimmerer, Dachdecker und Spengler), auch in einer Arbeitshöhe von mehr als 2,0 m über Gelände bzw. Oberkante Fußboden, sowie das Vorhalten der Abdeckungen und Umwehrungen für diese Zeit. **Abbau erst nach schriftlicher Genehmigung des Bauleiters des AG.**	**nein**	Die Klausel verstößt gegen §§ 307 Abs. 2 Nr. 1, 308 Nr. 1 BGB (OLG München vom 15. 01. 1987, Az: 29 U 4348/86, Baurechts-Report 3/87; NJW-RR 87, 661; **Revision** durch Beschluss des BGH vom 10. 11. 1988, Az: VII ZR 89/87, **abgelehnt**; OLG München vom 30. 01. 1986, Az: 29 U 3832/85, NJW-RR 86, 382; LG München 30. 03. 1989, Az: 7 O 20301/88, Baurechts-Report 5/89). Die Klausel ermöglicht es dem AG, eine Hauptpflicht **(Abnahmepflicht)** praktisch **beliebig hinauszuzögern.** Es widerspricht dem Prinzip von Leistung und Gegenleistung, wie es in den §§ 320 ff. BGB verankert ist, wenn eine Partei durch AGB zu einem **inhaltlich ganz unbestimmten Leistungsumfang** verpflichtet wird, ohne hierfür eine Gegenleistung zu erhalten. Zu Gerüsten **„auch über 4,00 m hinaus"** vgl. LG München vom 23. 06. 1992, Az: 7 O 22105/91; Baurechts-Report 1/93.

PRÜFLISTE	zulässig	Anmerkung
c) Der AN für die Bauhauptarbeit hat die **Gerüste** auf seine Kosten zu erstellen und **solange vorzuhalten, dass sie durch andere Unternehmer,** wie Zimmerer, Dachdecker, Spengler und Maler **mitbenutzt werden können,** wobei der Außenputz gegebenenfalls mit Dispersions- oder Mineralfarbe gestrichen wird.	**nein**	OLG München vom 30. 01. 1986, Az: 29 U 3832/85; Baurechts-Report 2/86, NJW-RR 86, 382: Zur Begründung wird zum einen auf das vorinstanzliche Urteil des LG München vom 14. 05. 1985, Az: 7 O 3940/85, verwiesen, das einen Verstoß gegen 308 Nr. 1 BGB damit begründet, dass die Klausel objektiv geeignet ist, unter Hinweis auf die Gerüstvorhaltepflicht die **Abnahme unkontrollierbar hinauszuzögern.** Ergänzend führt das OLG München aus: „Es widerspricht auch dem Prinzip von Leistung und Gegenleistung, wie es in §§ 320 ff. BGB verankert ist, wenn eine Partei durch AGB zu einem inhaltlich ganz **unbestimmten Leistungsumfang** verpflichtet wird, ohne hierfür eine Gegenleistung zu erhalten." Korbion/Locher/Sienz, K 148 lassen die Klausel am Transparenzgebot scheitern, weil die Dauer der Gerüstvorhaltung nicht bestimmbar ist. Ebenso Markus/Kaiser/Kapellmann Rdnr. 233.
d) Folgende besondere Leistung gehört zur Vertragsleistung und wird nicht gesondert vergütet: Gestellen und Vorhalten von **Hebezeugen und Toiletten** über die Dauer der Bauzeit **auch für Zwecke anderer Unternehmer.**	**nein**	Die Klausel verstößt gegen § 307 BGB, weil sie den AN zu einer **unkalkulierbaren Leistung** verpflichtet. Sie verstößt somit gegen das in den §§ 320 ff. BGB verankerte Prinzip der Berechenbarkeit von Leistung und Gegenleistung (LG München vom 30. 03. 1989, Az: 7 O 20301/88, Baurechts-Report 5/89; ebenso LG München vom 24. 02. 1994, Az: 7 O 12830/93; Baurechts-Report 4/94). Gleiches gilt auch für Unterhalt vom **Baubüro (Baustellentelefon).**
e) **Gerüste** sind so lange unentgeltlich zu belassen bzw. Dritten vorzuhalten, **bis der Auftraggeber der Entfernung zustimmt,** jedoch hat der AN keinen Anspruch darauf, dass vorhandene Gerüste für seine Arbeiten belassen oder vorgehalten werden. Jeder AN ist verpflichtet, die für seine Arbeiten notwendigen Gerüste gleich welcher Art selbst kostenlos herzustellen und zu unterhalten.	**nein**	Nach LG München I vom 29. 06. 1989, Az: 7 O 5019/89, nicht veröffentlicht, verpflichtet die Klausel den Auftragnehmer zu einem völlig **unbestimmten Leistungsumfang,** der nicht mehr kalkulierbar ist. Somit verstößt sie gegen das in §§ 320 ff. BGB verankerte Prinzip der Berechenbarkeit von Leistung und Gegenleistung (Äquivalenzprinzip). Zum gleichen Ergebnis kommen LG München vom 25. 07. 1989, Az: 7 O 26309/88, Baurechts-Report 8/80; LG München vom 23. 01. 1992, Az: 7 O 10431/91, unveröffentlicht, bei einer Klausel, die darüber hinaus auch eine **kostenlose Umbauverpflichtung** vorsieht.

PRÜFLISTE	zulässig	Anmerkung
f) Der AN hat **während der Bauzeit bis zur Errichtung der Treppen entsprechende Bautreppen** zu errichten und vorzuhalten. Sonst evtl. erforderliche Absicherungen entsprechend den Unfallverhütungsvorschriften zur Vermeidung von Unfällen hat der AN unaufgefordert anzubringen.	nein	Der Umfang der Leistungspflicht ist für den AN **unkalkulierbar,** weil er mangels Vertragsbeziehung zu den anderen Handwerkern keinen Einfluss auf die „Bauzeit" hat (LG München vom 13. 01. 1993, Az: 21 O 12229/92; Baurechts-Report 6/93).
g) **Dachdeckerarbeiten:** In den Einheitspreisen enthalten sind . . . **Schutzmaßnahmen** zur Sicherung der Arbeitsplätze wie Seitenschutz, Anseilen etc.	nein	Die Klausel verstößt gegen § 307 Abs. 2 Nr. 2 BGB. Sie enthält keine Differenzierung hinsichtlich des Umfanges der „Schutzmaßnahmen"; insbesondere widerspricht sie den Vorschriften der VOB/C DIN 18338 Ziff. 4.2.3 und 4.1.1, in denen die gesonderte Vergütung für Gerüste von der Höhe dieser Gerüste bzw. der Arbeitsbühnen abhängig gemacht wird. Mangels näherer Erläuterung in den sonstigen Vertragsbedingungen ist die Klausel unkalkulierbar und verletzt das Prinzip der Berechenbarkeit von Leistung und Gegenleistung (LG München v. 05. 08. 1992, Az: 2 O 4444/91; Baurechts-Report 10/92).
h) **Dachdeckerarbeiten:** Der Auftragnehmer hat ein Gerüst als Nebenleistung ohne besondere Vergütung zu erstellen. Das Vorhalten der erforderlichen Gerüste ist mit den Einheitspreisen abgegolten („Zusätzliche Technische Vertragsbedingungen" ZTV).	nein	Nach OLG Celle vom 05. 01. 1995, Az: 22 U 7/94 wird die Klausel als **„überraschend"** (§ 305c BGB) nicht Vertragsbestandteil und verstößt auch gegen § 307 Abs. 1 Nr. 1 BGB. Nach den ATV DIN 18338 schuldet der Auftragnehmer als Nebenleistung ein Gerüst bis max. 2 m Belagshöhe. Er muss nicht damit rechnen, dass in AGB hiervon ausschließlich aus wirtschaftlichen Gründen und in unkalkulierbarer Weise abgewichen wird, zumal ZTV nur **ergänzende technische** Vereinbarungen beinhalten sollen (§ 10 Nr. 3 VOB/A).

2.2.1.3.1.6 Prüfungen – Gebühren

PRÜFLISTE	zulässig	Anmerkung
a) Der Auftragnehmer trägt außerdem die Kosten bzw. Gebühren für vorgeschriebene bzw. für **vom Auftraggeber gewünschte Leistungsmessungen und/oder Abnahmen,** die durch den TÜV, den VDS oder ähnliche Institutionen durchgeführt werden.	**nein**	Mit Beschluss des BGH vom 05. 06. 1997, Az: VII ZR 54/96, Baurechts-Report 9/97, wurde die Klausel als „jedenfalls gegen das **Transparenzgebot"** (Gebot der Klarheit) verstoßend für nichtig erklärt.
b) Auf Verlangen des Auftraggebers hat der Auftragnehmer notwendige bzw. vom Auftraggeber als erforderlich erachtete **Prüfungen/Abnahmen bei unabhängigen Prüfungsinstituten/Gutachtern** zu veranlassen . . . Der Auftragnehmer hat keinen Anspruch auf eine besondere Vergütung/Kostenerstattung.	**nein**	Mit Beschluss des BGH vom 05. 06. 1997, Az: VII ZR 54/96, Baurechts-Report 9/97, wurde die Klausel als „jedenfalls gegen das **Transparenzgebot"** (Gebot der Klarheit) verstoßend für nichtig erklärt.
c) Zu Hilfeleistungen bei **Baustoffprüfungen** sowie zu **Vermessungsarbeiten** sind vom AN genügend **Hilfskräfte kostenlos** zur Verfügung zu stellen.	**nein**	Nach LG Kreuznach vom 22. 06. 1988, Az: 2 O 188/87, nicht veröffentlicht, verstößt die Klausel gegen § 307 BGB, „denn sie lädt dem AN ein unübersehbares Vergütungsrisiko auf. Die VOB/B enthält in § 2 Nr. 1 VOB/B die Bestimmung, welche Nebenleistungen durch die vereinbarten Preise abgegolten werden. Nachdem die in dieser Klausel genannten Nebenleistungen weder nach den ZTV, noch nach der Verkehrssitte, noch nach anderen Umständen als zu einer vertraglichen Leistung gehörig betrachtet werden können, sind sie zu vergüten, müssten mithin in das Leistungsverzeichnis aufgenommen werden. Ihr Vergütungsausschluss in AGB erweist sich als unbillige Belastung des AN".

2.2.1.3.1.7 Putzarbeiten – Nebenleistungen

PRÜFLISTE	zulässig	Anmerkung
a) In den Einheitspreisen bzw. Pauschalpreisen sind enthalten: Die vorbereitende erforderliche Behandlung des Untergrundes, wie Säubern, Absperren, Schleifen, Aufrauen oder Glätten, Herstellen eines Höhenausgleiches auch bei einem Unterschied von mehr als 2 cm.	**nein**	Die Klausel verletzt das Prinzip der Berechenbarkeit von Leistung und Gegenleistung, wie es in den §§ 320 ff. BGB verankert ist. Der Umfang der Leistungspflicht des AN ist **nicht kalkulierbar.** Dies verstößt gegen § 307 BGB i. V. m. §§ 320 ff., 632 Abs. 1 BGB (vgl. auch LG München vom 03. 09. 1987, Az: 7 O 10815/87, nicht veröffentlicht).
b) In die EP ist mit einzukalkulieren: **Beseitigung aller Mängel des Putzuntergrundes** (z. B. zu glatte Betonflächen, Verfettung durch Schalöl etc.).	**nein**	Die Klausel verstößt gegen §§ 307, 309 Nr. 7 BGB da hierin eine **Freizeichnung** zugunsten des AG sowohl für mangelhafte Leistungen anderer Auftragnehmer wie auch Planungsfehler, aus denen sich unzulängliche Putzuntergründe ebenfalls ergeben können, liegt (LG München vom 09. 12. 1993, Az: 7 O 9529/93; nicht veröffentlicht).
c) In die EP ist mit einzukalkulieren: **Nicht in einem Zuge** mit den Putzarbeiten auszuführende **Ein-, Zu- und Beiputzarbeiten** werden, soweit sie nicht im LV durch diesbezügliche Positionen erfasst sind, entgegen der VOB nicht besonders vergütet.	**nein**	Die Klausel beinhaltet eine Haftungsfreistellung für schuldhafte Verzögerungen aus der Sphäre des AG (Planungsfehler, mangelhafte Ausführung an derer Unternehmer, usw.). Somit Verstoß gegen §§ 307, 309 Nr. 7 BGB (vgl. LG München vom 09. 12. 1993, Az: 7 O 9529/93; nicht veröffentlicht).
d) In die EP ist mit einzukalkulieren: „**Putzarbeiten,** die **vorab ausgeführt** werden, werden durch die Bauleitung bestimmt und sofort aufgemessen."	**nein**	Die Klausel verstößt gegen § 307 BGB, weil das Äquivalenzprinzip und das Dispositionsrecht des AN grob verletzt werden. Die Klausel ermöglicht z. B. der Bauleitung des AG, die üblicherweise in einem Zug auszuführenden Leistungen in beliebig viele Einzelabschnitte aufzuteilen, ohne dass hierfür Mehrkosten anfallen (LG München vom 09. 12. 1993, Az: 7O 9529/93; nicht veröffentlicht).

2.2.1.3.1.8 Rohbauarbeiten – Nebenleistungen

PRÜFLISTE	zulässig	Anmerkung
a) Im Preis enthalten sind folgende Leistungen: Schutz des Mauerwerks vor Durchnässung während der gesamten Bauzeit.	nein	Nach LG München I vom 29. 06. 1989, Az: 7 O 5019/89, nicht veröffentlicht, verstößt die Klausel gegen § 307 BGB. Mit ihrer Hilfe kann die **Abnahme beliebig hinausgezögert** werden, weil unter „Bauzeit" die gesamte Bauzeit verstanden werden kann, die für die Herstellung des Bauwerks benötigt wird. Damit wird der Umfang der Leistungspflicht des Auftragnehmers **unkalkulierbar** und der Leistungszeitpunkt für die Hauptleistungspflicht des Auftraggebers (Abnahme, Zahlung) unberechenbar.
b) Im Preis der Position enthalten sind: Sämtliche notwendigen horizontalen Papp- und Folienisolierungen gegen aufsteigende Feuchtigkeit.	nein	Nach LG Nürnberg vom 29. 06. 1990, Az: 3 O 8332/89 AGB, Baurechts-Report 7/90, erfasst die Klausel nach ihrer „kundenfeindlichsten Auslegung" nicht nur etwaige Isolierungen im Mauerwerk, sondern auch etwaige horizontale Isolierungen beispielsweise des Kellerbodens eines Hauses. Dies beinhaltet **unkalkulierbare Risiken.** Verstoß gegen § 307 Abs. 2 Nr. 1 BGB.
c) In den EP ist das **Versetzen von Dübeln,** Dübelleisten, Erschwernisse aller Art und Auflagerauswechselung enthalten.	nein	Diese Klausel bürdet dem Auftragnehmer ohne Gegenleistung umfassende, unbestimmte und **unkalkulierbare Risiken** auf. Verstoß gegen § 307 BGB (LG München vom 19. 05. 1993, Az: 21 O 12454/92).
d) Der Auftragnehmer hat auf Anforderung der Bauleitung ein **Gebäudenivellement** durchzuführen und einen **Meterriss** OKF nach Angabe anzubringen und zu **unterhalten**. Gegebenenfalls ist dieser Meterriss mehrmals anzubringen (auf jeden Fall nochmals im Anschluss an die Putzarbeiten).	nein	Nach LG Nürnberg-Fürth vom 29. 06. 1990, Az: 3 O 8332/89; LG München vom 30. 03. 1989, Az: 7 O 20301/88, Baurechts-Report 7/90 und 5/89, verstößt die Klausel gegen § 307 BGB, weil sie dem AG ermöglicht, die **Gegenleistung unkontrollierbar zu erweitern.** Dies gilt insbesondere für den Fall, dass durch Nachfolgehandwerker der angebrachte Meterriss unkenntlich wird. Daher verstößt die Klausel gegen das in den §§ 320 ff. BGB verankerte Prinzip der Berechenbarkeit von Leistung und Gegenleistung. Mit gleichem Ergebnis zu ähnlicher Klausel LG Bamberg vom 16. 04. 1991, Az: 1 O 465/90 und LG München vom 13. 01. 1993, Az: 21 O 12229/92; beide unveröffentlicht.
e) Der Auftragnehmer ist **Bauleiter i. S. d. § 330 StGB** und der Landesbauordnung an Stelle von Bauherr und Planverfasser auch für die Ausführung.	nein	Die Klausel weist dem Auftragnehmer Verantwortlichkeiten zu, die weit über das hinausgehen, wozu er im Rahmen seiner eigenen Tätigkeit verpflichtet ist. Danach braucht er nicht für den gesamten Bau verantwortlich einzustehen (LG München vom 06. 07. 1999, Az: 5 O 20404/98, Baurechts-Report 9/99).

2.2.1.3.1.9 Schlitze – Aussparungen

PRÜFLISTE	zulässig	Anmerkung
a) Folgende besondere Leistung gehört zur Vertragsleistung und wird nicht gesondert vergütet: Herstellen und Schließen **aller Aussparungen und Schlitze,** soweit sie aus den zum Zeitpunkt der Angebotsabgabe dem AN vorliegenden Plänen erkennbar und kalkulierbar sind.	**ja**	Die Klausel ändert zwar die VOB ab, weil nach den einschlägigen Bestimmungen der VOB/C derartige Leistungen vergütungspflichtig sind (vgl. z. B. DIN 18330 Ziff. 4.2.5 und 4.2.6); die Leistung ist jedoch berechenbar und somit zulässig. **Nicht berechenbar** ist eine Klausel, die pauschal auf „Angaben in den Ausführungsplänen" verweist, weil diese dem AN bei Angebotsabgabe nicht bekannt sein müssen (LG München vom 19. 05. 1993, Az: 21 O 12454/92; nicht veröffentlicht).
b) Folgende besondere Leistung gehört zur Vertragsleistung und wird nicht gesondert vergütet: Herstellen und Schließen **aller Aussparungen und Schlitze,** in Fundamenten, Wänden, Decken usw. **nach Plan und Angaben des Bauleiters** einschließlich aller erforderlichen Stemm- und Brecharbeiten.	**nein**	Die Klausel verletzt das Prinzip der Berechenbarkeit von Leistung und Gegenleistung, wie es in den §§ 320 ff. BGB verankert ist. Der Umfang der Leistungspflicht des AN ist vollkommen unbestimmt und **unkalkulierbar,** zumal nachträgliche Änderungen, die aus den vorgegebenen Unterlagen nicht ersichtlich waren, bei Gültigkeit dieser Regelung vergütungsfrei nach Anweisung des Bauleiters zu erbringen wären (OLG München vom 15. 01. 1987, Az: 29 U 4348/86, Baurechts-Report 3/87; NJW-RR 87, 661, **Revision durch BGH** mit Beschluss vom 10. 11. 1988, Az: VII ZR 89/87 **abgelehnt**). Zur Abgrenzung von einer gültigen Individualabrede vgl. OLG Hamm vom 23. 03. 1993, Az: 21 U 237/91, NJW-RR 94, 531.
c) Im Preis enthalten ist: **Überspannen aller Schlitze** über 15 cm Breite mit Putzbewehrung aus Gewebeeinlage mit Kunststofffasern, einschließlich Lieferung.	**nein**	Auch diese Leistung ist völlig unbestimmt und **unkalkulierbar** (LG München vom 29. 06. 1989, Az: 7 O 5019/89, nicht veröffentlicht).
d) **LV-Position:** Mauerwerk 1 m³ . . . Die notwendigen **Schlitze** sind in dem angebotenen Einheitspreis mit einzurechnen. € . . .	**ja**	Die LV-Position selbst ist als reine Preisvereinbarung einer Inhaltskontrolle durch das Gesetz entzogen (§ 307 Abs. 3 BGB). **Aber:** Auch bei vorformulierten LV-Positionen führt die Unklarheitenregel des § 305c BGB zu einer zugunsten des Vertragspartners eingeschränkten Auslegung, sofern die LV-Position Auslegungsvarianten zulässt.

2.2.1.3.1.10 Schutt – Baureinigung

PRÜFLISTE	zulässig	Anmerkung
a) Folgende Leistung gehört zur Vertragsleistung und wird nicht gesondert vergütet: **Heranschaffen, Aufladen und Abfahren des Bauschutts anderer Unternehmer.**	nein	Die Klausel verstößt gegen §§ 307, 308 Nr. 1 BGB. Der Rohbauunternehmer, für den die Klausel gilt, ist als erster am Bau tätig. Er hat keinen Einfluss auf die Auswahl der Nachfolgeunternehmer. Er kann auch nicht bestimmen, wann die Leistungspflicht der anderen Handwerker eintritt. Somit ermöglicht die Klausel dem AG, den Zeitpunkt für eine Hauptpflicht (Abnahmepflicht) zu relativieren. Darüber hinaus ist auch der Leistungsumfang schlicht **unkalkulierbar** (OLG München vom 15. 01. 1987, Az: 29 U 4348/86, Baurechts-Report 3/87; NJW-RR 87, 661; rechtskräftig durch **Ablehnung der Revision** seitens des BGH mit Beschluss vom 10. 11. 1988, Az: VII ZR 89/87; LG München I vom 30. 03. 1989, Az: 7 O 20301/88, Baurechts-Report 5/89).
b) Folgende besondere Leistung gehört zur Vertragsleistung und wird nicht gesondert vergütet: Besensaubere **Reinigung des Hauses bis** zu max. 4-mal vor Werbemaßnahmen (Hausbesichtigungen etc.). Nach Abschluss der Arbeiten sind Gehsteige, Straßenflächen und das Grundstück wieder in einen ordnungsgemäßen Zustand zu versetzen.	nein	Die Klausel verträgt sich nicht mit dem in den §§ 320 ff. BGB verankerten Prinzip der Berechenbarkeit von Leistung und Gegenleistung. Der Aufwand ist zum einen **nicht kalkulierbar.** Zum anderen wird die Abnahmepflicht und **Zahlungspflicht** des AG **unangemessen ausgehöhlt und verzögert** (OLG München vom 15. 01. 1987, Az: 29 U 4348/86, Baurechts-Report 3/87; NJW-RR 87, 661; **Revision** durch Beschluss des BGH vom 10. 11. 1988, Az: VII ZR 89/87, **abgelehnt;** LG München vom 30. 03. 1989, Az: 7 O 20301/88, Baurechts-Report 5/89. Ähnlich LG München vom 06. 07. 1999, Az: 5 O 20404/98, Baurechts-Report 9/99).
c) Das Heranschaffen, Aufladen und Abfahren des **Bauschuttes** anderer Unternehmer hat der AN (im Gegensatz zur VOB/C) mit diesen zu regeln und ggf. mit schriftlicher Zustimmung des Auftraggebers – auf Kosten der betroffenen Unternehmer – durchzuführen.	nein	Nach LG München I vom 25. 07. 1989, Az: 7 O 26309/88, Baurechts-Report 8/89, wird hier dem Auftragnehmer „ein Vertrag zulasten Dritter aufoktroiert", mit dessen Hilfe sich der von ihm ausgesuchte Vertragspartner seiner Hauptpflicht Zahlungspflicht entziehen will; § 307 BGB.
d) Verschnitt, Bruch, Verpackungsmaterial und dgl. ist vom Auftragnehmer kostenlos zu beseitigen.	nein	Die Klausel verstößt gegen § 307 BGB, weil sie nicht klarstellt, dass dies nur für das **eigene Restmaterial** gilt (LG Frankfurt/M. vom 09. 11. 2000, Az: 2/2 O 40/00, BauR 2001, 635).

Hofmann

PRÜFLISTE	zulässig	Anmerkung
e) Für **anteilige Baureinigung** werden dem AN 0,5% der Abrechnungssumme in Abzug gebracht.	**nein**	Die Klausel verstößt gegen § 307 BGB. Sie stellt **keine** der Inhaltskontrolle des Gesetzes entzogene **Preisvereinbarung** dar, da sie gesetzliche Erfüllungs- bzw. Schadensersatzansprüche verändert. Da der Abzug auch bei ordnungsgemäßer Vertragserfüllung des AN erfolgt, ist sie unangemessen (BGH vom 06. 07. 2000, Az: VII ZR 73/00, Baurechts-Report 9/2000).
f) Das bei der Durchführung der vertraglichen Leistung anfallende **Material, das nicht weiter- oder wiederverwendet wird,** hat der Auftragnehmer nach den Vorschriften des KrW-AbfG zu **entsorgen.** Dem Auftragnehmer obliegt die Erfüllung der Pflichten eines Abfallerzeugers/-Besitzers insbesondere die Pflicht, nur zugelassene und geeignete Entsorgungsunternehmen und/oder Anlagen auszuwählen und die erforderlichen Entsorgungsnachweise zu führen. Diese hat der Auftragnehmer dem Auftraggeber unverzüglich in Kopie zu übergeben. Der Auftragnehmer hat alle Auflagen und Bedingungen, die im Rahmen des Entsorgungsverfahrens von den Behörden gemacht werden, eigenverantwortlich zu erfüllen und den Auftraggeber darüber unverzüglich zu informieren.	**ja**	Die Klausel aus den Zusätzlichen Vertragsbedingungen der Deutschen Bahn ist wirksam. Der Inhaltskontrolle unterliegen nur Bestimmungen in AGB, durch die von Rechtsvorschriften abweichende oder diese ergänzende Regelungen vereinbart werden. Preisbestimmende und leistungsbeschreibende Klauseln sind dagegen nicht Gegenstand der Inhaltskontrolle, soweit sie sich auf reine Leistungsbeschreibung beschränken (KG vom 29. 11. 2004, Az: 23 U 1/02, Baurecht 2005, 1032, Nichtzulassungsbeschwerde durch Beschluss des BGH vom 11. 05. 2006, Az: VII ZR 309/04, zurückgewiesen. **Zu den schwierigen Abgrenzungsfragen zwischen zulässigen Preisvereinbarungen und unzulässigen Nebenleistungsklauseln siehe Teil I Ziff. 10.3.**

2.2.1.3.1.11 Verwahrung – Obhutspflichten, Baustoffe

PRÜFLISTE	zulässig	Anmerkung
a) **Bauseits gelieferte Materialien** hat der AN zu übernehmen, abzuladen und zu lagern, auf Verlangen des Bevollmächtigten des AG gegen Quittung, und selbst auf ihre Geeignetheit zu prüfen. Ihm obliegt die **Obhutspflicht** im Sinne dieses Vertrages bis zur Abnahme des gesamten Werkes. § 690 BGB ist ausgeschlossen. Dies ist kostenlose Nebenleistung.	nein	Die Klausel verstößt gegen § 307 Abs. 2 Nr. 1 BGB. Die hier verankerte Nebenleistungs- und Verwahrungspflicht geht weit über das Verkehrsübliche und Zumutbare hinaus (LG München vom 19. 05. 1988, Az: 7 O 23960/87, nicht veröffentlicht).
b) Bis zur Fertigstellung der Gebäude und Übergabe an den Bauherrn **verwaltet der AN,** ohne zusätzliche Vergütung, **die Schlüssel aller eingebauten Türen.** Bis zum Bezug der Baumaßnahme ist der Bau nach Angabe der Bauleitung ohne besondere Vergütung regelmäßig **zu lüften.**	nein	Nach LG München I vom 25. 07. 1989, Az: 7 O 26309/88, Baurechts-Report 8/89, verstößt die Klausel gegen § 307 Abs. 2 Nr. 1 BGB i. V. m. §§ 320 ff. BGB. Die Leistung des Auftragnehmers ist **unkalkulierbar.** Außerdem ermöglicht die Klausel eine unkontrollierbare **Verzögerung der Abnahme,** die eine Hauptpflicht des Auftraggebers darstellt.
c) Folgende Leistung gehört zur Vertragsleistung und wird nicht besonders vergütet: Die Sicherung der Materialien und Arbeiten gegen **Diebstahl und Beschädigung jeglicher Art** bis zur **endgültigen Abnahme** durch den Bauherrn.	nein	Die Klausel überbürdet auf den AN nicht nur ein **unkalkulierbares Kostenrisiko,** da die Sicherungspflicht bis zur „endgültigen" Abnahme des Gesamtbauwerks bestehen bleiben soll. Dazu kommt, dass die angegriffene Klausel den AN verpflichtet, auch solche Gefahren abzuwenden, die vom Auftraggeber oder jedenfalls aus seiner Sphäre stammen (Verstoß gegen § 307 BGB i. V. m. §§ 644, 645 BGB; vgl. LG München vom 30. 01. 1990, Az: 7 O 19534/89, nicht veröffentlicht).

PRÜFLISTE	zulässig	Anmerkung
d) Für Stoffe und Bauteile, die nach dem Vertrag vom Auftraggeber bereitzustellen sind, hat der Auftragnehmer auf Verlangen den Bedarf zu ermitteln. Er hat sie rechtzeitig abzurufen und von der in der Leistungsbeschreibung angegebenen Stelle zur Verwendungsstelle zu schaffen. Die Beförderung einschließlich aller zugehörigen Leistungen (Entladen, Stapeln, Zwischenlagern usw.) ist durch die Preise für die anderen Vertragsleistungen abgegolten, soweit die Leistungsbeschreibung hierfür keine besonderen Ansätze enthält.	ja	Die Klausel aus den **Zusätzlichen Vertragsbedingungen der Deutschen Bahn** ist wirksam. Der Inhaltskontrolle unterliegen nur Bestimmungen in AGB, durch die von Rechtsvorschriften abweichende oder diese ergänzende Regelungen vereinbart werden. Preisbestimmende und leistungsbeschreibende Klauseln sind dagegen nicht Gegenstand der Inhaltskontrolle, soweit sie sich auf reine Leistungsbeschreibung beschränken (KG vom 29. 11. 2004, Az: 23 U 1/02, Baurecht 2005, 1032, Nichtzulassungsbeschwerde durch Beschluss des BGH vom 11. 05. 2006, Az: VII ZR 309/04, zurückgewiesen). **Zu den schwierigen Abgrenzungsfragen zwischen zulässigen Preisvereinbarungen und unzulässigen Nebenleistungsklauseln siehe Teil I Ziff. 10.3.**

2.2.1.3.2 AGB der Auftragnehmerseite

PRÜFLISTE	zulässig	Anmerkung
a) Nebenleistungen, welche nicht nach den Bestimmungen der VOB/C im Leistungsumfang der Hauptleistung enthalten sind, sog. besondere Leistungen nach § 9 Nr. 6 VOB/A, werden zusätzlich zu handwerksüblichen Stundensätzen und evtl. Materialaufwand auf Nachweis in Rechnung gestellt.	nein	Die Klausel verstößt zum einen gegen das in § 307 Abs. 1 S. 2 BGB verankerte Klarheitsgebot. Sie lässt den **Durchschnittskunden** im Unwissen darüber, welche Art und welcher Kreis von Nebenleistungen einer gesonderten Vergütungspflicht unterliegen. Weiterhin verstößt die Klausel bei kundenfeindlichster Auslegung gegen § 307 BGB. Die Klausel lässt offen, ob „besondere Leistungen" nur solche sind, die in der Leistungsbeschreibung aufgeführt sein müssen oder ob dadurch nur die Leistung als solche definiert wird (OLG Stuttgart vom 25. 03. 1988, Az: 2 U 155/87, NJW-RR 88, 786).
b) Nebenleistungen werden gesondert berechnet.	nein	Diese Klausel läuft auf eine „Doppelvergütung" hinaus, weil Nebenleistungen Teil der vertraglichen Leistung und somit schon durch Bezahlung derselben vergütet sind. Die Klausel verstößt gegen § 307 BGB i. V. m. § 632 BGB.

2.2.1.4 Kostenumlageklauseln der Auftraggeberseite für Strom, Baureinigung, Bauschutt, Bauwesenversicherung u. a.*

Vorbemerkung:

Es gehört zu den Nebenleistungen des Auftragnehmers, den von ihm verbrauchten Baustrom selbst zu bezahlen, seine Bauleistung zu reinigen, seinen Bauschutt zu entfernen usw. Andererseits sind viele Auftraggeber (Generalunternehmer) daran interessiert, aus Vereinfachungsgründen den Baustrom zu stellen, den Bauschutt zentral zu sammeln usw. und die Kosten durch Pauschalen auf die Beteiligten umzulegen. Obwohl hier – entgegen dem gesetzlichen Leitbild – nicht nach tatsächlichem Aufwand abgerechnet wird, dürften derartige **Pauschalen zulässig** sein, sofern sie in ihren Größenordnungen dem **üblichen Aufwand** für die pauschalierten Leistungen entsprechen und sofern dem Vertragspartner die Möglichkeit verbleibt, nach tatsächlichem Aufwand abzurechnen. **Unzulässig** ist jedoch, **Schadensersatzansprüche** (z. B. etwa aus Glasschaden, Verschmutzungen, u. ä.) **pauschal umzulegen.** Hier werden Grundsätze unseres Schadensersatzrechts und Beweisrechts unzulässig abgeändert. Zu Schadensersatzregelungen u. a. für Bauschutt, Glasschäden vgl. Ziff. 2.10.1.2.

PRÜFLISTE	zulässig	Anmerkung
a) Dem Nachunternehmer werden zur Verfügung gestellt: **Baustrom, . . . Wasser, . . .** Für die Kosten hat der Nachunternehmer . . . v. H. der Abrechnungssumme zu bezahlen. Verlangt der Nachunternehmer Abrechnung nach tatsächlichem Verbrauch, hat er auf eigene Kosten einen Verbrauchsmengenzähler anzubringen. **Verwender:** Generalunternehmer	ja	Diese vom Zentralverband des Deutschen Baugewerbes empfohlene Fassung (vgl. Bundesanzeiger Nr. 73 vom 15. 04. 1987, S. 4281 ff.) ermöglicht „hilfsweise" eine Abrechnung nach tatsächlichem Verbrauch und ist somit nicht unangemessen. Kleine-Möller/Merl/Oelmaier (§ 3 Rdnr. 47) empfehlen diese Formulierung auch für die Inanspruchnahme von **Tagesunterkünften, Gerüsten, Kränen,** u. ä.
b) **Bauwasser:** In der Schlussrechnung werden die Verbrauchskosten und etwaige Kosten für Messer und Zähler in Höhe von 1,2% des Endbetrages der Schlussrechnung abgesetzt.	ja	Hier handelt es sich um eine AGB, die nach § 307 Abs. 3 BGB der Inhaltskontrolle entzogen ist. Danach findet eine Wirksamkeitsprüfung nach § 307 ff. BGB nicht statt, wenn die Klausel die Art und den Umfang vertraglicher Leistungspflichten unmittelbar regelt. Somit enthält die Klausel keine unzulässige Preisnebenabrede, die vorliegen würde, wenn es sich um eine automatische verdeckte Verbilligung des vereinbarten Preises handeln würde, sondern um eine der Inhaltskontrolle des Gesetzes entzogene Preisvereinbarung (vgl. BGH v. 10. 06. 1999, Az: VII ZR 365/98; BauR 99, 1290; ebenso OLG Hamm v. 19. 11. 1999, Az: 12 U 18/99; BauR 2000, 728).

---

* Vgl. auch 2.10.1.2.

PRÜFLISTE	zulässig	Anmerkung
c) Ein Kostenanteil von 0,2% der Abrechnungssumme wird für die **Schlussreinigung** in Abzug gebracht. **Oder:** Für die Beseitigung des Restschutts wird 1% der Bruttoauftragsumme von der Schlussrechnung einbehalten.	strittig	Die Klausel verstößt gegen § 307 BGB, weil sie **auch** gilt, wenn der Auftragnehmer die Leistung – wie es seine Pflicht ist – ordnungsgemäß, also **gereinigt,** abliefert (LG München vom 23. 01. 1992, Az: 7 O 10431/91, Baurechts-Report 4/92). Zur **Variante** vgl. OLG Stuttgart vom 25. 07. 1999, Az: 2 U 4/97, BB 98, 502. Unzulässige Preisnebenabrede. **Anderer Ansicht OLG Karlsruhe** vom 08. 03. 1994, Az: 8 U 64/93; BauR 95, 113 für den Fall, dass die Umlage „üblich" und berechenbar ist. (Vgl. oben Klausel b). Ähnlich für **Bauwasser, Baustrom, Müllabfuhr,** OLG Zweibrücken vom 22. 09. 1995, Az: 2 U 5/95; nicht veröffentlicht.
d) Der Auftraggeber ist berechtigt, seine **„allgemeinen Unkosten der Baustelle"** anteilig nach dem im Vertrag hierfür vereinbarten Prozentsatz auf den Auftragnehmer umzulegen. Allgemeine Unkosten der Baustelle sind Kosten, die dem Auftraggeber entstehen aus Beschädigungen und Zerstörungen im Baustellenbereich, aus **Bruch, Diebstahl, Verschmutzungen,** usw., sofern und soweit der Verursacher nicht in Anspruch genommen werden kann.	nein	Hier wird versucht, durch Kostenumlageregelungen die **Grundsätze des Schadensersatzrechts abzuändern.** Der betroffene Auftragnehmer soll für Schäden haften, die u. U. von Dritten verursacht sind. Auch wird dem Auftragnehmer der Einwand abgeschnitten, der Schaden sei nicht in der angegebenen Höhe entstanden. Verstoß gegen § 307 BGB (LG München vom 10. 08. 1989, Az: 7 O 7763/89, nicht veröffentlicht). Ebenso: OLG Saarland vom 15. 04. 1998, Az: 1 U 630/97 128. (Vgl. hierzu auch 2.10.1.2.)
e) Der Auftragnehmer ist verpflichtet, einen **Schuttcontainer** aufzustellen für die Nachfolgehandwerker. Für die anfallenden Kosten werden die Nachfolgehandwerker anteilig belastet. **Aufteilung** erfolgt **durch die Bauleitung.**	nein	Hier werden die **Prinzipien des Leistungsbestimmungsrechts nach** §§ 315 ff. BGB **missachtet.** Eine angemessene Vergütung für die normalerweise vergütungsfähige Leistung des Aufstellens eines Schuttcontainers ist nicht gewährleistet (LG München vom 23. 01. 1992, Az: 7 O 10431/91; nicht veröffentlicht). Ebenso unzulässig ist, die Kosten **„prozentual der Auftragssumme"** zu berechnen, weil diese mit dem tatsächlichen Schuttaufkommen nur wenig zu tun haben (LG München vom 17. 12. 1992, Az: 7 O 9858/92, nicht veröffentlicht).

PRÜFLISTE	zulässig	Anmerkung
f) **Bauwesenversicherung:** Der Auftraggeber schließt eine Bauwesenversicherung ab. Die anteilige Prämie wird mit 0,25% von der Schlussrechnungssumme in Abzug gebracht.	ja	Bisher war die Rechtslage bei derartigen Umlageklauseln streitig. U. a. wurden sie mit der Begründung für unbillig und damit für unwirksam gehalten, dass die Risikoanteile der einzelnen Handwerker unterschiedlich sind, sodass eine einheitliche Umlage die tatsächlichen Kosten nicht erfasst. Der BGH (Urteil vom 06. 07. 2000, Az: VII ZR 73/00, Baurechts-Report 9/2000) hält die Klausel für **eine der Inhaltskontrolle entzogene Preisvereinbarung,** die keinen Rechtscharakter hat, sodass es wegen § 307 Abs. 3 BGB auf die genannten Elemente möglicher Unbilligkeit nicht ankommt. **Allerdings:** Verlangt der Auftraggeber einen **deutlich überhöhten Umlagebetrag,** kann dies „überraschend" [(§ 305c BGB) sein (Palandt/Heinrichs, § 305c Rdnr. 3)].
g) Der AG schließt eine **Bauwesenversicherung** ab, deren Prämien anteilmäßig auf die einzelnen Gewerke zulasten des Unternehmers verteilt werden.	nein	Die Klausel ist unwirksam, weil der Begriff „anteilmäßig" völlig unklar ist und somit gegen das **Transparenzgebot** verstößt. Die Unklarheit führt zur Nichtigkeit nach § 307 BGB (LG Bamberg vom 13. 01. 1994, Az: 1 O 308/92; Baurechts-Report 2/94).
h) Der Bauherr wird **unter Umständen eine Bauwesenversicherung** abschließen, deren Kosten auf die Unternehmer teilweise umgelegt werden. Dem Auftraggeber wird somit das Recht eingeräumt, 2 Promille der Rechnungssumme zu verlangen.	nein	Nach der maßgeblichen „kundenfeindlichsten Auslegung" kann die Umlage auch dann gefordert werden, wenn der Bauherr die Versicherung gar nicht abschließt. Dies ist grob unangemessen (LG Bamberg vom 16. 04. 1991, Az: 1 O 465/90; unveröffentlicht).
i) Der NU trägt **im Anteil seines Leistungsumfanges** zur Gesamtleistung des AG vom Bauherrn erhobene **Bauumlagen.** Verwender: Generalunternehmer	nein	Nicht die tatsächlichen Aufwendungen, sondern eine fiktive Größe soll Maßstab für die Kostenlast des Subunternehmers sein. Damit verletzt die Klausel das in den §§ 320 BGB verankerte Prinzip der Berechenbarkeit von Leistung und Gegenleistung. Verstoß gegen § 307 BGB (LG München vom 07. 02. 1991, Az: 7 O 16246/90; nicht veröffentlicht).

2.2.2 Festpreis-Gleitklauseln

Vorbemerkung:

Klauseln, die den Festpreischarakter eines Vertrags unterstreichen, sind i. d. R. nicht zu beanstanden, weil auch das BGB vom Festpreisprinzip ausgeht. Demgegenüber unterliegen Gleitklauseln strengen Wirksamkeitskontrollen, **wenn sie vom Auftragnehmer verwendet werden** (§ 309 Nr. 1 BGB). Die Differenzierung zwischen dem Geschäftsverkehr mit Unternehmern und Verbrauchern ist zu beachten.

AGB der **Auftraggeberseite** sind insbesondere dann bedenklich, wenn der Festpreis auch bei Veränderungen des Leistungsinhalts bzw. bei Leistungsstörungen gelten soll. Hier setzt der § 308 Nr. 4 BGB einen engen Gestaltungsrahmen.

Bei **Gleitklauseln (insbesondere Lohngleitklauseln)** ist neben dem Recht der Allgemeinen Geschäftsbedingungen das **Währungsrecht** zu beachten.

Nach dem Urteil des BGH vom 08. 06. 2006, Az: VII ZR 13/05; BauR 2006,1461 bedarf eine Lohngleitklausel in Form einer so genannten Pfennigklausel als Kostenelementeklausel keiner Genehmigung nach dem bis zum 01. 01. 1999 gültigen § 3 Währungsgesetz, wenn sich grundsätzlich nur die entstehenden Lohnkostenveränderungen auf den Werklohn auswirken. Ist dagegen der Änderungssatz überhöht, ist die Klausel als „Wertsicherungsklausel" zu behandeln, die ohne währungsrechtliche Genehmigung unwirksam ist.

Ob diese Ansicht auch unter Zugrundelegung des seit dem 14. 09. 2007 gültigen Preisklauselgesetzes (§ 1 Abs. 2 Nr. 3) gilt, ist bisher höchstrichterlich nicht geklärt (siehe hierzu ausführlich die Anmerkung zu Klausel g) und Markus/Kaiser/Kapellmann, Rdn. 250).

Haben die Vertragsparteien eine nicht genehmigungsfreie Lohngleitklausel vereinbart, verhält sich der Auftraggeber nicht rechtsmissbräuchlich, wenn er über die Anpassung der Änderungssätze hinaus unter Berufung auf eine vereinbarte Bagatell- und Selbstbeteiligungsklausel eine Selbstbeteiligung des Auftragnehmers an der Lohnerhöhung verlangt (BGH a. a. O.).

2.2.2.1 AGB der Auftraggeberseite

PRÜFLISTE	zulässig	Anmerkung
a) Dieser Vertrag ist ein **Festpreisvertrag.** Lohn- und Materialpreisgleitklauseln werden nicht vereinbart.	ja	Die Klausel ist nicht zu beanstanden, weil auch das BGB Maßstab für die Angemessenheitskontrolle von AGB vom Festpreisvertrag ausgeht (vgl. auch § 2 Nr. 1 VOB/B).
aber: Eine Preisbindefrist gilt als vereinbart bis zum Ende der Bauzeit; Lohn- und Materialgleitklauseln sind ausdrücklich **ausgeschlossen.**	nein	Da der Wortlaut der Klausel erkennbar auch solche Fälle erfasst, bei denen nach dem Gesetz eine Preisänderung in Betracht kommt (z. B. Wegfall der Geschäftsgrundlage, Irrtum etc.) ist die Klausel wegen Verstoßes gegen § 307 Abs. 2 Nr. 1 BGB ungültig (vgl. auch OLG Frankfurt/M. v. 03. 06. 2002; Az: 1 U 26/01, BauR 2003, 269.
b) **Lohngleitklauseln, Materialpreisgleitklauseln**	ja	Grundsätzlich unbeschränkt zulässig, soweit sie vom **AG** in den Vertrag eingeführt werden und einer währungsrechtlichen Prüfung standhalten (vgl. insoweit auch BGH vom 20. 05. 1985, Az: VII ZR 198/84, BB1985, S. 125 ff.). **Siehe im Übrigen die Vorbemerkung.**

PRÜFLISTE	zulässig	Anmerkung
c) Die vereinbarten Festpreise schließen Nachforderungen jeglicher Art aus.	**nein**	Die Klausel verstößt wegen ihrer Unkalkulierbarkeit gegen das sog. Transparenzgebot, das durch § 307 BGB geschützt ist (OLG Hamburg vom 06. 12. 1995, Az: 5 U 215/94, **Revision** mit Beschluss des BGH vom 05. 06. 1997, Az: VII ZR 54/96, **nicht angenommen**).
d) Die Urkalkulation ist bindend bis zum Abschluss des Bauvorhabens.	**nein**	Nach der maßgeblichen vertragspartnerfeindlichsten Auslegung bindet die Urkalkulation den Auftragnehmer auch dann, wenn der „Abschluss des Bauvorhabens" lange nach der vertraglich vereinbarten Laufzeit des Bauvertrags liegt. Damit wird der Auftragnehmer mit unkalkulierbaren Lohn- und Materialpreissteigerungsrisiken belastet (OLG Frankfurt/Main, BauR 2003, 269; rechtskräftig, da die zugelassene Revision nicht eingelegt wurde).
e) Mehrlöhne und Zuschläge werden nur erstattet, soweit sie zusammen 0,5% der Abrechnungssumme überschreiten **(Bagatell- und Selbstbeteiligungsklausel).**	**ja**	**Aber:** Diese zwischenzeitlich von den maßgeblichen öffentlichen AG klarstellend geänderte Bagatellklausel ist nach Ansicht des OLG Köln vom 23. 11. 1978, Az: 14 U 24/78, Baurechts-Report 5/80 unklar, sodass sich der Auftragnehmer gemäß § 305c BGB auf die ihm günstigere Auslegung berufen darf, wonach Lohnmehrkosten in voller Höhe ohne Selbstbehalt zu erstatten sind, wenn sie 0,5% der Abrechnungssumme übersteigen. Demgegenüber hat ein **anderer Senat des OLG Köln** (Urteil vom 01. 03. 1982, Az: 22 U 224/82; Schäfer-Finnern-Hochstein Nr. 2 zu § 2 Nr. 2 VOB/B) die Klausel für hinreichend klar im Sinne der für den AG günstigen Auslegung erklärt.
f) Der nach Nr. 35 ermittelte Mehr- und Minderbetrag wird nur erstattet, soweit er 0,5 v. H. der Abrechnungssumme überschreitet (Bagatell- und Selbstbeteiligungsklause.	**ja**	Diese Klausel verstößt nicht gegen das Gebot der Klarheit (Transparenzgebot). Aus dem Wortlaut der Klausel ergibt sich, dass der Auftragnehmer in jedem Fall mit bis zu 0,5% der Abrechnungssumme an den Lohnmehrkosten beteiligt ist. Das in der Klausel verwendete Wort „soweit" hat nicht die Bedeutung von „wenn", sondern von „in dem Maße wie". Auch ergibt sich aus dem Klammerzusatz (Bagatell- und Selbstbeteiligungsklausel) und dem Sinn der Klausel, dass der Auftragnehmer in jedem Fall mit einem Beitrag bis zu 0,5% an den Lohnmehrkosten beteiligt sein soll (BGH vom 22. 11. 2001, Az: VII ZR 150/01, Baurechts-Report 1/2002).

PRÜFLISTE	zulässig	Anmerkung
g) Bei einer Änderung des maßgebenden Lohnes (Bundesecklohn) um 1 Pfg./Stunde ändert sich die Vergütung für die nach dem Wirksamwerden der Änderung zu erbringende Leistung um ... (vom Bieter einzutragen) von 1000 (Änderungssatz). Der angebotene Änderungssatz wird in die Wertung nach § 25 VOB/A einbezogen. Wenn kein Änderungssatz angegeben ist, besteht kein Anspruch auf Erstattung von Lohn- und Gehaltsmehraufwendungen. Der Änderungssatz kann nach folgender Formel ermittelt werden: (...).	**ja** **aber**	**In AGB-rechtlicher Hinsicht** ist diese Klausel auch dann **gültig,** wenn der Auftragnehmer in die vom Auftraggeber gestellte Klausel einen überhöhten Änderungssatz einsetzt. Als individueller Eintrag unterliegt der Satz nicht der Inhaltskontrolle. Auf der Basis des **bis zum 01. 01. 1999 gültigen § 3 Abs. 2 Währungsgesetz** handelt es sich nach Ansicht des BGH (Az: VII ZR 13/05; BauR 2006, 1461) um eine **genehmigungsbedürftige** (und ohne Genehmigung nichtige) **Wertsicherungsklausel, soweit die Anwendung des Änderungssatzes zu einem die Selbstkosten übersteigenden Betrag führt. Anderer Ansicht** z. B. OLG München, NZBau 2000, 515, 516; Reitz BauR 2001, 1514 ff. Nach dem **seit dem 14. 09. 2007 gültigen Preisklauselgesetz** (§ 1 Abs. 2 Nr. 3) gilt ein währungsrechtliches Verbot für solche Klauseln nicht, soweit nur die Selbstkosten des von der Gleitklausel Begünstigten ausgeglichen werden sollen. Obwohl diese Formulierung mit der Begründung des zitierten BGH-Urteils übereinstimmt, vertreten Markus/Kaiser/Kapellmann, Rdn. 250 den Standpunkt, dass diese Bestimmung dem Auftragnehmer nicht verbietet, einen hohen Änderungssatz einzusetzen, weil ansonsten ein unzulässiger Eingriff in die Kalkulationsfreiheit des Auftragnehmers anzunehmen wäre.
h) Die vereinbarten Einheits- und Pauschalpreise sind unabhängig von der Dauer der Arbeiten Festpreise. Von der Bauleitung angeordnete **Arbeitsunterbrechungen** berechtigen nicht zu zusätzlichen Preisforderungen.	**nein**	Diese Klausel schreibt nicht nur die Preise während der vertraglichen Bauzeit fest, sondern beinhaltet – vgl. letzter Satz – gleichzeitig eine **Haftungsfreistellung** für Verzug des Auftraggebers. Verstoß gegen §§ 307, 309 Nr. 1 BGB (vgl. LG München vom 25. 07. 1989, Az: 7 O 26309/88, nicht veröffentlicht).

2.2.2.2 AGB der Auftragnehmerseite

PRÜFLISTE	zulässig	Anmerkung
a) Die Preise sind freibleibend. Bei einer Steigerung von Material- und Rohstoffpreisen, Löhnen und Gehältern, Herstellungs- und Transportkosten, ist der Lieferer berechtigt, die **vom Tage der Lieferung gültigen Preise** zu berechnen.	**nein**	Soweit vom AN in den Vertrag eingeführt, verstößt die Klausel gegen §§ 307, 309 Nr. 1 BGB (vgl. BGH vom 06. 12. 1984, Az: VII ZR 227/83, NJW 1985, 855). Die Klausel lässt allgemein eine Preiserhöhung zu. Sie ist nach § 309 Nr. 1 BGB unwirksam. Aufgrund ihrer Formulierung kann sie sich auch auf kürzere Leistungsfristen (als 4 Monate) erstrecken und dem Verwender in derartigen Fällen jederzeit eine Preiserhöhung ermöglichen. Dies ist mit § 309 Nr. 1 BGB auch dann nicht zu vereinbaren, wenn wie hier der Änderungsvorbehalt ausdrücklich auf Kosten- oder Lohnerhöhungen . . . Bezug nimmt. Darüber hinaus verstößt sie gegen § 307 BGB, weil sie dem Verwender ermöglicht, über die Abwälzung der Kostensteigerung hinaus den vereinbarten Preis ohne jede Begrenzung einseitig anzuheben.
b) Der vereinbarte Festpreis gilt nur, wenn der Bau zu dem vertraglich vereinbarten Zeitpunkt begonnen wird. Bei Überschreitung des Festpreistermins erhöht sich der Gesamtpreis um den **Prozentsatz,** zu dem der Unternehmer entsprechende Bauwerke im Zeitpunkt des Baubeginns nach der dann **gültigen Preisliste** anbietet. **Variante** mit dem Nachsatz: Es gelten dann die zurzeit der Lieferung gültigen Preise. Übersteigen die letztgenannten Preise die zunächst vereinbarten **um mehr als 10%,** ist der Kunde berechtigt, vom Vertrag zurückzutreten.	**nein**	Nach dem Urteil des BGH vom 20. 05. 1985, Az: VII ZR 198/84 (Bunte VI, 184) unzulässig nach § 307 BGB: „Die bei einem Überschreiten des vereinbarten Zeitpunkts formularmäßig eröffnete Vergütungsänderung muss nach § 307 BGB dem **Äquivalenzprinzip** als der Vorstellung beider Parteien von der Gleichwertigkeit ihrer Leistung entsprechen." Eröffnen Klauseln aber dem Verwender die Möglichkeit, „über die Abwälzung der konkreten Kostensteigerung (etwa bei Lohn- und Materialkosten) hinaus, die vereinbarte Festpreisvergütung ohne jede Begrenzung einseitig anzuheben" . . . verstoßen sie gegen § 307 BGB. Insoweit sieht der BGH keinen Unterschied zwischen Kaufvertrag und den – in der Regel – längerfristigen Werkverträgen. **Bitte beachten Sie:** Die Nichtigkeit der fraglichen Klausel führt nicht zwangsweise dazu, dass der Auftragnehmer sich am vereinbarten Festpreis festhalten lassen muss. Die durch den Fortfall der Klausel entstandene Vertragslücke ist im Wege der ergänzenden Vertragsauslegung durch eine Regelung zu schließen, die der Verwender nach „billigem Ermessen" treffen kann und die dem entsprechen muss, „was die Parteien bei angemessener Abwägung ihrer Interessen nach Treu und Glauben als redliche Vertragspartner bedacht hätten" (vgl. BGH vom 31. 10. 1984, Az: VIII ZR 220/84, BB 1985, 481).

PRÜFLISTE	zulässig	Anmerkung
		Geringfügige Verzögerungen (bei o. g. Entscheidung ca. 1 Monat) rechtfertigen grundsätzlich keine Preisanpassung.
		Die **2. Variante** ist auch unzulässig. Auch sie gewährleistet nicht, dass neuerliche Kostensteigerungen nicht weitergegeben werden (OLG Düsseldorf v. 19. 12. 1991, Az: 6 U 104/91, nicht veröffentlicht).
c) Unser Angebot ist auf der derzeitigen Lohn- und Materialpreisbasis kalkuliert.	ja	Diese Klausel beinhaltet noch keinen Vorbehalt der Inrechnungstellung späterer Preiserhöhungen. Die Klausel bringt nur eine Selbstverständlichkeit zum Ausdruck, ohne eine vereinbarte Änderung des Preises in Erwägung zu ziehen.
d) Alle Preise verstehen sich zuzüglich der gesetzlichen **Mehrwertsteuer.** **oder:** Änderungen des Umsatzsteuersatzes berechtigen beide Teile zur entsprechenden Preisanpassung.	nein	Unzulässig im **Geschäftsverkehr mit Verbrauchern** (Verstoß gegen § 309 Nr. 1 BGB). Mehrwertsteuergleitklauseln in Allgemeinen Geschäftsbedingungen sind deshalb unzulässig, weil der gesetzgeberische Wille dahin geht, Abwälzungen von Umsatzsteuererhöhungen bei einer Leistungs- oder Lieferfrist von weniger als 4 Monaten nicht durch allgemeine Geschäftsbedingungen, sondern nur individualvertraglich zuzulassen (so BGH vom 28. 01. 1981, Az: VIII ZR 165/79, BB 81, 520). Dem steht nicht entgegen, dass die Mehrwertsteuer ihrer Konzeption nach eine Steuer ist, die in der Regel den Letztverbraucher treffen soll. Denn die Abwälzung erfordert grundsätzlich eine vertragliche Vereinbarung (OLG Saarbrücken vom 28. 03. 1984, Az: 1 U 112/82, Bunte V, 268).
Zusatz: Dies gilt nicht für Leistungen, die innerhalb von 4 Monaten erbracht werden sollen.	ja	Mit dieser Einschränkung ist die 2. Alternative auch im **Geschäftsverkehr mit Verbrauchern** gültig.
e) Soweit zwischen Vertragsabschluss und vereinbartem und/oder tatsächlichem Liefer- und/oder Montagetermin mehr als 4 Monate liegen, gelten die zurzeit der Lieferung oder des Montagebeginns gültigen Preise des Auftragnehmers.	nein	Unzulässig im **Geschäftsverkehr mit Verbrauchern** (OLG Stuttgart vom 25. 03. 1988, Az: 2 U 155/87, NJW-RR 88, 787). Der § 309 Nr. 1 BGB verbietet Preiserhöhungen dann, wenn die Lieferung gemäß der vertraglichen Vereinbarung innerhalb von 4 Monaten nach Vertragsabschluss zu erbringen war, unabhängig davon, wann sie tatsächlich erbracht wird. Somit ist die fragliche Klausel unwirksam, weil sie alternativ auch dann die Preisgleitung wirken lässt, wenn nur der tatsächliche Liefer- und/oder Montagetermin mehr als 4 Monate vom Vertragsschluss entfernt ist.

2.2.3 Einheitspreisvertrag – Mengenänderung

Vorbemerkung:

Der § 2 Nr. 3 VOB/B geht von dem Gedanken aus, dass Mengenschwankungen gegenüber der Ausschreibung von bis zu 10% das Gleichgewicht von Leistung und Gegenleistung noch nicht empfindlich stören (vgl. BGH, NJW 87, 1820). Umgekehrt bringen Klauseln, die diese 10%-Regelung nicht beachten, häufig ein nicht kalkulierbares Risiko für den Vertragspartner mit sich. Entsprechend eng ist der Gestaltungsrahmen für AGB. Zu beachten ist, dass sich der Verwender nicht auf die Unwirksamkeit seiner AGB berufen darf (BGH vom 04. 12. 1986, Az: VII ZR 354/85, WM 87, 214). Wirkt sich somit im Einzelfall der Ausschluss der Mengenänderungsklausel zulasten des Verwenders aus, greifen die §§ 305 ff. BGB nicht ein. Zu Mengenänderungen bei Stundenlohnarbeiten vgl. Ziff. 2.15.

2.2.3.1 AGB der Auftraggeberseite

PRÜFLISTE	zulässig	Anmerkung
a) Die Einheitspreise sind Festpreise für die Dauer der Bauzeit und behalten auch dann ihre Gültigkeit, wenn Massenänderungen i. S. v. § 2 Nr. 3 VOB/B eintreten.	**ja** (strittig)	Nach Ansicht des BGH (vom 08. 07. 1993; Az: II ZR 79/92; BB 93, 1907) gehört die Preisanpassungsmöglichkeit des § 2 Nr. 3 VOB/B nicht zu der von § 307 Abs. 2 Nr. 1 BGB geschützten „gesetzlichen Regelung". Insbesondere schließt die Klausel nach der hier gewählten Formulierung andere Preisanpassungsmöglichkeiten (wegen Verschuldens bei Vertragsschluss oder Wegfalls der Geschäftsgrundlage) nicht aus. Die Verwendung der Klausel führt dazu, dass die VOB **nicht mehr „Vertragsgrundlage"** ist (BGH vom 20. 12. 1990; Az: VII ZR 248/89; BauR 91, 210). Zu den Folgen vgl. Teil I Ziff. 5.
b) Massenabweichungen und Massenänderungen bedingen keine Änderung der Einheitspreise.	**nein** (strittig)	Das OLG Bamberg (vom 21. 09. 1994, Az: 3 U 258/93; Baurechts-Report 11/94) hat die genannte Klausel unter Berücksichtigung der BGH-Rechtsprechung zu der Klausel in Buchst. a) für unwirksam erklärt. Aufgrund ihrer pauschalen Fassung **schließt** sie nicht nur den § 2 Nr. 3 VOB/B, sondern **auch gesetzliche Preisanpassungsmöglichkeiten** bei Mengenänderungen, nämlich die Preisanpassung aufgrund schuldhaft mangelhaft ermittelter Mengenansätze oder aufgrund „Wegfalls der Geschäftsgrundlage" **aus.** Damit verstößt die Klausel gegen §§ 307, 309 Nr. 7 BGB. **A. A.** OLG Hamburg vom 06. 12. 1995, Az: 5 U 215/94. Kritisch hierzu Markus/Kaiser/Kapellmann, Rdnr. 265, Nicklisch/Weick, VOB/B 3. Auflage 2001, § 2 Rdnr. 35; Jagenburg in: Beck'scher VOB-Kommentar, § 2 Nr. 3 VOB/B Rdnr. 82.

PRÜFLISTE	zulässig	Anmerkung
c) Auch bei einem Einheitspreis-vertrag ist die Auftragssumme limitiert.	**nein**	Dieser Satz ist als „Höchstpreisklausel" zu verstehen. Sie begrenzt die Vergütung auf einen bestimmten Betrag, auch wenn sich bei einer Abrechnung nach Mengen und Einheitspreisen ein höherer Betrag ergibt. Damit steht die Klausel im Widerspruch zum übrigen Vertragsinhalt, wonach eindeutig ein Einheitspreisvertrag geschlossen wurde. „Ein Auftragnehmer, der einen Einheitspreisvertrag geschlossen hat, muss nicht damit rechnen, dass durch das Klauselwerk des Auftraggebers der Charakter des Einheitspreis-vertrages dahin verändert wird, dass die dem Einheitspreisvertrag innewohnende Möglichkeit, eine von der Menge abhängige Vergütung zu verlangen, ab einem bestimmten Höchstpreis ausgeschlossen ist." Die genannte Klausel ist somit bei einem Einheitspreisvertrag **überraschend** und wird daher nicht Vertragsbestandteil (§ 305c Abs. 1 BGB) (BGH vom 14. 10. 2004, Az: VII ZR 190/03; Baurechts-Report 12/2004; BauR 2005, 94).
d) **Massenminderungen** führen nicht zu Änderungen der Einheitspreise.	**nein**	Aufgrund der Tatsache, dass die Unveränderbarkeit der Preise nur für (regelmäßig zu Preiserhöhungen führenden) Massenminderungen gilt, wird hier das Gleichgewicht zulasten des Vertragspartners des Verwenders – also des Auftragnehmers – unzulässig verschoben. Verstoß gegen § 307 BGB.
e) Die für **Bedarfspositionen** vereinbarten Preise gelten auch bei einer Über- bzw. Unterschreitung des Mengenansatzes bis zu 100%.	**nein**	Die Klausel ist unwirksam, weil Bedarfspositionen von Haus aus mit einem hohen Kalkulationsrisiko für den AN belastet sind. Dieses Risiko wird durch die genannte Klausel unangemessen erhöht (OLG München, Urteil vom 16. 11. 1993, Az: 9 U 3155/93, Baurechts-Report 7/94, **Revision vom BGH** mit Beschluss vom 18. 05. 1995 **abgelehnt**). Nach BGH vom 20. 12. 1990, Az: VII ZR 248/89, BauR 91, 210, beinhaltet diese Klausel aus den ZBV StB 80 der Finanzbauverwaltungen einen so schweren Eingriff in die Rechte des AN, dass die **VOB in ihrem Kernbereich getroffen** und nicht mehr „insgesamt" vereinbart ist. Zur Bedeutung vgl. Teil I Ziff. 5.2.

PRÜFLISTE	zulässig	Anmerkung
f) Massenänderungen auch über 10% ändern die Einheitspreise nicht, es sei denn, dass der Wert dieser Änderung die ursprüngliche **Auftragssumme** um mehr als 20% übersteigt oder unterschreitet.	**nein**	Die „Auftragssumme" ist eine untaugliche Bezugsgröße, die nicht gewährleistet, dass der Auftragnehmer einen angemessenen Ausgleich erhält (OLG München v. 19. 06. 1990, Az: 9 U 2013/90; ähnlich LG Bayreuth vom 16. 09. 1986, Az: 3 O 438/83, Baurechts-Report 12/88). Die VOB ist nicht mehr „insgesamt" vereinbart.
g) Beansprucht der AN wegen einer über 10 v. H. hinausgehenden Überschreitung des Mengenansatzes einen höheren Preis, so muss er dies dem AG **unverzüglich schriftlich ankündigen.**	**nein**	Nach der maßgeblichen vertragspartnerfeindlichsten Auslegung ist die Klausel geeignet, dem AN materiell gerechtfertigte Ansprüche nur deshalb nicht zu bezahlen, weil er formalen Anforderungen nicht nachkommt. Dies verstößt gegen § 307 BGB (OLG München vom 16. 11. 1993, Az: 9 U 3155/93, Baurechts-Report 7/95; **Revision vom BGH** am 18. 05. 1995 **abgelehnt**). Die Klausel ist gültig, wenn sie **verdeutlicht,** dass die **fehlende Ankündigung lediglich Schadensersatzansprüche** auslöst. Nach BGH vom 20. 12. 1990, Az: VII ZR 248/89; BB 91, 502 beinhaltet die Klausel darüber hinaus „einen so schwerwiegenden Eingriff in die VOB", dass diese in ihrem Kernbereich betroffen ist (vgl. hierzu Teil I Ziff. 5).
h) Mehrleistungen, **die nicht schriftlich bestellt** werden, werden nicht vergütet.	**nein**	Die Klausel zwingt den Auftragnehmer, ständig die erbrachten Leistungen aufzumessen, um im Falle von Mehrleistungen einen schriftlichen Auftrag einzuholen und überbürdet damit in unzumutbarer Weise Mengenermittlungsrisiken auf den Auftragnehmer (OLG Düsseldorf vom 30. 01. 1997, Az: 12 U 28/96, **Revision vom BGH** nicht **angenommen,** IBR 98, 421).
i) Der AN hat die **Verdingungsunterlagen,** insbesondere die **Mengenberechnung, zu prüfen** und Bedenken innerhalb der in der Zuschlagsfrist genannten Frist von 14 Tagen schriftlich geltend zu machen.	**nein**	Mängel des Leistungsverzeichnisses (hier: falsche Mengenberechnung bzw. Preisermittlung) gehen grundsätzlich zulasten des AG. Der AN wird unbillig benachteiligt, wenn Formvorschriften der genannten Art regeln sollen, den Vergütungsanspruch des Auftragnehmers zu verkürzen. Im Übrigen wird auch das Anfechtungsrecht des Auftragnehmers unzulässig ausgeschlossen (OLG Zweibrücken vom 10. 03. 1994, Az: 4 U 143/93; BauR 94, 510).

PRÜFLISTE	zulässig	Anmerkung
j) Wir (der Auftragnehmer) garantieren hiermit, dass . . . die Mengenansätze der durch den **Änderungsvorschlag,** das **Nebenangebot,** nicht ersetzen oder nicht in anderer Weise betroffene Positionen des Hauptangebotes nicht erhöht werden.	**nein**	Dadurch, dass der Auftragnehmer u. U. Leistungen in einem bei Abgabe des Angebots nicht vorhersehbarem Umfang zu erbringen hat und er im Hinblick auf die in dieser Ziffer vorgesehene Mengenbegrenzung einen Teil davon bei der Rechnungserstellung nicht in Ansatz soll bringen können, wird in entscheidendem Maß von einer allgemeinen Regel des Werkvertragsrechts, nämlich der Entgeltlichkeit der Leistung, abgewichen. Dies ist auch nicht durch die Sondersituation bei Abgabe eines Nebenangebots gerechtfertigt. Damit verstößt die Klausel aus **Bauverträgen der Deutschen Bundesbahn** (in Ziff. 16 des Vordrucks 13401) gegen § 307 BGB (LG Nürnberg-Fürth vom 25. 10. 1989, Az: 5 O 7124/88, Baurechts-Report 1/90).
k) Der Auftragnehmer übernimmt für das von ihm eingeführte **Nebenangebot** das Mengenermittlungsrisiko. § 2 Nr. 3 VOB/B ist somit insoweit ausgeschlossen.	**ja**	Dem Auftragnehmer ist zumutbar, die Vordersätze für sein Nebenangebot annähernd zutreffend zu ermitteln.
l) **Überladungen** werden nur bis 4% über dem amtlich zulässigen Gesamtgewicht vergütet.	**nein**	Abrechnungsklauseln dürfen nicht als Sanktionierungsinstrumente der Straßenverkehrsordnung dienen. Verstoß gegen § 9 AGB // ab 01. 01. 2002: § 307 BGB (LG Frankfurt/M. vom 23. 01. 1997, Az: 2/2 O 25/96, IBR 97, 230).

2.2.3.2 AGB der Auftragnehmerseite

PRÜFLISTE	zulässig	Anmerkung
Sollte sich nach Abschluss der Arbeiten herausstellen, dass die zur Ausführung gekommenen Mengen die vom Auftraggeber bestellten Mengen um mindestens 10% unterschreiten, sind wir berechtigt, den kalkulierten Einheitspreis nachträglich in Form eines automatischen Nachtrags um 20% zu erhöhen.	**nein**	Die Pauschale ist mit §§ 308, 309 BGB nicht vereinbar. Sie nimmt darüber hinaus dem Auftraggeber die Möglichkeit, den neuen Einheitspreis nachzu kontrollieren und ggf. Gegenbeweis anzutreten (OLG Bamberg vom 05. 06. 2000; Az: 4 U 202/99; unveröffentlicht).

2.2.4 Selbstausführung: siehe Ziff. 2.8.1

2.2.5 Vertragsänderung

Vorbemerkung:

Auf der **Auftragnehmerseite** sind hier insbesondere Vertragsänderungsvorbehalte zu beachten. Sie sind grundsätzlich nur wirksam, wenn die einseitige Änderungsmöglichkeit hinreichend konkretisiert und dem Vertragspartner zumutbar ist (§ 308 BGB). Differenzierungen zwischen Unternehmern und Verbrauchern sind zu beachten.

Auf der **Auftraggeberseite** wird insbesondere versucht, den § 2 Nr. 5 VOB/B zu „verstärken", etwa durch Schriftformklauseln und Schaffung zusätzlicher Anspruchsvoraussetzungen. Solche Regelungen sind schon deshalb bedenklich, weil sie die VOB/B in ihrem Kerngehalt treffen können. Zu den Folgen vgl. Teil I Ziff. 5.2. **Zu Schriftformklauseln allgemein und bei Vertragsänderungen vgl. auch 2.1.11.**

2.2.5.1 AGB der Auftraggeberseite

PRÜFLISTE	zulässig	Anmerkung
a) Werden durch Änderung des Bauentwurfs oder andere Anordnungen des AG die Grundlagen des Preises für eine im Vertrag vorgesehene Leistung geändert, so ist ein neuer Preis unter Berücksichtigung der Mehr- oder Minderkosten zu vereinbaren **(Wortlaut des § 2 Nr. 5 VOB/B).**	ja	Auch dann, wenn die VOB nicht „insgesamt" vereinbart wurde. Zwar ist der Auftragnehmer bei Vertragsänderungen gehindert, sich von etwa untauglichen Preisermittlungsgrundlagen zu lösen. Weil es aber Sache des Auftragnehmers ist, seine Vertragspreise auskömmlich zu kalkulieren, ist dies nicht unangemessen (BGH vom 25. 01. 1996, Az: VII ZR 233/94; NJW 96, 1346; vgl. auch Teil I Ziff. 5.4.3).
b) Der AN hat Nachtragspreise vor Ausführung zu vereinbaren; versäumt er dies, so setzt der AG bzw. sein Architekt die Preise **nach billigem Ermessen** fest.	ja	Die Einräumung eines einschränkungslosen Leistungsbestimmungs- oder Leistungsänderungsrechts ist auch im kaufmännischen Geschäftsverkehr unzulässig, auch dann, wenn seine Ausübung an die Einhaltung billigen Ermessens gebunden ist. Soweit ein Leistungsbestimmungsrecht allerdings in seinen Voraussetzungen konkretisiert ist und für seine **Ausübung** die konkretisierende Festlegung in den §§ 315, 316 BGB wiederholt, ist eine solche Klausel schon wegen § 307 Abs. 3 BGB, gültig (vgl. BGH vom 26. 11. 1984, Az: VIII ZR 214/83, NJW 1985, 624; ähnlich Locher in Festschrift für Korbion, S. 291).

PRÜFLISTE	zulässig	Anmerkung
c) Der AN **unterwirft** sich der vom Auftraggeber nach pflichtgemäßem Ermessen vorgenommenen Aufschlüsselung der für diese Arbeiten entstandenen Kosten.	**nein**	Die Klausel erweckt bei den am Vertrag beteiligten Bauhandwerkern den Eindruck, sie seien an die Aufschlüsselung **gebunden, ohne hiergegen Einwendungen erheben zu können.** Dieses Verständnis wird insbesondere durch die Verwendung des Begriffs „unterwerfen" verursacht, dem der Eindruck des Endgültigen anhaftet. Damit weicht die Klausel in unzulässiger Weise vom Grundgedanken des § 315 Abs. 3 BGB ab, weil diese Bestimmung eine gerichtliche Nachprüfung der Leistungsbestimmung ermöglicht. Somit verstößt die Klausel gegen § 307 BGB (OLG München vom 24. 11. 1988, Az: 29 U 2858/88, NJW-RR 89, 276).
d) Ist der Auftraggeber mit dem Kostenangebot für eine Änderung entsprechend § 2 Nr. 5, 6 oder 7 VOB/B nicht einverstanden, so hat der Auftragnehmer die Änderungen gleichwohl auszuführen. In einem solchen Fall werden dem Auftragnehmer die nachgewiesenen Selbstkosten vergütet.	**nein**	Die Beschränkung auf eine Erstattung der nachgewiesenen Selbstkosten ist kein angemessener Ausgleich für das einseitige Anordnungsrecht des Auftraggebers, das ihm nach den einschlägigen Regelungen der VOB/B zusteht. (BGH, Az: VII ZR 54/96; BauR 1997, 1036, 1038).
e) Beansprucht der AN wegen Änderung des Bauentwurfs oder anderer Anordnungen des AG eine erhöhte Vergütung, so muss er dies dem AG vor der Ausführung **schriftlich ankündigen.**	**nein**	Die Klausel beinhaltet nach Ansicht des BGH eine Anspruchsvoraussetzung und ändert hiermit ganz erheblich die VOB ab. Der § 2 Nr. 5 VOB/B kennt eine solche Rechtsfolge nicht. Damit enthält die Klausel „einen so schwerwiegenden Eingriff in die nach § 2 VOB/B begründeten Rechte des Auftragnehmers, dass die VOB/B in ihrem Kernbereich betroffen" ist (BGH vom 20. 12. 1990, Az: VII ZR 248/89; BB 91, 502). Zu den Folgen **vgl. Teil I Ziff. 5.1 ff.** Nach OLG München vom 16. 11. 1993, Az: 9 U 3155/93, **Revision** durch Beschluss des BGH vom 18. 05. 1995, Az: VII ZR 31/94, **abgelehnt** (Baurechts-Report 7/95) ist die Klausel auch **unwirksam.** Es ist nicht einzusehen, dass bei vertragspartnerfeindlichster Auslegung ein materiell berechtigter Anspruch nur durch Nichteinhaltung der Schriftform verloren gehen soll.

PRÜFLISTE	zulässig	Anmerkung
f) Der Anspruch auf Vergütung außervertraglicher Leistungen besteht nur, wenn dieser Anspruch vor Ausführung der Leistung **schriftlich** mit dem AG **vereinbart wird.**	**nein**	Die Klausel beinhaltet eine **unzulässige Schriftformklausel** und verstößt somit gegen § 307 BGB (LG München I vom 22. 09. 1988, Az: 7 O 3095/88, nicht veröffentlicht). Zu Schriftformklauseln allgemein vgl. Teil 2, Ziff. 2.1.10. Das OLG Düsseldorf (vom 15. 12. 1988, Az: 5 U 103/88; BauR 89, 335) begründet die Unangemessenheit damit, dass dem AN nach dem Wortlaut der genannten Klausel ein Vergütungsanspruch versagt bliebe, wenn der AG die Zusatzleistung zwar verlangt, aber sich weigert, eine Preisvereinbarung zu treffen. „Das ist ein nicht zu billigendes Ergebnis, was werkvertraglichen Vergütungsgrundsätzen widerspricht." Ebenso OLG Düsseldorf v. 06. 11. 1997, Az: 5 U 89/96, BauR 98, 1023. **Zu Schriftformklauseln vgl. im Übrigen Ziff. 2.1.11.**
g) Durch Planänderungen entstehende oder angeordnete **Minderleistungen** sind besonders zu ermitteln und werden unter Zugrundelegung der vom Auftragnehmer offenzulegenden Kalkulationspreise vom Festpreis **abgesetzt.**	**nein**	LG Frankfurt/M. vom 21. 09. 1982, Az: 2/13 O 13/82, nicht veröffentlicht, Verstoß gegen § 307 Abs. 2 Nr. 1 BGB: Die Klausel gestattet eine folgenlose Teilkündigung des Vertrages. Zur Begründung vgl. im Einzelnen unten 2.8.1.2.
h) Der AG ist berechtigt, die vertraglichen Rechte aus dem Vertrag **an Dritte zu übertragen.**	**nein**	Die Klausel beinhaltet zwar keine Übertragung des Vertrages im Ganzen, sie ermöglicht jedoch nicht nur die Abtretung sämtlicher Rechte des Verwenders, sondern auch der rechtlich unselbstständigen Nebenrechte, die nicht selbstständig abtretbar sind (vgl. Palandt/Heinrichs, BGB § 399 Rdnr. 6, § 413 Rdnr. 6). Das ist mit dem wesentlichen Grundgedanken der gesetzlichen Regelung, nämlich der Akzessorietät von Haupt- und Nebenrechten nicht zu vereinbaren und führt zu einer unangemessenen Benachteiligung des Vertragspartners des Verwenders (OLG Koblenz vom 18. 12. 1992, Az: 2 U 79/91; nicht veröffentlicht).

PRÜFLISTE	zulässig	Anmerkung
i) Der **Bauleiter** ist nicht befugt, für den AG **Änderungen,** Erweiterungen und Ergänzungen des Auftrags gemäß § 1 Nr. 3 VOB/B und § 1 Nr. 4 VOB/B **anzuordnen.** Solche vertragsändernden Anordnungen können nur von der Geschäftsleitung getroffen werden.	ja	Die Klausel beinhaltet lediglich einen zutreffenden Hinweis auf die Rechtslage. Nach dieser hat ein Bauleiter nur dann Vertretungsmacht, wenn ihn der AG dazu in der dafür im Gesetz vorgesehenen Weise bevollmächtigt hat. Es ist auch keine unbillige Benachteiligung der Vertragsgegenseite, wenn der Verwender das Entstehen von Vertrauenstatbeständen (Anscheins- oder Duldungsvollmacht) zu seinen Lasten im Rahmen des Möglichen verhindert (BGH vom 14. 07. 1994, Az: VII ZR 186/93; WM 95, 35).
j) Der **Architekt** ist Vertreter des Bauherrn; zu Vertragsänderungen, zur Vergabe von Zusatzleistungen und Stundenlohnarbeiten ist er nicht berechtigt.	ja	Es gibt keine „originäre Vollmacht" des Architekten für diese Leistungen. Somit steht es dem Bauherrn frei, eine erteilte Vollmacht einzugrenzen (OLG Düsseldorf vom 28. 06. 1996, Az: 22 U 256/95, NJW-RR 96, 1485).

2.2.5.2 AGB der Auftragnehmerseite

PRÜFLISTE	zulässig	Anmerkung
a) Handelsübliche Farb-, Struktur- und Maserungsabweichungen vom verlegten Muster bleiben vorbehalten. **Oder:** Kleine Abweichungen in Farbe und Ausführung bleiben vorbehalten.	nein	Nach BGH, Urteil vom 18. 01. 1989, Az: III ZR 142/88; NJW-RR 89, 625, verstößt die Klausel gegen § 309 Nr. 8b aa) BGB. Die Klausel beinhaltet nicht nur einen Leistungsänderungsvorbehalt, sondern auch einen Haftungsausschluss für etwa **zugesicherte Eigenschaften** (bzw. vereinbarte Beschaffenheit). Dies ist unzulässig. **Zur zweiten Klausel:** Verstoß gegen § 308 Nr. 4 BGB. Auch „kleine" Abweichungen können unzumutbar sein (vgl. OLG Frankfurt vom 11. 12. 1980, DB 81, 884).
b) Abweichungen in Struktur und Farbe gegenüber dem Ausstellungsstück bleiben vorbehalten, soweit diese in der Natur der verwendeten Materialien liegen und handelsüblich sind. **(Verwendet für Naturprodukte wie Holz und Natursteinplatten.)**	ja	Die Klausel ist **auch im Geschäftsverkehr mit Verbrauchern gültig** (BGH vom 11. 03. 1987, Az: VIII ZR 203/86, DB 87, 1417). Von einem in der Regel bedenklichen freien Änderungsvorbehalt unterscheidet sich die fragliche Klausel in dreifacher Hinsicht, nämlich durch ihre Bezugnahme auf die Art der Abweichung (in Struktur und Farbe), ihre Ursache (materialbedingte Abweichungen) und das Ausmaß der Abweichungen (handelsüblich). Ein solcher Änderungsvorbehalt ist bei Naturprodukten sachlich gerechtfertigt. Darüber hinaus ist der Änderungsvorbehalt für den Kunden zumutbar.

PRÜFLISTE	zulässig	Anmerkung
c) **Bauträgervertrag:** „Grundlage der Ausführungen ist die Baubeschreibung. Änderungen der Bauausführung, der Material- beziehungsweise Baustoffauswahl, soweit sie gleichwertig sind, bleiben vorbehalten."	**nein**	Die Klausel ist unwirksam. Änderungsklauseln sind nur dann zulässig, wenn die Änderungsvereinbarung unter Berücksichtigung der Interessen des Verwenders für den anderen Vertragsteil zumutbar ist. Einschlägige „wichtige Gründe" für eine Änderung muss die Änderungsklausel im Einzelnen auflisten und dabei die Interessen des Vertragspartners angemessen berücksichtigen. BGH vom 23. 06. 2005, Az: VII ZR 200/04; Baurechts-Report 8/2005, BauR 2005, 1473. Ähnlich OLG Hamm vom 10. 02. 2005, Az: 21 U 94/04; BauR 12/2005, S. 1324.
d) Von der Leistungsbeschreibung abweichende Ausführungen bleiben vorbehalten, sofern damit technische Verbesserungen verbunden **und/oder der Gesamtwert des Objekts nicht wesentlich beeinträchtigt** werden.	**nein**	Ein globaler Änderungsvorbehalt bei Unwesentlichkeit im Verhältnis zum gesamten Bauwert ist nach § 10 Nr. 4 AGBG unzulässig. Weiterhin ist die Klausel intransparent und verstößt damit gegen § 307 BGB. Die Wortkombination „und/oder" kann auf den Leser verwirrend wirken und lenkt davon ab, dass auch wichtige technische Verschlechterungen von der Klausel gedeckt sind. (OLG Hamm vom 10. 02. 2005, Az: 21 U 94/04; BauR 2005, 1324).
e) Können sich Parteien über die Preise für eine Vertragsänderung nicht einigen, entscheidet die für den Sitz des AN zuständige **Schiedsstelle** bei der Bauinnung.	**nein**	Die Klausel ist schon deshalb nichtig, weil sie den Eindruck erweckt, die Anrufung der Schiedsstelle sei zwingend, die Bindung an deren Tatsachenfeststellung gelte ohne Einschränkung und der Rechtsweg zu den staatlichen Gerichten sei ausgeschlossen. Bei einer Vereinbarung im Wege der Allgemeinen Geschäftsbedingungen ist sie eine unangemessene Benachteiligung des AG im Sinn des § 307 Abs. 1 BGB. Auf die Frage, ob die Schiedsstelle als neutral besetzt angesehen werden kann, kommt es somit nicht an (BGH vom 14. 07. 1987, Az: X ZR 38/86).
Oder: ... entscheidet verbindlich ein Schiedsgutachter, der von der am Ort des Bauvorhabens ansässigen IHK zu benennen ist.		**Zur Variante:** BGH Baurecht 1992, 223. Auch diese Variante schneidet dem Vertragspartner die Möglichkeit ab, gegen eine Entscheidung des Schiedsgutachters mithilfe der staatlichen Gerichtsbarkeit vorzugehen.

PRÜFLISTE	zulässig	Anmerkung
f) Der Bauherr beauftragt und bevollmächtigt die Firma T., in seinem Namen alle Handwerker zu beauftragen, die zur Fertigstellung des Bauwerks gemäß dieses Vertrages erforderlich sind. **(Generalübernehmervertrag)**	**nein**	Mit einer solchen Klausel muss der Vertragspartner (Auftraggeber) nicht rechnen. Die Klausel begründet eine zusätzliche Verpflichtung des Auftraggebers, den beauftragten Handwerkern den Werklohn für diejenigen Leistungen zu zahlen, die der Generalunternehmer als eigene Leistungen übernommen hat. Diese zusätzliche Verpflichtung widerspricht dem Wesen des Generalübernehmervertrags, nach dessen Inhalt der Auftraggeber sich nur einem Vertragspartner gegenübersieht und keinem zusätzlichen Preisrisiko ausgesetzt sein will. Die Klausel ist daher überraschend nach § 305c BGB (BGH vom 27. 06. 2002, Az: VII ZR 272/01, Baurechts-Report 8/2002).

2.2.6 Zusatzleistung

Vorbemerkung:

Auf Auftraggeberseite wird insbesondere versucht, den § 2 Nr. 6 VOB/B durch Schriftformklauseln zu „verstärken".

Auf Auftragnehmerseite sind hier insbesondere Vertragsänderungsvorbehalte zu beachten, die vornehmlich an § 308 Nr. 4 BGB zu messen sind (vgl. hierzu Kap. 2.2.5.2).

Zu Schriftformklauseln allgemein vgl. 2.1.11

2.2.6.1 AGB der Auftraggeberseite

PRÜFLISTE	zulässig	Anmerkung
a) Wird eine im Vertrag nicht vorgesehene Leistung gefordert, so hat der AN Anspruch auf besondere Vergütung. Er muss jedoch den Anspruch dem AG ankündigen, bevor er mit der Ausführung der Leistung beginnt **(Wortlaut des § 2 Nr. 6 Abs. 1 VOB/B).**	**ja**	Auch wenn die VOB nicht „ausschließliche Vertragsgrundlage" i. ist. Allerdings darf die **Ankündigungspflicht** in Satz 2 nicht als generell notwendige Anspruchsvoraussetzung für einen zusätzlichen Vergütungsanspruch verstanden werden; vgl. hierzu Teil I Ziff. 5.4.4 (BGH vom 23. 05. 1996, Az: VII ZR 245/94, BauR 96, 542).
b) Die vereinbarten **Festpreise** schließen Nachforderungen jeglicher Art aus.	**nein**	Der Auftragnehmer wird hier unangemessen benachteiligt, insbesondere dann, wenn Änderungen im Leistungsbereich in keiner Weise auf den Auftragnehmer zurückzuführen sind (OLG Hamburg vom 06. 12. 1995, Az: 5 U 215/94; **Nichtannahmebeschluss** des BGH vom 05. 06. 1997, Az: VII ZR 54/96, Baurechts-Report 9/97).
c) Der vereinbarte Preis ist ein Festpreis. Nachforderungen sind ausgeschlossen. Werden Mehrleistungen über den vertraglich erteilten Auftrag erforderlich, so hat der Auftragnehmer unaufgefordert ein Nachtragsangebot einzureichen. Ein Anspruch auf Vergütung besteht erst, wenn der Auftraggeber dieses **Nachtragsangebot angenommen und schriftlich bestätigt hat.**	**nein**	Die Klauseln verstoßen gegen § 307 Abs. 2 Nr. 1 BGB. Das Interesse des Auftraggebers an Kostenklarheit und Kostensicherheit rechtfertigt nicht, dass der Auftraggeber ihm erbrachte Leistungen ohne geldwerten Ausgleich nutzen kann, zumal Nachträge in der Regel auftraggeberseitig veranlasst sind. BGH vom 27. 11. 2003, Az: VII ZR 53/03, Baurechts-Report 2/2004. Nach BGH, Az: VII ZR 190, 03; BauR 2005, 94 sind derartige Klauseln auch deshalb zu beanstanden, weil sie Ansprüche des Auftragnehmers aus Geschäftsführung ohne Auftrag und ungerechtfertigter Bereicherung ausschließen.

PRÜFLISTE	zulässig	Anmerkung
d) Auf Verlangen des AG hat der AN zusätzliche Leistungen zu übernehmen.	**nein**	Die Klausel lässt eine **einseitige Vertragsänderung ohne Widerspruchsmöglichkeit** des anderen Vertragspartners (AN) zu. Dies verstößt gegen § 307 Abs. 2 Nr. 1 BGB. Die Klausel ist auch **nicht mit § 1 Nr. 4 VOB/B vergleichbar.** Diese Bestimmung kennt zwar auch die Verpflichtung des AN zur Ausführung von Zusatzleistungen, begrenzt diese Verpflichtung jedoch sachgerecht, indem eine Leistungsverpflichtung nur für solche Zusatzleistungen fixiert wird, die zur Ausführung der vertraglich vereinbarten Leistung **erforderlich** sind (LG München vom 18. 03. 1986, Az: 7 O 23299/85, Baurechts-Report 9/86); ebenso Markus, Jahrbuch Baurecht 2007, 215, 220 ff.
e) Der AG darf vom AN zusätzliche, im Vertrag nicht genannte Leistungen **ohne besondere Vergütung** verlangen, wenn sie zur Erfüllung der vertraglichen Leistung **notwendig** werden.	**nein**	Die Klausel verletzt durch ihre Einseitigkeit wesentliche Grundgedanken der gesetzlichen Regelung im Vertragsrecht und ist deshalb nach § 307 BGB unwirksam (LG Frankfurt vom 6. 2. 1980, Az: 2/6 O 502/79, nicht veröffentlicht, auch Ingenstau/Korbion B § 2 Nr. 7 Rdnr. 31; Locher „Das private Baurecht", Rdnr. 190; Frikell-Glatzel-Hofmann, Bauvertragsklauseln und AGB-Gesetz, 2. Aufl., Rdnr. K 2.54 ff.).
f) Werden Arbeiten aufgrund von Nachtragsangeboten vom AN **ohne schriftliche Beauftragung** ausgeführt, so entspricht dies einem Verzicht auf Entschädigung. **oder:** Mehrleistungen, die nicht schriftlich bestellt werden, werden auch nicht vergütet.	**nein**	Ungültig gemäß §§ 307 und 308 Nr. 5 BGB. Die Klausel fingiert eine Willenserklärung ohne die gesetzlich geforderten Voraussetzungen des §§ 308 Nr. 5 BGB zu erfüllen. Auch im **kaufmännischen Geschäftsverkehr** unwirksam, weil es hier nicht, wie etwa beim **kaufmännischen Bestätigungsschreiben,** um die Fiktion eines Vertragsschlusses, sondern um einen Verzicht auf einen Anspruch, also um einen erheblichen Eingriff in die Rechte des Auftragnehmers geht. Verkehrssitte und Handelsbrauch der Kaufleute machen es nicht notwendig, solche Eingriffe in Form von AGB zu erlauben (OLG Karlsruhe vom 22. 07. 1982, Az: 9 U 27/82, BB 1983, S. 727 ff.). Zur **Variante:** OLG Düsseldorf vom 30. 01. 1997, Az: 12 U 28/96; **Revision vom BGH nicht angenommen** (Beschluss vom 16. 10. 1997, Az: VII ZR 69/97). Zum **Schriftformerfordernis** vgl. 2.1.11.

PRÜFLISTE	zulässig	Anmerkung
g) Sollten sich während der Bauausführung zusätzliche Arbeiten ergeben, so ist der AN gehalten, hierüber vor Ausführung der Arbeiten eine **schriftliche Preisvereinbarung** herbeizuführen, andernfalls besteht kein Anspruch auf Bezahlung. **oder:** Zusätzliche Leistungen werden nur nach schriftlich erteilten Auftrag bezahlt.	**nein**	Die Klausel ist nach § 307 BGB unwirksam, da sie den AN entsprechend dem Gebot von Treu und Glauben unangemessen benachteiligt. Dies deshalb, weil der AG im Gegensatz zur gesetzlichen Regelung einerseits Zusatzleistungen verlangen kann (vgl. § 1 Nr. 4 VOB/B), andererseits aber mit Hilfe dieser Klausel erreichen kann, dem AN eine angemessene Vergütung zu versagen, weil dieser keine schriftliche Preisvereinbarung herbeigeführt hat, obwohl er ohne Mitwirkung des AG die Einigung nicht erzwingen kann (OLG Düsseldorf vom 15. 12. 1988, Az: 5 U 103/88, BauR 89, 335). Das OLG München (Urteile vom 22. 09. 1988, Az: 7 O 3095/88 und 07. 02. 1991, Az: 7 O 16246/90, nicht veröffentlicht) kommt zum gleichen Ergebnis, allerdings mit der Begründung, dass hier eine **unzulässige Schriftformklausel** vorliege. Das OLG Karlsruhe (vom 06. 07. 1993, Az: 3 U 57/92, NJW-RR 93, 1435) sieht in der Klausel die unzulässige Möglichkeit, vorrangige individuelle (aber mündliche) Abreden zu unterlaufen. Ähnlich OLG Karlsruhe vom 11. 07. 1994, Az: 17 U 212/92; BauR 94, 803. Zur **zweiten Klausel** vergl. Urteil des BGH vom 14. 10. 2004, Az: VII ZR 190/03; Baurecht 2005, 94. Die Klausel verstößt gegen § 307 BGB. Schriftformklauseln sind unwirksam, wenn sie nach ihrem Inhalt auch die Verbindlichkeit von individuellen Abreden zwischen den Vertragsparteien (die gerade bei Zusatzleistungen vorkommen können) in Frage stellen.
h) Zusatzaufträge werden nur vergütet, wenn der **Bauherr** den Vergütungsanspruch **anerkennt** (oder: . . . wenn der Bauherr gegenüber dem Hauptunternehmer **Zahlung leistet**). **Verwender:** Generalunternehmer – Bauträger	**nein**	Hier wird die Erfüllung einer Hauptpflicht (Zahlungspflicht) vom Verhalten eines Dritten (Bauherrn) abhängig gemacht, der mit dem Nachunternehmer in keiner Vertragsbeziehung steht, also von diesem zu einem entsprechenden Verhalten auch nicht „gezwungen" werden kann. Neben § 307 Abs. 2 Nr. 2 BGB verstoßen solche Bestimmungen auch gegen § 308 Nr. 1 BGB (vgl. Frikell-Glatzel-Hofmann, K 2.5.9). Ähnlich LG München vom 19. 09. 1994, Az: 21 O 10909/94, nicht veröffentlicht.

2.2.6.2 AGB der Auftragnehmerseite

Siehe hierzu Kap. 2.2.5.2

2.2.7 Pauschalvertrag

Vorbemerkung:

Der Begriff des Pauschalvertrags ist nicht einheitlich definierbar. Vielmehr kommt es auf die Ausgestaltung im Einzelfall an.

Die nachstehenden Klauseln gehen vom **Regelfall** aus, dass der Pauschalvertrag auf der Basis beiderseitiger Mitwirkungspflichten geschlossen wird: Der Auftraggeber liefert die Leistungsbeschreibung, auf deren Grundlage der Auftragnehmer seine Pauschale ermittelt (sog. **Detail-Pauschalvertrag).** Ist hier der Auftraggeber Verwender von AGB, so ist in diesem Fall sein Gestaltungsspielraum recht eng. Die Überbürdung aller Risiken aus diesem Vertrag auf den Auftragnehmer beinhaltet gleichzeitig eine – u. U. unzulässige – Haftungsfreizeichnung zugunsten des Auftraggebers, zumal die auftraggeberseitigen Unterlagen (Leistungsbeschreibung) bei diesem „arbeitsteiligen" Pauschalvertrag die **Vermutung der Vollständigkeit** und **Richtigkeit** für sich haben (vgl. OLG Düsseldorf vom 19. 03. 1990, Az: 23 U 141/90; BauR 91, 747).

Handelt es sich um einen **Global-Pauschalvertrag,** der die Leistung erkennbar nur lückenhaft beschreibt und auf den Auftragnehmer ganz oder zum Teil nicht nur das Mengenrisiko sondern auch das Vollständigkeitsrisiko überträgt, ist bei sogenannten **Komplettklauseln** eine andere Betrachtungsweise geboten.

Hat der Auftragnehmer bei einem Detail-Pauschalvertrag das Leistungsverzeichnis erstellt, entspricht die dort vorzunehmende Risikoverteilung in Bezug auf Komplettklauseln derjenigen bei einem Global-Pauschalvertrag.

2.2.7.1 AGB der Auftraggeberseite

PRÜFLISTE	zulässig	Anmerkung
a) Die vereinbarten Festpreise schließen Nachforderungen jeglicher Art aus.	**nein**	OLG Hamburg vom 06. 12. 1995, Az: 5 U 215/94. **Revision vom BGH** mit Beschluss vom 05. 06. 1997, Az: VII ZR 54/96 **nicht angenommen.** **Zur Begründung s. o. 2.2.6.1 Buchst. b).**
b) Die Vereinbarung des Pauschalpreises schließt Nachforderungen wegen Mehr- oder Minderleistungen aus. Als **Individualvereinbarung.**	**nein**	Selbst wenn es sich hier um eine „individuelle" Klausel handelt, ist sie ungültig. Es ist nämlich eine **formelhafte Klausel,** wie sie sich üblicherweise in Pauschalverträgen findet. Solche Klauseln sind einer Wirksamkeitskontrolle nach den Grundsätzen von „Treu und Glauben" (§ 242 BGB) unterworfen. Mit Treu und Glauben ist es aber nicht vereinbar, wenn verlangte Zusatzleistungen, die dem AN einen erheblichen Mehraufwand bereiten, entgegen dem gesetzlichen Grundgedanken des § 632 Abs. 1 BGB ohne Vergütungsanspruch bleiben sollen (OLG Oldenburg vom 19. 08. 1992, Az: 2 U 229/91; BauR 93, 228).

PRÜFLISTE	zulässig	Anmerkung
c) Der Pauschalvertrag beinhaltet alles, was zu einer **schlüsselfertigen Leistung** gehört.	**nein**	Wenn es sich um einen **Detail-Pauschalvertrag** handelt. Hier ist die Leistung durch das Leistungsverzeichnis und die etwa gelieferten Pläne eindeutig definiert, sodass die Klausel die Leistungspflicht des Auftragnehmers unangemessen erweitert.
	ja	Wenn es sich um einen **Global-Pauschalvertrag** handelt, dem kein detailliertes Leistungsverzeichnis zugrunde liegt (vgl. Kapellmann/Schiffers, Band 2, Rdnr. 272, Hofmann-Frikell, Der Pauschalvertrag, Rdnr. 66 ff. und 86 ff.).
	ja	Wenn es sich um einen Detail-Pauschalvertrag handelt und **der Auftragnehmer das Leistungsverzeichnis erstellt hat** (OLG Düsseldorf vom 30. 09. 2003, Az: 23 U 204/02; BauR 2004, 506).
d) Bei Pauschalverträgen ist die Vergütung für das fertig gestellte Werk vereinbart. Leistungen, die zur Fertigstellung erforderlich sind, sind durch den Pauschalpreis vergütet.	**nein**	**Sofern es sich um einen Detail-Pauschalvertrag handelt.** Hier übernimmt der Auftragnehmer lediglich das Massenermittlungsrisiko, nicht jedoch das „Vollständigkeitsrisiko" (OLG Celle vom 04. 01. 2007 – Az: 13 U 244/05; rechtskräftig mit Beschluss des BGH vom 27. 09. 2007 – Az: VII ZR 23/07; BauR 2008, 100.
e) Das Globalpreisangebot beinhaltet die schlüsselfertige Errichtung des Gebäudes **nach Maßgabe der Leistungsbeschreibung, Ausführungszeichnungen und sonstigen Bestandteile des Vertrags als Gesamtbauziel.**	**ja**	Die Klausel verstößt nicht gegen das Gebot der Klarheit (Transparenzgebot). Der Leistungsinhalt wird durch die Inbezugnahme auf die Leistungsbeschreibung und die anderen Vertragsbestandteile konkretisiert (LG Mainz vom 28. 10. 1998, Az: 9 O 521/97; IBR 1999, 412).
f) Der Handwerker erkennt an, dass in dem Pauschalvertrag auch alle die **Arbeiten enthalten** sind, die nicht ausdrücklich in der Leistungsbeschreibung benannt sind, jedoch dem **Richtmaß der Baukunst entsprechen** und sich während der Bauzeit als notwendig erweisen, damit das Werk des Handwerkers vollständig nach den anerkannten Regeln der Baukunst fertig gestellt werden kann.	**nein**	Das **Risiko etwaiger Ausschreibungsfehler** wird einseitig auf den Handwerker **abgewälzt.** Somit verstößt die Klausel gegen §§ 307 und 309 Nr. 7b BGB (OLG München vom 22. 05. 1990, Az: 9 U 6108/89, Baurechts-Report 10/90; BauR 90, 776). Vgl. auch Ingenstau/Korbion, B § 2 Nr. 8 Rdnr. 40. Die Klausel greift unzulässig in den Bereich der §§ 632, 242 BGB ein.

PRÜFLISTE	zulässig	Anmerkung
g) Mit dem vereinbarten Preis ist, ohne dass es auf Massen und Preise im ausgefüllten Leistungsverzeichnis ankäme, die in sich abgeschlossene fertige Leistung (Gewerk) abgegolten, die dem aus dem Leistungsverzeichnis und den Plänen erkennbaren Verwendungszweck entspricht und **für den angestrebten technischen Erfolg notwendig** ist. Dies gilt insbesondere auch dann, wenn einzelne Leistungen erforderlich werden, die üblicherweise grundsätzlich im Leistungsverzeichnis oder in den Plänen erfasst bzw. dargestellt werden und in diesen aber fehlen. Gemeint sind hier z. B. **nicht oder nicht vollständig oder unzureichend ausgeschriebene Positionen,** die für die fertige Leistung (nämlich das Gewerk) erforderlich sind.	nein	Die Klausel verstößt gegen § 307 Abs. 2 Nr. 2 BGB. Zwar entspricht es der Natur des Pauschalvertrages, dass die einzelnen Massen des Leistungsverzeichnisses zur Leistung im Ganzen pauschaliert werden und für diesen Erfolg ein fester Preis vereinbart wird. Demgegenüber kommt es zu einer **Änderung des Pauschalvertrages, wenn der AG nachträglich Leistungen fordert, die bei Vertragsschluss noch nicht Gegenstand des Pauschalpreises waren** oder die gegenüber den Festlegungen im LV des Pauschalvertrages eine geänderte Ausführungsart bedingen. Daher versucht die Klausel, evtl. mangelhaft ausgeschriebene Leistungen nachträglich unter Hinweis auf den ansonsten nicht zu erreichenden technischen Erfolg kostenlos ergänzen zu lassen. Hier wird das in den §§ 320 ff. BGB verankerte Prinzip der Berechenbarkeit von Leistung und Gegenleistung verletzt und die Hauptpflicht des AG – nämlich die Zahlungspflicht – in unangemessener Weise relativiert (LG München vom 24. 01. 1989, Az: 7 O 19798/88, Baurechts-Report 3/89).
h) Der Pauschalpreis wird für die gesamte tatsächliche Bauzeit vereinbart. Auf **Veränderungen der Kalkulationsgrundlagen** kann sich der AN auch dann nicht berufen, wenn die vorgesehenen oder vereinbarten **Ausführungsfristen** nicht eingehalten werden können.	nein	Die Klausel verstößt gegen § 307 BGB. In **Abs. 1** der genannten Klausel will der AG den AN auch dann an die vereinbarte Pauschale binden, wenn die vorgesehenen oder vereinbarten Ausführungsfristen aus **Gründen, welche der AG zu vertreten hat,** nicht eingehalten werden können. Dies ist unbillig und unangemessen.
Auf eine **Verlängerung der Bauzeit** und damit ggf. auf Veränderungen der Kalkulationsgrundlagen kann sich der AN nur dann berufen, wenn infolge höherer Gewalt oder, weil der AG **grob fahrlässig oder vorsätzlich** gegen die ihm obliegenden Verpflichtungen verstößt,		**Die in Abs. 2** vorgenommene Einschränkung der Vergütungspflicht auf Fälle auftraggeberseitiger grober Fahrlässigkeit oder Vorsätzlichkeit ist unangemessen und unbillig, weil hier gegen das Prinzip der Berechenbarkeit von Leistung und Gegenleistung gemäß §§ 320 ff. BGB verstoßen wird. Außerdem versucht die Klausel für zentrale Mitwirkungspflichten **("Kardinalpflichten")** des AG eine Haftung einzuführen, welche auf qualifiziertes Verschulden beschränkt ist. Auch eine

PRÜFLISTE	zulässig	Anmerkung
die Bauarbeiten dadurch für mehr als 30 Arbeitstage unterbrochen werden müssen. Eine evtl. **Winterpause** bzw. vom Arbeitsamt anerkannte Schlechtwettertage gelten in dem vorgenannten Sinne **nicht als Unterbrechung.**		solche Regelung ist unangemessen im Sinne des § 307 BGB (LG München vom 24. 01. 1989, Az: 7 O 19798/88, Baurechts-Report 3/89). Mit ähnlicher Begründung LG München vom 08. 08. 1991, Az: 7 O 779/91, nicht veröffentlicht, zu folgender Klausel: **„Eine Erhöhung des Pauschalpreises durch Bauverzögerung ist ausgeschlossen, sofern diese Bauverzögerung nicht durch den Auftraggeber zu vertreten ist."**
i) Wird der geplante Bau **anders als ursprünglich vorgesehen** errichtet und kommt es dadurch zu **erheblichen Veränderungen** des Leistungsumfanges, z. B. durch Änderungen des Bauentwurfes, die ausdrücklich vom AG gewünscht werden, hat der AN auf der Grundlage der gleichen Preise des LV (unter Berücksichtigung eines evtl. Preisnachlasses), die Grundlage der Bildung des Pauschalpreises dieser Vereinbarung waren, **Nachtragsangebote vorzulegen.** Mehr- oder Minderleistungen, die aus solchen Änderungen herrühren, sind prüfbar aufzugliedern.	**nein**	Die Klausel räumt dem AN nur dann die Möglichkeit ein, im Wege des Nachtragsangebotes eine Mehrvergütung zu erreichen, wenn die vom AG vorgenommenen Planungsänderungen zu einer **„erheblichen"** Veränderung des Leistungsumfanges führen. Alle unterhalb dieser nicht näher bestimmten „Erheblichkeitsgrenze" liegenden Veränderungen müsste der AN demnach kostenlos erbringen. Damit **verstößt** die Klausel in grober Weise **gegen das** in den §§ 320 ff. BGB verankerte **Prinzip der Berechenbarkeit von Leistung und Gegenleistung.** Dies gilt auch für den Bereich des Pauschalvertrages (LG München vom 24. 01. 1989, Az: 7 O 19798/88, Baurechts-Report 3/89).
j) Der Bauherr behält sich vor, **einzelne Teile der ausgeschriebenen Arbeiten zu ändern oder gänzlich auszuschalten.** Der Unternehmer kann hieraus keinen Entschädigungsanspruch ableiten, wenn sich aus diesem Umstand keine Änderung des Gesamtleistungsumfangs über plus/minus **10%** ergibt.	**nein**	Die qualitative Auftragsänderung beim Abschluss eines Bauvertrages zum Pauschalpreis stellt eine mit Treu und Glauben nicht zu vereinbarende unangemessene Benachteiligung des Unternehmers dar. Auch der Vergleich mit § 2 Nr. 7 VOB/B ändert hieran nichts. Denn auch nach dieser Bestimmung hat eine Preisanpassung stattzufinden, wenn der AG einseitig Eingriffe in den vertraglich festgelegten Leistungsinhalt vornimmt, vgl. § 2 Nr. 7 Abs. 1 letzter Satz VOB/B (OLG Frankfurt, NJW-RR 86, 247; Ingenstau/Korbion, B § 2 Nr. 7 Rdnr. 40).

PRÜFLISTE	zulässig	Anmerkung
k) Bei Pauschalvereinbarungen finden auch durch Auftragsänderungen bedingte Leistungsvermehrungen und -verminderungen innerhalb der einzelnen Positionen **bis zu 5%** abrechnungsmäßig keine Berücksichtigung, es sei denn, dass Sonderwunschanträge erteilt wurden und/oder einzelne Positionen weggefallen oder neu hinzugekommen sind.	**nein**	Die Klausel verstößt gegen § 307 Abs. 1 Nr. 1 BGB, da sie gegen das Prinzip der Berechenbarkeit von Leistung und Gegenleistung verstößt. Bei der maßgeblichen „kundenfeindlichsten Auslegung" ist die 5%-Grenze für die einzelne Leistung aus der gesamten Pauschalsumme zu entnehmen, sodass von Veränderungen im Bagatellbereich in Bezug auf die einzelne Teilleistung wie auch auf die Gesamtsumme nicht mehr die Rede sein kann (LG München vom 19. 05. 1988, Az: 7 O 23960/87, Baurechts-Report 6/88).
l) Mehr- und Mindermassen von 5% gelten als vereinbart.	**ja**	Die Klausel ist wirksam und bei einem **Detail-Pauschalvertrag** dahin zu verstehen, dass bei einer nicht durch Planänderungen bedingten Mengenabweichung in den einzelnen Positionen, die über 5% hinausgeht, auf Verlangen ein neuer Preis gebildet werden muss (§ 2 Nr. 7 Abs. 1 Satz 2 und 3 VOB/B). Nicht entscheidend ist, ob die Gesamtsumme der Mindermengen im Wert unter 5% der Pauschale bleibt (BGH vom 11. 09. 2003, Az: VII ZR 116/02; Baurechts-Report 1/2004, S. 1).
m) Mehrforderungen des AN, die darauf beruhen, dass die den im Vertrag vereinbarten Pauschalpreisen zugrunde liegenden **Massen und Mengen unrichtig seien,** sind ausgeschlossen.	**nein**	LG München vom 19. 05. 1988, Az: 7 O 23960/87, Baurechts-Report 6/88: Die Klausel **schließt** wesentliche Grundgedanken der gesetzlichen Regelung **aus,** weil der AN nach dem Gesetz grundsätzlich die Möglichkeit hat, den etwa auf einem Verschreiben oder Versprechen beruhenden **Irrtum zu korrigieren** und den Vertrag, der ihn aufgrund des Irrtums u. U. stark belastet, wieder rückgängig zu machen. Ebenso kann er sich von dem Vertrag wieder lösen, wenn der Vertragspartner einen erkannten Kalkulationsirrtum bewusst ausnutzt oder wenn im Falle der gemeinsamen Berechnungsgrundlage auch der Vertragspartner sich geirrt hat **(vgl. auch Ziff. 2.1.10).**

PRÜFLISTE	zulässig	Anmerkung
n) Für Veränderungen, die vom Auftraggeber gewünscht werden sollten, hat der Auftragnehmer auf der Grundlage des Hauptangebots **Ergänzungsangebote** vorzulegen. Dies gilt auch für Änderungen aufgrund behördlicher Auflage. Mehr- oder Minderleistungen, die aus solchen Änderungen herrühren, sind prüfbar aufzugliedern. Zu den Ergänzungsarbeiten äußert sich der Auftragnehmer innerhalb von 3 Wochen. Den Festpreis verändernde Arbeiten dürfen erst in Angriff genommen werden, wenn der Auftraggeber die Ergänzungsangebote **schriftlich anerkannt hat.**	**ja** **(strittig)**	Hier wurde nach Ansicht des OLG Köln vom 21. 05. 1985, ZfBR 86, 99, in angemessener Weise der § 2 Nr. 7 VOB/B sowohl zugunsten als auch zuungunsten des Auftraggebers abgeändert. Auch das **Schriftformerfordernis** erscheint dem OLG Köln sachgerecht, was im Hinblick auf Kap. 2.1.11 **zweifelhaft** sein dürfte. Ob mit einer solchen Klausel auch die VOB/B als „Vertragsgrundlage zerstört" ist (vgl. hierzu Teil I Ziff. 5.2) wurde vom OLG Köln nicht geprüft, dürfte aber im Hinblick auf die neue BGH-Rechtsprechung zu diesem Punkt zweifelsfrei der Fall sein.
o) **Minderleistungen,** bedingt durch Planänderungen oder vom Generalunternehmer angeordnete Ausführungsänderungen **werden** besonders ermittelt und **vom Pauschalpreis abgesetzt.**	**nein**	Diese Klausel ist gemäß §§ 307, 308 Nr. 3 und 4 BGB unzulässig, da sie dem AG gestattet, den vertraglichen Leistungsumfang einseitig zu kürzen, ohne die berechtigten Interessen des AN zu berücksichtigen (LG Frankfurt vom 08. 10. 1985, Az: 2/13 O 177/85; Bunte V, 220 m. w. H.; vgl. auch Frikell-Glatzel-Hofmann, K 2.6.5, die die Klausel als „überraschend" im Sinne von § 305c BGB bezeichnen und sie als solche nicht zum Vertragsbestandteil werden lassen wollen). Ebenso LG München vom 25. 07. 1989, Az: 7 O 26309/88, Baurechts-Report 8/89.
p) Mehr- oder Minderleistungen gegenüber den ausgeschriebenen Mengen werden bei **Änderungen von Bauentwurf** oder Ausführung **entsprechend dem Aufmaß** zu den angebotenen Einheitspreisen abgerechnet.	**ja**	Diese Klausel ist deshalb gültig, weil hier anstelle einer vagen Zumutbarkeitsgrenze bei Mengenschwankungen (§ 2 Nr. 7 Abs. 1 Satz 1 VOB/B) eine angemessene Anpassungsregelung vorgesehen wurde. Durch die übrigen Vertragsbedingungen ist sichergestellt, dass für Vertragsänderungen und Zusatzleistungen, die sich nicht lediglich mengenmäßig auswirken, die ausgewogenen Regelungen der § 2 Nr. 5 VOB/B und § 2 Nr. 6 VOB/B gelten (OLG Zweibrücken vom 10. 03. 1994, Az: 4 U 143/93; BauR 94, 511).

PRÜFLISTE	zulässig	Anmerkung
q) Mehrleistungen werden nur vergütet, wenn sie **schriftlich bestellt** werden.	**nein**	Unwirksame Schriftformklausel (OLG Düsseldorf vom 30. 01. 1997, Az: 12 U 28/96; BauR 98, 874). **Siehe hierzu auch Ziff. 2.1.11.**
r) Soweit Positionen des Leistungsverzeichnisses ganz oder teilweise nicht zur Ausführung gelangen, können diese **von dem Auftrag gestrichen** werden. Soweit hierdurch Preisänderungen hinsichtlich der Restposten oder der übrigen Positionen eintreten, die das vertragliche Preisgefüge beeinträchtigen, **setzt der Auftraggeber** bzw. dessen Planer **die Preise nach den** bürgerlich-rechtlichen **Regeln der Billigkeit** im Rahmen der angemessenen Vergütung in Relation zu den vertraglich kalkulierten Preisen oder – soweit dies nicht möglich ist – zur verkehrsüblichen Bezahlung fest.	**nein**	Die Klausel könnte dazu führen, dass vertraglich geschuldete, aber nicht erbrachte Leistungen, gleich welchen Umfangs, nicht zu vergüten wären. Dies wäre **mit der individualvertraglich vereinbarten Pauschalvergütung nicht in Einklang** zu bringen. Aufgrund dessen geht gemäß § 305b BGB die individualvertragliche Regelung (die Vereinbarung der Pauschalvergütung ohne Abrechnung der einzelnen Positionen) der genannten Klausel vor (OLG Frankfurt a. M. vom 25. 09. 1997, Az: 15 U 213/96, NJW-RR 98, 311).
s) **Nachunternehmervertrag (Einheitspreisvertrag):** Zur Beschränkung des Werklohns für den Fall der Nichtinanspruchnahme der Leistung wird auf Ziffer . . . des Generalunternehmervertrags verwiesen.	**nein**	Die Verweisung in einem Einheitspreisvertrag zwischen dem Auftraggeber (Generalunternehmer) und seinem Auftragnehmer (Nachunternehmer) auf Bedingungen eines Pauschalpreisvertrages zwischen dem Generalunternehmer und seinem Auftraggeber, die eine Beschränkung des Werklohns für den Fall der Nichtinanspruchnahme der Leistung vorsehen, kann überraschend sein (§ 305c Abs. 1 BGB). BGH, Urteil vom 12. 07. 2007, Az: VII ZR 154/06; BauR 2007, 1724.

2.2.7.2 AGB der Auftragnehmerseite

PRÜFLISTE	zulässig	Anmerkung
a) Zusätzlich zum Pauschalpreis werden die nachstehenden **„Aufschließungskosten"** nach Aufwand abgerechnet. **Verwender:** AN als schlüsselfertig leistender Generalunternehmer gegenüber Bauherren.	**nein**	Wird eine derartige Klausel bei einem Pauschalvertrag für schlüsselfertige Häuser verwendet, so verstößt sie gegen § 307 BGB, **wenn** es sich nach dem Wortlaut der Klausel um Kosten handelt, die nach dem Gesamtinhalt des Vertrages für den Vertragspartner „überraschend" sein müssen und für diesen zu einer nicht abschätzbaren Erhöhung des vereinbarten Pauschalpreises führen können (BGH vom 29. 09. 1983, Az: VII ZR 225/82, BauR 84, 61).
b) Bei dem zwischen den Parteien abgeschlossenen Pauschalvertrag ist der Bauträger bevollmächtigt, namens des Bauherrn **unbeschränkt Verträge** mit Bauhandwerkern **zu schließen.** **Verwender:** Bauträger gegenüber Bauherrn.	**nein**	OLG Nürnberg vom 15. 06. 1982, Az: 3U 3704/81, NJW 82, 2326: Die Klausel verstößt bei einem Pauschalvertrag gegen § 307 BGB, weil sie den Bauherrn entgegen den Geboten von Treu und Glauben unangemessen benachteiligt. Es widerspricht der Natur des Festpreis-(= Pauschal-)vertrages, wenn es dem Auftragnehmer (Bauträger) gestattet ist, Werkverträge mit rechtlicher Wirkung für den Bauherrn zu schließen. Die Bauherrn sind hier der Gefahr einer „Flut von unmittelbar gegen sie gerichteten Handwerkerforderungen ausgesetzt". Dieser Gefahr wollten sie gerade durch einen der Höhe nach voraussehbaren unabänderlichen Preis begegnen.

2.2.8 Leistungen ohne Auftrag

Vorbemerkung:

Die VOB-Regelung (§ 2 Nr. 8 VOB/B) wurde aufgrund der nachstehend zitierten BGH-Rechtsprechung im Jahr 1996 zugunsten des Auftragnehmers abgeschwächt. Der bisher bestehenden Regelung wurde ein dritter Absatz hinzugefügt, der auf die gesetzlichen Bestimmungen der „Geschäftsführung ohne Auftrag" verweist. Dies hat allerdings nichts daran geändert, dass der BGH die beiden ersten Absätze des § 2 Nr. 8 VOB/B als isolierte Klauseln für unwirksam hält. Entsprechend eng ist der Spielraum für Klauseln der Auftraggeberseite, in denen die genannte VOB-Regelung zugunsten der Auftraggeberseite noch verschärft wird.

AGB der Auftraggeberseite

PRÜFLISTE	zulässig	Anmerkung
a) **§ 2 Nr. 8 Abs. 1 und 2 VOB/B**	ja	**Wenn** die VOB uneingeschränkte Vertragsgrundlage ist. Siehe hierzu Teil I Ziff. 5.
(1) Leistungen, die der AG ohne Auftrag oder unter eigenmächtiger Abweichung vom Vertrag ausführt, werden nicht gesondert vergütet. Der Auftragnehmer hat sie auf Verlangen innerhalb einer angemessenen Frist zu beseitigen; sonst kann es auf seine Kosten geschehen. Er haftet außerdem für andere Schäden, die dem Auftraggeber hieraus entstehen **VOB/B).** (2) Eine Vergütung steht dem AN jedoch zu, wenn der AG solche Leistungen nachträglich anerkennt. Eine Vergütung steht ihm auch zu, wenn die Leistungen für die Erfüllung des Vertrages notwendig waren, dem mutmaßlichen Willen des AG entsprachen und ihm unverzüglich angezeigt wurden.	**nein**	**Wenn** die VOB nicht „insgesamt einbezogen", also durch sonstige Vorbemerkungen nicht (auch nicht unwesentlich) abgeändert wird (vgl. Teil I Ziff. 5). Der BGH hat mit Urteil vom 31. 01. 1991, Az: VII ZR 291/88, WM 91, 1389 ff., festgestellt, dass der **§ 2 Nr. 8 Abs. 1 S. 1 VOB/B als „isolierte Bestimmung"** den Auftragnehmer unangemessen benachteiligt (Verstoß gegen § 307 BGB). Diese VOB-Klausel schließt auch für „notwendige" Leistungen die etwa nach § 683 ff. BGB bestehenden gesetzlichen Ansprüche aus. „Schon aus diesem Grund hält die Klausel der hier gebotenen Inhaltskontrolle nicht stand." Ebenso auch OLG Hamm vom 25. 09. 1991, Az: 12 U 108/88, BauR 92, 540. Mit seinem Beschluss vom 9. 12. 2004, Az: VII ZR 357/03, hat der BGH pauschal erklärt, dass **§ 2 Nr. 8 Abs. 1 und 2 VOB/B als isolierte Bestimmung einer Inhaltskontrolle nicht standhält.** Siehe auch OLG Jena vom 19. 09. 2007, Az: 7 U 35/07; BauR 2007, 43.
b) **VOB/B: Abs. 1 und 2 wie a), Abs. 3:** Die Vorschriften des BGB über die Geschäftsführung ohne Auftrag (§§ 677 ff.) bleiben unberührt.	**nein**	Auch in Verbindung mit Abs. 3 sind die Absätze 1 und 2 als **„isolierte Bestimmungen"** unwirksam **(siehe hierzu Teil I Ziff. 5.4.5).**

2.2.9 Verlangen von Zeichnungen, Berechnungen und anderen Unterlagen

AGB der Auftraggeberseite

PRÜFLISTE	zulässig	Anmerkung
a) Mit den vereinbarten Preisen sind abgegolten, . . . **Anfertigung von Konstruktionszeichnungen, Abrechnungsplänen** usw. Herstellen und Schließen von Schlitzen und Öffnungen, gleich welcher Art, auch soweit im Leistungsverzeichnis nicht ausdrücklich erfasst.	nein	Nach LG München I vom 29. 06. 1989, Az: 7 O 5019/89, nicht veröffentlicht, **verletzt** die Klausel das in den §§ 320 ff. BGB verankerte **Prinzip der Berechenbarkeit von Leistung und Gegenleistung.** Zur Schlitzklausel vgl. oben Ziff. 2.2.1.3.1.9. Zu Bestandsplänen und Bedienungsanleitungen ebenso LG München vom 27. 07. 1994, Az: 21 O 11308/93; **Revision** durch Beschluss des BGH vom 11. 07. 1995, Az: VII ZR 233/94 **abgelehnt;** Baurechts-Report 8/95; Ingenstau/Korbion, B § 2 Nr. 9 Rdnr. 1.
b) Der AG darf **Unterlagen** des AN ohne zusätzliche Vergütung nutzen.	nein	Hier wird versucht, eine vergütungsfähige und gemäß § 632 BGB zu vergütende Leistung vergütungsfrei zu stellen. Die Klausel beschränkt sich nicht auf bereits abgegoltene Nebenleistungen, sondern ist inhaltlich umfassend. Verstoß gegen § 307 Abs. 2 Nr. 1 BGB (LG München vom 27. 07. 1994, Az: 21 O 11308/93, **Revision** durch Beschluss des BGH vom 13. 07. 1995, Az: VIII ZR 233/94, **abgelehnt;** Baurechts-Report 8/95).
c) Auf Verlangen sind **Musterstücke** kostenlos anzufertigen. **oder:** In den EP enthalten ist das Erstellen von **Putz- und sonstigen Arbeitsmustern** auf Verlangen.	nein	LG München vom 23. 06. 1992, Az: 7 O 22105/91, Baurechts-Report 1/93: Die Klausel gestattet nach der „auftragnehmerfeindlichsten" Auslegung auch die Fertigstellung von kostenlosen Musterstücken, bei denen der Aufwand nicht in einem billigen Verhältnis zur eigenen Vertragsleistung steht. Zur zweiten Klausel vgl. AU des LG München vom 24. 02. 1994, Az: 7 O 12830/93, nicht veröffentlicht.
d) Der AN hat auf Anforderung des AG von seinen Leistungen **Bestandspläne,** Berechnungsunterlagen, Beschreibungen und Bedienungsanleitungen anzufertigen und dem AG nach Fertigstellung der Arbeiten spätestens mit der Schlussrechnung einen Satz Originale oder Mutterpausen und zwei Sätze Lichtpausen kostenlos zu übergeben.	nein	Nach LG München vom 27. 07. 1994, Az: 21 O 11308/93, Baurechts-Report 9/94, **Revision** durch Beschluss des BGH vom 13. 07. 1995, Az: VII ZR 233/94, **abgelehnt,** ist die Klausel schon deshalb wegen Verstoßes gegen § 307 Abs. 2 Nr. 1 BGB unwirksam, weil nach dem Wortlaut der AN die Kosten der Anfertigung ausdrücklich „ohne besondere Vergütung" erbringen muss, also diese auch nicht einkalkulieren darf. Hier werden Grundsätze des § 632 BGB verletzt.

PRÜFLISTE	zulässig	Anmerkung
e) Der Nachunternehmer erstellt kostenlos alle für seine Leistung erforderlichen Ausführungspläne und -unterlagen und etwa erforderliche **statische Berechnungen** einschließlich der für die Baugenehmigungsbehörde und andere öffentliche Stellen und Versorgungsunternehmen für seinen Leistungsbereich erforderlichen Unterlagen, soweit sie nicht der Hauptunternehmer liefert.	**nein**	Die Klausel verletzt Grundgedanken der gesetzlichen Regelung (§ 632 BGB) und das Prinzip der Berechenbarkeit von Leistung und Gegenleistung (Äquivalenzprinzip). Somit Verstoß gegen § 307 BGB (LG München vom 02. 03. 1994, Az: 21 O 21162/93; nicht veröffentlicht).
f) Der Auftragnehmer ist verpflichtet, **Verlegepläne** herzustellen und dem Auftraggeber auszuhändigen. Diesbezügliche Kosten sind in die Einheitspreise mit einzurechnen.	**ja**	OLG Frankfurt vom 28. 02. 1996, Az: 21 U 33/95, Baurechts-Report 12/96: Zwar ist die Beschaffung der Verlegepläne normalerweise Sache des Auftraggebers und darf nur gegen gesonderte Vergütung gemäß § 3 Nr. 5 VOB/B und § 2 Nr. 9 VOB/B auf den Auftragnehmer übertragen werden. Es ist aber den Vertragspartnern freigestellt, dies wie hier mit den Einheitspreisen abzugelten.
	nein	wenn die Klausel den Auftragnehmer zur kostenlosen Leistungserbringung verpflichtet oder wenn sie den Auftragnehmer mit unkalkulierbaren Risiken belastet.

2.3 Ausführungsunterlagen (§ 3 VOB/B)

Vorbemerkung:

Die VOB/B geht in § 3 vom „arbeitsteiligen" Bauvertrag aus. Der Auftraggeber hat die Planung, der Auftragnehmer die Bauausführung zu liefern.

Zwar ist durch AGB möglich, die **Mit**verantwortlichkeit des anderen Vertragsteils für den eigenen Leistungsbeitrag zu unterstreichen. Eine völlige Haftungsfreizeichnung oder eine maßgebliche Haftungsbeschränkung für den eigenen Leistungsteil ist jedoch wegen § 309 Nr. 7 Abs. 2 BGB, aber auch unmittelbar nach § 307 Abs. 2 Nr. 2 BGB bedenklich, weil es hier um „wesentliche Pflichten" geht.

Soweit es um die Anmeldung von **Bedenken** geht (§ 4 Nr. 3 VOB/B) wird auch auf 2.4.3 verwiesen. Zur **Vergütung** vgl. Ziff. 2.2.9.

2.3.1 AGB der Auftraggeberseite

PRÜFLISTE	zulässig	Anmerkung
a) Sämtliche Maße sind am Bau zu prüfen.	**ja**	Der AN ist verpflichtet, alle Vorleistungen, auf denen seine Arbeit aufbaut – also auch die Pläne –, mit den ihm zur Verfügung stehenden Mitteln zu überprüfen (§ 4 Nr. 2 VOB/B).
b) Der **AN erkennt weiter an, dass er alle Maße** unter seiner eigenen Verantwortung am Bau bzw. nach den Bauzeichnungen **kontrolliert** und bei An- und Erweiterungsbauten alle Höhen und Einzelheiten der bestehenden Teile genau aufgenommen hat, sodass eine Berufung auf Planfehler oder falsche Angaben im Leistungsverzeichnis oder in anderen Unterlagen ausgeschlossen ist.	**nein**	OLG Karlsruhe vom 22. 07. 1982, Az: 9 U 27/81, BB 1983, 725: Die Klausel beinhaltet „Haftungsfreiheit für Eigenmitwirkungspflichten des AG. Dem AN wird die alleinige Haftung für Fehler in den Plan- oder sonstigen Ausführungsunterlagen überbürdet", gleichgültig welcher Verschuldensgrad des Verwenders oder seiner Erfüllungsgehilfen vorliegt. Eine „geltungserhaltende Reduktion" ist nicht möglich. Unzulässig nach §§ 307, 309 Nr. 7b BGB. Ebenso LG München vom 04. 08. 1988, Az: 7 O 22388/87, nicht veröffentlicht.

PRÜFLISTE	zulässig	Anmerkung
c) Der Auftragnehmer ist verpflichtet, alle für seine Leistungen erforderlichen und **nicht von dem Auftraggeber zur Verfügung gestellten Ausführungsunterlagen** rechtzeitig in eigener Verantwortung **unentgeltlich beizubringen** und diese einschließlich des von dem Auftragnehmer eventuell gefertigten Subunternehmer-Leistungsverzeichnisses dem Auftraggeber vor Beginn der Ausführung zur Freigabe vorzulegen.	nein	Die Klausel ist auch so zu verstehen, dass sie sich nicht nur auf vom Auftragnehmer zu erstellende Ausführungsunterlagen, sondern auch auf vom Auftraggeber nach § 3 VOB/B zu erbringende Ausführungsunterlagen bezieht. Dem Auftragnehmer wird ein **unkalkulierbares Wagnis** aufgebürdet. Verstoß gegen § 307 BGB (OLG Hamburg vom 06. 12. 1995, Az: 5 U 215/94; **Nichtannahmebeschluss des BGH** vom 05. 06. 1997, Az: VII ZR 54/96).
d) Der AN kann sich nicht damit entlasten, dass die **Bauleitung** eigenmächtigen Änderungen und Abweichungen von mit Genehmigungsvermerk versehenen Ausführungsplänen sowie der geprüften statischen Unterlagen **zugestimmt** hat.	nein	Vgl. OLG Karlsruhe vom 22. 07. 1982, Az: 9 U 27/81, BB 1983, 729: Unzulässige Haftungsfreizeichnung für schuldhaftes Verhalten von Erfüllungsgehilfen (§ 278 BGB i. V. mit §§ 307 und 309 Nr. 7 Abs. 2 BGB): „Dabei ist unerheblich, ob der Bauleiter ohne oder unter Überschreitung einer Vollmacht oder gegen ausdrückliche Weisung gehandelt hat." Auch für solches Verhalten hat nämlich der Bauherr einzustehen.
e) Der Auftragnehmer hat auf Verlangen des Auftraggebers . . . z. B. **Baustelleneinrichtungsplan, Geräteverzeichnis, Bauzeitenplan** zu erstellen und dem Auftraggeber innerhalb einer Frist von . . . Wochen ab . . . zu übergeben.	ja	Hier handelt es sich um Pläne, die nicht die Konstruktion des Bauwerks, sondern die Ausgestaltung des Herstellungsvorgangs betreffen. Auch bei einem klassischen Bauvertrag, bei dem die Planung dem Auftraggeber obliegt, ist dies üblich und sachgerecht (Kleine-Möller/Merl/Oelmaier, § 2 Rdnr. 299). **Aber:** Zu den sonstigen Unterlagen vgl. Ziff. 2.2.9.
f) Werden **vom AN Planungsarbeiten** erbracht oder **Sondervorschläge** unterbreitet, die von den Planungsunterlagen der Auftraggeberseite abweichen, so haftet er allein für die Entwurfsbearbeitung und die Ausführung, welche ein Werk darstellen.	nein	Es ist vorstellbar, dass bei der Ausführung eines Werkes, dem auch Pläne des AN zugrunde liegen, Schäden entstehen, die auch auf ein Verschulden des AG zurückgehen. Der AG ist nämlich verpflichtet, Planungsleistungen des AN auf etwaige offenkundige Mängel zu überprüfen. Ein sachlicher Grund dafür, dass der AN bei beiderseitigem Verschulden allein das Risiko der Ausführung des Werkes tragen soll, ist nicht ersichtlich (LG München vom 19. 05. 1993, Az: 21 O 12454/92; Baurechts-Report 6/93).

PRÜFLISTE	zulässig	Anmerkung
g) Der AG übernimmt **keine Gewähr für die Richtigkeit der Ausführungsunterlagen,** jedoch bleibt die Haftung des AG für Vorsatz und grobe Fahrlässigkeit unberührt.	**nein**	Nach LG München vom 12. 11. 1985, Az: 7 O 14566/85, verstößt die Klausel gegen § 307 Abs. 2 Nr. 1 BGB. Für **„Hauptpflichten"** ist eine Freizeichnung für Haftung bei leichter Fahrlässigkeit nicht zulässig. „Könnte hier der Auftraggeber eine derart weitgehende Haftungsbeschränkung vornehmen, würde er . . . Pflichten, die sich aus der Natur des Bauvertrages ergeben, derart einschränken, dass der Vertragszweck gefährdet ist."
h) Soweit dem AN (Nachunternehmer) **Ausführungsunterlagen fehlen,** hat er sie sich auf eigene Kosten zu beschaffen und dem AG (Hauptunternehmer) zur Zustimmung vorzulegen. **oder:** Der Auftragnehmer muss alle **weiterführenden Ausführungsunterlagen** selbst erstellen.	**nein**	Die Klausel verlagert in nach § 307 BGB unzumutbarer Weise Aufgaben des AG auf den AN, ohne dass die Verpflichtung des AN ausreichend klar umgrenzt wird. (Gutachten des BDI-Gutachterausschusses zum AGB-Gesetz Nr. 5/78, Leitsatz II.) Zur **Alternative** mit ähnlicher Begründung OLG Hamburg vom 06. 12. 1995, Az: 5 U 215/94; **Nichtannahmebeschluss des BGH** vom 05. 06. 1997, Az: VII ZR 54/96.
i) Die dem AN übergebenen Unterlagen gelten **als vollständig,** wenn dieser nicht binnen 3 Tagen Widerspruch erhebt.	**nein**	Die Klausel beinhaltet eine nach § 308 Nr. 5 BGB unzulässige Fiktion. Sie ist auch im **kaufmännischen Geschäftsverkehr** unzulässig, weil sie incidenter eine pauschale Haftungsfreizeichnung zugunsten des Verwenders mit sich bringt (Verstoß gegen §§ 307, 309 Nr. 7b BGB; vgl. auch Frikell-Glatzel-Hofmann, Rdnr. K 3.8).

2.3.2 AGB der Auftragnehmerseite

PRÜFLISTE	zulässig	Anmerkung
a) Für die Richtigkeit der Angaben über die Maße zeichnet der AG mitverantwortlich.	**ja**	Nach OLG Stuttgart vom 02. 12. 1983, Az: 2 U 66/83, Bunte IV, § 9 Nr. 25, ist diese in den AGB einer Fassaden- und Rollladenbauunternehmung vorhandene Klausel wirksam. Ohne weitere Begründung führt das OLG Stuttgart aus, dass die fragliche Klausel „nicht zu beanstanden" sei.
b) Mit der unten stehenden Unterschrift bestätigt der Kunde die Richtigkeit der Skizze sowie alle Maßangaben.	**nein**	Nach OLG Frankfurt/M. vom 09. 05. 1985, BB 85, 220: Die Klausel verstößt im Geschäftsverkehr mit Verbrauchern gegen § 309 Nr. 12b BGB. Sie ist beweislaständernd, weil der AN bis zur Abnahme die Beweislast dafür trägt, dass die genommenen Maße richtig sind.

2.4 Ausführung (§ 4 VOB/B)

2.4.1 Ordnung auf der Baustelle – AGB der Auftraggeberseite

PRÜFLISTE	zulässig	Anmerkung
a) Der AN ist verpflichtet, **Bautagebücher** zu führen und sie dem AG bzw. dessen bauaufsichtsführendem Vertreter arbeitstäglich vorzulegen.	ja	Derartige Regelungen dienen dem Nachweis von Art und Umfang der Leistung und damit der Fixierung der vereinbarten oder der angemessenen Vergütung und somit beiden Seiten. Die Regelung ist auch dann gültig, wenn festgestellt wird, dass der AN für das Führen der Bautagebücher keine besondere Vergütung erhält.
b) Die **Reihenfolge zur Ausführung** der Gewerke bzw. Teile der Gewerke kann der AG bestimmen.	nein	Die Klausel verstößt gegen § 307 Abs. 2 Nr. 1 BGB, weil sie ein Eingriffsrecht des AG in den Bauablauf beinhaltet, das mit dem Wesen des Werkvertrages deshalb nicht zu vereinbaren ist, weil hiernach der Werkhersteller das alleinige Risiko und die Verantwortung für die Herbeiführung des bestimmten Erfolges trägt. Das hieraus folgende Dispositionsrecht des AN ist durch die fragliche Klausel in unzumutbarer und unangemessener Weise eingeschränkt mit der weiteren Folge, dass sich auch hieraus wieder ein erhebliches Kalkulationsrisiko des AN ergibt, wenn man bedenkt, dass die Kalkulation sich unter anderem an einem bestimmten und bestimmbaren Arbeitsablauf orientiert (LG München I vom 03. 09. 1987, Az: 7 O 10815/87, LG München vom 19. 05. 1988, Az: 7 O 23960/87, Baurechts-Report 6/88).
c) Der Auftraggeber hat ferner das Recht, während der Bauzeit **Auflagen über die Anzahl der am Bau beschäftigten Arbeitskräfte** zu machen, die innerhalb von 24 Stunden zu erfüllen sind.	nein	Ebenfalls unzulässiger Eingriff in das Dispositionsrecht des Auftragnehmers (OLG Hamburg vom 06. 12. 1995, Az: 5 U 215/94; **Nichtannahmebeschluss des BGH** vom 05. 06. 1997, Az: VII ZR 54/96).

PRÜFLISTE	zulässig	Anmerkung
d) Der Unternehmer räumt dem örtlichen Bauleiter das Recht ein, **Bauarbeiter** und **Angestellte** seines Unternehmens, die den Angaben der örtlichen Bauleitung nicht nachkommen oder sich auffallend benehmen, **von der Baustelle zu verweisen.**	**nein**	Die Klausel verstößt gegen § 307 Abs. 2 Nr. 2 BGB. Sie ermöglicht dem AG, ein ihm nach dem gesetzlichen Werkvertrag nicht zustehendes direktes Weisungsrecht gegenüber dem Personal des AN in Anspruch zu nehmen und bei zulässiger Weigerung derartige Weisungen auszuführen, die Durchführung des Auftrages für den AN dadurch unmöglich zu machen oder unangemessen zu erschweren (OLG München vom 11. 06. 1996, Az: 9 U 1696/96; IBR 96, 465). Ähnlich OLG Frankfurt/M. vom 03. 06. 2002, Az: 1 U 26/01; nicht veröffentlicht).
e) Ein **Wechsel des AN-Bauleiters** bedarf der vorherigen Zustimmung des AG.	**nein**	Die Klausel greift in unzulässiger Weise in das Dispositionsrecht des AN ein. Dies ist mit dem Wesen des Werkvertrags – Erfolgsbezogenheit – nicht zu vereinbaren (LG München vom 14. 07. 1994, Az: 7 O 23409/93; Baurechts-Report 8/94. Ähnlich LG Koblenz vom 19. 08. 1994, Az: 8 O 685/93; nicht veröffentlicht).
f) Der Rohbauunternehmer übernimmt die **Koordination der Nachfolgegewerke.** Eine Vergütung hierüber wird nicht gewährt.	**nein**	Im Individualvertrag ist grundsätzlich möglich, einem AN zusätzliche Koordinationsaufgaben zu übertragen (Ingenstau/Korbion, VOB/B § 4 Nr. 1 Rdnr. 16). Geschieht dies jedoch in Allgemeinen Geschäftsbedingungen, und wird dem AN hierfür eine besondere Vergütung versagt, so ist eine solche Bestimmung nach § 307 BGB unwirksam, weil der gesetzliche Grundgedanke der §§ 632, 242 BGB verletzt wird. Gleiches gilt, wenn dem AN die in einzelnen Ländern vorgeschriebene „verantwortliche Bauleitung" als kostenlose Nebenleistung übertragen wird.
g) Der AN darf nur mit schriftlicher Zustimmung des AG **Geräte abziehen** und/oder Personal auswechseln. **oder: Arbeits- und Lagerplätze** sind sofort zu **räumen** und Einrichtungen zu entfernen, wenn sie die Arbeiten am Bau behindern oder der AG dies anordnet. Forderungen des NU hieraus sind ausgeschlossen.	**nein**	Der Auftraggeber hat das **Dispositionsrecht** auf der Baustelle. „Allerdings stellt der gleichzeitige Ausschluss jedweder Forderung des Auftragnehmers eine unangemessene Benachteiligung dar." Die Klausel ermöglicht auch „willkürliche Änderungen im Bauablauf", ohne dass der Auftragnehmer Ansprüche anmelden könnte. Damit verstößt die Klausel gegen gesetzliche Grundgedanken des Schadensersatzrechts (LG München vom 07. 02. 1991, Az: 7 O 16246/90, nicht veröffentlicht. Ebenso LG München vom 19. 05. 1988, Az: 7 O 23960/87, Baurechts-Report 6/88; Ingenstau/Korbion, B § 4 Nr. 1 Rdnr. 81).

PRÜFLISTE	zulässig	Anmerkung
h) Vom Auftraggeber zur Verfügung gestellte Lagerplätze, Arbeitsplätze und Zufahrtswege sind dem früheren Zustand entsprechend instand zu setzen.	**nein**	Bei kundenfeindlichster Auslegung der Klausel wird dem Auftragnehmer auch die Beseitigung von Schäden auferlegt, die außerhalb seiner eigenen Verantwortungssphäre entstanden sind. Dies verstößt gegen § 307 BGB (OLG Frankfurt/M. vom 03. 06. 2002, Az: 1 U 26/01).
i) Der AN verpflichtet sich gegenüber dem Bauherrn, keine Äußerungen zu machen und sich so zu verhalten, dass dem AG kein Schaden entsteht.	**nein**	Im Ergebnis läuft die Klausel darauf hinaus, den Unternehmer auch bei vertragswidrigem, selbst schuldhaftem Verhalten des AG diesen davon abzuhalten, Rechte geltend zu machen. Die Klausel beinhaltet letztlich einen sog. verhüllten Haftungsausschluss (OLG Koblenz vom 23. 01. 1993, Az: 2 U 449/91, nicht veröffentlicht).

2.4.2 Verantwortliche Ausführung

PRÜFLISTE	zulässig	Anmerkung
a) Der AN trägt die volle Verantwortung für die **Stand- und Betriebssicherheit** sowie die Wirtschaftlichkeit und Dauerhaftigkeit seiner Arbeiten nach dem neuesten Stand der Technik.	nein	Es ist zwar rechtlich grundsätzlich zulässig, dass der Bauunternehmer ausdrücklich und bewusst auch Risiken aus Leistungsbereichen übernimmt, die nicht zum üblichen Werkvertragsrisiko gehören. Anders ist es jedoch, wenn in einem üblichen Bauvertrag mit Einheitspreisen plötzlich eine derartige, das Planungs- und Wirtschaftlichkeitsrisiko verlagernde Klausel eingefügt wird. Die Klausel wirkt dann überraschend und verstößt gegen wesentliche Grundgedanken des gesetzlichen Werkvertragsrechts (§§ 305c, 307 BGB) – LG Frankfurt/M. vom 08. 11. 1978, Az: 2/6 O 213/78, Klausel 3, nicht veröffentlicht – OLG München vom 22. 05. 1979, Az: 6 U 2633/78, Baurechts-Report 6/79).
b) „Die durch den Auftraggeber ausgeübte **Bauleitung** und Prüfung kann vom Auftragnehmer nicht zur Entlastung vorgebracht werden."	nein	Vgl. OLG Karlsruhe vom 22. 07. 1982, Az: 9 U 27/81, BB 1983, 727 ff.: Die Klausel verstößt gegen §§ 307, 309 Nr. 7b BGB. „Durch die Klausel wird dem Auftragnehmer der Einwand abgeschnitten, der Auftraggeber habe deswegen für den Schaden einzustehen, weil der Bauleiter als sein Erfüllungsgehilfe den Schaden vorhergesehen, aber schuldhaft versäumt habe, ihn abzuwenden. Die Klausel enthält damit auch den nach § 309 Nr. 7b BGB unzulässigen Ausschluss der (Mit-)Haftung für einen Schaden, der (mit) auf einer vorsätzlichen oder grobfahrlässigen Vertragsverletzung eines Erfüllungsgehilfen des Verwenders beruht." Innerhalb des Baugewerbes §§ 307, 310 BGB auch im **Geschäftsverkehr mit Unternehmern** die Haftung für grobes Verschulden nicht beschränkbar.
c) Die Vermeidung von **Schall- und Wärmebrücken** gehört zur Verantwortung des AN. Durch das Anbringen geeigneter Dämmstoffe sind diese ebenso wie Tauwasserbildungen völlig auszuschließen.	nein	Die Klausel verstößt gegen §§ 307, 309 Nr. 7b BGB, da der Auftraggeber nach der maßgeblichen vertragspartnerfeindlichsten Auslegung die Klausel dazu verwenden kann, die Verantwortung für Planungsmängel auf den Auftragnehmer abzuwälzen (LG München vom 25. 07. 1989, Az: 7 O 26309/88; nicht veröffentlicht). Die vorgenannten Grundsätze gelten nicht, sofern es sich um keinen „arbeitsteiligen" Bauvertrag handelt, der Auftragnehmer also Planung **und** Bauleistung übernommen hat.

PRÜFLISTE	zulässig	Anmerkung
d) Bestehen begründete Zweifel an der Qualität der Leistung des Auftragnehmers, so kann der Auftraggeber **auf Kosten des Auftragnehmers ein Sachverständigen-Gutachten einholen.**	**nein**	Auch Gutachterkosten sind Mangelschäden und von dem mangelverursachenden AN zu ersetzen, wenn der AG im Einzelfall berechtigten Anlass hatte, einen Sachverständigen einzuschalten (vgl. Ingenstau/Korbion, B § 13 Nr. 5 Rdnr. 174). „Begründete Zweifel" genügen hierfür zumindest nicht generell (vgl. auch LG München vom 08. 01. 1985, Baurechts-Report 3/85).
e) Den Nachweis der Güte- und Gebrauchsfähigkeit von Stoffen und Bauteilen hat der AN auf seine Kosten zu erbringen. Sind nach den Normen verschiedene **Prüfverfahren** zugelassen, so kann der AG den Gütenachweis nach demjenigen Verfahren verlangen, das die **ungünstigeren Ergebnisse** erbringt.	**nein**	Die Klausel widerspricht dem Prinzip der Berechenbarkeit von Leistung und Gegenleistung, wie es in §§ 320 ff. BGB verankert ist, weil der AN in unangemessener Weise zu einem völlig unbestimmten Leistungsumfang verpflichtet wird, ohne hierfür eine Gegenleistung zu erhalten. Der Leistungsumfang ist in keiner Weise mehr kalkulierbar, zumal überhaupt nicht differenziert wird, um welche Stoffe und Bauteile es sich handeln soll. Eine Haftung könnte folglich auch für solche Stoffe und Bauteile eintreten, die vom AG zur Verfügung gestellt wurden (LG München vom 04. 08. 1988, Az: 7 O 22388/87, nicht veröffentlicht).
f) Beginnt der AN mit der Arbeit, **erkennt er** damit **an,** dass die ihm vorgegebenen Unterlagen **vollständig** und ausreichend und dass die Vorarbeiten ordnungsgemäß sind.	**nein**	Die Klausel beinhaltet eine nach § 308 Nr. 5 BGB unzulässige Fiktion. Sie beinhaltet weiterhin eine unzulässige pauschale Haftungsabwälzung für eigene Mitwirkungspflichten. Sie ist daher im kaufmännischen und nichtkaufmännischen Geschäftsverkehr unzulässig; BDI-Gutachten 5/78, Leitsatz 3; vgl. auch OLG Karlsruhe vom 22. 07. 1982, Ziff. 2.4.2b).
g) Eine Behauptung, die eigene mangelhafte Arbeit sei auf schlechte **Vorarbeit** eines anderen Auftragnehmers zurückzuführen, wird nicht anerkannt.	**nein**	Vgl. LG Frankfurt/M. vom 08. 10. 1985, Az: 2/13 O 177/85, nicht veröffentlicht: Die Klausel verstößt gegen §§ 307, 309 Nr. 7b BGB, weil sie eine völlige Haftungsfreizeichnung von eigenem Verschulden beinhaltet.
h) Eine Vergütung für Leistungen des AN wegen mangelhafter **Vorarbeiten** wird vom AG nicht gewährt. Der AG tritt jedoch auf Verlangen des AN ihm gegen Dritte deswegen zustehende Ansprüche ab.	**nein**	Unwirksamkeit wegen Verstoß gegen § 307 BGB. „Die Verweisung auf evtl. Ersatzansprüche gegenüber Dritten ist kein ausreichender Interessenausgleich, weil nicht feststeht, ob im Einzelfall solche Ansprüche bestehen." (Vgl. LG München vom 10. 11. 1981, Az: 7 O 11576/81, nicht veröffentlicht.)

2.4.3 Anmeldung von Bedenken – AGB der Auftraggeberseite

Vorbemerkung:

Die Verpflichtung des Auftragnehmers, Bedenken gegen die Vorleistungen anderer Baubeteiligter anzumelden besteht auch bei einem BGB-Vertrag. Die von der VOB/B in § 4 Nr. 3 geforderte **Schriftform** ist ebenfalls unbedenklich (siehe Ziff. 2.1.11e), sodass der § 4 Nr. 3 VOB/B auch als „isolierte Bestimmung" Bestand hat. Unzulässig ist allerdings, den § 4 Nr. 3 VOB/B etwa dadurch zu Lasten des Auftragnehmers zu verstärken, dass die Pflicht zur Anmeldung von Bedenken auf die Zeit **vor Vertragsschluss** gelegt wird.

PRÜFLISTE	zulässig	Anmerkung
a) Der AN bestätigt, dass er die Pläne auf Durchführbarkeit, Vollständigkeit und insbesondere **auf technische Richtigkeit hin überprüft hat.** Der AN erklärt, dass er die Pläne bzw. Unterlagen nicht nur auf die Einhaltung der Regeln der Technik hin überprüft hat, sondern auch im Hinblick darauf, dass die von ihm zu erbringenden Leistungen für den vorgesehenen gewöhnlichen Gebrauch tauglich sind, da der AN diese Leistungen entsprechend schuldet und es dazu möglicherweise nicht genügt, dass (lediglich) die Regeln der Technik eingehalten werden.	**nein**	Die Klausel verstößt gegen § 307 BGB. Hier versucht der AG mit Hilfe einer **Bestätigungsfiktion** neben einer hieraus folgenden Beweislastumkehr jedes etwaige eigene Mitverschulden im Rahmen der Planung auszuschließen. Dies geht über die allgemeine Mitteilungs- und Prüfungspflicht, wie sie im § 4 Nr. 3 VOB/B dokumentiert ist, weit hinaus, weil die Prüfungspflicht auf den Zeitpunkt des Vertragsschlusses vorverlegt wird. Eine evtl. Mitwirkungspflicht bzw. Mithaftung des AG wird ausgeschlossen. Die Klausel verstößt gegen § 307 BGB (LG München vom 24. 01. 1989, Az: 7 O 19798/88, nicht veröffentlicht).
b) Bedenken gegen diese Unterlagen (Pläne und Leistungsverzeichnisse) hat der etwaige AN noch **vor Vertragsschluss** mitzuteilen. Nach Vertragsschluss mitgeteilte Bedenken, die ihre Grundlage in den übergebenen Unterlagen haben, berechtigen den AN nicht, andere Preise oder zusätzliche Leistungen für die bedenkenfreie Art der Ausführung in Rechnung zu stellen.	**nein**	Die Klausel verstößt gegen § 307 Abs. 1 BGB i. V. m. § 632 Abs. 1 BGB. Hier wird die Prüfungspflicht nach § 4 Nr. 3 VOB/B vorverlegt, wobei nicht ersichtlich ist, welches Interesse der Verwender daran haben könne, dass Bedenken noch vor Vertragsschluss geltend gemacht werden müssen. Im Übrigen ist es unangemessen, dem AN bei unvollständigen oder mangelhaften Vorarbeiten Zusatzleistungen nicht honorieren zu wollen. Außerdem beinhaltet die Klausel eine völlige Haftungsfreizeichnung zugunsten des AG (Verstoß gegen § 309 Nr. 7b BGB; OLG München vom 30. 01. 1986, Az: 29 U 3832/85, BauR 1986, 579; Baurechts-Report 2/86; NJW-RR 86, 382). Ähnlich LG München vom 12. 11. 1985, Az: 7 O 14566/85, nicht veröffentlicht; LG München vom 22. 09. 1988, Az: 7 O 3095/88,

PRÜFLISTE	zulässig	Anmerkung
		Baurechts-Report 6/88; Korbion/Locher/Sienz, K 129 („Überhaupt verstoßen Klauseln, die über den durch § 242 BGB bzw. §§ 4 Nr. 3, 13 Nr. 3 VOB/B gekennzeichneten Rahmen hinausgehen, gegen § 307 BGB"): „Diese Bestimmung überschreitet die Grenzen des § 4 Nr. 3 VOB/B bzw. des § 242 BGB, da der AN häufig erst während der Ausführung in der Lage ist, entsprechende Prüfungen anzustellen und daraufhin Bedenken geltend zu machen"; Ingenstau/Korbion, B § 4 Nr. 3, Rdnr. 5).
c) Der AN hat die Verdingungsunterlagen, insbesondere die Mengenberechnung, zu prüfen und **Bedenken innerhalb der in der Zuschlagserteilung genannten Frist** von 14 Tagen schriftlich geltend zu machen.	**nein**	Nach der maßgeblichen vertragspartnerfeindlichsten Auslegung wird hier der AN gehindert, eine evtl. Mithaftung des AG geltend zu machen oder eine Anfechtung wegen Irrtums vorzunehmen. Damit verstößt die Klausel gegen § 307 BGB (OLG Zweibrücken vom 10. 03. 1994, Az: 4 U 143/93; BB 95, 13). Zur Begründung im Übrigen siehe Klausel b).
d) Kommt der AN seiner Prüfungspflicht nach § 4 Nr. 3 VOB/B nicht nach, so **haftet** er für die dadurch bedingten Mehrkosten **allein.**	**nein**	Wird die Verpflichtung zur Anmeldung von Bedenken verletzt, so löst dies im Einzelfall nur eine **Mithaftung** des AN aus. Die Klausel beinhaltet somit eine unzulässige Haftungsfreistellung für die übrigen Baubeteiligten (Verstoß gegen § 307 BGB und § 309 Nr. 7b BGB; vgl. Ingenstau/Korbion, B § 4 Nr. 3 Rdnr. 5. Ebenso: OLG Saarland vom 15. 04. 1998, Az: 1 U 630/97 – 128).
e) § 4 Nr. 3 VOB/B gilt nicht. Etwaige Bedenken sind vom AN schriftlich gegenüber dem Bauherrn (eine Mitteilung an den Architekten oder Bauleiter genügt also nicht) anzumelden . . . **Die Haftung des Unternehmers** erstreckt sich insbesondere auch auf **Fehler, die aus mangelhafter Zusammenarbeit mit anderen Handwerkern** und aus unzureichender Überprüfung von deren Vorleistungen **entstehen.**	**nein**	Die Klausel verstößt gegen §§ 307, 309 Nr. 12 BGB. Durch die Klausel wird dem AN pauschal die Haftung für ein Planungsrisiko überbürdet, das üblicherweise den AG trifft und dessen Bewältigung üblicherweise dem AN auch gar nicht möglich sein wird. Gerade die Planung der Zusammenarbeit stellt sich als wesentliche Verpflichtung des AG dar, da die übrigen Handwerker auch nur diesem gegenüber vertraglich verpflichtet sind, sodass völlig unerfindlich bleibt, in welcher Weise der AN hierauf Einfluss nehmen sollte. Auch die Abnahme und Überprüfung der Vorleistungen der übrigen Handwerker ist wesentliche Verpflichtung des AG. Die Überbürdung einer Haftung hierfür stellt sich als unzumutbar und unangemessen dar. Daher handelt es sich vorliegend um eine pauschale Haftungsüberbürdung, die außerdem dazu führt, dass es Sache des AN wäre – in Umkehr der Beweislastregeln – ein evtl. Mitverschulden des AG zu beweisen

PRÜFLISTE	zulässig	Anmerkung
		(LG München I vom 03. 09. 1987, Az: 7 O 10815/87, nicht veröffentlicht; ähnlich LG Ravensburg vom 18. 04. 1988, Az: 1 O 82/87, nicht veröffentlicht).
f) Die durch den Auftraggeber ausgeübte Bauleitung und Prüfung kann vom Auftragnehmer nicht zur Entlastung vorgebracht werden	nein	Die Klausel beinhaltet einen unzulässigen Ausschluss der (Mit-)Haftung für einen Schaden auch dann, wenn der Auftraggeber vorsätzlich oder grobfahrlässig gehandelt hat. Dies verstößt gegen § 309 Nr. 7b BGB (OLG Karlsruhe, BB 1983, 727).
g) Der Auftragnehmer kann sich nicht damit entlasten, dass die Bauleitung diesen Änderungen (eigenmächtige Änderungen und Abweichungen von mit Genehmigungsvermerk versehenen Ausführungsplänen sowie der geprüften statischen Unterlagen) zugestimmt hat.	nein	Auch diese Klausel beinhaltet eine unzulässige Haftungsfreizeichnung nach § 309 Nr. 7b BGB und ist deshalb unwirksam.
h) Die Prüfungspflicht nach § 4 Nr. 3 VOB/B obliegt dem Auftragnehmer auch für fertig gestellte Arbeiten anderer Auftragnehmer.	nein	Durch diese Klausel wird die Hinweispflicht des Auftragnehmers in unangemessener Weise erweitert (Markus/Kaiser/Kapellmann, Rdnr. 372; ebenso Korbion/Locher/Sienz, K 20).

2.4.7.1 Mangelhafte Leistungen während der Ausführung – AGB der Auftraggeberseite (§ 4 Nr. 7 VOB/B)

PRÜFLISTE	zulässig	Anmerkung
a) Bei Weigerung des Auftragnehmers, Beanstandungen und Mängel an seinen Arbeiten sofort zu beheben, hat der Auftraggeber das Recht, die Arbeit sofort zurückzuweisen und von anderen Firmen auf Kosten des Auftragnehmers herstellen zu lassen.	**nein**	Hier befreit sich der Auftraggeber in unzulässiger Weise von der gesetzlichen Pflicht zur Nachfristsetzung, die sowohl nach § 637 BGB als auch nach § 4 Nr. 7 VOB/B erforderlich ist. Verstoß gegen § 309 Nr. 4 BGB (OLG Düsseldorf, Baurecht 1985, 452).
b) Die fristlose Kündigung ist möglich, wenn der Auftragnehmer grob gegen die anerkannten Regel der Technik verstößt.	**nein**	Die Begründung deckt sich mit der Begründung zur vorherigen Klausel (vergleiche Markus/Kaiser/Kapellmann, Rdnr. 375).

2.4.7.2 Mangelhafte Leistungen während der Ausführung – AGB der Auftragnehmerseite

PRÜFLISTE	zulässig	Anmerkung
a) Kommt der Auftragnehmer der Pflicht zur Beseitigung des Mangels nicht nach, so kann ihm der Auftraggeber eine angemessene Frist zur Beseitigung des Mangels setzen und erklären, dass er ihm nach fruchtlosem Ablauf der Frist den Auftrag entziehe **(Wortlaut des § 4 Nr. 7 Satz 3 VOB/B).**	**ja**	wenn die VOB/B gegenüber „Nichtverbrauchern" ohne inhaltliche Abweichungen verwendet wird.
	nein	wenn der Verwender die VOB/B inhaltlich verändert.
	nein	nach dem durch das Forderungssicherungsgesetz geänderten § 310 Abs. 1 BGB, wenn ein „Verbraucher" Vertragspartner des Verwenders ist (siehe Teil I S. 46).
b) Bei auftretenden Mängeln während der Ausführung muss die Nachfrist zur Nachbesserung der Leistung mindestens sechs Wochen betragen.	**nein**	Unangemessen ist der genereller Vorbehalt einer derart langen Nachfrist (OLG Stuttgart, NJW 1981, 1105; ebenso Ingenstau/Korbion, VOB/B, § 4 Nr. 7, Rdnr. 47).

2.4.8 Vergabe an Nachunternehmer – AGB der Auftraggeberseite

Vorbemerkung:

Zur Wirksamkeit des § 4 Nr. 8 VOB/B als „isolierte Klausel" siehe **Teil I Ziff. 5.4.6.**

PRÜFLISTE	zulässig	Anmerkung
a) Der Auftragnehmer darf den Nachunternehmern keine ungünstigeren Bedingungen insbesondere hinsichtlich der Zahlungsweise und der Sicherheitsleistungen auferlegen, als zwischen ihm und dem Auftraggeber vereinbart sind.	**nein**	Die Klausel greift ohne rechtfertigenden Grund in die Gestaltungsfreiheit der Verträge des Hauptunternehmers mit dem Nachunternehmer ein und schränkt dessen Handlungsfreiheit in unangemessener Weise ein. Dies verstößt gegen § 307 BGB (OLG Frankfurt/M. vom 03. 06. 02, Az: 1 U 26/01, BauR 2003, 269; (die vom BGH zugelassene Revision wurde nicht eingelegt).
b) Abweichend von § 4 Nr. 8 Abs. 1 VOB/B dürfen auch Leistungen, auf die der Betrieb des Auftragnehmers nicht eingerichtet ist, nur mit schriftlicher Zustimmung des Auftraggebers an Nachunternehmer übertragen werden.	**nein**	Die Klausel beinhaltet einen Ausführungszwang für Leistungen, für die der AN kein geschultes Personal oder keine Sachmittel in seinem Betrieb besitzt. Auch wegen der hierdurch bedingten evtl. unkalkulierbaren Aufwendungen verstößt die Klausel gegen § 307 BGB (OLG Frankfurt/M. vom 03. 06. 2002, Az: 1 U 26/01, BauR 2003, 269; (die vom BGH zugelassene Revision wurde nicht eingelegt).
c) Der Auftragnehmer kann mit einer Zustimmung zur Übertragung von Leistungen an Nachunternehmer nach Vertragsschluss nicht rechnen.	**nein**	Wie die vorgenannte Klausel begründet auch diese Klausel den Zwang für den Auftragnehmer, Leistungen auszuführen, auf die er nicht eingerichtet ist. Verstoß gegen § 307 BGB (OLG Frankfurt/M. vom 03. 06. 2002, Az: 1 U 26/01; BauR 2003, 269; (die vom BGH zugelassene Revision wurde nicht eingelegt).
d) Der Auftragnehmer darf die ihm übertragene Leistung nur mit vorheriger schriftlicher Zustimmung des Auftraggebers weitervergeben.	**ja**	**Aber:** Die Klausel ist zu Lasten des verwendenden Auftraggebers dahin auszulegen, dass sie nur die **Weitervergabe des gesamten Auftrags,** nicht jedoch die Weitervergabe einzelner Teile eines Auftrags **verbietet.** (OLG Dresden, Urteil vom 03. 08. 2006, Az: 13 U 40/06; BauR 2007, 1050).
e) Unrichtige Erklärungen und Verstöße gegen die Pflichten des Auftragnehmers bei der Weitervergabe von Leistungen an Nachunternehmer berechtigen den Auftraggeber, den Vertrag zu kündigen bzw. Bieter oder Auftragnehmer	**nein**	Die Klausel beinhaltet eine verschuldensunabhängige Sanktion und benachteiligt damit den Auftragnehmer unangemessen. Dies verstößt gegen § 307 BGB (OLG Frankfurt/M. vom 03. 06. 2002, Az: 1 U 26/01; BauR 2003, 269; (die vom BGH zugelassene Revision wurde nicht eingelegt).

PRÜFLISTE	zulässig	Anmerkung
bis auf Weiteres vom Wettbewerb um künftige Aufträge auszuschließen.		
f) Verstößt der Auftragnehmer oder ein von ihm beauftragter Nachunternehmer gegen die sich aus diesem Vertrag ergebenden Bedingungen für die Beauftragung und Beschäftigung von Nachunternehmern, so hat er eine Vertragsstrafe **in Höhe von 15 v. H. des Auftragswertes der betreffenden Nachunternehmerleistung** zu zahlen. §§ 339 bis 345 BGB finden Anwendung.	**nein**	Die Klausel beinhaltet keine für Vertragsstrafen notwendige angemessene Begrenzung nach oben. Dies verstößt gegen § 307 BGB (OLG Frankfurt/M. vom 03. 06. 2002, Az: 1 U 26/01, BauR 2003, 269; (die vom BGH zugelassene Revision wurde nicht eingelegt).
g) **VOB-Vertrag:** Bei Verstößen des Auftragnehmers oder der von ihm beauftragten Nachunternehmer gegen die sich aus dem Vertrag ergebenden Bedingungen für die Beauftragung von Nachunternehmern, hat der Auftragnehmer eine Vertragsstrafe gemäß besonders anzufertigender Urkunde zu zahlen.	**ja**	Unter Bezugnahme auf das Urteil des BGH vom 13. 12. 2001, Az: VII ZR 432/00, NJW 2002, 1274, ist die Klausel als wirksam zu erachten, sofern die VOB/B in den Vertrag einbezogen ist. Denn durch § 11 Nr. 2 VOB/B ist klargestellt, dass die Vertragsstrafe nur bei schuldhaftem Verhalten des Auftragnehmers fällig wird (OLG Frankfurt/M. vom 03. 06. 2002, Az: 1 U 26/01, nicht veröffentlicht).
h) Vergibt der Auftragnehmer Leistungen ohne Zustimmung des Auftraggebers an Unternehmer oder vergibt ein Nachunternehmer ihm übertragene Leistungen ohne Zustimmung des Auftraggebers an weitere Nachunternehmer, so hat der Auftragnehmer eine **Vertragsstrafe in Höhe von 3 v. H. des Gesamtauftragwerks** an den Auftraggeber zu zahlen.	**nein**	Eine in AGB geregelte Vertragsstrafe für den ungenehmigten Einsatz eines Nachunternehmers bzw. eines von diesem wiederum beauftragten Nach-Nachunternehmers ist unwirksam, wenn die Vertragsstrafe auch ohne Verschulden verwirkt werden kann. Auch die Bekämpfung illegaler Tätigkeit rechtfertigt nicht den Verzicht auf ein Verschuldenserfordernis. Schließlich ist die Klausel auch unwirksam, weil die Höhe der Vertragsstrafe unangemessen ist. Die Klausel würde nämlich auch dann Anwendung finden, wenn nur für einen wertmäßig völlig untergeordneten Bereich ein Nachunternehmer eingesetzt würde (Kammergericht Berlin vom 13. 03. 2001, Az: 4 U 2902/00, BauR 2002, 101 f.).

2.5 Ausführungsfristen (§ 5 VOB/B)

Vorbemerkung:

Auf **Auftraggeberseite** sind Klauseln insbesondere dann bedenklich, wenn versucht wird
- einseitig Ausführungsfristen festlegen zu können
- die Folgen bei Nichterbringung eigener Mitwirkungspflichten ganz oder zum Teil auf den Auftragnehmer abzuwälzen.

Auf **Auftragnehmerseite** wird hier insbesondere versucht, per AGB die individuell festgelegten Ausführungsfristen wieder zu relativieren. Dies ist schon deshalb bedenklich, weil § 305b BGB (Vorrang der Individualabrede) durch § 307 Abs. 2 Nr. 1 BGB geschützt ist.

2.5.1 AGB der Auftraggeberseite

PRÜFLISTE	zulässig	Anmerkung
a) Die im **Bauzeitenplan** enthaltenen Einzelfristen gelten als **Vertragsfristen.**	**ja**	Zwar macht die Klausel die Ausnahmeregelung des § 5 Nr. 1 Satz 2 VOB/B zur Regel. Dies ist jedoch nicht unangemessen (Korbion/Locher/Sienz, K 31).
b) Die Arbeiten sind 3 Wochen nach Abruf fertig zu stellen. Bei Überschreitung dieses Termins gerät der AN **ohne Mahnung** in Verzug.	**nein**	Hier werden gesetzliche Regelungen mit maßgeblichem Gerechtigkeitsgehalt abgeändert. Ist ein **kalendermäßig nicht klar bestimmter Endtermin** fixiert, so ist für eine Verzugslage eine Mahnung zwingend notwendig (§ 284 Abs. 2 BGB). Die Klausel verstößt gegen § 307 BGB (vgl. Frikell-Glatzel-Hofmann K 5.6; Korbion/Locher/Sienz, K 45; Ingenstau/Korbion, B § 5 Nr. 4 Rdnr. 10; LG München vom 22. 09. 1988, Az: 7 O 3095/88, Baurechts-Report 6/88).
c) Der AN erklärt, dass unabhängig vom Bauzeitenplan eine **schriftliche Aufforderung** genügt, um innerhalb von **4 Tagen** zu beginnen bzw. unterbrochene Arbeiten wieder aufzunehmen.	**nein**	Die in § 5 Nr. 2 VOB/B genannte Abruffrist (12 Werktage) beruht auf einer allgemeinen, im Bauvertragswesen für den Bereich der Zumutbarkeit gemachten Erfahrung. Eine solche, den normalen Zeitraum nach § 5 Nr. 2 VOB/B beachtlich unterschreitende Abruffrist verstößt gegen § 307 BGB.
		Weiterhin wälzt die Klausel in unzulässiger Weise eigene Verzugsfolgen auf den Handwerker ab (Verstoß gegen §§ 307, 308 Nr. 5 BGB). Die Klausel ermöglicht jederzeit, den AN zur Fortführung von Arbeiten zu verpflichten, auch wenn es zu vom AG selbst verschuldeten Unterbrechungen in der Bauausführung gekommen ist und der AN aus Gründen der Schadensminderung andere Aufträge erledigt (LG München vom 19. 05. 1988, Az: 7 O 23960/87, Baurechts-Report 6/88).

PRÜFLISTE	zulässig	Anmerkung
d) Die Ausführungsfristen bestimmen sich nach dem Bauvertrag. Soweit im Bauvertrag die Ausführungsfristen noch nicht oder nur „ca." festgelegt werden, ist der **Auftraggeber berechtigt,** die Ausführungsfristen **einseitig verbindlich festzulegen.**	**nein**	Nach LG München vom 29. 06. 1989, Az: 7 O 5019/89, nicht veröffentlicht, beinhaltet die Klausel ein **einseitiges Leistungsbestimmungsrecht** bezüglich der Ausführungsfristen. Die Klausel gewährleistet nicht, dass der Verwender dieses Recht gemäß den Grundsätzen des § 315 BGB (billiges Ermessen) ausübt. Ähnlich OLG Koblenz vom 01. 06. 1994, Az: 2 U 1813/92, nicht veröffentlicht.
e) Der Auftraggeber behält sich vor, im Auftragsschreiben den Beginn und das Ende der Ausführungsfrist und etwaige Einzelfristen datumsmäßig festzulegen.	**nein**	Die Klausel beinhaltet ein für den Auftragnehmer unzumutbares Leistungsbestimmungsrecht, bei dem nicht gewährleistet ist, dass es gemäß den Grundsätzen des § 315 BGB ausgeübt wird. Dies verstößt gegen § 307 BGB (OLG Frankfurt/M. vom 03. 06. 2002, Az: 1 U 26/01).
f) Der Auftraggeber ist jederzeit berechtigt, Änderungen der Bauzeit und/oder Verschiebungen von Vertragsterminen als „andere Anordnungen" vorzunehmen. Der Auftragnehmer hat die daraus resultierenden Änderungen/Verschiebungen mittels eines Bauablaufplans darzustellen und die Änderungen/Verschiebungen unverzüglich umzusetzen. Gegebenenfalls hieraus für den Auftragnehmer resultierende Vergütungsansprüche richten sich nach § 2 Nr. 5 VOB/B.	**nein**	Die Ziffer 16.10 der seit 01. 09. 2007 eingeführten **„Besonderen Vertragsbedingungen" der Deutschen Bahn** verstößt mit ihrem einseitigen Anordnungsrecht bezüglich eines wesentlichen Vertragspunkts gegen das Einigungsprinzip unseres gesetzlichen Vertragsrechts und damit gegen § 307 Abs. 2 Nr. 1 BGB. Weiterhin verletzt die Klausel das Transparenzgebot, weil der Begriff „Änderungen der Bauzeit und/oder Verschiebungen von Vertragsterminen" viel zu weit gefasst ist (Markus/Kaiser/Kapellmann Rdnr. 215; Ingenstau/Korbion Anhang 1 Rdnr. 13; Markus NJW 2007, 548).
g) Der Auftragnehmer verpflichtet sich, die Arbeiten zügig zu fördern und zu einem **noch zu bestimmenden Termin** sachgemäß fertig zu stellen.	**nein**	Nach LG München vom 07. 02. 1992, Az: 7 O 10431/91, nicht veröffentlicht, verstößt die Klausel gegen § 307 BGB, weil auch hier der Auftraggeber ein einseitiges, nicht kontrollierbares Leistungsbestimmungsrecht (§ 315 BGB) hat.
h) Ist eine Vereinbarung über **Zwischenfristen** nicht erfolgt, so gelten die dem AN später bekannt gegebenen Fristen als Vertragsfristen, soweit ihnen der AN **nicht** binnen 12 Werktagen **widerspricht.**	**nein**	Weil Schweigen im Rechtsverkehr grundsätzlich nicht Zustimmung bedeutet, enthält die an das Schweigen des AN anknüpfende Klausel eine nach § 308 Nr. 5 BGB unzulässige Zustimmungsfiktion. Auch im kaufmännischen Geschäftsverkehr unzulässig (LG München vom 27. 07. 1994, Az: 21 O 11308/93; **Revision** durch Beschluss des BGH vom 13. 07. 1995, Az: VII ZR 233/94) **nicht angenommen.**

PRÜFLISTE	zulässig	Anmerkung
i) **Wird vom AG** für die Baustelle ein **Terminplan aufgestellt,** welchem die Terminvereinbarung oder der Bauzeitenplan zugrunde liegt, dann wird dieser Terminplan vom AN in seiner jetzigen sowie in seiner fortgeschriebenen Form auch zu einem späteren Zeitpunkt als bindend anerkannt.	**nein**	Die Klausel ist gemäß §§ 307 Abs. 1, 310 Abs. 1 BGB als Erklärungsfiktion unwirksam, da sie die Zustimmung des AN zu einer einseitigen Vertragsänderung beinhaltet. Vertragsänderungen sind aber neu auszuhandeln, was auch beim Bau nicht aufgrund angeblich unverzichtbarer Erfordernisse entfallen kann (LG München vom 19. 05. 1988, Az: 7 O 23960/87, Baurechts-Report 6/88).
j) Der AN garantiert die Einhaltung der Termine. Er garantiert die Erfüllung aller gesetzlichen und behördlichen Bestimmungen und Auflagen, die an die von ihm zu erbringende Leistung am Tag des Vertragsabschlusses gestellt werden.	**nein**	Eine Garantie für die genannten Tatbestände belastet den Auftragnehmer unangemessen, zumal ein mitwirkendes Verschulden des Auftraggebers nicht berücksichtigt wird. Dies verstößt gegen § 307 BGB (OLG Frankfurt/M. vom 03. 06. 2002, Az: 1 U 26/01, BauR 2003, S. 269, rechtskräftig, da die zugelassene Revision nicht eingereicht wurde).
k) Steht die Überschreitung der vertraglich festgesetzten Fristen bevor, ist der AN zu **verstärktem Einsatz** an Material, Geräten und insbesondere Personal verpflichtet, ohne dass er daraus seinerseits Rechte herleiten kann.	**nein**	Sofern nicht durch sonstige Klauseln klargestellt ist, dass die hier angesprochenen Rechtsfolgen nur eintreten, wenn die Überschreitung auf einen vom AN zu verantwortenden Bereich zurückzuführen ist, verstößt die Klausel gegen § 307 BGB, weil dem AN hier Risiken aufgeladen werden, die er sonst nicht nur nicht steuern kann, sondern die in ihrer Entstehung gänzlich außerhalb seines Bereiches liegen können (Korbion/Locher/Sienz, K 35).
l) Eventueller **Zahlungsverzug des AG** infolge nicht freigegebener Mittel aus der Finanzierung aufgrund des Bautenstandes berechtigten den AN nicht zur Verschiebung der vereinbarten Ausführungsfristen.	**nein**	Die Klausel beinhaltet eine praktisch uneingeschränkte Vorleistungspflicht des AN. Nach OLG Karlsruhe vom 22. 07. 1982, Az: 9 U 27/81, Bunte III, 183, widerspricht diese Klausel den Grundsätzen des allgemeinen Schuldrechts des BGB (Verstoß gegen § 307 BGB) und verstößt darüber hinaus gegen § 309 Nr. 7b BGB, indem sie die Haftung bei Verzug und Unmöglichkeit zugunsten des AG einschränkt.
m) Befindet sich der Auftraggeber während seiner vorgegebenen Bauzeiten so offensichtlich im Rückstand mit der Ausführung seiner Leistungen, dass nach Lage der Dinge erwartet werden	**nein**	Die Klausel schneidet dem Auftragnehmer den Einwand etwa **fehlenden Verschuldens** ab und befreit darüber hinaus den Auftraggeber von seiner Verpflichtung zur **Mahnung** bei Verzug des Auftragnehmers. Verstoß gegen §§ 307, 309 Nr. 4 BGB (OLG Hamburg vom 06. 12. 1995, Az: 5 U 215/94; **Nichtannahme-**

PRÜFLISTE	zulässig	Anmerkung
muss, dass die gesetzten Termine nicht erfüllt werden, ist der **Auftraggeber berechtigt, auf Kosten des Auftragnehmers durch Verstärkung durch Fremdfirmen** die Erfüllung der dem Auftragnehmer obliegenden Verpflichtungen zu sichern.		**beschluss des BGH** vom 05. 06. 1997, Az: VII ZR 54/96).
n) Hält der AN die vereinbarten Fristen nicht ein, so hat er dem AG alle hieraus entstehenden **Schäden zu bezahlen.**	**nein**	Die Klausel verstößt gegen § 307 BGB. Im Wortlaut der Klausel wird bei Fristversäumnis eine Schadensersatzverpflichtung des AN festgeschrieben, ohne dass sich dies auf Fälle beschränkt, die auf seinem **Verschulden** beruhen (vgl. LG München vom 13. 04. 1989, Az: 7 O 19799/88, nicht veröffentlicht).
o) **Verschiebt sich der Beginn** der Ausführung, ist der Nachunternehmer verpflichtet, **alles in seiner Macht** stehende **zu tun,** um den vorgesehenen Endtermin für seine Leistungen dennoch einzuhalten.	**nein**	Die Klausel ist dahingehend auszulegen, dass der Nachunternehmer die genannten Anstrengungen auch unternehmen muss, wenn die Verzögerung ausschließlich vom Hauptunternehmer (bzw. dem Bauherrn) verursacht wurde. Damit wird er für Folgen außerhalb seiner Risikosphäre unzulässig verantwortlich gemacht (OLG Karlsruhe vom 06. 07. 1993, Az: 3 U 57/92, NJW-RR 93, 1435).
p) Terminverlängerungen wegen **Witterungseinflüssen oder sonstigen Behinderungen,** Material- oder Arbeitskräftemangel, usw., sind ausgeschlossen.	**nein**	Verstoß gegen § 307 BGB. Nach dem Wortlaut der Klausel hätte der Auftragnehmer die Verzugsfolgen auch dann zu tragen, wenn sich der Auftraggeber in Annahmeverzug befindet oder aus sonstigen Gründen die „Behinderung" zu vertreten hat. Auch ein etwaiges Zurückbehaltungsrecht des Auftragnehmers wäre ausgeschlossen (LG München vom 07. 02. 1991, Az: 7 O 16246/90 und LG München vom 19. 05. 1993, Az: 21 O 12454/92, beide nicht veröffentlicht).
q) Der Auftragnehmer ist verpflichtet, aufgrund von **Prüfungen** gemachte Auflagen zu beachten und zu erfüllen. Hieraus resultierende **Terminverschiebungen** oder Mehrkosten gehen zu seinen Lasten.	**nein**	Die Klausel schließt einschränkungslos Vergütungsansprüche des Auftragnehmers bei leistungsmodifizierenden Auflagen aus, ohne Rücksicht auf die Verursacherfrage. Verstoß gegen §§ 307, 308 Nr. 4 BGB (OLG Hamburg vom 06. 12. 1995, Az: 5 U 215/94; **Nichtannahmebeschluss des BGH** vom 05. 06. 1997, Az: VII ZR 54/96, Baurechts-Report 8/97).

2.5.2 AGB der Auftragnehmerseite

PRÜFLISTE	zulässig	Anmerkung
a) **Wortlaut des § 5 Nr. 4 VOB/B**	ja	wenn die VOB/B gegenüber „Nichtverbrauchern" ohne inhaltliche Abweichungen verwendet wird.
	nein	wenn der Verwender die VOB/B inhaltlich verändert.
	nein	nach dem durch das Forderungssicherungsgesetz geänderten § 310 Abs. 1 BGB, wenn ein „Verbraucher" Vertragspartner des Verwenders ist (siehe Teil I S. 46).
b) Bei nicht rechtzeitigem Baubeginn sind **Schadensersatzansprüche des AG** wegen Unmöglichkeit, Verzugs, positiver Vertragsverletzung **ausgeschlossen.** Dies gilt nicht, soweit in den Fällen des Vorsatzes oder der groben Fahrlässigkeit gesetzlich zwingend gehaftet wird.	nein	Das OLG Frankfurt/M. hat mit Urteil vom 23. 11. 1983, Az: 21 U 236/82, BB 1984, 300, eine ähnliche Klausel deshalb für unwirksam erklärt, weil auch im kaufmännischen Geschäftsverkehr nach § 307 Abs. 1 BGB unzulässig sei, die Haftung für „anfängliches Unvermögen" zu begrenzen. Dabei könne dahin stehen, ob hier der Verwender eine sog. **Kardinal**pflicht einschränke, für die nach § 307 Abs. 2 Nr. 2 BGB eine derartige Haftungsbegrenzung nicht möglich sei. „Die subjektive Leistungsfähigkeit des Verwenders schafft überhaupt erst die Voraussetzung dafür, dass der Vertrag erfüllt werden kann. Das bedeutet, dass eine Freizeichnung von der Haftung für anfängliches Leistungsvermögen anders als in den Fällen nachträglicher Unmöglichkeit, bei denen sich die Beteiligten durchaus bewusst sind, dass Nachlässigkeiten oder Versehen in keinem Betrieb ausgeschlossen werden können, gegen Treu und Glauben verstößt."
c) Bei nicht rechtzeitiger Montage der Fenster und Türen hat der Kunde den Auftragnehmer schriftlich zur Herstellung innerhalb einer angemessenen Frist aufzufordern, mit der Androhung, er werde nach Ablauf der Frist die Annahme verweigern. Nach Ablauf dieser Frist ist der Kunde berechtigt, vom Vertrag zurückzutreten.	nein	OLG Stuttgart vom 23. 01. 1981, Az: 21 U 140/89, BauR 1982, 581: Die Klausel verstößt gegen § 309 BGB, weil sie „so verstanden werden kann, dass der Kunde **auf jeden Fall eine Nachfrist setzen** muss, bevor er zurücktreten kann, auch wenn die Voraussetzungen des § 326 Abs. 2 BGB erfüllt sind".

PRÜFLISTE	zulässig	Anmerkung
d) Der Lieferant kann die Auslieferung bis zu 6 Wochen gegenüber dem vereinbarten Termin verschieben. **Verwender:** Hersteller von Fertighäusern	nein	Nach BGH vom 28. 06. 1984, Az: VII ZR 276/83, NJW 1984, S. 2468 kann eine Klausel, die vorsieht, dass eine **individuell** vereinbarte Herstellungsfrist nicht eingehalten zu werden braucht, niemals Vertragsinhalt werden. Sie sei auch im Rahmen einer Verbandsklage verfolgbar, weil sie gegen die §§ 307 und 308 Nr. 1 BGB verstoße. Die generelle Aushöhlung des § 305b BGB enthaltenen Grundsatzes des Vorrangs der Individualabrede im Bereich der Lieferzeit benachteilige den Vertragspartner „unangemessen" i. S. von §§ 307 BGB. Die Eigenart des Fertighausmarktes rechtfertige keine andere Beurteilung. Dies müsse der Verwender bei der Festlegung des individuellen Liefertermins berücksichtigen. Es gehe nicht an, eine Zusage zu machen und von dieser wieder weitgehend abrücken zu können (vgl. auch OLG Düsseldorf vom 26. 11. 1981, Az: 6 U 83/81; DB 82, 220; Ingenstau/Korbion, B § 5 Nr. 1–3, Rdnr. 6).
e) Verzögert sich die Lieferzeit aus einem vom AN zu vertretenden Umstand, so kann der AG nur dann vom Vertrag zurücktreten oder Schadensersatz wegen Nichterfüllung verlangen, wenn er dem AN zuvor unter Ablehnungsandrohung erfolglos eine **Nachfrist von mindestens 6 Wochen** gesetzt hat und diese Frist fruchtlos abgelaufen ist.	nein	Die Klausel verstößt im Verkehr mit Verbrauchern gegen § 308 Nr. 2 BGB (BGH vom 06. 12. 1984, Az: VII ZR 227/83, BauR 85, 194). Zwar dürfen formularmäßige Nachfristen die „angemessene" Nachfrist des § 326 Abs. 1 Satz 1 BGB überschreiten. Auch sind bei Prüfung der Frage, ob eine solche Nachfrist unangemessen lang ist, die Besonderheiten des jeweiligen Gewerbezweiges – hier Fensterhersteller – zu berücksichtigen. Die **Nachfrist darf aber nicht zu einer „Ersatzlieferungsfrist" werden** oder die Lieferfrist erheblich verlängern.
f) Führt der Annahmeverzug des Auftraggebers zu einer Verzögerung der Auslieferung, so hat der Auftraggeber dem Auftragnehmer für die Verzugsdauer die bei der Spedition üblichen Lagerkosten zu erstatten. Der Auftragnehmer ist berechtigt, die Einlagerung bei einer Spedition vorzunehmen und dem Auftraggeber die hierbei entstehenden tatsächlichen Kosten sofort in Rechnung zu stellen.	ja	Die Klausel benachteiligt den in Annahmeverzug befindlichen Auftraggeber nicht in unangemessener Weise, weil sich der Auftragnehmer auf den Ersatz der tatsächlich entstandenen beziehungsweise üblichen Mehrkosten beschränkt (BGH, Az: VIII ZR 23/06; NJW 2007, 1198).

g) Der Auftragnehmer ist zu vorzeitiger Lieferung berechtigt.	**nein**	Die Klausel benachteiligt den Auftraggeber entgegen den Geboten von Treu und Glauben unangemessen (§ 307 Abs. 1 Satz 1, Abs. 2 Nr. 1 BGB). Sie differenziert nicht zwischen verbindlichen und unverbindlichen Lieferfristen, so dass der Vertragspartner auch dann eine für ihn zu frühe Lieferfrist hinnehmen muss, wenn er dies individuell ausgeschlossen hat (BGH, Az: VIII ZR 23/06, NJW 2007, 1198).
h) Der Auftraggeber kann vier Wochen nach Überschreitung einer unverbindlichen Lieferfrist den Auftragnehmer schriftlich auffordern, binnen angemessener Frist zu liefern.	**ja**	Für den hier konkret behandelten Geschäftszweig (Verkauf von individuell gestalteten Einbauküchen) ist die hier genannte Lieferfrist als noch angemessen anzusehen (BGH, Az: VIII ZR 23/06, NJW 2007, 1198).

2.6 Behinderung und Unterbrechung der Ausführung (§ 6 VOB/B)

Vorbemerkung:

Die insoweit eingesetzten AGB haben in der Regel den Zweck, die Rechtsfolgen von selbst verursachten Behinderungen oder Verzögerungen möglichst gering zu halten. Der Gestaltungsspielraum für wirksame AGB ist hier sehr eng. Dies deshalb, weil versucht wird, schadensersatzrechtliche Folgen in einem Bereich einzugrenzen, in dem dies auch im Rahmen des Spielraums von § 309 Nr. 7 BGB deshalb nur sehr begrenzt möglich ist, weil sowohl die Ausführungspflicht des Auftragnehmers, als auch bestimmte Mitwirkungspflichten des Auftraggebers (z. B. zur pünktlichen Planbeistellung) zu den „wesentlichen Pflichten" („Kardinalpflichten") gehören, die den direkten Schutz des § 307 Abs. 2 Nr. 2 BGB genießen (vgl. Palandt § 307 Rdnr. 35).

2.6.1 AGB der Auftraggeberseite

2.6.1.1 Verlängerung der Ausführungsfristen

PRÜFLISTE	zulässig	Anmerkung
a) **Behinderungsanzeigen** bedürfen auch dann der **Schriftform,** wenn die Behinderung offenkundig ist.	**ja**	Zur Begründung vgl. Kap. 2.1.11e.
b) Behinderungen sind unverzüglich schriftlich mitzuteilen. Eine **Fristverlängerung** wird hierdurch nur dann gerechtfertigt, wenn die Mitteilung so rechtzeitig erfolgt, dass die Bauleitung des AG ausreichende Zeit/Gelegenheit zur Behebung der Schwierigkeiten zur Verfügung hat und die Terminverlängerung vom AG und/oder dem bauleitenden Architekten **schriftlich anerkannt** wird.	**nein**	Die Klausel beinhaltet im Satz 2 im Einzelfall eine unzulässige Haftungsabwälzung für eigenes schuldhaftes Verhalten des Verwenders und beinhaltet darüber hinaus eine unzulässige Schriftformklausel. Verstoß gegen §§ 307 und 309 Nr. 7 BGB (vgl. auch LG München vom 03. 09. 1987, Az: 7 O 10815/87, nicht veröffentlicht).
c) Bei vorübergehender Stilllegung des Baues sind die **allgemeinen Stilllegungsmaßnahmen des BGB** maßgebend. Im Übrigen ist § 6 VOB/B vereinbart.	**nein**	Die Klausel verstößt gegen das Gebot, klar und eindeutig zu formulieren **(Transparenzgebot),** zumal das BGB keine „allgemeinen Stilllegungsmaßnahmen" kennt. Unwirksam nach § 307 BGB (OLG Köln, Az: 6 U 91/92, Schäfer/Finnern/Hochstein, Nr. 57 zu § 9 AGB).

PRÜFLISTE	zulässig	Anmerkung
d) **Schlechtwettertage** beeinflussen den Fertigstellungstermin nicht.	**nein**	**Unwirksam, sofern an die Überschreitung des Fertigstellungstermines Verzugsfolgen (Vertragsstrafe, Schadensersatz) geknüpft sind.** Die Klausel bedeutet, dass den AN das Schlechtwetterrisiko unabhängig davon trifft, ob die anfallenden Schlechtwettertage das statistische Mittel überschreiten oder nicht. Der AN muss also für ein Risiko einstehen, das völlig außerhalb der von ihm zu beeinflussenden Sphäre liegt. Dies verstößt gegen § 307 BGB (OLG Köln vom 16. 12. 1987, Az: 24 U 127/88, NJW-RR 88, 654).
e) **Massenmehrungen und -minderungen und Zusatzleistungen** berechtigen nicht zu einer Verlängerung der Ausführungstermine.	**nein**	Die Klausel verstößt gegen §§ 307 Abs. 2 Nr. 1, 309 Nr. 7 BGB, und zwar deshalb, weil zum einen bei kundenfeindlichster Auslegung der Klausel einseitige Vertragsänderungen ohne Änderung der Gegenleistung ermöglicht werden, zum anderen auch die Haftung des AG oder seiner Erfüllungsgehilfen jedenfalls in Richtung auf eine durch deren Verschulden verursachte Verlängerung der Ausführungstermine des AN ausgeschlossen wird (LG München vom 22. 09. 1988, Az: 7 O 3095/88, Baurechts-Report 6/88).
f) Verlangt der Auftraggeber von dem Auftragnehmer über die vertragliche Leistung hinausgehende Leistungen, oder führen sonstige von dem Auftragnehmer nicht zu vertretende Umstände zu Behinderungen, Unterbrechungen oder einem verspäteten Beginn der Arbeiten, führt dies **unter Ausschluss weitergehender Ansprüche nur zu einer angemessenen Fristverlängerung,** wenn der Auftragnehmer nicht in der Lage ist, vereinbarte Fristen durch verstärkten Personal- und/oder Geräteeinsatz einzuhalten und der Auftragnehmer den Anspruch auf Fristverlängerung dem Auftraggeber schriftlich ankündigt, bevor er mit der Ausführung der zusätzlichen Leistungen beginnt.	**nein**	Verstoß gegen § 307 BGB. Satz 1 und Satz 2 beinhalten einen unzulässigen Haftungsausschluss für Vorsatz und grobe Fahrlässigkeit des Auftraggebers bzw. seiner Erfüllungsgehilfen (OLG Hamburg vom 06. 12. 1995, Az: 5 U 215/94; **Nichtannahmebeschluss des BGH** vom 05. 06. 1997, Az: VII ZR 54/96, Baurechts-Report 9/97). Ähnlich OLG Saarland vom 15. 04. 1998, Az: 1 U 630/97, 128, nicht veröffentlicht, zu folgender **Klausel:** Der Auftragnehmer hat den vereinbarten Termin zum Arbeitsbeginn in jedem Falle wahrzunehmen. Sollte er aufgrund von Umständen, welche außerhalb seines eigenen Verantwortungsbereiches liegen, nicht termingemäß mit den Arbeiten beginnen können, hat er dies der Bauleitung **unverzüglich schriftlich mitzuteilen. Nachträgliche Einwände, er hätte mit seinen Arbeiten nicht rechtzeitig beginnen können, werden nicht anerkannt.**

PRÜFLISTE	zulässig	Anmerkung
Der Auftragnehmer kann im Falle der Behinderung oder Unterbrechung der Leistungen etwaige Ansprüche nur geltend machen, wenn eine von dem Auftraggeber zu vertretende Zeit der **Unterbrechungen** der von dem Auftragnehmer auf der Baustelle zu erbringenden Leistung von **mehr als 30% der vereinbarten Gesamtfrist** eintritt.		
g) Eine **Verlängerung** der für die Leistungen des AN vorgesehenen **Ausführungszeit** kommt unter keinen Umständen in Betracht.	nein	Hier wird der AN in unangemessener Weise für Risiken aus der Auftraggebersphäre verantwortlich gemacht (OLG Karlsruhe, Urteil vom 06. 07. 1993, Az: 3 U 57/92, ZDB-Verbandsklageregister Nr. 566).
h) Auf eine Verlängerung der Bauzeit und damit ggf. auf Veränderungen der Kalkulationsgrundlagen kann sich der AN nur dann berufen, wenn infolge **höherer Gewalt** oder, weil der AG **grob fahrlässig oder vorsätzlich** gegen die ihm obliegenden Verpflichtungen verstößt, (die Bauarbeiten) hierdurch für mehr als 30 Arbeitstage unterbrochen werden müssen. Eine evtl. Winterpause bzw. vom Arbeitsamt anerkannte Schlechtwettertage gelten in dem vorgenannten Sinne nicht als Unterbrechung.	nein	Die Klausel verstößt gegen das Prinzip der Berechenbarkeit von Leistung und Gegenleistung gemäß § 320 ff. BGB. Das aus der Verlängerung der Bauzeit für den AN folgende Kostenrisiko ist nämlich für diesen vollkommen unkalkulierbar in den Fällen, in denen es gar nicht zu einer Unterbrechung kommt, weil die Arbeiten – wenn auch schleppend – weitergeführt werden oder in denen mehrere Unterbrechungen – jeweils nicht mehr als 30 Arbeitstage – vorgenommen werden müssen. Außerdem versucht die Klausel für **zentrale Mitwirkungspflichten – Kardinalpflichten** der Verwenderin – eine Haftung einzuführen, welche auf qualifiziertes Verschulden beschränkt ist. Verstoß gegen § 307 BGB (LG München vom 24. 01. 1989, Az: 7 O 19788/88, nicht veröffentlicht).
i) Noch fehlende **behördliche Genehmigungen** sind durch den Auftragnehmer so rechtzeitig einzuholen, dass zu keiner Zeit eine Behinderung des Terminablaufes entsteht.	nein	Nach der gebotenen kundenfeindlichsten Auslegung ist die Klausel nicht so zu verstehen, dass sie sich ausschließlich auf vom Auftragnehmer zu beschaffende „behördliche Genehmigungen" bezieht. Verstoß gegen §§ 307 BGB (OLG Hamburg vom 06. 12. 1995, Az: 5 U 215/94; **Nichtannahmebeschluss des BGH** vom 05. 06. 1997, Az: VII ZR 54/96).

PRÜFLISTE	zulässig	Anmerkung
j) Der AG haftet nicht für **Bauzeitverlängerungen,** die dem AN durch nicht rechtzeitig fertig gestellte oder nachzubessernde Vorleistungen entstehen, wenn den AG selbst hierfür kein Verschulden trifft.	**nein**	Die Klausel betrifft auch den Fall eines **schuldlosen Annahmeverzugs des AG** und nimmt dem AN den Anspruch auf Ersatz von Mehraufwendungen nach § 304 BGB ebenso wie den Entschädigungsanspruch aus § 642 BGB. Insbesondere § 642 BGB zählt aber zu den wesentlichen Grundgedanken, jedenfalls bei Werkverträgen im Baubereich. Verstoß gegen § 307 Abs. 2 Nr. 1 BGB (LG München vom 27. 07. 1994, Az: 21 O 11308/93; **Revision** durch Beschluss des BGH vom 13. 07. 1995, Az: VII ZR 233/94) **nicht angenommen.**
k) Bei **Streitigkeiten** zwischen dem AG und dem AN dürfen die Arbeiten seitens des AN unabhängig von seinen vermeintlichen Ansprüchen **nicht unterbrochen** werden.	**nein**	Die Regelung verstößt gegen § 307 Abs. 2 Nr. 1 BGB, weil sie Zurückbehaltungs- und Leistungsverweigerungsrechte des AN bei Behinderungen ausschließt (LG München vom 22. 09. 1988, Az: 7 O 3095/88, Baurechts-Report 6/88). **Siehe allerdings die Rechtsprechung zu § 18 Nr. 4 VOB/B.**

2.6.1.2 Behinderung – Schadensersatz

PRÜFLISTE	zulässig	Anmerkung
a) Sind die hindernden Umstände von einem Vertragsteil zu vertreten, so hat der andere Teil Anspruch auf Ersatz des nachweislich entstandenen Schadens, des entgangenen Gewinns aber nur bei Vorsatz oder grober Fahrlässigkeit **(Wortlaut von § 6 Nr. 6 VOB/B).**	nein	**Wenn die VOB/B nicht insgesamt in den Vertrag einbezogen** ist, ist diese Klausel unwirksam. Hier werden gesetzliche Schadensersatzregeln unzulässig abgeändert **(BGH, Nichtannahmebeschluss** vom 13. 07. 1995, Az: VII ZR 233/94, Kleine-Möller/Merl/Oelmaier § 4 Rdnr. 108). Siehe auch Teil I Ziff. 5.4.7.
b) Ist erkennbar, dass sich durch eine Behinderung oder Unterbrechung Auswirkungen ergeben, hat der Auftragnehmer diese dem Auftraggeber unverzüglich **schriftlich mitzuteilen.** Unterlässt er schuldhaft diese Mitteilung, hat er den dem Auftraggeber daraus entstehenden Schaden zu ersetzen.	ja	Diese Klausel aus den EVM (B) ZVB/E Stand 1996 (Zusätzliche Vertragsbedingungen – einheitliche Fassung – des „Vergabehandbuchs für die Durchführung von Bauaufgaben des Bundes im Zuständigkeitsbereich der Finanzbauverwaltungen") Ziff. 19, schränkt nicht – was unzulässig wäre – Schadensersatzansprüche aus Verzug der Auftraggeberseite ein, sondern schafft eine **zumutbare Nebenpflicht.**
c) Eine **Verlängerung der Ausführungsfrist** wegen Behinderung oder Unterbrechung (auch infolge Witterungseinflüssen) begründet **keinen Anspruch auf besondere Vergütung. § 6 Nr. 6 VOB/B** bleibt unberührt.	nein	Die Klausel **schließt** in unzulässiger Weise auch eine **Vergütungsanpassung** nach den Grundsätzen über den Wegfall der Geschäftsgrundlage **aus.** Dies führt im Einzelfall zu einer grob unangemessenen Risikoabwälzung auf den AN (LG München vom 24. 07. 1994, Az: 21 O 11308/93; **Revision** durch Beschluss des BGH vom 13. 07. 1995, Az: VII ZR 233/94 **nicht angenommen**).
d) Ist nach **Maßgabe der Bauleitung** eine **Arbeitsunterbrechung** vorzunehmen oder tritt eine Verzögerung der Arbeiten infolge von der Oberleitung zu vertretenden Umstände ein, so steht dem AN kein Anspruch auf Schadensersatz für verzögerte Arbeiten zu.	nein	Die Klausel verstößt gegen §§ 307 und 309 Nr. 7 BGB. Sowohl nach dem Werkvertragsrecht des BGB, wie nach der VOB, hat der Bauherr gegenüber dem Unternehmer Mitwirkungspflichten. Er hat u. a. rechtzeitig Pläne zur Verfügung zu stellen und die Arbeiten an der Baustelle zu koordinieren. Die Verletzung dieser Pflichten (u. U. **„Kardinalpflichten")** löst Schadensersatzansprüche aus. Der hier vorgenommene Haftungsausschluss auch für vorsätzliche oder grobfahrlässige Vertragsverletzungen durch den Verwender ist im Bereich der Bauverträge durchaus kein Handelsbrauch und somit auch im kaufmännischen Geschäftsverkehr unzulässig

PRÜFLISTE	zulässig	Anmerkung
		(vgl. LG Saarbrücken, Urteil vom 11. 02. 1981, Az: 12 O 230/80, Buntell, § 9 Nr. 10; LG Frankfurt/M. vom 06. 02. 1980, Az: 2/6 O 502/79, Klausel 1, Bunte I, § 24 Nr. 17; OLG Karlsruhe vom 22. 07. 1982, Az: 9 U 27/82, BB 1983, 727 ff.; OLG München vom 03. 11. 1983, Az: 6 U 1390/83, BB 1984 S. 1386; LG München vom 07. 02. 1991, Az: 7 O 16246/90; LG Nürnberg-Fürth vom 29. 06. 1990, Az: 3 O 8332/89, beide nicht veröffentlicht).
e) Alle höhere Gewalt, Betriebsstörungen und **Ursachen, die der AG nicht zu vertreten hat,** entbinden den AG von Schadensersatzansprüchen jeglicher Art.	**nein**	Im Gegensatz zu Klausel 2.6.1.2a werden hier nur Behinderungsgründe genannt, die der Auftraggeber **nicht verschuldet hat.** Nach Ansicht des LG Frankfurt/M. (Urteil vom 06. 02. 1980, Az: 2/6 O 502/79, Klausel 1, Bunte I, § 24 Nr. 17) ist sie dennoch unbillig i. S. v. § 307 BGB, weil sie einseitig das Haftungsrisiko des AN erhöht und den AG auch in Fällen gesetzlicher Haftpflicht (Annahmeverzug), insbesondere aus seiner Risikosphäre, freistellt. Ebenso LG München vom 22. 09. 1988, Az: 7 O 3095/88, Baurechts-Report 6/88.
f) Etwaige bauübliche Störungen müssen in Kauf genommen werden. Sie berechtigen nicht zu Ersatzansprüchen.	**nein**	Die Klausel schließt jede Form eigenen Verschuldens des Auftraggebers aus und verstößt somit gegen § 307 BGB. Außerdem verletzt sie das Transparenzgebot (§ 307 Abs. 2 BGB) weil nicht klar ist, was unter „üblichen Störungen" zu verstehen ist (Landgericht München I, Az: 21 O 11308/93, unveröffentlicht; Nichtannahmebeschluss, BGH, Az: VII ZR 233/94; BauR 1996, 378).
g) Bei Stilllegung der Bauarbeiten infolge **unabwendbarer oder unvorhersehbarer Umstände** sind gegenseitige Ersatzansprüche ausgeschlossen. Dasselbe gilt bei zeitweiliger Behinderung in der zügigen Durchführung des Auftrages.	**nein**	OLG Frankfurt/M. vom 20. 09. 1984, Az: 6 U 37/84, Bunte V, 283: Die Klausel beinhalte einen Verstoß gegen §§ 307 und 309 Nr. 7 BGB. Bei kundenfeindlichster Auslegung könnte mit ihr ein Haftungsausschluss des AG verbunden sein für Vorgänge, die zwar nicht „abzuwenden" sind, die aber der AG „unter qualifizierenden Verschuldensvoraussetzungen zu vertreten" habe (vgl. auch LG Saarbrücken, Bunte II, § 9 Nr. 10; ebenso LG München vom 22. 09. 1988, Az: 7 O 3095/88, Baurechts-Report 6/88; LG München vom 25. 07. 1989, Az: 7 O 26309/88, Baurechts-Report 8/89).

PRÜFLISTE	zulässig	Anmerkung
h) Ein Schadensersatzanspruch gegenüber dem AG oder dessen Bevollmächtigten aufgrund von Terminverzögerungen ist ausgeschlossen, es sei denn, es liegt **Vorsatz oder grobe Fahrlässigkeit vor.**	**nein**	Die Klausel ist nach §§ 307, 309 Nr. 7 BGB im kaufmännischen und nichtkaufmännischen Geschäftsverkehr unzulässig, weil sie versucht, die Haftung für maßgebliche Mitwirkungshandlungen des AG (z. B. rechtzeitige Zurverfügungstellung von Plänen) einzuschränken. **Haftungsbeschränkungen für sog. Kardinalpflichten** sind auch im **kaufmännischen Geschäftsverkehr** unzulässig, weil mit solchen Haftungsbeschränkungen Pflichten des Verwenders so eingeschränkt werden können, „dass die Erreichung des Vertragszwecks gefährdet ist" (§ 307 Abs. 2 Nr. 2 BGB; vgl. LG München vom 19. 05. 1988, Az: 7 O 23960/87, Baurechts-Report 6/88; LG München vom 14. 02. 1991, Az: 7 O 17146/90, Baurechts-Report 6/91; OLG München vom 07. 11. 1989, Az: 9 U 3675/89; BauR 90, 471; OLG Karlsruhe vom 06. 07. 1993, Az: 3 U 57/92, NJW-RR 93, 1435).
i) Eine auch **länger als drei Monate** dauernde Unterbrechung berechtigt den AN nicht zur Vertragskündigung oder zu Nachforderungen bzw. Schadensersatz. **Variante 1:** Das **Kündigungsrecht** nach § 6 Nr. 7 VOB/B ist ausgeschlossen. **Variante 2:** Der AN ist bei einer mehr als 5-wöchigen Unterbrechung zur Kündigung berechtigt; es werden jedoch nur die bis dahin entstandenen Aufwendungen des AN bezahlt.	**nein**	OLG Karlsruhe vom 22. 07. 1982, Az: 9 U 27/81, BB 1983, 729: „Wegen Verstoßes gegen § 307 BGB unwirksam." Bei dem für den Fall einer länger als 3 Monate dauernden Unterbrechung nach § 6 Nr. 7 VOB/B beiden Vertragsteilen zustehenden Kündigungsrecht handelt es sich um den ausdrücklich geregelten Fall der Kündigung aus wichtigem Grund, nämlich wegen Störung des bei Vertragsschluss angenommenen Zeitplans (Daub/Piel/Soergel/Steffani; VOB/B, Erlz 6.113), letztlich also einem auf Treu und Glauben beruhenden Lösungsrecht vom Vertrag . . . Soweit die Klausel Schadensersatzansprüche ausschließt, verstößt sie außerdem gegen § 309 Nr. 7 BGB. Zur Unwirksamkeit der **Variante 1** vgl. OLG Frankfurt vom 21. 10. 1997, Az: 8 U 129/97; BauR 99, 774, mit Beschluss des **BGH** vom 18. 06. 1998, Az: VII ZR 429/97, **Revision nicht angenommen.** Zur Unwirksamkeit der **Variante 2** vgl. OLG Karlsruhe v. 21. 10. 1993, Az: 8 U 40/93; IBR 95, 379; mit Beschluss des **BGH** vom 07. 11. 1994, Az: VII ZR 231/93, **Revision nicht angenommen.**

PRÜFLISTE	zulässig	Anmerkung
j) Der AN gerät bei schuldhafter Fristüberschreitung ohne Weiteres auch **ohne besondere Mahnung** in Verzug.	**ja**	Die Klausel bestätigt nur § 286 BGB und ist deshalb zulässig (§ 307 Abs. 1 BGB). Allerdings muss dem Auftragnehmer ein **kalendermäßig bestimmter** Fertigstellungstermin vorgegeben worden sein.
k) Müssen einzelne Leistungen **nach dem Ermessen der Bauleitung** früher oder später, also außer Zusammenhang mit den übrigen Arbeiten, hergestellt werden, bleiben die Vertragspreise bestehen.	**strittig**	Nach dem maßgeblichen Verständnis des sachlich nicht vorgebildeten Durchschnittskunden und dessen „kundenfeindlichster" Auslegung schneidet die fragliche Klausel dem Vertragspartner auch Schadensersatzansprüche ab. Verstoß gegen §§ 307, 309 Nr. 7 BGB. **A. A.** LG Saarbrücken vom 11. 02. 1981, Az: 12 O 230/80, Bunte II, § 9 Nr. 10 unter Hinweis darauf, dass die Klausel **nur den Vergütungsanspruch** zum Gegenstand hat, der sich bei Wegfall der Geschäftsgrundlage (§ 242 BGB) ändert. Diesen Fall erwähnt die Klausel zwar nicht, sie muss es jedoch auch nicht, denn unsere gesamte Rechtsordnung steht unter dem Vorbehalt des § 242 BGB.
l) Treten Umstände ein, die der AN nicht zu vertreten hat, und die seine Arbeitsleistung auf der Baustelle mehr als 12 Monate nach Auftragserteilung verzögern, hat er **Anspruch auf tarifliche Lohnerhöhung** von diesem Zeitpunkt an, wenn diese von diesem Zeitpunkt ab **mehr als 3%** betragen.	**nein**	Die Klausel versucht in unzulässiger Weise die Haftung des AG für Behinderungen zum Teil gänzlich auszuschließen und zum Teil zu beschränken. Damit verstößt die Klausel gegen §§ 309 Nr. 7b, 307 Abs. 2 Nr. 1 BGB (LG München vom 22. 09. 1988, Az: 7 O 3095/88, Baurechts-Report 6/88).

2.6.2 AGB der Auftragnehmerseite

PRÜFLISTE	zulässig	Anmerkung
a) Wortlaut von § 6 Nr. 6 VOB/B.	**ja**	wenn die VOB/B gegenüber „Nichtverbrauchern" ohne inhaltliche Abweichungen verwendet wird.
	nein	wenn der Verwender die VOB/B inhaltlich verändert.
	nein	nach dem durch das **Forderungssicherungsgesetz** geänderten § 310 Abs. 1 BGB, wenn ein **„Verbraucher"** Vertragspartner des Verwenders ist (siehe Teil I S. 46).
b) Verzögert sich die Lieferzeit aus einem vom Hersteller zu vertretenden Umstand, so kann der AG nur dann vom Vertrag zurücktreten oder Schadensersatz wegen Nichterfüllung verlangen, wenn er dem Hersteller zuvor unter Ablehnungsdrohung erfolglos eine **Nachfrist von mindestens 6 Wochen** gesetzt hat und die Frist fruchtlos abgelaufen ist.	**nein**	Nach BGH vom 06. 12. 1984, Az: VII ZR 227/83, NJW 1985, 855, verstößt diese Klausel gegen § 307 BGB. Aufgrund der in § 323 Abs. 1 BGB vorgesehenen „angemessenen" Nachfrist soll der Schuldner Gelegenheit erhalten, seine im Wesentlichen vorbereitete Leistung nunmehr zu erbringen. Die Nachfrist braucht deshalb nicht so lang zu sein, dass der Schuldner innerhalb dieser Frist seine Leistung überhaupt erst vorbereiten kann. Zwar dürfen formularmäßige Nachfristen die „angemessene Nachfrist des § 326 I 1 BGB" überschreiten . . . Die Nachfrist darf aber nicht zu einer ‚Ersatzlieferungsfrist' werden oder die Lieferfrist erheblich verlängern".
c) **Nicht zu vertreten** hat der Hersteller insbesondere **Streik, Aussperrung und nicht rechtzeitige Belieferung** durch Zulieferer. In diesen Fällen kann der Hersteller vom Vertrag zurücktreten.	**nein**	Nach BGH vom 06. 12. 1984, Az: VII ZR 227/83, NJW 1985, 885, ist „dieser Rücktrittsvorbehalt sachlich nicht gerechtfertigt und verstößt gegen § 308 Nr. 3 BGB" (unwirksam im Geschäftsverkehr mit **Verbrauchern**). Im Einzelfall lösen Arbeitskämpfe nur Leistungs**verzögerungen** aus. Hier liegt kein sachlich gerechtfertigter Grund für ein Rücktrittsrecht vor. Auch der „Selbstbelieferungsvorbehalt" ist zu beanstanden. Zwar ist ein solcher in AGB grundsätzlich zulässig. Der Verwender wird von seiner Leistungspflicht aber nur frei, wenn er ein kongruentes Deckungsgeschäft geschlossen hat und von seinem Lieferanten im Stich gelassen wird. Demgegenüber versteht der „rechtlich nicht vorgebildete Durchschnittskunde" die Klausel so, dass nach dieser Klausel der **Grund** für die Nichtbelieferung des Verwenders **belanglos ist** (vgl. auch OLG Stuttgart vom 31. 01. 1981, Az: 2 U 140/80, BauR 1982, 582, zu den AGB eines Fensterherstellers).

PRÜFLISTE	zulässig	Anmerkung
d) Wir haften nur für Verzug, der auf **vorsätzliches Handeln** der nicht leitenden Angestellten und sonstiger Erfüllungsgehilfen zurückzuführen ist.	**nein**	Die Klausel verstößt gegen §§ 309 Nr. 7b, 307 BGB (OLG Köln vom 29. 06. 1993, Az: 22 U 38/93, Schäfer/Finnern/Hochstein, Nr. 58 zu § 9 AGB).
e) Sollte sich der Baubeginn aus Gründen verzögern, die der **Auftragnehmer nicht zu vertreten hat,** hat er das Recht, die Festpreisbindung um maximal 2% zu erhöhen, ohne dass es eines Nachweises bedarf.	**nein**	Die Klausel beinhaltet einen Verstoß gegen gesetzliche Grundgedanken (§ 642 BGB), weil der Auftraggeber für ihm nicht zurechenbare Umstände einstehen soll (LG Hamburg vom 08. 03. 1996, Az: 309 S 264/95; BauR 96, 867).

2.7 Verteilung der Gefahr (§ 7 VOB/B)

Vorbemerkung:

Der § 7 VOB/B ist zugunsten des Auftraggebers schon deshalb durch AGB abänderbar, weil er nicht unmaßgeblich von der gesetzlichen Regelung (§ 644 BGB) abweicht. Man sollte jedoch beachten, dass ein Eingriff in § 7 VOB/B die VOB als „Vertragsgrundlage" vernichten und damit andere VOB-Klauseln gefährden kann (vgl. insoweit Teil I Ziff. 5.2). Zu Kostenumlageklauseln für die **Bauwesenversicherung** vgl. Ziff. 2.2.1.4.

Bei AGB der Auftragnehmerseite kann es bedenklich sein, den § 7 VOB/B isoliert zu verwenden. Dies gilt auch für die „auftraggeberfreundlichere" Fassung des § 7 VOB/B seit der VOB/B-Fassung 2000. **Besonders zu beachten ist die Neuregelung bei Verträgen mit Verbrauchern.**

2.7.1 AGB der Auftraggeberseite

PRÜFLISTE	zulässig	Anmerkung
a) Anstelle von § 7 VOB/B gilt für die Gefahrtragungsregelung der § 644 BGB.	ja	Die Zugrundelegung der für den Auftragnehmer ungünstigeren BGB-Regelung kann schon deshalb nicht beanstandet werden, weil die Klauselprüfung nach §§ 307 ff. BGB sich an den Wertungen des BGB ausrichtet. **Aber:** Diese Regelung „zerstört" die VOB als „Vertragsgrundlage". Zu den Folgen vgl. Teil I Ziff. 5.2.
b) Vom AG beigestellte Baustoffe hat der AN gegen Diebstahl und andere Schäden zu schützen, ggf. zu versichern.	ja	Allerdings gilt dies nicht für Klauseln, die die Schutzpflicht auf nicht direkt für den AN bestimmte Materialien oder über die Fertigstellung der Arbeit des AN etwa bis zur Abnahme des Gesamtwerks ausdehnen (LG München I vom 19. 05. 1988, Az: 7 O 23960/87, Klausel 7, Baurechts-Report 6/88).
Diese Verpflichtung dauert bis zur **Abnahme des gesamten Bauwerkes.**	nein	**Dies geschieht in Satz 2;** siehe auch Klausel c.
c) Der AN hat bis zur **Gebrauchsabnahme** die Gefahr für die Bauleistung zu tragen. **Oder:** ... **bis zur behördlichen Abnahme** ...	nein	Die rechtsgeschäftliche Abnahme ist neben der Bezahlung die wesentliche Hauptpflicht des AG beim Werkvertrag. Mit der Abnahme geht auch die Gefahr für den Bestand der Bauleistung auf den AG über (§ 644 BGB). Die Verlagerung des Gefahrenübergangs auf einen für den AN nicht feststellbaren, völlig unbestimmten und von ihm kaum beeinflussbaren Termin der Gebrauchsabnahme (behördliche Abnahme) bedeutet daher eine dem AN nicht zumutbare Veränderung des Leistungsinhalts des Bauvertrages (vgl. Rundschreiben des Deutschen Städtetages vom 15. 06. 1982, Az: 6/03–10, zu § 7 VOB/B; Ingenstau/Korbion B § 7 Nr. 1–3 Rdnr. 27).

PRÜFLISTE	zulässig	Anmerkung
d) Alle höhere Gewalt, Betriebs-störungen und Ursachen, die der Auftraggeber nicht zu vertreten hat, entbinden den Auftraggeber von jeglicher Schadensersatzpflicht.	nein	Mit dieser Klausel wird die Gefahrtragung zu-lasten des Vertragspartners des Verwenders unangemessen ausgedehnt. Damit verstößt die Klausel gegen § 307 BGB (Korbion/Locher/Sienz, K 53 unter Hinweis auf BGH BB 1983, 525 f.).

2.7.2 AGB der Auftragnehmerseite

PRÜFLISTE	zulässig	Anmerkung
a) Wird die ganz oder teilweise ausgeführte Leistung vor der Abnahme durch höhere Gewalt, Krieg, Aufruhr oder andere, objektiv unabwend-bare, vom Auftragnehmer nicht zu vertretende Umstän-de beschädigt oder zerstört, so hat dieser für die ausge-führten Teile der Leistung die Ansprüche nach § 6 Nr. 5 VOB/B; für andere Schäden besteht keine gegenseitige Ersatzpflicht **(Wortlaut des § 7 VOB/B).**	ja	wenn die VOB/B gegenüber „Nichtverbrau-chern" ohne inhaltliche Abweichungen verwen-det wird.
	strittig	wenn der Verwender die VOB/B inhaltlich ver-ändert.
	strittig	nach dem durch das Forderungssicherungsge-setz geänderten § 310 Abs. 1 BGB, wenn ein „Verbraucher" Vertragspartner des Verwenders ist (siehe Teil I Ziff. 5.5.3).
b) Der Besteller trägt die Gefahr für etwa auf der Baustelle abhanden gekommene Teile.	nein	Dies stellt eine unzulässige Änderung der ge-setzlichen Gefahrtragungsregelung des § 644 BGB dar (OLG Naumburg vom 18. 02. 1997, Az: 9 U 225/96).

2.8 Kündigung durch den Auftraggeber (§ 8 VOB/B)

Vorbemerkung:

BGB und VOB kennen das **„freie Kündigungsrecht" des Auftraggebers,** das eine Kündigung des Bauvertrages ohne Grund zulässt (§§ 649 BGB, § 8 Nr. 1 VOB/B). Allerdings gehen beide Regelungen auch davon aus, dass hierdurch dem Auftragnehmer kein Schaden entstehen darf. Eingriffe in dieses Prinzip gelten grundsätzlich als Eingriffe in Regelungen mit maßgeblichem Gerechtigkeitsgehalt, sind also bedenklich. Gleiches gilt für **Klauseln der Auftragnehmerseite,** die bei Kündigung des Auftraggebers unangemessen hohe Entschädigungen vorsehen.

2.8.1 AGB der Auftraggeberseite

2.8.1.1 Kündigung des gesamten Vertrages

PRÜFLISTE	zulässig	Anmerkung
a) Der AG kann jederzeit den Auftrag kündigen.	ja	Die Klausel entspricht dem wesentlichen Inhalt von § 649 BGB, § 8 Abs. 1 VOB/B. Der AG muss jedoch dem AN den Ausfallschaden ersetzen. Der Ausschluss dieses Rechts in AGB ist wegen Verstoßes gegen § 307 BGB unwirksam (OLG Nürnberg vom 25. 10. 1983, Az: 3 U 1353/83, Bunte IV, § 11 Nr. 3).
b) Die Kündigung ist **schriftlich** zu erklären.	ja	Diese Bestimmung des § 8 Nr. 5 VOB/B ist auch als „isolierte" Klausel wirksam. Für **einseitige** Erklärungen kann per AGB die Schriftform vorgeschrieben werden. Dies ergibt sich aus § 309 Nr. 13 BGB (BGH, NJW-RR 89, 625). Vgl. im Übrigen 2.1.11.
c) Die Kündigung muss zu ihrer Wirksamkeit **per Einschreiben** erfolgen.	ja	Im **Verkehr mit Unternehmern** ist die Klausel wirksam. § 309 Nr. 13 BGB findet hier keine Anwendung (vgl. § 310 Abs. 1 BGB).
d) **§ 8 Nr. 2 VOB/B:** (1) Der Auftraggeber kann den Vertrag kündigen, wenn der Auftragnehmer seine Zahlungen einstellt, das Vergleichsverfahren beantragt oder in Konkurs gerät. (2) Die ausgeführten Leistungen sind nach § 6 Nr. 5 VOB/B abzurechnen. Der Auftraggeber kann Schadensersatz wegen Nichterfüllung des Restes verlangen.	ja	Diese Bestimmung der VOB ist auch dann gültig, wenn die VOB nicht insgesamt in den Vertrag einbezogen ist (BGH vom 26. 09. 1985, Az: VII 19/85, BB 1986, 23). Zu den Folgen vgl. Teil I Ziff. 5.2. Dies gilt auch für die mit der VOB 2000 eingeführte **Neufassung** des § 8 Nr. 2 VOB/B.

PRÜFLISTE	zulässig	Anmerkung
e) Der Hauptunternehmer ist jederzeit berechtigt, vom Vertrag mit dem Nachunternehmer **zurückzutreten,** wenn die Arbeiten durch **höhere Gewalt oder** vom **AG des Hauptunternehmers eingestellt, gar nicht oder nur teilweise ausgeführt werden.** Der Nachunternehmer hat in einem solchen Fall nur Anspruch auf Abrechnung der bereits ausgeführten Arbeiten, es sei denn, der Nachunternehmer weist nach, dass er in bestimmter Höhe weitergehende Aufwendungen hatte. **Verwender: Generalunternehmer, Baubetreuer.**	**nein**	Mit der Klausel versucht der Verwender, Risiken aus seinem Gefahrenbereich auf den AN abzuwälzen. Dies ist unangemessen und widerspricht dem wesentlichen Grundgedanken der aus § 649 BGB sich ergebenden gesetzlichen Regelung (BGH vom 17. 11. 1994, Az: VII ZR 245/93; NJW 95, 526). Ähnlich OLG Karlsruhe vom 06. 07. 1993, Az: 3 U 57/92, NJW-RR 93, 1435; OLG München vom 03. 11. 1983, Az: 6 U 1390/83, BB 84, 1386; OLG Hamburg vom 06. 12. 1995, Az: 5 U 215/94, **Nichtannahmebeschluss des BGH** vom 05. 06. 1997, Az: VII ZR 54/96. Nach BGH vom 17. 11. 1994, Az: VII ZR 245/93; NJW 95, 526, beinhaltet die genannte Klausel auch einen Eingriff in den Kernbereich der VOB (vgl. hierzu Teil I Ziff. 5.2).
f) Soweit in Bezug auf Teilbereiche die späteren Nutzer vor Beginn des Endausbaus noch nicht feststehen, behält sich der Auftraggeber das Recht vor, die Fertigstellung des Endausbaus der jeweiligen Teilbereiche bis zur Klärung mit den zukünftigen Nutzer ganz oder teilweise zu verschieben, zurückzustellen oder aus dem Leistungsumfang herauszunehmen. Erfolgt der Abruf verschobener oder zurückgestellter Leistungen durch den Auftraggeber nicht innerhalb der vorstehend vereinbarten Abruffrist von 12 Monaten nach Abnahme, so gilt dies als endgültige Herausnahme der entsprechenden Leistungen aus dem Leistungsumfang und der Preis ermäßigt sich um den Wert der entfallenden Leistungen.	**nein**	Die Klausel benachteiligt den Auftragnehmer entgegen Treu und Glauben unangemessen und ist daher nach § 307 BGB unwirksam. Zwar geht die Klausel von einer „einvernehmlichen Vertragsbeendigung" aus, setzt diese jedoch in den vorgesehenen Rechtsfolgen mit einer freien Vertragskündigung gleich. (BGH vom 12. 07. 2007, Az: VII ZR 154/06; Baurechts-Report 9/2007, S. 33; BauR 2007, 1724.)

PRÜFLISTE	zulässig	Anmerkung
g) Der Vertrag kann nur aus wichtigem Grund gekündigt werden. Der Auftraggeber kann diesen Vertrag jederzeit kündigen, wenn der **Auftragnehmer stirbt,** seine **Zahlungen einstellt,** das Vergleichsverfahren beantragt, in Konkurs gerät oder wenn gegen ihn von einem anderen Gläubiger die Zwangsvollstreckung betrieben wird. Der Auftragnehmer hat **lediglich Anspruch auf Vergütung** der bis dahin erbrachten Leistungen. Der Auftraggeber kann **Schadensersatz** wegen Nichterfüllung des Restes verlangen. Im Falle der nach Gesetz und Vertrag berechtigten **Kündigung** durch den **Auftragnehmer** hat dieser nur Anspruch auf Bezahlung der bis dahin erbrachten Leistungen.	**nein**	Unerträglich ist vor allem, dass der aus wichtigem Grund kündigende **Auftragnehmer** nur Anspruch auf Bezahlung der erbrachten Leistungen haben soll, also keinerlei Anspruch auf Ersatz des Schadens, insbesondere des entgangenen Gewinns, oder auf Entschädigung nach § 649 Satz 2 BGB, während der **Auftraggeber** als Kündigen der Schadensersatz wegen Nichterfüllung des Restes verlangen kann. Verstoß gegen § 307 BGB (BGH vom 28. 09. 1989, Az: VII ZR 167/88, BauR 90, 81 ff.). Außerdem: Die VOB ist nicht mehr insgesamt vereinbart. Zur Bedeutung vgl. Teil I Ziff. 5.2. Zu einer ähnlichen Klausel vgl. OLG Frankfurt vom 20. 09. 1984, Az: 6 U 37/84, Mitteilungsblatt des VBU Hessen e. V. 1983/113; LG Frankfurt vom 08. 10. 1985, Az: 2/13 O 177/85; Bunte VI, § 9 Nr. 45.
h) Der Vertrag kann nur aus wichtigem Grund gekündigt werden. Einer **Kündigungsfrist** bedarf es für den Auftraggeber nicht, für den Auftragnehmer beträgt sie **4 Wochen.**	**nein**	Diese Klausel ist auch dann in Satz 2 unwirksam, wenn wie hier das „freie Kündigungsrecht" des Auftraggebers nach §§ 649 BGB, 8 Nr. 1 VOB/B ausgeschlossen ist. Es ist für den Auftragnehmer i. d. R. unzumutbar, eine 4-Wochen-Frist einhalten zu müssen, obwohl ein wichtiger Grund zur Kündigung vorliegt. Verstoß gegen § 309 Nr. 8a BGB (BGH vom 28. 09. 1988, Schäfer/Finnern/ Hochstein, § 16 Nr. 3 VOB/B Nr. 48).
i) Kündigt der AG den Bauvertrag gem. § 8 Nr. 1 Abs. 1 VOB/B, so ist gem. § 6 Nr. 5 VOB/B abzurechnen. **Weitere Ansprüche des AN bestehen nicht.**	**nein**	Die gesetzliche Regelung des § 649 BGB geht von einem freien Kündigungsrecht des AG und einem dementsprechenden Ausgleich für den AN aus. Dieser Grundgedanke wird durch die Klausel in unangemessener Weise gestört. Verstoß gegen § 307 BGB (BGH vom 04. 10. 1984, Az: VII ZR 65/83, BauR 1985, 77; ähnlich OLG München vom 03. 11. 1983, Az: 6 U 1390/83, BB 84, 1386; OLG Frankfurt vom 20. 09. 1984, Az: 6 U 37/84).

PRÜFLISTE	zulässig	Anmerkung
j) Kann der AG aus wichtigen Gründen den Bau nicht beginnen oder weiterführen, so darf er den Vertrag kündigen, ohne dass der AN irgendwelche Ansprüche auf Schadensersatz hat oder die Entscheidung des AG anfechten kann. Der **AN verpflichtet sich, dies bei Verträgen mit Zulieferern oder Nachunternehmern zu berücksichtigen.** Wichtige Gründe sind Rezession, Verschlechterung des Kapitalmarktes, stagnierender Absatz von Eigentumswohnungen und Eigenheimen.	**nein**	Die Klausel enthält ein einseitiges Lösungsrecht zugunsten des Klauselverwenders ohne sachlich gerechtfertigten Grund und verstößt gegen § 308 Nr. 3 BGB. Sie ist auch im kaufmännischen Geschäftsverkehr unwirksam (BGH vom 04. 10. 1984, Az: VII ZR 65/83, BauR 1985, 77; OLG München vom 15. 01. 1987, Az: 29 U 4348/86, BauR 1987, 554).
k) Der AG kann den Vertrag mit einer **Frist von 3 Tagen** kündigen, wenn er den Bau aus von ihm nicht zu vertretenden Gründen nicht ausführen oder weiterführen kann. Die bis dahin erbrachten Leistungen des AN werden vom AG nach Art, Umfang und Zustand in einer Niederschrift genau festgestellt und in dem Verhältnis abgerechnet, in dem die ausgeführte Leistung zum vereinbarten Festpreis steht; **weitergehende Ansprüche sind ausgeschlossen.**	**nein**	Die Klausel verstößt gegen § 307 Abs. 2 Nr. 1 BGB, da sie Rechte des AN aus § 649 BGB so wesentlich einschränkt, dass die Erfüllung des Vertragszwecks gefährdet ist. Der AN soll gerade nicht das volle Risiko der vorzeitigen Vertragsbeendigung durch den AG tragen. Die Gründe für die Kündigung des AG spielen für den AN keine Rolle, es sei denn, dieser hat die Kündigung selbst zu vertreten. Dies gilt auch im kaufmännischen Geschäftsverkehr (LG München I vom 08. 01. 1985, Az: 7 O 16131/84 St., Klausel 9, Bunte VI, § 9 Nr. 43; OLG München vom 15. 01. 1987, Az: 29 U 4348/86, Klausel 10, NJW-RR 1987, 661 = Baurechts-Report 3/87; **Revision** durch Beschluss des **BGH** vom 16. 11. 1988, Az: VII ZR 89/87, **abgelehnt;** BGH vom 04. 10. 1984, Az: VII ZR 65/83, BauR 1985, 77).

2.8.1.2 Teilkündigung durch den Auftraggeber – Selbstübernahmeklauseln

PRÜFLISTE	zulässig	Anmerkung
a) Schadensersatz für entgangenen Gewinn kann der Auftragnehmer im Falle der Teilkündigung nicht verlangen, wenn ihm ein **gleichwertiger Ersatzauftrag angeboten wird.**	**ja**	Bei dieser Klausel gewährt sich der Auftraggeber keine unangemessenen Vorteile. Die Klausel weicht von der gesetzlichen Regelung in § 649 BGB nicht unangemessen ab. Der Vergütungsanspruch des § 649 Satz 2 BGB besteht schon von vornherein nur abzüglich des Ersparten und desjenigen, was der Unternehmer durch den anderweitigen Ersatz seiner freigewordenen Arbeitskraft erwirbt oder zu erwerben böswillig unterlässt. Diese Anspruchsminderung spricht die streitige Klausel an und zwar für den Fall des vollständigen Ausgleichs der auf den gekündigten Teil des Werkvertrags noch ausstehenden Vergütungsforderung durch Angebot eines **gleichwertigen Ersatzauftrags.** Dadurch wird der Vergütungsanspruch des § 649 Satz 2 BGB im Grundsatz nicht in Frage gestellt, sondern nur für einen besonderen Sachverhalt gesetzeskonform ausgeschlossen (OLG Koblenz vom 18. 02. 1992, Az: 3 U 137/91, NJW-RR 92, 850).
b) Der Bauherr ist berechtigt, **einzelne Positionen** des Angebots zurückzuziehen, zu streichen oder in den Massenansätzen zu vermindern, **ohne** dass der Auftragnehmer durch Minderleistungen **Ersatzansprüche** stellen kann; eine Preisänderung tritt dadurch bei solchen oder anderen Positionen nicht ein.	**nein**	Die Klausel benachteiligt den Auftragnehmer in unangemessener Weise. Denn sie gesteht in Abweichung von anerkannten Rechtsgrundsätzen (vgl. §§ 649 BGB, 8 Nr. 1 Abs. 2 VOB/B) dem Auftraggeber schlechthin das Recht zu, jederzeit und ohne Angabe von Gründen einen Werkvertrag ohne Vergütungsausgleich zu kündigen. Dies verstößt nach allgemeiner Ansicht gegen § 307 BGB (OLG Düsseldorf vom 16. 07. 1991, Az: 23 U 25/91; BauR 92, 77; ähnlich OLG Düsseldorf vom 22. 07. 1982, Az: 6 U 220/81, Az: 12 O 230/80, Bunte II § 9 Nr. 10; OLG Hamburg vom 06. 12. 1995, Az: 5 U 215/94. **Revision vom BGH** mit Beschluss vom 05. 06. 1997, Az: VII ZR 54/96 **nicht angenommen.** OLG Frankfurt vom 03. 06. 2002, Az: 1 U 26/01, BauR 2003, S. 269, rechtskräftig, da die zugelassene Revision nicht eingereicht wurde).

PRÜFLISTE	zulässig	Anmerkung
c) Wenn vom AG, wozu er berechtigt ist, aus irgendwelchen Gründen das Bauvorhaben oder der Auftrag **nachträglich verkleinert oder zeitweilig stillgelegt wird,** mindert sich im ersten Fall der Festpreis entsprechend, und in beiden Fällen hat der AN keinen Anspruch auf Erstattung von entgangenem Gewinn usw.	nein	Die Klausel räumt dem AG das Recht ein, den Leistungsumfang (Preis) sowie die Leistungszeit (Fälligkeit der Vergütung) einseitig zu bestimmen. Ein solcher Änderungsvorbehalt ist unzumutbar, weil er nicht durch ein beachtliches Interesse des Verwenders gedeckt ist. Die Klausel verstößt gegen §§ 308 Nr. 4, 307 BGB. Sie ist auch unter Kaufleuten ungültig, da es keinen Handelsbrauch und keine Verkehrssitte gibt, wonach die Leistung nach Belieben einseitig verändert werden könnte. Zulässig wären allenfalls Mengen-, Qualitäts- und Gewichtstoleranzen, soweit sie durch ein beachtliches Interesse der Kaufleute gedeckt sind (OLG Karlsruhe vom 22. 07. 1982, Az: 9 U 27/81, BB 1983, 725; OLG München vom 03. 11. 1983, Az: 6 U 1390/83, BB 1984, 1386; OLG Düsseldorf vom 22. 07. 1982, Az: 6 U 220/81, BauR 1984, 95).
d) Bei Kündigung von **13** (Bedarfspositionen) schuldet der Auftraggeber nur die Zahlung der bisher erbrachten Leistungen. Mehrkosten oder Schadensersatzansprüche für entfallene Leistungen können nicht gefordert werden.	ja	Es liegt kein Verstoß gegen § 307 BGB vor. Der Auftragnehmer muss sich bei solchen Positionen von vorneherein bei der Kalkulation darauf einrichten, dass deren Ausführung ungewiss ist. Im Gegensatz zu den unwirksamen Teilkündigungsklauseln handelt es sich bei Eventualpositionen nicht um den Entfall vertraglich vereinbarter Leistungsteile. Die Eventualleistung ist nämlich noch gar nicht Vertragsbestandteil geworden, wird dies vielmehr erst durch ausdrücklichen Abruf durch den Auftraggeber (OLG Hamm vom 24. 02. 1989, Az: 12 U 170/88, BauR 1990, 744).
e) Der Bauherr behält sich vor, einzelne Teile der ausgeschriebenen Arbeiten zu ändern oder gänzlich auszuschalten. Der Auftragnehmer kann hieraus keinen Entschädigungsanspruch ableiten, wenn sich aus diesen Umständen keine Änderungen des **Gesamtleistungsumfanges von ± 10% ergeben.**	nein	OLG Frankfurt vom 07. 06. 1985, Az: 6 U 148/84, NJW-RR 86, 245: Es liegt ein Verstoß gegen § 307 BGB vor. Zwar muss der Auftragnehmer beim Einheitspreisvertrag ein gewisses Massenrisiko tragen. „Hiervon ist aber der Fall zu unterscheiden, dass aufgrund eines willkürlichen . . . Verhaltens des Bauherrn eine Verminderung des Leistungsumfanges eintritt."

PRÜFLISTE	zulässig	Anmerkung
f) (I) Der Auftraggeber (AG) behält sich das Recht vor, einzelne Positionen aus dem Arbeitsumfang herauszunehmen, ohne dass hierfür Kosten geltend gemacht werden können oder eine Änderung der Einheitspreise erfolgt. (II) Bei einer Festpreisvereinbarung **ändert sich der Festpreis prozentual in dem Umfang, in dem die Leistung des Anbieters (AN) entfällt.** Jedoch ist eine Änderung des Auftragsvolumens nur dann möglich, wenn der AG an einer solchen Änderung ein wirtschaftliches oder sonstiges Interesse hat und diese für den AN nicht zu einer unangemessenen Benachteiligung führt. (III) Eine **unangemessene Benachteiligung** für den AN liegt nur dann vor, wenn unter Berücksichtigung der Änderung des Auftragsvolumens und der vorgegebenen Kalkulation der AN nicht in der Lage ist, den Auftrag **zumindest zum Selbstkostenpreis** durchzuführen.	**nein**	OLG Düsseldorf vom 22. 07. 1982, Az: 6 U 220/81, BauR 1984, 95: Verstoß gegen § 308 BGB. Der in Abs. 3 dieser Klausel genannte Lösungsgrund ist im Hinblick auf § 308 Nr. 3 BGB zu unbestimmt. Für den Geschäftsverkehr mit Unternehmern leitet das Gericht die Unwirksamkeit unmittelbar aus § 307 BGB ab, weil hier der AN gezwungen wird, seine Leistung ggf. ohne Gewinn erbringen zu müssen. Der § 2 Nr. 3 VOB/B zeigt auf, in welchem Umfang ein AN in der Regel mit Änderung des Auftragsvolumens rechnen muss.

2.8.1.3 Kündigung wegen Verschuldens des Auftragnehmers

PRÜFLISTE	zulässig	Anmerkung
a) Die Entziehung des Auftrags aufgrund Unterbrechung oder Verzögerung übernommener Leistungen und Lieferungen, sei es durch **finanzielle Schwierigkeiten,** durch Schwierigkeiten bei der Beschaffung benötigter Materialien, durch Nachlässigkeit oder auch **sonstigen vom AN zu vertretenden Gründen** kann vom AG auch auf einen in sich abgeschlossenen Teil der übertragenen Leistungen beschränkt werden und **hebt** die vertragliche **Gewährleistung nicht auf.**	**nein**	Die Klausel soll dem AG die Möglichkeit geben, bei Teilverzug des AN die Rechte aus Leistungsverzug gemäß § 326 BGB **ohne Fristsetzung** geltend zu machen. Die Klausel verstößt gegen § 309 Nr. 4 BGB und ist auch im kaufmännischen Geschäftsverkehr ungültig, da es sich bei dem Rechtsgedanken aus § 326 BGB // ab 01. 01. 2002 § 323 BGB, einen Vertrag nach Leistungsstörung nicht ohne Weiteres, sondern erst nach vergeblicher Fristsetzung aufzuheben, um eine wesentliche Regelung des Gesetzes nach § 307 Abs. 2 Nr. 1 BGB handelt (OLG Karlsruhe vom 22. 07. 1982, Az: 9 U 27/81, BB 1983, 725). **Außerdem widerspricht es Treu und Glauben** (§ 307 BGB), **wenn der AN für den entzogenen Teil** des Auftrages neben einem Dritten **weiter gewährleisten** soll. Dies gilt auch für den kaufmännischen Geschäftsverkehr. Eine Nachfrist ist allerdings dann nicht erforderlich, wenn der AN erklärt, auch nur eine wesentliche Verpflichtung aus dem Vertrag nicht erfüllen zu können oder zu wollen (BGH vom 19. 03. 1983, Az: VIII ZR 84/82, NJW 1984, 48).
b) Bei **Weigerung** des AN, Beanstandungen und Mängel an seinen Arbeiten **sofort** zu beheben, oder bei **Nichteinhalten vertraglicher Fertigstellungsfristen** hat der AG das Recht, die Arbeit sofort zurückzuweisen und von anderen Firmen auf Kosten des AN herstellen zu lassen.	**nein**	Die Klausel verstößt gegen §§ 309 Nr. 4 und 307 BGB. Der **Verwender wird von der gesetzlichen Obliegenheit freigestellt, den anderen Vertragsteil zu mahnen oder ihm eine Nachfrist zu setzen.** Dies gilt auch im Rechtsverkehr unter Kaufleuten. Auch in diesem Bereich sind Klauseln regelmäßig unzulässig, mit denen sich der Verwender ein Recht auf Rücktritt oder Schadensersatz nach bloßem Ablauf der Zahlungs- oder Lieferfrist oder für den Fall des Verzuges einräumt. Die Mühe, eine Nachfrist zu setzen, steht außer Verhältnis zu dem vom Verwender mit der Klausel zumeist erstrebten Nutzen, sich rasch Schadensersatzansprüche oder das Recht zum Rücktritt zu beschaffen (OLG Düsseldorf vom 21. 08. 1984, Az: 21 U 42/84, BauR 1985, 452; LG Frankfurt/M. vom 24. 11. 1981, Az: 2/13 O 284/81, Bunte II, § 9 Nr. 18; OLG Köln vom 26. 04. 1990, Az: 21 U 15/89; NJW 91, 301). Zu einer ähnlichen Klausel OLG Karlsruhe vom 22. 07. 1982, Az: 9 U 27/81, BB 83, 728.

PRÜFLISTE	zulässig	Anmerkung
c) Bei **nicht vertragsgemäßem Beginn oder Fortgang** der Arbeiten des Nachunternehmers (NU) kann der HU den Vertrag nach **einmaliger schriftlicher Mahnung** kündigen und auf Kosten und Gefahr des NU ausführen lassen. Der NU **haftet für alle Schäden** und eventuellen Vertragsstrafen des HU auf Schadensersatz. **Verwender:** Hauptunternehmer (HU)	nein	Da die Haftung des Nachunternehmers auch **ohne jedes Verschulden** eintreten soll, widerspricht die Klausel in unangemessener Weise wesentlichen Grundgedanken der gesetzlichen Schadensersatzregelung (§ 307 BGB). Dies gilt auch im Rechtsverkehr unter Kaufleuten (vgl. Gutachten des BDI, 5/78, V. Leitsatz). Ähnlich LG München vom 29. 06. 1989, Az: 7 O 5019/89, nicht veröffentlicht.
d) Ein wichtiger Grund zur Kündigung liegt insbesondere dann vor, wenn der Hauptvertrag endet, bzw. sich Änderungen im Umfang der Leistung ergeben.	nein	Die Klausel ist zu weit gefasst beziehungsweise erfasst aufgrund ihres Wortlauts auch solche Fälle, in denen der Verwender den „wichtigen Grund" gesetzt hat. Unzulässige Umgehung der Rechtsfolgen einer freien Kündigung. (BGH vom 29. 07. 2004, Az: III ZR 293/03; Baurechts-Report 12/2004).

2.8.2 Kündigung durch den Auftraggeber – AGB der Auftragnehmerseite

2.8.2.1 Allgemein

PRÜFLISTE	zulässig	Anmerkung
a) Der Auftraggeber kann den Vertrag kündigen, wenn in den Fällen des § 4 Nr. 7 und 8 Abs. 1 und des § 5 Nr. 4 die gesetzte Frist fruchtlos abgelaufen ist (Entziehung des Auftrags) **Wortlaut des § 8 Nr. 3 VOB/B.**	**ja**	wenn die VOB/B gegenüber „Nichtverbrauchern" ohne inhaltliche Abweichungen verwendet wird.
	nein	wenn der Verwender die VOB/B inhaltlich verändert.
	nein	nach dem durch das Forderungssicherungsgesetz geänderten § 310 Abs. 1 BGB, wenn ein „Verbraucher" Vertragspartner des Verwenders ist (siehe Teil I S. 46).
b) Der Bauvertrag kann nur aus **wichtigem Grund** gekündigt werden. Das freie Kündigungsrecht des Auftraggebers gem. §§ 649 BGB, 8 Nr. 1 VOB/B ist ausgeschlossen.	**nein**	In AGB der **Auftragnehmerseite** wird hier das freie Dispositionsrecht, das das Gesetz dem Auftraggeber einräumt, unangemessen eingeschränkt. (BGH vom 08. 07. 1999, Az: VII ZR 237/98, BB 99, 1997); Verstoß gegen § 307 Abs. 2 Nr. 1 BGB.
c) Die Kündigung des Auftraggebers bedarf zu ihrer Wirksamkeit der **Schriftform.** (§ 8 Nr. 5 VOB/B)	**ja**	Die Bestimmung des § 8 Nr. 5 VOB/B ist auch als „isolierte" Klausel wirksam. Für **einseitige** Erklärungen kann per AGB die Schriftform vorgeschrieben werden (BGH vom 18. 01. 1989, Az: ZR 142/88, NJW-RR 89, 625). **Allerdings:** Strengere Formerfordernisse (z. B. Einschreiben) sind nur im Geschäftsverkehr mit Unternehmern gültig (§ 309 Nr. 13 BGB).
d) Bei Kündigung des Auftrags nach **Erteilung eines Kostenvoranschlags** wird die für die Ausarbeitung des Kostenvoranschlags benötigte Zeit als Arbeitszeit berechnet.	**nein**	Die Klausel verstößt gegen § 307 Abs. 2 Nr. 1 BGB. Solche Kosten fallen nach den berechtigten Erwartungen des Publikums unter die **Gemeinkosten des Unternehmers.** Die Klausel verändert diesen Grundsatz ohne Bestehen einer entsprechenden Abrede zwischen den Parteien (LG Hamburg vom 14. 06. 1991, Az: 324 O 17/91, nicht veröffentlicht).
e) Statt der sich aus § 649 BGB ergebenden Ansprüche kann das Unternehmen als Ersatz **15% des Gesamtpreises** geltend machen, es sei denn der Bauherr weist nach, dass der dem Unternehmer nach § 649 BGB zustehende Betrag wesentlich niedriger ist.	**nein**	Unwirksam nach § 309 Nr. 5b BGB. Die Klausel erlaubt nur den Nachweis eines **„niedrigeren"** Anspruchs, somit gestattet die Klausel nicht den Nachweis, dass überhaupt kein Schaden entstanden sei (OLG Celle vom 03. 07. 2008; Az: 13 U 68/08; JBR-ONLINE).

2.8.2.2 Schadensersatzpauschalen von Fertighausherstellern – Planungsunternehmen

PRÜFLISTE	zulässig	Anmerkung
a) Kommt dieser Vertrag aus sonstigen Gründen nicht zur Ausführung, tritt der Bauherr aus anderen Gründen vom Vertrag zurück . . ., so ist der Bauherr verpflichtet, an die Verkäuferin **Schadensersatz in Höhe von 10%** des endgültigen Kaufpreises ohne konkreten Schadensnachweis zu zahlen, zuzüglich der Kosten für die erstellten Zeichnungen 1:100 in Höhe von 8.450,– DM bzw. 12.770,– DM + Mehrwertsteuer. Dem Bauherrn bleibt vorbehalten, nachzuweisen, dass der Schaden niedriger ist. In diesem Fall braucht er nur den nachgewiesenen niedrigeren Betrag zu zahlen. Die Geltendmachung eines höheren als des pauschalierten Schadensersatzes durch die Verkäuferin ist nicht ausgeschlossen.	**ja**	Nach § 308 Nr. 7 BGB ist eine Klausel in Allgemeinen Geschäftsbedingungen unwirksam, die bei vorzeitiger Vertragsbeendigung eine unangemessen hohe Vergütung oder einen unangemessen hohen Ersatz von Aufwendungen vorsieht. Die hier gewählte pauschalierte Vergütung ist grundsätzlich **nicht unangemessen.** Die Klausel ist auch nicht überraschend im Sinne des § 305c BGB. Mit derartigen Klauseln ist bei einem Fertighausvertrag zu rechnen. Auch wird dem Bauherrn nicht die Möglichkeit abgeschnitten, den Nachweis eines niedrigeren Schadens zu führen (§ 309 Nr. 5b BGB), BGH vom 23. 03. 1995, Az: VII ZR 228/93; BauR 95, 546, BGH vom 27. 04. 2006, Az: VII ZR 175/05, MDR 2006, 1101.
	nein	**Anders** ist die Rechtslage nach LG Berlin vom 05. 07. 1996 (Az: 36 O 753/95, BB 96, 2062) dann, wenn der Pauschalbetrag als **„Mindestbetrag"** bezeichnet wird. Denn häufig ist der Schaden nur minimal, insbesondere dann, wenn die Kündigung kurz nach Vertragsschluss erfolgt.
b) Hält der AG Zahlungsfristen nicht ein, oder tritt er ohne rechtlichen Grund vom Vertrag zurück, so kann der AN Schadensersatz in Höhe von **25%** der Auftragssumme verlangen.	**nein**	Die Klausel ist nach § 307 BGB unwirksam, weil sie den AN u. a. berechtigen soll, **Schadensersatz ohne Nachfristsetzung** zur Leistung gegenüber dem AG zu verlangen. Nicht immer bedeutet ein unberechtigtes Abkehren von vertraglichen Pflichten zugleich auch eine ernsthafte und endgültige Weigerung, den Vertrag zu erfüllen. Daher ist die Klausel – auch im kaufmännischen Geschäftsverkehr – unwirksam (BGH vom 18. 12. 1985, Az: VIII ZR 47/85, NJW 1986, 842). Da die Klausel zudem dem AG den Nachweis geringeren Schadens abschneidet, ist sie auch deshalb unwirksam (vgl. auch OLG Düsseldorf vom 28. 07. 1993, Az: 22 U 38/93; NJW-RR 94, 149).

PRÜFLISTE	zulässig	Anmerkung
c) Kündigt der AG vor Abruf des Hauses, so hat der AN Anspruch auf **mindestens 18%** des Gesamtkaufpreises zur Abgeltung bis dahin erbrachter Leistungen und sonstiger Unkosten ohne Einzelnachweis.	**nein**	Es ist schon zweifelhaft, ob 18% des Entgelts bei Vertragsbeendigung vor Abruf noch als angemessen gelten können. Auf jeden Fall ist aber der „mindeste" Anspruch so formuliert, dass der **Gegenbeweis niedrigeren Schadens abgeschnitten ist.** Auf derartige Abwicklungsregelungen nach § 308 Nr. 7 BGB ist der für Schadensersatzansprüche geltende § 11 Nr. 5b AGB // ab 01. 01. 2002: § 309 Nr. 5b BGB analog anzuwenden (BGH vom 08. 11. 1984, Az: VII ZR 256/83, BB 1985, 149).
d) In allen Fällen des auftraggeberseitigen Rücktritts vom Vertrag ist der AN berechtigt, ohne Nachweis des Schadens eine **Bearbeitungsgebühr** bis **zu 5%** des Gesamtkaufpreises einschl. kostenpflichtiger Sonderwünsche oder Ersatz des tatsächlich entstandenen Aufwandes zu verlangen.	**ja**	Eine solche Abwicklungsregelung ist daran zu messen, was ohne die Klausel üblicherweise bei vorzeitiger Auflösung des Vertrages geschuldet würde. Der § 308 Nr. 7 BGB verbietet solche Regelungen in Formularverträgen nicht grundsätzlich (BGH vom 10. 03. 1983, Az: VIIZR 301/82, BB 1983, 1051; einschränkend OLG München vom 22. 09. 1983, Az: 24 U 197/83, BauR 1985, 114).
e) Die vom Auftraggeber nach einer Kündigung zu entrichtende Vergütung nach § 649 BGB beträgt, sofern er oder der Auftragnehmer nicht im Einzelfall andere Nachweise erbringt, bis zur Übergabe der Pläne für den Bauantrag **7,5%** des vereinbarten Gesamtpreises.	**ja**	Grundsätzlich darf sich der Kunde allerdings darauf verlassen, dass es im Fall der Kündigung bei der Pauschale von 7,5% verbleibt. Aus der Formulierung, „im Einzelfall" ergibt sich aber, dass der Auftragnehmer nur ausnahmsweise dann eine über die Pauschale hinausgehende Vergütung verlangen kann, wenn er nachweist, dass die „Besonderheiten in der Vertragsgestaltung oder Vertragsdurchführung" zu einer entsprechend höheren Vergütung geführt hätten (BGH vom 30. 03. 2000, Az: VII ZR 167/99, Baurechts-Report 7/2000).
f) Setzt der AG den AN in Verzug, so muss er eine **Nachfrist von 8 Wochen** einräumen, gerechnet vom Eingang des Mahnschreibens beim AN.	**nein**	Die Fristsetzung ist, insbesondere bei den hier in Rede stehenden **Fassadenarbeiten,** unangemessen lang. Die Klausel verstößt gegen § 308 Nr. 2 BGB (OLG Stuttgart vom 25. 03. 1988, Az: 2 U 155/87, BauR 1988, 506, BauR aktuell; OLG Entscheidungen, lfd. Nr. 6; vgl. auch Ziff. 2.6.2a).

PRÜFLISTE	zulässig	Anmerkung
g) **Planungsunternehmen:** Abgesehen von den Fällen, in denen ein wichtiger Grund vorliegt, den der Auftragnehmer zu vertreten hat, behält der Auftragnehmer den Anspruch auf das vertragliche Honorar, jedoch unter Abzug der ersparten **Aufwendungen,** die **mit 40%** für die vom Auftragnehmer noch nicht erbrachten Leistungen **vereinbart** werden.	**nein**	Die Klausel ist entsprechend §§ 309 Nr. 5b und 308 Nr. 7 BGB unwirksam. Der Vertragspartner muss aus dem Wort „vereinbart" annehmen, dass der Nachweis höherer ersparter Aufwendungen ausgeschlossen ist. Auch die Höhe der Pauschale ist unangemessen (BGH vom 10. 10. 1996, Az: VII ZR 250/94; NJW 97, 259. Ebenso: BGH vom 27. 10. 1998, Az: X ZR 116/97).

2.9 Kündigung durch den Auftragnehmer (§ 9 VOB/B)

Vorbemerkung:

Das gesetzliche Werkvertragsrecht – Leitbild für die Wirksamkeitsprüfung Allgemeiner Geschäftsbedingungen – kennt kein freies Kündigungsrecht der Auftragnehmerseite. Bei etwaigen „Rücktrittsvorbehalten" der **Auftragnehmerseite** ist somit zu prüfen, ob sie an einen **„sachlichen Grund"** (§ 308 Nr. 3 BGB) geknüpft sind.

AGB der **Auftraggeberseite** sind insbesondere dann zu beanstanden, wenn sie versuchen, das – vom Gesetzgeber sowieso eng begrenzte – Kündigungsrecht des Auftragnehmers bzw. die schadensersatzrechtlichen Folgen einer berechtigten Kündigung einzuschränken bzw. auszuschließen.

2.9.1 AGB der Auftraggeberseite

PRÜFLISTE	zulässig	Anmerkung
a) Bei Lösung des Vertragsverhältnisses durch den AN kann Ersatz für **entgangenen Gewinn** nicht verlangt werden.	**nein**	Hat der AG die Kündigung zu vertreten, so ist eine Minderung oder ein Ausschluss von Ersatzansprüchen des AN unzulässig (§ 309 Nr. 8a BGB). Dies gilt auch im kaufmännischen Geschäftsverkehr (LG Frankfurt/M. vom 08. 11. 1978, Az: 2/6 O 213/78, Klausel 9, Mitteilungsblatt des Verbandes baugewerblicher Unternehmer Hessen e.V., 1979, 16).
Auch: bei Kündigung des Vertrages durch den AN schuldet der AG **Zahlung bereits erbrachter Leistung** zu Vertragspreisen. Weitergehende Ansprüche können nicht geltend gemacht werden.	**nein**	Der Ausschluss des Ersatzanspruches für den AN bei vom AG zu vertretenden Vertragsstörungen beeinträchtigt eine der wesentlichen Gerechtigkeitsnormen des BGB-Vertragsrechts. Die Klausel ist daher auch im kaufmännischen Geschäftsverkehr unwirksam (OLG München vom 03. 11. 1983, Az: 6 U 1390/83, BB 1984, 1386; vgl. auch BGH vom 04. 10. 1984, Az: VII ZR 65/83, DB 1985, 222).
b) Der Auftraggeber kann bei Kündigung aus wichtigem Grund Schadensersatz wegen Nichterfüllung verlangen. Im Falle der nach Gesetz und Vertrag berechtigten **Kündigung durch den Auftragnehmer** hat dieser nur Anspruch auf Bezahlung der bis dahin erbrachten Leistungen zu den vertraglichen Einheitspreisen. Der Auftragnehmer hat keinen Anspruch auf Ersatz seines Schadens, insbesondere des entgangenen Gewinns oder des sich nach § 642 BGB ergebenden Schadens.	**nein**	„Unerträglich" ist es, den Auftragnehmer mit allen Ansprüchen sogar nach § 649 Satz 2 BGB auszuschließen, während sich der **Auftraggeber** als Kündigender alle Rechte auf Schadensersatz einräumt. „In dieser Abbedingung der in § 9 Nr. 3 VOB/B enthaltenen und auch nach dem BGB geltenden Regelung liegt ein eindeutiger Verstoß gegen § 307 BGB (BGH vom 28. 09. 1988, Az: VII ZR 167/88, Schäfer/Finnern/Hochstein, § 16 Nr. 3 VOB/B Nr. 48). **Weiterhin:** Nach dem zitierten BGH-Urteil ist die VOB/B bei Verwendung dieser Klausel nicht „insgesamt" vereinbart. Zu den Folgen vgl. Teil I Ziff. 5.2.

PRÜFLISTE	zulässig	Anmerkung
c) Der AN ist nicht berechtigt, die Arbeit einzustellen oder den Vertrag zu kündigen, wenn sich Zahlungen oder sonstige Leistungen des AG verzögern.	**nein**	Der AG ist nicht berechtigt, die gesetzlichen Folgen seines eigenen Leistungsverzuges durch AGB auszuschließen (§§ 309 Nr. 8a, 307 BGB). Dies gilt auch im **kaufmännischen Geschäftsverkehr,** da entsprechende Handelsbräuche oder eine entsprechende Verkehrssitte in der Bauwirtschaft nicht bestehen: § 310 Abs. 1 BGB) LG München I vom 07. 06. 1983, Az: 7 O 4683/83, Bunte IV, § 9 Nr. 26.
d) Der AN darf den Vertrag wegen **Meinungsverschiedenheiten** über die Art der auszuführenden Leistung, über den Erhalt fälliger Zahlungen, sowie über die Einhaltung vereinbarter Ausführungsfristen nicht kündigen. **Auch:** Der AN darf nur kündigen, wenn der AG mit fälliger Zahlung länger als vier Wochen in **Verzug** ist.	**nein**	Die Klausel strebt den Ausschluss jeglichen Kündigungsrechtes an. Sie würde den AN vollkommen schutzlos stellen. Wenn fällige Zahlungen aufgrund bloßer Meinungsverschiedenheiten zurückbehalten werden könnten, so könnte der AG Meinungsverschiedenheiten ohne Weiteres provozieren. Gleiches gilt für die übrigen Voraussetzungen. Die Einseitigkeit der Klausel führt zur Unwirksamkeit nach § 307 BGB, auch im Geschäftsverkehr mit Unternehmern (OLG München vom 03. 11. 1983, Az: 6 U 1390/83, BB 1984, 1386; LG Frankfurt/M. vom 06. 02. 1980, Az: 2/6 O 502/79, Klausel 14, Bunte I, § 24 Nr. 17).

2.9.2 AGB der Auftragnehmerseite

PRÜFLISTE	zulässig	Anmerkung
a) Die Kündigungsregeln der VOB/B.	ja	Diese Regeln können **auch „isoliert"** verwendet werden, also auch dann, wenn die VOB nicht „Vertragsgrundlage" (vgl. hierzu Teil I Ziff. 5.2) ist (Kleine-Möller/Merl/Oelmaier, § 2 Rdnr. 591) oder der Vertragspartner ein durch das Forderungssicherungsgesetz besonders geschützter „Verbraucher" ist (siehe hierzu Teil I S. 36).
b) Der Auftragnehmer kann den Werkvertrag jederzeit kündigen.	nein	Dem Auftragnehmer steht nach dem Gesetz kein freies Kündigungsrecht zu. Verstoß gegen §§ 307 und 308 Nr. 3 BGB (Kleine-Möller/Merl/Oelmaier, § 2 Rdnr. 632).
c) Leistet der Auftraggeber fällige Zahlungen nicht, kann der AN den Vertrag **ohne Nachfrist** kündigen.	nein	Der formularmäßige Ausschluss der Nachfristsetzung gemäß § 323 BGB ist auch im **kaufmännischen Geschäftsverkehr** (Geschäftsverkehr mit Unternehmern) unzulässig (vgl. OLG Köln vom 25. 11. 1988, Az: 6 U 69/88; WM 89, 526).
d) Der Auftragnehmer ist zur Kündigung des Bauvertrages berechtigt, wenn er von seinem **Baustofflieferanten** nicht oder nicht rechtzeitig beliefert wird.	nein	Im Gegensatz zum freien Kündigungsrecht des Bestellers kennt das Bürgerliche Gesetzbuch kein vergleichbares Kündigungsrecht des Auftragnehmers, sondern nur ein außerordentliches Kündigungsrecht. Somit verstößt die Klausel gegen § 308 Nr. 3 BGB (vgl. OLG Stuttgart, ZIP 1981, 875).
e) Der AN ist zum Rücktritt vom Vertrag berechtigt, wenn der AG **falsche Angaben** über seine Person oder seine Vermögensverhältnisse gemacht hat.	nein	Falsche Angaben über die Person des AG stellen keinen sachlich gerechtfertigten Grund zur Vertragsauflösung dar (§ 308 Nr. 3 BGB). Auch falsche Angaben über Vermögensverhältnisse sind, wenn keine einschränkenden, die Angemessenheit des Rücktrittsrechts deutlich machenden Hinweise gegeben werden, kein sachlich gerechtfertigter Grund im Sinne des § 308 Nr. 3 BGB (BGH vom 03. 06. 1985, Az: VIII ZR 150/84, BB 1985, 1353).

PRÜFLISTE	zulässig	Anmerkung
f) Zum Nachweis, dass die Finanzierung des Bauvorhabens gesichert ist, muss der AG eine **unwiderrufliche Zahlungsgarantie einer Bank vorlegen.** Sollte die Zahlungsgarantie nicht spätestens 4 Wochen vor Baubeginn vorliegen, kann der AN vom Vertrag zurücktreten. In diesem Fall hat er Anspruch auf erbrachte Vorleistungen und nachgewiesenen weiteren Schaden.	**nein**	Die Klausel ist eindeutig dahin zu verstehen, dass eine nicht durch Einwendungen und Einrede beschränkbare Zahlungsgarantie gefordert wird. Die Klausel ist geeignet, dem Kunden Leistungsverweigerungsrechte aus § 320 BGB wegen Mängeln der Leistung und auch Einwendungen wegen Nichterfüllung der gesetzlichen Vorleistungsverpflichtungen abzuschneiden. Verstoß gegen § 309 Nr. 2 BGB (BGH vom 16. 09. 1993, Az: VII ZR 206/92, WM 93, 2093). **Aber:** Es ist zu beachten, dass dieses Urteil noch nicht die Rechtslage berücksichtigt, wie sie seit Inkrafttreten des neuen § 648a BGB (01. 04. 1993) gilt. Eine entsprechende Kündigungsklausel, die die **Grundsätze des § 648a BGB** beachtet, ist gültig.
g) Im Falle der Kündigung durch den Auftraggeber oder durch den Auftragnehmer vor Beginn der Fertigung der Kellerteile oder dem Betonieren der Kellersohle, ist der Auftragnehmer berechtigt, **mindestens 10% des Brutto-Preises** des Kellers oder der Fundamentplatte einschließlich Sonderleistungen als Schadensersatz zu verlangen.	**nein**	Nach LG Berlin (vom 05. 07. 1996, Az: 36 O 753/95, BB 96, 2062). Unzulässig, weil der Pauschalbetrag als **„Mindestbetrag"** bezeichnet wird. Denn häufig ist der Schaden nur minimal, insbesondere dann, wenn die Kündigung kurz nach Vertragsschluss erfolgt. **Aber:** Folgende **Variante:** „Die Vergütung nach § 649 BGB beträgt, sofern AG oder AN nicht im Einzelfall andere Nachweise erbringen, bis zur Übergabe der Pläne für den Bauvertrag 7,5% des vereinbarten Gesamtpreises" ist **gültig** mit der Auslegung, dass der AN nur im Einzelfall und bei Nachweis die 7,5% überschreiten kann (BGH v. 30. 03. 2000, Az: VII ZR 167/99; BauR 2000, 1194) **vgl. hierzu auch 2.8.2.2.**

2.10 Haftung der Vertragsparteien (§ 10 VOB/B)

Vorbemerkung:

Der Gestaltungsspielraum durch Allgemeine Geschäftsbedingungen ist insoweit sehr eng. Der § 10 VOB/B übernimmt weitgehend die allgemeinen BGB-Grundsätze der Haftungsverteilung, die durch mehrere Bestimmungen des Rechts der Allgemeinen Geschäftsbedingungen vor gravierenden Eingriffen geschützt sind.

Besonders zu beachten ist, dass auch die generelle Haftungsbegrenzung auf Vorsatz und grobe Fahrlässigkeit (wie sie nach § 309 Nr. 7 BGB zulässig ist) bei Bauverträgen problematisch ist. Die enge Verzahnung der Mitwirkungspflichten der Baubeteiligten bewirkt, dass eine derartige Haftungsbegrenzung sehr schnell auch verkehrswesentliche Pflichten berührt, die den besonderen Schutz des § 307 Abs. 2 Nr. 2 BGB genießen. Allerdings hat der BGH mit Urteil vom 17. 12. 1998, Az: VII ZR 243/97, Schäfer/Finnern/Hochstein § 10 VOB/B Nr. 1 den § 10 Nr. 2 Abs. 2 VOB/B für **wirksam** erklärt, obwohl dieser nach dem **Wortlaut** eine Alleinhaftung des Auftragnehmers auch bei grobem Verschulden des Auftraggebers vorsieht. Aus der Regelung des § 10 Nr. 5 VOB/B und der Haftpflichtbestimmungen der §§ 61, 67 Abs. 1 S. 3 VVG sei aber zu entnehmen, dass eine Alleinhaftung des Auftragnehmers ausscheidet, wenn der Auftraggeber grobfahrlässig oder vorsätzlich gehandelt hat.

2.10.1 AGB der Auftraggeberseite

2.10.1.1 Freistellungsklauseln zugunsten des Auftraggebers oder Architekten

PRÜFLISTE	zulässig	Anmerkung
a) Der AN verzichtet soweit **gesetzlich zulässig** auf alle Schadensersatzansprüche gegen den AG oder seine Beauftragten.	**nein**	Haftungsausschlüsse in dieser unklaren und umfassenden Form sind unzulässig (§§ 307 und 309 Nr. 7 BGB). Sie lassen nicht erkennen, in welchem Umfang Schadensersatzansprüche eingeschränkt werden sollen. (Vgl. dazu auch OLG Stuttgart vom 19. 12. 1980, Az: 2 U 122/80, NJW 1981, 1105).
oder: Der AN haftet für alle Schäden, die an der Bauleistung, den Materialien und Geräten sowie Dritten entstehen, **gleich aus welchem Grunde** die Schäden herrühren (und stellt den AG von allen Ansprüchen dieser Art frei).		Zur **zweiten Variante** vgl. LG Frankfurt vom 06. 02. 1980, Az: 2/6 O 502/79, Bunte I, § 24 Nr. 17; ähnlich LG Düsseldorf vom 01. 08. 1979, Az: 12 O 90/79, BB 79, 1632; LG München vom 19. 05. 1993, Az: 21 O 12454/92, nicht veröffentlicht.

PRÜFLISTE	zulässig	Anmerkung
oder: Schadensersatzansprüche können nur bei Vorsatz oder grober Fahrlässigkeit geltend gemacht werden.	nein	Für **leitende Mitarbeiter** ist ein Haftungsausschluss bei grobem Verschulden für Vertragspflichten jeder Art durch AGB unzulässig (vgl. auch BGH vom 19. 01. 1984, Az: VII ZR 220/82, NJW 1984, 1350). Das gilt auch für Kaufleute. Aber auch für **leicht fahrlässiges Handeln** des AG oder seiner Erfüllungsgehilfen ist die generelle Haftungsbeschränkung durch AGB unwirksam, soweit die Klausel auch wesentliche (sogenannte **Kardinal-)Pflichten** aus dem Vertrag betrifft (vgl. BGH vom 18. 01. 1989, Az: VIII ZR 142/88, NJW-RR 89, 625; OLG München vom 07. 11. 1989, Az: 9 U 3675/89, BauR 90, 471; BGH vom 12. 01. 1994, Az: VIII ZR 165/92; NJW 94, 1060).
b) Der AN übernimmt die volle Gewähr dafür, dass bei der Ausführung des Auftrages alle in Frage kommenden **gesetzlichen, behördlichen, polizeilichen und berufsgenossenschaftlichen Vorschriften** eingehalten werden und haftet allein für alle durch Verstoß gegen diese Vorschriften entstehenden Folgeschäden. Er hat alle **Schutzmaßnahmen** zu veranlassen, die zur Sicherung fremden Eigentums, namentlich von Nachbargrundstücken und von öffentlichen Geh- und Fahrflächen sowie zur Abwendung von Unfällen erforderlich sind.	nein	Die Klausel überträgt dem AN die alleinige Haftung und schließt jede Mithaftung des AG für durchaus denkbares Allein- oder Mitverschulden bei Zustandekommen der erwähnten Schäden aus; sie verstößt gegen §§ 307 und 308 Nr. 7 BGB und ist deshalb auch im kaufmännischen Geschäftsverkehr unwirksam (LG München I vom 19. 05. 1988, Az: 7 O 23960/87, Baurechts-Report 6/88). Ähnlich LG München vom 19. 05. 1993, Az: 21 O 12454/92, nicht veröffentlicht. **Ähnlich** OLG Frankfurt vom 03. 06. 2002, Az: 1 U 26/01 nicht veröffentlicht, wobei in der behandelten Klausel **zusätzlich** festgelegt wurde, dass „den AG und die Bauleitung im Verhältnis zum AN keine Sicherungspflicht trifft".
c) Der AN kann gegenüber dem AG **Mit- oder Alleinverschulden** anderer Personen **nicht geltend machen.** Ein Entlastungsbeweis nach § 831 BGB ist ausgeschlossen.	nein	Die Klausel verschiebt das Haftungsrisiko des AN in unzumutbarer Weise einseitig, ohne auf Verschulden oder Entstehen des Haftungsgrundes Rücksicht zu nehmen. Die Klausel verstößt damit gegen § 307 BGB (LG Frankfurt/M. vom 08. 11. 1978, Az: 2/6 O 213/78, Klausel 4, Mitteilungsblatt des Verbandes baugewerblicher Unternehmer Hessen e.V., Frankfurt/M., 1979, 16).

PRÜFLISTE	zulässig	Anmerkung
d) **Ebenso:** Es wird ausdrücklich vereinbart, dass der AN allein für die von ihm auszuführenden Bauleistungen und für die Herstellung seiner Leistungen gegenüber dem AG haftet.	**nein**	So OLG Frankfurt/M. vom 20. 09. 1984, Az: 6 U 37/84 mit gleicher Begründung wie bei Klausel c). (Mitteilungsblatt des Verbandes baugewerblicher Unternehmer Hessen e. V., Frankfurt/M., 1984, 113.)
e) Kommt neben dem Auftragnehmer auch ein Dritter als Schadensverursacher in Betracht, **haftet dennoch der Auftragnehmer** gegenüber dem Auftraggeber **als Gesamtschuldner.** Er verpflichtet sich, den Auftraggeber von jeder Inanspruchnahme durch Dritte freizuhalten, soweit diese sich aus oder im Zusammenhang mit der Erbringung der Leistung durch den Auftragnehmer oder Verletzung öffentlich-rechtlicher Bestimmungen oder behördlicher Vorschriften durch den Auftragnehmer ergibt.	**nein**	Dem Auftragnehmer wird der Einwand des Allein- oder Mitverschuldens anderer Personen abgeschnitten und dadurch das Haftungsrisiko zu seinen Ungunsten in unzumutbarer Weise verschoben. Verstoß gegen § 307 BGB (OLG Hamburg vom 06. 12. 1995, Az: 5 U 215/94; **Nichtannahmebeschluss des BGH** vom 05. 06. 1997, Az: VII ZR 54/96).
f) **Ebenso:** Der Auftragnehmer hat den Auftraggeber von Ansprüchen Dritter wegen schädigender Auswirkungen (Schäden, Nachteilen oder Belästigung) freizustellen. Dies gilt nicht für schädigende Auswirkungen, die trotz vertragsgemäßer Ausführung unvermeidbar sind, es sei denn, dass die schädigenden Auswirkungen auf einen Änderungsvorschlag oder ein Nebenangebot des Auftragnehmers zurückzuführen sind.	**nein**	Die Klausel verstößt gegen § 307 BGB, da sie den Auftragnehmer unangemessen benachteiligt. Die Klausel berücksichtigt nicht die Fälle, in denen der Anspruch eines Dritten auf einem mitwirkenden Verschulden des Auftraggebers beruht (OLG Frankfurt/M. vom 03. 06. 2002, Az: 1 U 26/01, BauR 2003, S. 269, rechtskräftig, da die zugelassene Revision nicht eingereicht wurde).

PRÜFLISTE	zulässig	Anmerkung
g) Alle höhere Gewalt, Betriebsstörungen und Ursachen, **die der AG nicht zu vertreten hat,** entbinden den AG von Schadensersatzansprüchen.	**nein**	Die Klausel soll die gesetzliche Folge der Schadensersatzpflicht des AG ausschließen, wenn er sich im schuldlosen **Annahmeverzug** befindet. Der AG schließt damit auch Störungen seines eigenen Betriebes aus, die aus seiner eigenen **Risikosphäre** stammen. Für diese massive Verschiebung der Risiken existiert kein sachlicher Grund, zumal dem AN nicht etwa gleichfalls Haftungserleichterungen gewährt werden, sondern seine Haftung noch ausgedehnt wird. Die Klausel verstößt damit gegen § 307 BGB. Sie ist auch im kaufmännischen Geschäftsverkehr unwirksam (LG Frankfurt/M. vom 06. 02. 1980, Az: 2/6 O 502/79, Klausel 1, Bunte I, § 24 Nr. 17; ebenso auch BGH vom 26. 01. 1983, Az: VIII 342/81, BB 1983, 524 zu einer Klausel aus dem Möbelhandel).
h) Mit Auftragserteilung durch den Architekten überträgt der AG dem AN die Stelle des **„verantwortlichen Bauleiters"** (in einigen Bundesländern sieht die Landesbauordnung diese Funktion nicht mehr vor), womit die bis zu diesem Zeitpunkt der Behörde gegenüber vom Architekten gegebene Erklärung ungültig wird. Es obliegt dem AN, entsprechende **Erklärungen gegenüber der Behörde** abzugeben. Der AN haftet für jeden Schaden, der aus Nichtbefolgung dieser Vorschrift entsteht und hat den AG und den Architekten schadlos zu halten, falls diese aus einem derartigen Grund in Anspruch genommen werden.	**nein**	Die Klausel weist dem AN Aufgaben und Verantwortlichkeiten zu, die weit über das hinausgehen, wozu er im Rahmen seiner eigenen Tätigkeit verpflichtet ist. Er hat zwar seine Arbeiten fachgerecht auszuführen, braucht aber nicht für den gesamten Bau verantwortlich einzustehen. Die Klausel verschiebt das Leistungsgefüge des Werkvertrages einseitig in unangemessener Weise zum Nachteil des AN. Die Klausel kann daher sowohl gemäß § 305c BGB als Überraschungsklausel nicht Vertragsbestandteil geworden sein, als auch zu einer einseitigen unangemessenen Benachteiligung des AN gemäß § 307 BGB führen. Sie ist daher auch im kaufmännischen Geschäftsverkehr unwirksam (LG Saarbrücken vom 11. 02. 1981, Az: 12 O 230/81, Bunte II, § 9 Nr. 10).

PRÜFLISTE	zulässig	Anmerkung
i) Der AN verpflichtet sich, dem **Architekten** denjenigen Schaden zu ersetzen, der ihm daraus entsteht, dass ihn der Bauherr wegen mangelhafter Leistung des AN wegen **Verletzung der Bauaufsichtspflicht** in Anspruch nimmt. Dies gilt auch, wenn der Anspruch des AG gegen den AN bereits verfristet ist.	**ja** **(strittig)**	Die Klausel gibt lediglich den bestehenden Rechtszustand wieder. Bei mangelhafter Arbeitsleistung des AN stehen dem Architekten, der seine Aufsichtpflicht im Verhältnis zum AG verletzt hat, Ausgleichsansprüche gemäß §§ 426, 254 BGB gegen den AN zu. Dem AN wird im Innenverhältnis die alleinige Verantwortung aufgebürdet. Das entspricht dem Grundsatz, dass derjenige, der einen Fehler macht, einem Dritten nicht entgegenhalten kann, der Dritte sei mitschuldig, weil er nicht genug auf ihn aufgepasst habe. Das gilt auch dann, wenn der AG den AN infolge Verjährung nicht mehr in Anspruch nehmen kann. Es ist auch nicht zu beanstanden, dass dem Architekten ein eigener unmittelbarer Anspruch gegen den AN zugebilligt wird. Der Bauvertrag stellt sich insoweit als ein Vertrag zugunsten Dritter dar (OLG Karlsruhe vom 22. 07. 1982, Az: 9 U 27/82, BB 1983, 725; LG Saarbrücken vom 11. 02. 1981, Az: 12 O 230/81, Bunte II, § 9 Nr. 10). **A. A.** OLG Koblenz vom 19. 09. 1994, Az: 2 U 1813/92. Verstoß gegen § 309 Nr. 7 BGB.
j) **Aber:** Der AN haftet grundsätzlich für alle sich aus der Erfüllung seiner Leistung ergebenden Verbindlichkeiten, sowohl dem AG als auch dem Architekten gegenüber. **Er stellt den Architekten frei** von eventuellen Schadensersatzforderungen, die an diesen aufgrund von Leistungsmängeln des AN gestellt werden könnten (§ 5 Abs. 2 AVA = Allgemeine Vertragsbestimmungen zum **Einheits-Architektenvertrag).**	**nein**	Architekt und AN haften gesamtschuldnerisch dem AG, wenn dieser wegen eines Mangels am Bauwerk Schadensersatz wegen Nichterfüllung, Nachbesserung oder Vorschuss für Mängelbeseitigung verlangt. Der AG kann jeden der beiden nach Belieben in Anspruch nehmen. Der Ausgleich zwischen Architekt und AN hängt dann davon ab, wer vorwiegend den Schaden verursacht hat. Der Ausgleich wird oft in einem weiteren Regressverfahren vorgenommen, dessen Ausgang die Klausel zulasten des Geschädigten (also des AN) vorwegnimmt. Die Subsidiaritätsklausel beseitigt somit das gesetzliche Leitbild gesamtschuldnerischer Haftung und ist wegen §§ 307, 309 Nr. 8b BGB unwirksam (OLG München vom 19. 11. 1987, Az: 24 U 831/86, DB 1988, 1443). Ähnlich OLG Karlsruhe vom 06. 07. 1993, Az: 3 U 57/92, ZDB-Verbandsklageregister Nr. 566.
k) Der **Architekt** haftet nur für von ihm nachweislich schuldhaft verursachte Schäden.	**nein**	Diese Klausel aus dem **Einheits-Architektenvertrag 1979** verstößt gegen §§ 307, 309 Nr. 8b und 12a BGB (vgl. 2.10.2b).

Liebe Leser,

dieses Buch erscheint aufgrund der sich laufend weiter entwickelnden Rechtsprechung ca. alle zwei Jahre in einer neuen Auflage.

Für Sie ist es wichtig, dass Sie immer die neueste Ausgabe in Händen halten.

Wir empfehlen Ihnen daher:

Bestellen Sie mit anhängendem Bestellcoupon die Folgelieferungen.

Sofort nach Erscheinen der neuesten Broschüre erhalten Sie diese zugesandt.

– Bitte hier abtrennen und an den Verlag senden oder per Fax: 09466/1276! –

BESTELL-COUPON

☐ Hiermit bestellen wir – jederzeit widerruflich – auch die Folgelieferung des Standardwerkes **„Unwirksame Bauvertragsklauseln" inkl. CD-ROM** ca. 38,50 €, inkl. MwSt., zzgl. Versandkosten.

Bitte freimachen

Absender: Kunden-Nr. ....
falls vorhanden

....

....

....

....
Ort, Datum   Stempel, Unterschrift

VOB-Verlag
Ernst Vögel
Kalvarienbergstraße 22
93491 Stamsried

2.10.1.2 Schadensersatzklauseln für Bauschutt, Bauschäden und sonstige Nebenpflichtsverletzungen

Vorbemerkung:

Nach dem gesetzlichen Leitbild haftet jeder Vertragspartner für die von ihm verursachten Vertragsverletzungen. Dabei ist die Vertragsverletzung grundsätzlich vom Anspruchsteller zu beweisen. Aufgrund der Tatsache, dass am Bau in der Regel viele Gewerke eng verzahnt sind, hat der Auftraggeber als Verwender von AGB häufig ein Interesse daran, für gewisse Schäden Ersatzregelungen zu treffen, die ihm eine vereinfachte Abrechnung dieser Schäden ermöglichen. Weil hierdurch häufig Grundsätze des Schadensersatzrechts und der Beweislast tangiert werden, sind derartige Klauseln nicht selten nichtig.

Zu Kostenumlageklauseln vgl. auch 2.2.1.4.

PRÜFLISTE	zulässig	Anmerkung
a) Der AN ist verpflichtet, für die **Beseitigung seines Bauschutts** zu sorgen. Kommt er dieser Pflicht **trotz angemessener Nachfrist** nicht nach, kann der AG den Schutt auf seine Kosten beseitigen lassen.	ja	Die Schuttbeseitigung ist Nebenleistung des AN (vgl. DIN 18299 Abschn. 4.1.11). Die Klausel beachtet die gesetzlichen Voraussetzungen für eine Verzugslage.
b) Soweit die **Säuberung der Baustelle** nicht ordnungsgemäß erfolgt, wird hierfür eine Kostenumlage von 0,2% des Abrechnungspreises bei der Schlussrechnung einbehalten.	nein	Die Klausel verpflichtet den AN zu Schadensersatzleistungen aus mangelhafter Vertragserfüllung, ohne dass eine **Mahnung** vorgesehen ist. Damit verstößt sie gegen wesentliche Grundsätze der gesetzlichen Regelung, ohne dass ein ausreichender Grund dafür ersichtlich ist (§§ 307 und 309 Nr. 4 BGB) LG Frankfurt/M. vom 24. 11. 1981, Az: 2/13 O 248/81, Bunte II, § 9 Nr. 18; ebenso LG Frankfurt/M. vom 21. 09. 1982, Az: 2/13 O 13/82, Bunte III, § 9 Nr. 17a.

PRÜFLISTE	zulässig	Anmerkung
c) Der AN ist verpflichtet, die Baustelle in ordentlichem und sauberem Zustand zu halten sowie Kosten für die Beseitigung verbliebener Abfälle und Rückstände anteilmäßig zu tragen und sich der **Kostenaufteilung der Objektüberwachung zu unterwerfen,** wenn er nicht nachweist, dass er diese Kosten nicht oder nicht in dieser Höhe verursacht hat.	**nein**	Die Klausel verstößt in mehrfacher Hinsicht gegen das gesetzliche Leitbild. Zum einen verpflichtet sie den AN zu Schadensersatzleistungen ohne Mahnung und Nachfristsetzung, zum anderen kehrt sie die Beweislast zulasten des AN um. Sie verstößt damit gegen §§ 307, 309 Nr. 4 und 12 BGB. Sie ist deshalb auch im kaufmännischen Geschäftsverkehr unwirksam (LG Frankfurt/M. vom 06. 02. 1980, Az: 2/6 O 502/79, Klausel 11, Bunte I, § 24 Nr. 17; LG München I vom 10. 11. 1981, Az: 7 O 11576/81, Aktuelle Rechtsprechung zur Bau-, Wirtschafts- und Gewerbeaufsicht, Zentralverband des Deutschen Baugewerbes, Leitsatz 31/82). Das LG München verweist darauf, dass hier die Grundsätze des § 315 BGB missachtet werden (Urteil vom 23. 01. 1992, Az: 7 O 10431/92, nicht veröffentlicht).
Variante: . . . unterwerfen . . . sich der vom AG nach **pflichtgemäßem Ermessen** vorgenommenen Aufschlüsselung.	**nein**	Zur **Variante** OLG München vom 24. 11. 1988, Az: 29 U 2858/88, Baurechts-Report 1/89: Der AN ist der Willkür des AG ausgeliefert, der Begriff „Unterwerfung" ist mit dem Grundgedanken des § 315 Abs. 3 BGB nicht vereinbar.
d) Für Bauschutt, dessen Ursache nicht feststellbar ist, wird der Auftragnehmer mit **25% der Beseitigungskosten** belastet.	**nein**	Nach LG Nürnberg-Fürth vom 29. 06. 1990, Az: 3 O 8332/89, nicht veröffentlicht, verstößt die Klausel gegen § 307 Abs. 2 Nr. 1 BGB. Der Auftragnehmer hat keinen Einfluss auf Auswahl und Leistungspflicht der anderen vom Auftraggeber eingeschalteten Unternehmer. Die Klausel belastet den Auftragnehmer mit einem unkalkulierbaren Risiko.
e) Der Auftragnehmer ist für die Beseitigung seines Bauschutts selbst verantwortlich. Für die **Beseitigung des Restschutts werden 1% der Bruttoauftragssumme** der Schlussrechnung einbehalten.	**nein**	Aufgrund von Satz 1 ist Satz 2 als pauschaler Schadensersatz zu verstehen, unabhängig davon, ob der Auftragnehmer seiner Pflicht zur Schuttbeseitigung nachgekommen ist oder nicht. Dies ist unangemessen i. S. v. § 307 BGB (LG Heilbronn vom 04. 11. 1996, Az: 7 O 1121/96, nicht veröffentlicht).

PRÜFLISTE	zulässig	Anmerkung
f) Der NU muss Schäden, deren **Verursacher nicht mehr festgestellt werden kann,** anteilig mitübernehmen. Verwender: Generalunternehmen gegenüber Subunternehmen.	nein	Die Klausel will die Haftung des NU ohne Rücksicht auf Verschulden oder Verursacher begründen. Sie verstößt damit gegen §§ 307 und 309 Nr. 7 BGB, da sie auch die Haftung für vorsätzliches oder grob fahrlässiges Handeln des AG abdingt. Da sie gleichzeitig die Haftung für Schäden durch Dritte oder durch außerhalb des Einflusses des NU liegende Ursachen erfasst, weicht sie auch in unangemessener Weise von der gesetzlichen Grundregelung ab. Sie ist deshalb auch im kaufmännischen Geschäftsverkehr unzulässig (OLG Karlsruhe vom 22. 07. 1982, Az: 9 U 27/81, BB 1983, 725; Gutachten des BDI zu Klauseln in AGB im kaufmännischen Geschäftsverkehr 1/1976 bis 6/1978, IV. Leitsatz).
g) Treten am Bauwerk Schäden an der **Verglasung** oder an deren Bauteilen auf und ist der Verursacher des Schadens nicht zu ermitteln, so werden die Kosten für alle zur Zeit des Schadens am Bau befindlichen Unternehmer umgelegt und von der Schlussrechnung abgezogen.	nein	Nach OLG Düsseldorf (vom 22. 07. 1982, Az: 6 U 220/81, BauR 84, 95) begründet die Klausel eine Gefährdungshaftung, die es im BGB nur ausnahmsweise, im Werkvertragsrecht gar nicht gibt. Es kommt hinzu, dass ein Gegenbeweis nicht zugelassen wird. Die Klausel verstößt gegen § 307 Abs. 1 BGB. Ebenso OLG Saarbrücken vom 15. 04. 1998, Az: 1 U 630/97 128; nicht veröffentlicht.
h) **Beschädigungen vorhandener Straßen** und Wege werden auf Kosten der am Bauvorhaben beschäftigten Firmen entsprechend ihrem Vertragsumfang instand gesetzt, **sofern der Urheber nicht feststellbar ist.**	nein	Schadensersatzansprüche sollen ohne Rücksicht auf den Verursacher umgelegt werden, selbst wenn der AG selbst den Schaden verursacht hätte (Verstoß gegen § 309 Nr. 7 BGB). Außerdem enthält die Klausel eine **unzulässige Beweislastregelung,** die nicht nur eine Beweislastumkehr, sondern auch die Pflicht zum positiven Nachweis für den Schädiger begründet (Verstoß gegen §§ 309 Nr. 12 und 307 Abs. 1 BGB). Wegen dieses Verstoßes gegen klare Beweislastregelungen und der darin liegenden Unbilligkeit ist die Klausel auch im kaufmännischen Rechtsverkehr unwirksam (OLG Karlsruhe vom 22. 07. 1982, Az: 9 U 27/81, BB 1983, 725).
i) Jede **Verunreinigung der Straße,** welche bei dem Zu- und Abtransport durch Fahrzeuge verursacht wird, ist vom AN auf dessen Kosten sauber zu entfernen.	nein	Die Klausel kann dahin ausgelegt werden, dass die Reinigungspflicht auch für Verunreinigung durch Fahrzeuge Dritter gilt. Dies ist unangemessen (vgl. Anerkenntnisurteil des LG Heilbronn vom 12. 02. 1992, Az: 4 O 2572/91, unveröffentlich).

PRÜFLISTE	zulässig	Anmerkung
j) Die tägliche Beseitigung aller von den Arbeiten des Handwerkers herrührenden **Verunreinigungen** und das tägliche Abfahren des Schutts ist im Auftragspreis enthalten. Sollte der Handwerker die Verunreinigung nicht pünktlich beseitigen oder den Schutt nicht täglich entfernen, dann kann der Auftraggeber **ohne Setzung einer Nachfrist** auf Kosten des Handwerkers diese Arbeiten durchführen lassen.	**nein**	Die Klausel verstößt gegen § 307 Abs. 2 Nr. 1 BGB, wenn unter dem rechtlichen Gesichtspunkt des Schadensersatzes wegen Nichterfüllung ohne Fristsetzung und ohne Ablehnungsandrohung Reinigungskosten von dem Handwerker verlangt werden können, zumal es sich hier nur um eine **Nebenpflicht** des Handwerkers handelt. Die Klausel beschränkt sich nicht auf Ausnahmetatbestände (schwerwiegende Unzuverlässigkeit, Leistungsverweigerung), nach denen das Setzen einer Nachfrist im Einzelfall verzichtbar ist (OLG München vom 22. 05. 1990, Az: 9 U 6108/89, nicht veröffentlicht). Für **Ersatzvornahme ohne Mahnung** vgl. OLG Nürnberg vom 29. 01. 1980, Az: 3 U 84/79, Schäfer/Finnern/Hochstein Nr. 2 zu § 10 Nr. 1 AGB // OLG Hamburg vom 06. 12. 1995, Az: 5 U 215/94; **Nichtannahmebeschluss des BGH** vom 05. 06. 1997, Az: VII ZR 54/96.
k) Ferner gilt es, die **Wege** . . . während der gesamten Bauzeit für die jeweiligen Wegebenutzer . . . so instand zu halten, dass den öffentlichen Belangen jederzeit Rechnung getragen wird. Eventuelle **Benutzungsgebühren** und/oder **Instandsetzungskosten** sowie naturschutzbedingte Sicherungsmaßnahmen gehen uneingeschränkt zulasten des Auftragnehmers.	**nein**	Es ist grob unangemessen und verstößt gegen gesetzliche Haftungsregeln, wenn man einen Bauhandwerker für nicht aufklärbare Beschädigungen der Zufahrtswege, noch dazu über die mit ihm vereinbarte Bauzeit hinaus, haften lässt (LG Frankfurt vom 23. 01. 1997, Az: 2/2 O 25/96, Baurechts-Report 4/97).

2.10.1.3 AGB der Auftragnehmerseite

PRÜFLISTE	zulässig	Anmerkung
a) Der Auftragnehmer haftet nur für Vorsatz und grobe Fahrlässigkeit.	**nein**	Die Klausel ist unwirksam, weil die Haftungsbeschränkung auch „verkehrswesentliche Pflichten" erfasst. Zur Begründung vgl. Kap. 2.10.1.1a).
b) Der AN haftet nur für von ihm nachweislich schuldhaft verursachten Schaden.	**nein**	Diese Klausel aus dem **Einheits-Architekten-Vertrag 1979** verstößt gegen § 309 Nr. 8b) aa) BGB, weil hier die Haftung des Architekten für alle von einem Verschulden unabhängigen Ansprüche wegen mangelhafter Leistung ausgeschlossen werden soll. Außerdem beinhaltet die Klausel eine unzulässige Veränderung der Beweislast u. a. für Ansprüche aus § 635 BGB (Verstoß gegen § 309 Nr. 12a BGB). Auch im **kaufmännischen Verkehr** verstößt die Klausel gegen § 307 BGB (vgl. BGH vom 15. 03. 1990, Az: VII ZR 61/89, WM 90, 1421). Die genannten Grundsätze sind auch auf **Bauverträge** übertragbar.
c) Schadensersatzansprüche des AG jeglicher Art sind ausgeschlossen. Insbesondere Ansprüche auf Ersatz von Folgeschäden, Ansprüche aus Unmöglichkeit, positive Forderungsverletzung und wegen Nichterfüllung. Dies gilt nicht, wenn wegen Vorsatz, grober Fahrlässigkeit oder Fehlens zugesicherter Eigenschaften gesetzlich zwingend gehaftet wird.	**nein**	Ein Haftungsausschluss für „anfängliches Unvermögen" weicht unangemessen von der gesetzlichen Regelung ab (§ 307 BGB), weil der AG als selbstverständlich voraussetzen kann, dass der AN nicht von vornherein auch die Möglichkeit einbezieht, seinen vertraglichen Verpflichtungen erst gar nicht nachzukommen. Die Klausel ist auch im kaufmännischen Rechtsverkehr unwirksam (OLG Frankfurt/M. vom 23. 11. 1983, Az: 21 U 236/82, BB 1984, 300). Die Klausel ist im Übrigen auch deshalb unwirksam, weil sie ohne Gegenbeweismöglichkeit Schadensersatzansprüche ausschließt.
d) Haftet der AN wegen grobfahrlässigen oder vorsätzlichen Verschuldens seiner Mitarbeiter, so ist die Höhe auf den **sechsfachen Lieferwert** der Ware – hier **Transportbeton** – beschränkt.	**nein**	Bei der Lieferung von Baustoffen kommt der fehlerfreien Qualität entscheidende Bedeutung zu. Ein derartiger Haftungsausschluss durch AGB höhlt daher die Rechte des Beziehers gegenüber dem Lieferanten in unzumutbarer Weise aus (§ 307 BGB). Die Klausel ist auch im **kaufmännischen Rechtsverkehr** unwirksam (BGH vom 19. 01. 1984, Az: VII ZR 220/82, NJW 1984, 1350).

2.11 Vertragsstrafe (§ 11 VOB/B)

Vorbemerkung:

Die Frage, wie und in welchem Umfang eine Vertragsstrafe durch AGB vereinbart werden kann, ist in den letzten Jahren in der Rechtsprechung zunehmend kritischer behandelt worden. Das Urteil des BGH vom 23. 01. 2003 (Az: VII ZR 210/01, Baurechts-Report 4/03) hat die Entwicklung der Rechtsprechung zu einem gewissen Abschluss gebracht. Danach hält eine Vertragsstrafeklausel nur dann der Inhaltskontrolle nach § 307 BGB stand, wenn ihr Wortlaut

1. eine **angemessene Begrenzung** nach oben enthält, die den Teil des Werklohns überschaubar macht, der durch die Vertragsstrafe aufgezehrt werden könnte,

2. eine pro Zeiteinheit **vertretbare Vertragsstrafenhöhe** aufweist,

3. die **Verschuldensabhängigkeit** verdeutlicht,

4. ausschließt, dass der Verwender zusätzlich vollen Schadensersatz fordern kann.

Dies gilt unabhängig davon, ob es sich um einen Bauvertrag mit kleinerem oder größerem Vertragsumfang, um eine Vereinbarung zwischen Privatleuten oder um kaufmännischen Geschäftsverkehr handelt. Weiterhin ist gleichgültig, wie sich die Klausel im konkreten Fall auswirkt.

Die vorgenannten Grundsätze gelten auch für Verträge, die zu einem Zeitpunkt abgeschlossen wurden, als die aufgeführte Rechtsprechung noch nicht entwickelt war (BGH vom 11. 05. 1989, Az: VII ZR 305/87, BauR 89, 459).

Zu beachten ist weiterhin die Rechtsprechung des BGH zur **Teilwirksamkeit von Vertragsstrafeklauseln,** sofern sich ein angemessener, aus sich heraus verständlicher Regelungsteil von einem unangemessenen und somit nichtigen Regelungsteil grammatikalisch abgrenzen lässt (vgl. BGH vom 22. 10. 1998, Az: VII ZR 167/97; NJW 99, 417).

Architekten sollten die Entscheidung des OLG Hamm vom 15. 02. 2005, Az: 21 U 27/04; Baurecht 2005, 1350 beachten:

„Ein Architekt ist zu einer rechtsberatenden Tätigkeit des Bauherrn weder berechtigt noch verpflichtet;

Der Architekt muss jedoch wissen, dass Vertragsstrafen in AGB nicht ohne Festlegung einer Obergrenze vereinbart werden können."

2.11.1 Vertragsstrafe – Allgemeine Klauseln

PRÜFLISTE	zulässig	Anmerkung
a) Verzug des Auftragnehmers führt zu Schadensersatzansprüchen des Auftraggebers. Als Vertragsstrafe wird **gesondert vereinbart:** pro Arbeitstag Terminüberschreitung 0,1% bei bis zu 5% des Gesamtauftrags.	**nein**	Nach § 340 Abs. 2 BGB ist eine verwirkte Vertragsstrafe auf den Schadensersatzanspruch des Auftraggebers anzurechnen. Die Klausel weicht von diesem wesentlichen Grundgedanken der gesetzlichen Regel ab und verstößt gegen § 307 Abs. 2 Nr. 1 BGB (OLG Düsseldorf vom 22. 03. 2002, Az: 5 U 85/01, BauR 2003, 94).

PRÜFLISTE	zulässig	Anmerkung
b) Die Überschreitung der Frist kann mit einer Vertragsstrafe belegt werden, die **bei der Auftragserteilung festgelegt** wird.	**ja**	Bei der Klausel handelt es sich lediglich um eine **Absichtserklärung,** bei der ein einseitiges Leistungsbestimmungsrecht im Sinn von § 315 BGB vereinbart wird. Die Klausel selbst räumt daher einen Anspruch auf eine Vertragsstrafe nicht ein. Sie besagt lediglich, dass noch eine gesonderte Vereinbarung zu treffen ist (LG Saarbrücken vom 11. 02. 1981, Az: 12 O 230/80, Bunte II, § 9 Nr. 10).
c) Die Vertragsstrafe wird **nicht hinfällig,** wenn sich die ursprünglich vorgesehenen **Ausführungsfristen wesentlich ändern** und ein völlig neuer Zeitplan aufgestellt wird. In diesem Fall gilt die Vertragsstrafevereinbarung vielmehr für die geänderten Ausführungsfristen und für die neu festgelegten Termine.	**nein**	Die Klausel bindet den Vertragspartner an sein Vertragsstrafeversprechen auch dann, wenn sich der Zeitplan aus vom Verwender zu vertretenden Gründen völlig ändert. Dies ist unangemessen nach § 307 BGB (LG München vom 10. 08. 1989, Az: 7 O 7763/89, nicht veröffentlicht, OLG Celle BauR 2004, 236; Korbion/Locher/Sienz, K 77; differenzierend nach dem Einzelfall: KG Berlin, IBR 2005, 470).
d) Die vereinbarte Vertragsstrafe wird für jeden Tag der Überschreitung der Bauzeit fällig, **ohne Rücksicht auf Schlechtwettertage oder zusätzliche Arbeiten.**	**nein**	Die Klausel verstößt gegen § 307 BGB, weil sie dem AN auch das Risiko für von ihm nicht zu vertretende Umstände zuweist, wie ungewöhnliches Schlechtwetter, mit dem der AN nicht rechnen musste, oder Sonderwünsche des AG. Außerdem sieht die Klausel keine Begrenzung der Höhe der Strafe vor. Sie ist daher – auch im kaufmännischen Geschäftsverkehr – nichtig (OLG Köln vom 16. 12. 1987, Az: 24 U 127/87, NJW-RR 1988, 654).
e) Die vereinbarte Fertigstellungsfrist ist verbindlich und ändert sich auch nicht durch **witterungsbedingte** Beeinträchtigungen. Bei Überschreitung der Ausführungsfrist hat der Auftragnehmer eine Vertragsstrafe von 0,3% der **Auftragssumme** pro Werktag des Verzugs zu zahlen, höchstens jedoch 10% der **Schlussrechnungssumme.**	**nein**	Nach dem Wortlaut der Klausel sollen nicht nur Witterungseinflüsse unberücksichtigt bleiben, mit denen normalerweise zu rechnen ist (so § 6 Nr. 2 Abs. 2 VOB/B), sondern auch diejenigen, die so ungewöhnlich sind, dass der Auftragnehmer mit ihnen gerade nicht zu rechnen brauchte, so dass ihn auch kein Verschulden an der hierdurch verursachten Fristversäumnis trifft. **Eine Klausel, die Vertragsstrafe ohne Schuld** vorsieht, ist unwirksam. Die Klausel ist darüber hinaus auch intransparent (Verstoß gegen § 305c BGB) weil sie bei der werktäglichen Höhe auf die „Auftragssumme" bei der Obergrenze jedoch auf die „Schlussrechnungssumme" abstellt (BGH vom 06. 12. 2007; Az: VII ZR 28/07; Baurechts-Report 3/2008, S. 9).

2.11.2 Zeitpunkt der Geltendmachung der Vertragsstrafe

PRÜFLISTE	zulässig	Anmerkung
a) Eine verwirkte Vertragsstrafe kann **bis zur Schlusszahlung** geltend gemacht werden.	**ja**	Die gesetzliche Regelung des Vorbehalts der Vertragsstrafe bei Abnahme (§ 341 Abs. 3 BGB) hat eher Zweckmäßigkeits- als Gerechtigkeitsgehalt. Deshalb kann auch in AGB eine abweichende Regelung dann vereinbart werden, wenn der Zeitpunkt der Geltendmachung der Vertragsstrafe in **sachlich gerechtfertigter Weise** bis zu einem **bestimmten Zeitpunkt** hinausgeschoben wird. Beim Bauvertrag ist ein Hinausschieben bis zur Schlusszahlung deshalb gerechtfertigt, weil der AG häufig erst zu diesem Zeitpunkt erkennen kann, ob ihm tatsächlich ein Schaden entstanden ist (BGH vom 12. 10. 1978, Az: VII ZR 139/75, BB 1979, 69; OLG München vom 10. 05. 1979, Az: 6 U 2633/78, Klausel 2, Bunte I, § 9 Nr. 150). Der BGH lässt zu, dass der Auftraggeber seinen Vorbehalt z. B. in der Abnahmeniederschrift **formularmäßig** erklärt (Urteil vom 25. 09. 1986, VII ZR 276/84, BauR 87, 92; BB 86, 2295).
b) Eine verwirkte Vertragsstrafe kann der AG der Einfachheit halber **von der Schlussrechnung abziehen.**	**nein**	Die Klausel lässt es bei der nach der Rechtsprechung gebotenen verwenderfeindlichsten Auslegung zu, dass die Vertragsstrafe auch **nach der Schlusszahlung** gefordert werden kann. Sie verstößt gegen § 307 BGB und ist unwirksam (BGH vom 12. 07. 1984, Az: VII ZR 91/83, BauR 1984, 643; vgl. auch zu oben 2.11.2a).
c) Der AG darf die **Vertragsstrafe** auch geltend machen, wenn er sie **bei der Abnahme nicht** ausdrücklich **vorbehalten** hat. **Variante:** Der § 11 Nr. 4 VOB/B ist ausgeschlossen. **oder:** Der § 341 Abs. 3 BGB ist ausgeschlossen.	**nein**	Die Klausel verstößt gegen den in § 341 Abs. 3 BGB festgelegten Grundsatz, dass die Vertragsstrafe nach Übernahme der Bauleistung nur dann geltend gemacht werden kann, wenn der Auftraggeber bei der Abnahme ausdrücklich erklärt hat, neben der Abnahme der Bauleistung auch noch Vertragsstrafe zu verlangen. **Die Klausel lässt insbesondere keine Begrenzung des Zeitraums erkennen, für den die spätere Geltendmachung vorbehalten werden soll.** (Vgl. im Gegensatz dazu die Begründung des BGH zu Ziff. 2.11.2a). Die Klausel ist daher in dieser Fassung überraschend (§ 305c BGB) und wird nicht Vertragsbestandteil.

PRÜFLISTE	zulässig	Anmerkung
		Sie widerspricht aber auch in unvereinbarer Weise wesentlichen gesetzlichen Grundsätzen (§ 307 Abs. 2 Nr. 1 BGB), da **das gesetzliche Erfordernis des Vorbehalts (§ 341 Abs. 3 BGB) nicht vollständig in AGB abbedungen werden kann.** Sie ist deshalb auch im kaufmännischen Geschäftsverkehr unwirksam (BGH vom 12. 07. 1984, Az: VII ZR 91/83, BauR1984, 643; BGH vom 18. 11. 1982, Az: VII ZR 305/81, NJW 1983, 385; KG vom 28. 04. 1987, Az: 21 U 6140/86, BauR 1988, 230; OLG München vom 03. 11. 1983, Az: 6 U 1390/83, BB 1984, 1386).
		Zur **Variante** OLG Düsseldorf vom 27. 01. 1994, Az: 5 U 128/93, OLG-Report 6/94. Der § 11 Nr. 4 ist inhaltsgleich zu § 341 Abs. 3 BGB.

2.11.3 Höhe der Vertragsstrafe

PRÜFLISTE	zulässig	Anmerkung
a) Wird der vereinbarte Fertigstellungstermin schuldhaft überschritten, so hat der AN Vertragsstrafe für jeden Werktag bei Verträgen mit Gesamtvolumen **bis 100.000,– Euro 2 Promille** des Auftragswertes, sonst 1,5 Promille zu zahlen. b) . . . 0,3% der Auftragssumme **pro Monat.**	**nein**	Bei der Abwägung, ob AGB-Vertragsstrafenklauseln den Erfordernissen des § 307 BGB standhalten, kommt es **auf die Begrenzung nach oben** und auf die Frage an, ob und welche Differenzierung der in Betracht kommenden Verzugswirkungen vorgesehen sind. Auf die **Höhe des Tagessatzes allein kommt es dabei nicht entscheidend an.** Auch bei den hier sehr niedrigen Tagessätzen ist eine Begrenzung unverzichtbar (vgl. hierzu mit einer Vertragsstrafe von 0,01% pro Kalendertag: OLG Bamberg vom 19. 04. 1989, Az: 3 U 124/88; BauR 90, 475). Dass im zu entscheidenden Fall „nur" 8% des Werklohns tatsächlich zur Vertragsstrafe wurden, ist nicht von Belang. Nur wenn vermieden wird, dass ein von vornherein nicht überschaubarer Teil des Werklohns verfällt, in welchem Zeitraum auch immer, ist eine derartige AGB-Klausel zulässig. Das gilt auch für den **kaufmännischen Geschäftsverkehr** (BGH vom 22. 10. 1987, Az: VII ZR 167/86, BB 1988, 301; BauR 1988, 86). Die Begrenzung ist **für alle auch kleinere** Bauaufträge erforderlich, wenn sich die Vertragsstrafe nach einem bestimmten Vomhundertsatz der Auftragssumme je Kalender-, Werk- oder Arbeitstag richtet (BGH vom 19. 01. 1989, Az: VII ZR 348/87, DB 89, 722).
c) Überschreitet der Auftragnehmer die Vertragsfristen schuldhaft, ist eine Vertragsstrafe von Euro . . . pro Tag zu zahlen, höchstens jedoch 5% der Auftragssumme **oder:** Gerät der Auftragnehmer mit der Fertigstellung in Verzug, ist eine Vertragsstrafe von . . . Promille der Auftragssumme zu zahlen, höchstens jedoch 5% der Auftragssumme.	**ja**	Die Klausel: – ist verschuldensabhängig – und beinhaltet eine angemessene Obergrenze. **Allerdings ist darauf zu achten, dass der hier einzusetzende Prozentsatz angemessen ist.** Vertragsstrafen, die in der Höhe nach durch einen Teilbetrag der Auftragssumme bestimmt werden, sind bei **0,2% je Werktag oder 0,3% je Arbeitstag als zulässig angesehen worden** (vgl. BGH vom 12. 03. 1981, Az: VIII ZR 293/79, BB 81, 874 und vom 18. 11. 1982, Az: VII ZR 305/81, BauR 83, 80). Die Klausel ist auch zulässig, wenn sie für die nicht rechtzeitige Erstellung der Schlussrechnung vereinbart wird (OLG Jena vom 26. 01. 1999, Az: 8 U 1273/98, OLGR 99, 193).

PRÜFLISTE	zulässig	Anmerkung
d) . . . so hat der AN eine Vertragsstrafe in Höhe von 0,15% des vereinbarten Pauschalpreises für jeden Werktag der Verspätung zu zahlen, insgesamt höchstens 10% des Pauschalpreises eines Bauabschnitts. **Auftragssumme:** **ca. 28 Mio. DM** **(ca. 14,5 Mio. Euro)**	**nein**	Im Gegensatz zu seiner früheren Rechtsprechung (vgl. z. B. BGH vom 25. 09. 1986, Az: VII ZR 276/84, BauR 1987, 92) hat der BGH mit Urteil vom 23. 01. 2003, Az: VII ZR 210/01, Baurechts-Report 4/2003) entschieden, dass eine in AGB von Bauverträgen enthaltene **Obergrenze** der Vertragsstrafe **von 10%** der Auftragssumme den Auftragnehmer **unangemessen** benachteiligt. Im Hinblick auf den Gesichtspunkt des **Vertrauensschutzes** hat jedoch der BGH davon abgesehen, Vertragsstrafeklauseln mit einer Obergrenze von bis zu 10% bei Auftragssummen von **bis zu 13 Mio. DM** oder niedrigeren Auftragssummen generell als unwirksam anzusehen. Vielmehr sind in solchen Verträgen die Vertragsstrafeklauseln erst unwirksam, wenn die Verträge nach dem Bekanntwerden der zitierten Entscheidung geschlossen werden. **Diesen Vertrauensschutz genießt jedoch ein Auftraggeber nicht, der die Obergrenze von 10% bei einem Auftragsvolumen von mehr als dem Doppelten der 13 Mio. DM in seinen AGB vorsah. In diesem Fall ist die Vertragsstrafeklausel gemäß § 307 Abs. 1 BGB unwirksam.**
e) Bei Verzug der Fertigstellung wird für jeden Arbeitstag der Verspätung 0,2%, insgesamt jedoch maximal 10% der Abrechnungssumme als Vertragsstrafe fällig. **Vertragsschluss:** **15. 7. 2003. Abrechnungssumme: ca. 15 Mio. DM** **(ca. 7,66 Mio. Euro)**	**nein**	Den in der vorgenannten BGH-Entscheidung erwähnten **„Vertrauensschutz"** genießen nur Auftraggeber, bei denen ein Abrechnungsvolumen von 13 Millionen DM nicht deutlich überschritten wird. **Von einer „deutlichen Überschreitung" ist ab einem Abrechnungsvolumen von 15 Millionen DM auszugehen.** Zwar hält sich somit hier die Auftragssumme noch in dem Rahmen, in dem der Auftraggeber bis zum **„Bekanntwerden"** des Urteils vom **23. 01. 2003** Vertrauensschutz genießt; zum Zeitpunkt des Vertragsschlusses war jedoch die neue BGH-Rechtsprechung schon bekannt. **Von einem „Bekanntwerden"** dieser Entscheidung **ist ab dem 30. 06. 2003 auszugehen,** weil ab diesem Zeitpunkt die „betroffenen Verkehrskreise" durch Medien oder auf andere Weise von der neuen Rechtslage informiert sein konnten. Weil hier der Vertragsschluss nach dem genannten Zeitpunkt lag, ist die Klausel ungültig (BGH vom 08. 07. 2004, Az: VII ZR 24/03; Baurechts-Report 9/2004, BauR 2004, 1609).

PRÜFLISTE	zulässig	Anmerkung
f) **Variante** . . . höchstens jedoch 5% der Auftragssumme.	**ja**	Eine Obergrenze von 5% ist unabhängig von der Höhe der Auftragssumme nicht zu beanstanden (BGH vom 23. 01. 2003, Az: VII ZR 210/01, Baurechts-Report 4/2003).
g) **Variante** . . . 0,5% der Auftragssumme pro Arbeitstag, höchstens 5% der Auftragssumme.	**nein**	Auch mit einer angemessenen Obergrenze ist dieser Tagessatz zu hoch (vgl. BGH vom 20. 01. 2000, Az: VII ZR 46/98, Baurechts-Report 5/2000, vom 07. 03. 2002, Az: VII ZR 41/01, BauR 2002, 1086. Mit Urteil vom 01. 04. 76, Az: VII ZR 122/74, BauR 76/279, **hat** der BGH einen Satz von **0,3% pro Arbeitstag** für noch zulässig angesehen).
h) **Fußnote in einem Standard-Bauvertrag:** Die Vertragsstrafe darf 5% der Auftragssumme nicht überschreiten.	**nein**	Der Hinweis in einer Fußnote eines Standardvertrags darauf, dass die Vertragsstrafe . . . v. H. der Abrechnungssumme nicht überschreiten darf, ersetzt als bloßer „redaktioneller Hinweis" nicht die Vereinbarung einer solchen Obergrenze. BGH, Beschluss vom 24. 02. 2005, Az: VII ZR 340/03; BauR 2005, 1015.
i) Wird der vereinbarte **Fertigstellungstermin oder werden** die vereinbarten **Zwischenfristen** schuldhaft überschritten, so wird eine Vertragsstrafe von 0,3% je Kalendertag für diese Vertragsfristen, **höchstens 5%** des Vertragswerts als Vertragsstrafe fällig.	**nein**	Durch eine geringfügige Überschreitung mehrerer Zwischentermine kann sich trotz Einhaltung des Endtermins eine hohe Vertragsstrafe dadurch ergeben, dass eine Zwischenfrist zwar nur unerheblich überschritten wird, diese Fristüberschreitung aber bei den folgenden Zwischenfristen nicht mehr wettgemacht werden kann. (OLG Hamm vom 10. 02. 2000, Az: 21 U 85/98, BauR 2000, 1202, ähnlich OLG Koblenz vom 23. 03. 2000, Az: 2 U 792/99, NJW-RR 2000, 1042 und OLG Jena vom 10. 04. 2002, Az: 7 U 938/01, NJW-RR 2002, 1178), Thüringer OLG vom 10. 04. 2002, Az: 7 U 938/01; Baurecht 2003, 1416, OLG Celle vom 13. 07. 05, Az: 7 U 17/05; Baurecht-Report 9/2005.
Variante: Bei Überschreitung der **vereinbarten Ausführungsfristen (Ziff. 6 BVB)** hat der Auftragnehmer im Falle des Verzuges für jeden Werktag der Verspätung eine Vertragsstrafe von 0,3% der Auftragssumme zu zahlen, insgesamt höchstens 10%.	**aber**	Wenn eine angemessene Regelung zum Fertigstellungstermin **von der Zwischenfristregelung „inhaltlich, optisch und sprachlich getrennt"** ist, ist die Klausel zum **Fertigstellungstermin** gültig (BGH vom 14. 01. 99, Az: VII ZR 73/98, BauR 99, 645; siehe hierzu die Variante). Unverständlich dagegen KG Berlin vom 07. 01. 2002, Az: 24 U 9084/00, IBR 2003, 183, **Revision** vom BGH mit Beschluss vom 09. 01. 2003, Az: VII ZR 59/02, **abgelehnt,** das bei der Wirksamkeitsprüfung der Vertragsklausel darauf abstellen will, ob

PRÜFLISTE	zulässig	Anmerkung
		der Verwender die Vertragsstrafeklausel zu den Zwischenfristen überhaupt **geltend macht.**
j) Eine einmal verwirkte Vertragsstrafe für einen **Zwischentermin** wird auf nachfolgend verwirkte Vertragsstrafen für weitere Zwischentermine und/oder den Fertigstellungstermin angerechnet.	**nein**	Zwar trägt die Klausel dem bei Vertragsstrafen für Zwischenfristen gültigen Kumulierungsverbot Rechnung; es ist aber unangemessen, die Vertragsstrafe und deren Obergrenze auch bereits für Zwischenfristen auf der Basis der Abrechnungssumme für den ganzen Auftrag zu berechnen (OLG Celle, Az: 17/05; BauR 2005, 1780).
k) 1. Als Endtermin wird vereinbart . . . 2. Es gelten **folgende Zwischentermine . . .** **Zusatz:** Die Bezugsgröße zur Berechnung der Vertragsstrafe ist bei der Überschreitung von **Zwischenterminen** der Wert, der bis zu diesem Zeitpunkt vertragsgemäß zu erbringenden Leistung. Tage, die bei Überschreitung von Zwischenterminen in Ansatz gebracht worden sind, werden bei weiteren Zwischenterminen bzw. dem Endtermin bei Berechnung der Vertragsstrafe nicht nochmals berücksichtigt.	**ja**	Durch diesen Zusatz wird vermieden, dass bei der Überschreitung von Zwischenfristen eine Mehrfachberechnung der Vertragsstrafe (wie in Klausel j) erfolgt. Deshalb ist die genannte Klausel u. E. zulässig, wenn ein angemessener Tagessatz (z. B. 0,2% pro Werktag) vorgesehen wird. Rechtsprechung zu diesem Zusatz fehlt allerdings bisher.

PRÜFLISTE	zulässig	Anmerkung
l) Für jeden Werktag des Verzugs hat der Auftragnehmer 0,2% – höchstens jedoch 5 Prozent – der Auftragssumme zu zahlen. **Verwender:** Ein an **die VOB/A gebundener öffentlicher Auftraggeber.** Der **EU-Schwellenwert** der Baumaßnahme (Stand 2008: 5.150.000,– Euro) ist **nicht erreicht.** Der die Vertragsstrafe fordernde Auftraggeber kann – entgegen § 12 Nr. 1 VOB/A – nicht nachweisen, dass die Fristüberschreitung zu „erheblichen Nachteilen" geführt hat, musste dies jedoch bei Vertragsschluss befürchten.	**ja**	Die VOB/A ist bei Vergaben unterhalb des EU-Schwellenwertes lediglich eine „innerdienstliche Verwaltungsvorschrift, die keine unmittelbare Auswirkungen auf das Vertragsverhältnis hat. Allerdings haben die Vergabebestimmungen der VOB/A mittelbare Rechtswirkungen. Sie können Ausprägungen des Grundsatzes von Treu und Glauben sein. Verstößt der Auftraggeber gegen diesen Grundsatz, so kann dies der vereinbarten Vertragsstrafe die Wirkung nehmen. Ein Verstoß gegen Treu und Glauben liegt jedoch noch nicht dann vor, wenn objektiv keine erheblichen Nachteile drohen. **Vielmehr ist entscheidend, ob der Auftraggeber bei Vertragsschluss „nicht unvertretbar" zur Einschätzung gekommen ist, dass die Fristüberschreitung zu erheblichen Nachteilen führen könnte. Weiterhin:** Kann der Auftragnehmer schon bei der Abgabe des Angebots mit zumutbarem Aufwand erkennen, dass die Voraussetzungen für die Vereinbarung einer Vertragsstrafe nach § 12 Nr. 1 VOB/A im konkreten Fall nicht vorliegen, kann auch Vertrauen nicht verletzt sein (BGH vom 30. 03. 2006, Az: VII ZR 44/05; Baurechts-Report 6/2006; ähnlich BGH vom 07. 01. 2002, Az: 24 U 9084/00; Baurechts-Report 3/2003).
Variante: Gleicher Fall, der **EU-Schwellenwert ist jedoch überschritten.**	**nein**	**Zur Variante:** Der BGH deutet an, dass hier die Rechtslage anders sein dürfte, weil die VOB/A hier „Rechtssatzqualität" besitzt (vergleiche BGH, BauR 1999, 736).

2.11.4 Schuldunabhängige Vertragsstrafe

PRÜFLISTE	zulässig	Anmerkung
a) Bei Überschreitung der vereinbarten Ausführungsfrist (oder sonstiger Verspätung) ist der AG berechtigt, pro Kalendertag der Verzögerung eine Vertragsstrafe von **. . .% der Auftragssumme** zu verlangen bzw. zu verrechnen, ohne dass es einer Inverzugsetzung bedarf.	**nein**	Unabhängig von der fehlenden Obergrenze: **Verschuldensunabhängige** Vertragsstrafeklauseln für verspätete Erstellung eines Bauwerks verstoßen gegen wesentliche Grundsätze des gesetzlichen Vertragsstrafenrechts und sind deshalb wegen Verstoßes gegen §§ 307, 309 Nr. 4 BGB **auch im kaufmännischen Geschäftsverkehr** unwirksam (BGH vom 22. 10. 1987, Az: II ZR 167/86, BauR 1988, 86; und vom 26. 09. 1996, Az: VII ZR 318/95, BauR 97, 123. Nur **ausnahmsweise** kann in AGB eine **verschuldensunabhängige** Vertragsstrafe wirksam vereinbart werden, wenn gewichtige Umstände vorliegen, die die Vereinbarung trotz der Abweichung vom dispositiven Gesetzesrecht mit Recht und Billigkeit noch vereinbar erscheinen lassen (BGH vom 18. 04. 1984, Az: VIII ZR 50/83, DB 1984, 1673; OLG Köln vom 20. 11. 1997, Az: 18 U 54/93; Schäfer/Finnern/Hochstein Nr. 29 zu § 640 BGB).
Zusatz: Bauseitige Verzögerungen haben nur aufschiebende Wirkung.	**nein**	Dies bedeutet eine unangemessene Benachteiligung des Auftragnehmers für den Fall, dass durch vom **Auftraggeber** zu vertretende Umstände der gesamte Zeitplan umgeworfen wird (OLG Hamm vom 18. 04. 1996, Az: 17 U 132/95, OLG-Report Hamm 2/97).
b) Bei Überschreitung der Vertragsfristen ist der Auftragnehmer verpflichtet, eine Vertragsstrafe in Höhe von 0,2% der Auftragssumme pro Werktag, höchstens jedoch 5% zu bezahlen. **Die VOB/B ist in den Vertrag mit einbezogen.**	**ja**	Durch Einbeziehung der VOB/B ist über § 11 Nr. 2 VOB/B klargestellt, dass die Vertragsstrafe nur fällig wird, wenn der Auftragnehmer in Verzug gerät. Somit ist die Klausel verschuldensabhängig und damit gültig (BGH vom 13. 12. 2001, Az: VII ZR 432/00, Baurechts-Report 4/2002 und vom 07. 03. 2002, Az: VII ZR 41/01, BauR 2002, 1086). Dies gilt erst recht, wenn die Klausel mit dem **einschlägigen Paragraphen** der VOB/B (§ 11) **überschrieben** ist (BGH vom 25. 09. 1986, Az: VII ZR 276/84, BauR 87, 92 und vom 30. 03. 2006, Az: VII ZR 44/05; BGHZ 167/75).

PRÜFLISTE	zulässig	Anmerkung
c) **§ 5.0 Termine** … **§ 5.2** Bei Überschreitung des vereinbarten Fertigstellungstermins tritt sofortiger Verzug ein. … **§ 6.0** Vertragsstrafe (§ 11 VOB/B) Der Auftragnehmer verpflichtet sich, bei Überschreitung des vertraglich vereinbarten Fertigstellungstermins eine Vertragsstrafe in Höhe von 0,3% der Abrechnungssumme für jeden Arbeitstag der Fristüberschreitung, höchstens jedoch Fünfprozenthürde zur Abrechnungssumme zu zahlen.	**nein**	In der Überschrift der Vertragsstrafeklausel wird zwar auf § 11 VOB/B Bezug genommen, wonach die Vertragsstrafe nur bei schuldhaften Verhalten des Auftragnehmers fällig wird. Weil jedoch in der – vorrangigen – Regelung des § 5.2 die Verzugslage an die bloße Überschreitung der vereinbarten Fertigstellungsfrist geknüpft wird und damit nach dem gegenüber der VOB-Regelung vorrangigen Wortlaut die Vertragsstrafe auch dann fällig wird, wenn die Fristüberschreitung vom Auftragnehmer nicht verschuldet ist, verstößt die Klausel gegen § 307 BGB (OLG Thüringen, Az: 2 U 384/03; Baurecht 2004, 1456).
d) **Vor und während der Bauzeit festgelegte Fertigstellungstermine** sind für den Auftragnehmer in jedem Falle bindend, wenn der Auftragnehmer nicht rechtzeitig und unter Angabe von triftigen Gründen mitteilt, dass ihm die Fertigstellung der Arbeiten zum vorgegebenen Termin nicht möglich ist.	**nein**	Verstoß gegen § 307 BGB, weil sie im Falle der nicht rechtzeitigen Mitteilung der Bauverzögerung eine **verschuldensunabhängige** Verwirkung der Vertragsstrafe vorsieht (OLG Hamm vom 21. 03. 1996, Az: 17 U 93/95, OLG-Report Hamm 1996, 145; **Revision** vom BGH mit Beschluss vom 06. 02. 1997, Az: VII ZR 163/96 **abgelehnt;** so auch OLG Frankfurt/M. vom 21. 12. 1998, Az: 18 U 65/97).
e) Die Frist gilt als verbindlich und verlängert sich auch nicht durch witterungsbedingte Beeinträchtigungen. Bei Überschreitung der Frist hat der Auftragnehmer eine Vertragsstrafe von 0,3% der Auftragssumme pro Werktag des Verzugs zu zahlen, höchstens jedoch 5% der Schlussrechnungssumme.	**nein**	Die Klausel verstößt gegen § 307 BGB, weil selbst bei einer verschuldensunabhängigen Fristüberschreitung aufgrund der Witterung die Vertragsstrafe in Kraft tritt (BGH vom 06. 12. 2007 – Az: VII ZR 28/07; Baurechts-Report 9/2008).

2.11.5 Vertragsstrafe und Schadensersatz

PRÜFLISTE	zulässig	Anmerkung
a) **Neben** der Vertragsstrafe kann **Schadensersatz** geltend gemacht werden.	**nein**	Ist eine Vertragsstrafe vereinbart, so darf Schadensersatz **nicht daneben,** sondern nur insoweit geltend gemacht werden, als die Schadenshöhe die Vertragsstrafe übersteigt (§§ 340 Abs. 2, 341 Abs. 2 BGB). Die Klausel verstößt daher gegen §§ 305c, 307 BGB, da sie sowohl überraschend sein kann, wie auch wesentliche Grundsätze der gesetzlichen Regelung außer Acht lässt (BGH vom 27. 11. 1974, Az: VIII ZR 9/73, BB 75, 9; BGH vom 21. 11. 1991, Az: I ZR 87/90, BB 92, 307).
Oder: Neben Schadensersatzansprüchen ist eine Vertragsstrafe gesondert vereinbart.		Auch die **„Variante"** ist aus den gleichen Gründen unzulässig (OLG Düsseldorf vom 22. 03. 2202, Az: 5 U 85/01; BauR 2002, 1606).

2.11.6 Strafklauseln bei Wettbewerbsverstoß, Schwarzarbeit oder Nachunternehmervergabe

PRÜFLISTE	zulässig	Anmerkung
a) I. Wenn der **AN** aus Anlass der Vergabe eine Abrede getroffen hat, die eine unzulässige Wettbewerbsbeschränkung darstellt, hat **er** 3% der **Auftragssumme an den AG** zu zahlen. Ansprüche auf einen höheren Schadensersatz bleiben unberührt.	ja	Schadensersatzpauschalen können auch in AGB vereinbart werden. Dies gilt auch für einen Schaden aus dem Verhalten des AN vor Vertragsschluss, solange dem AN nicht der Nachweis abgeschnitten wird, dass ein Schaden überhaupt nicht entstanden ist oder die Pauschale den nach gewöhnlichem Lauf der Dinge zu erwartenden Schaden nicht übersteigt (§ 309 Nr. 5 BGB) Dies tut die genannte Klausel nach Ansicht des BGH (vom 21. 12. 1995, Az: VII ZR 286/94; BB 96, 611) nicht, **soweit sie gegenüber Kaufleuten Anwendung findet.** „Es genügt, wenn die Klausel nach ihrem Wortlaut und erkennbaren Sinn diese Möglichkeit (eines Nachweises geringerer Schäden) belässt." **Zu ähnlicher Variante** OLG Hamm vom 21. 03. 1996, Az: 17 U 93/95, OLG-Report Hamm 96, 145; **Nichtannahmebeschluss des BGH** vom 06. 02. 1997, Az: VII ZR 163/96).
II. Unzulässige Wettbewerbsbeschränkungen sind **insbesondere Verhandlungen** über – Abgabe oder Nichtabgabe von Angeboten, – die zu fordernden Preise – (Ziffer 35 der ZBV – StB 75 der Bundesstraßenbauverwaltung.)		Zum **zweiten Absatz** vgl. OLG Frankfurt vom 06. 06. 1991 6 U (Kart)79/90; **Revision vom BGH nicht angenommen** vom 22. 10. 1992; VII ZR 279/91; BauR 93, 101: Eine Auslegung dahingehend, dass schon die **Verhandlung** über eine Preisabsprache die Vertragsstrafe auslöst, verstößt gegen § 307 BGB, da noch kein kartellrechtlich relevanter Sachverhalt bzw. Schaden vorliegt.
b) Wenn der Auftragnehmer aus Anlass der Vergabe nachweislich eine Abrede getroffen hat, die eine unzulässige Wettbewerbsbeschränkung darstellt, hat er 3 v. H. der Auftragssumme an den Auftraggeber zu zahlen, **es sei denn, dass ein Schaden in anderer Höhe nachgewiesen wird.** Dies gilt auch, wenn der Vertrag gekündigt wird oder bereits erfüllt ist. Sonstige vertragliche oder gesetzliche Ansprüche des Auftraggebers, insbesondere solche aus § 8	ja	Diese Fassung aus den Vergabebedingungen des Bundesbauministeriums, schneidet den Nachweis eines niedrigeren Schadens beim AG für den AN nicht ab. Sie ist deshalb auch im **nichtkaufmännischen Geschäftsverkehr** zulässig.

PRÜFLISTE	zulässig	Anmerkung
Nr. 4 bleiben unberührt. **EVM (B) ZVB/E Ziff. 21.1 des Vergabehandbuchs Bund, Fassung 1996.**		
c) Die Bewerber sind verpflichtet, sich nicht an Preisabreden aus Anlass dieser Vergabe zu beteiligen. Die Abgabe eines Angebots gilt als Erklärung des Bieters, dass er dieser Verpflichtung nicht zuwider gehandelt hat. Für den Fall, dass diese Erklärung unwahr ist oder dass er nach Abgabe der Erklärung sich an einer Preisabrede aus Anlass dieser Vergabe beteiligt, verspricht der Bieter, an die Bundesbahn eine Strafe in **(Alternativ:** bis zur) Höhe von 3% seiner Angebotsendsumme zu zahlen, **auch wenn er den Auftrag nicht erhält;** die Abgabe eines Angebots gilt als ein solches Versprechen. Die Annahme des Versprechens braucht dem Bieter nicht erklärt zu werden. Als Preisabreden gelten Verhandlungen, Verabredungen oder Empfehlungen über – Abgabe der Nichtabgabe von Angeboten, – die zu fordernden Preise, – Bindungen anderer Entgelte, – Gewinnaufschläge, – Verarbeitungsspannen und andere Preisbestandteile, – Entrichtung von Ausfallentschädigungen oder Abstandszahlungen, – Gewinnbeteiligung oder andere Angaben. (Ehemalige Vertragsbedingung der **Deutschen Bundesbahn**).	**nein**	Die Klausel verstößt in beiden Fassungen (in Höhe von 3% **bzw.** bis zur Höhe von 3%) gegen § 307 BGB (OLG Frankfurt/M. vom 21. 11. 1985, Az: 6 U 20/85, BauR 1987, 325; **Revision nicht angenommen:** Beschluss des BGH vom 26. 03. 1987, Az: II ZR 70/86, BauR 1987, 329; BGH vom 23. 06. 1988, Az:VII ZR 117/87, BauR 1988, 588). Zwar ist es nicht grundsätzlich unzulässig, nach dem GWB mit Strafe bedrohte Handlungen zusätzlich und unabhängig davon auch mit privatrechtlicher Strafe zu bedrohen. Das gilt aber nur gegenüber dem **Vertragspartner**. Eine Vertragsstrafe darf **nicht** außerhalb des abzuschließenden Vertrages stehende Personen (**„alle Bieter"**) zur Einhaltung allgemeiner Pflichten anhalten wollen. Das ist allein Sache des Gesetzgebers. Wenn der AG sich vor Schaden aus einem Submissionskartell schützen will, ist dies sachgerecht und zulässig, insbesondere wenn er diesen Schaden zusätzlich pauschalieren will. Soll die Strafe Druckmittel und pauschalierter Schadensersatz zugleich sein, so steht dazu im Widerspruch, dass sie sich der Höhe nach nicht am möglichen Schaden orientiert, sondern dem AG die Möglichkeit lässt, Beträge **von allen Bietern** zu verlangen, die in der Addition die Auftragssumme übersteigen könnten, und dies sogar dann, wenn der Auftrag nicht vergeben wird, eine evtl. Absprache („Submissionskartell") also keinen Vermögensschaden für den AG bedeuten würde. Die Klausel führt daher zu einer unangemessenen Bevorzugung des AG. Dies gilt unabhängig davon, dass die DB als AG ohnehin wegen ihrer Monopolposition und Nachfragemacht besondere Rücksicht auf die Interessen der Bieter nehmen muss. Soweit die Klausel auch Handlungen der Bieter „im Vorfeld einer Absprache" erfassen soll, ist die Klausel schon deshalb unwirksam, weil das GWB solches Verhalten nicht untersagt und der AG dadurch keinen Schaden erleidet. Allenfalls ist die formularmäßige Erklärung der Bieter zulässig, dass sie sich nicht an Preisabreden beteiligt haben.

PRÜFLISTE	zulässig	Anmerkung
d) Der Subunternehmer darf für die Dauer von 9 Monaten nach Beendigung des Vertrages keine Projekte direkt mit dem Bauherrn des Auftraggebers abwickeln. Für jede Zuwiderhandlung wird eine Vertragsstrafe i. H. v. 25.000,– € fällig.	ja	Dies ist eine wirksame nachvertragliche Kundenschutzklausel in Form eines zeitlich befristeten Wettbewerbsverbots. Weder die zeitliche Beschränkung noch die Vertragsstrafe sind unangemessen (OLG Köln vom 15. 05. 1998, Az: 19 U 25/98; OLGR 98, 401).
e) Vergibt der Auftragnehmer Leistungen ohne Zustimmung des Auftraggebers an Unternehmer oder vergibt ein Nachunternehmer ihm übertragene Leistungen ohne Zustimmung des Auftraggebers an weitere Nachunternehmer, so hat der Auftragnehmer eine Vertragsstrafe in Höhe von 3 v. H. des Gesamtauftragwerts an den Auftraggeber zu zahlen.	nein	Eine in AGB geregelte Vertragsstrafe für den ungenehmigten Einsatz eines Nachunternehmers bzw. eines von diesem wiederum beauftragten Nach-Nachunternehmers ist unwirksam, wenn die Vertragsstrafe auch ohne Verschulden verwirkt werden kann. Auch die Bekämpfung illegaler Tätigkeit rechtfertigt nicht den Verzicht auf ein Verschuldenserfordernis. Schließlich ist die Klausel auch unwirksam, weil die Höhe der Vertragsstrafe unangemessen ist. Die Klausel würde nämlich auch dann Anwendung finden, wenn nur für einen wertmäßig völlig untergeordneten Bereich ein Nachunternehmer eingesetzt würde (Kammergericht Berlin vom 13. 03. 2001, Az: 4 U 2902/00, IBR 2001, 241). Zu **weiteren Nachunternehmerklauseln** siehe 2.4.8.
f) „Setzt der Auftragnehmer Schwarzarbeiter ein, so hat er pro Tag und pro illegal eingesetztem Arbeitnehmer 5.000,– € Vertragsstrafe zu bezahlen."	nein	Die Klausel benachteiligt den Auftragnehmer unangemessen und ist daher unwirksam. Zwar ist grundsätzlich zulässig, in AGB eine Vertragsstrafe für den Einsatz von Schwarzarbeitern vorzusehen. Auch eine solche Vertragsstrafe muss jedoch der Höhe nach begrenzt sein. OLG Brandenburg vom 08. 11. 2006, Az: 4 U 54/06; BauR 2007, S. 158.

2.12 Abnahme (§ 12 VOB/B)

Vorbemerkung:

Aus **Auftraggebersicht** sind insbesondere Klauseln von Bedeutung, die die Abnahme erschweren bzw. hinauszögern. Weitgehende Klarheit zu diesem Punkt hat die Entscheidung des BGH vom 23. 02. 1989, Az: VII ZR 89/87, BauR 89, 322 gebracht. Sie legt hierzu die maßgeblichen Grundsätze fest, die einen nur geringen Spielraum der Abnahmeverschiebung gegenüber der gesetzlichen Regelung zulassen. Die durch das **Forderungssicherungsgesetz** eingeführte Neuregelung des § 641 Abs. 2 Ziff. 2 BGB ist besonders zu beachten.

Auf **Auftragnehmerseite** sind insbesondere die durch § 12 Nr. 3 VOB/B und § 12 Nr. 5 VOB/B gewährten Vorteile gegenüber dem BGB zu beachten. Hierbei ist zu prüfen, ob die VOB „Vertragsgrundlage" ist oder nicht (vgl. Teil I Ziff. 5.2). Ist der Vertragspartner des Verwenders (Auftragnehmers) ein **„Verbraucher"**, so ist auch hier das **neue Forderungssicherungsgesetz** zu beachten (siehe Teil I S. 36 und S. 46 f.).

Durch das am 01. 05. 2000 in Kraft getretene Gesetz zur Beschleunigung fälliger Zahlungen wurde das Werkvertragsrecht des BGB geändert. Diese Änderungen hatten u. a. zur Folge, dass die Abnahmefähigkeit einer Leistung der VOB-Regelung angepasst wurde und dass neue Formen der Abnahme eingeführt wurden. Diesen Regelungen wird ein maßgeblicher Gerechtigkeitsgehalt beigemessen, sodass davon auszugehen ist, dass diesbezügliche Abweichungen mit § 307 BGB kollidieren können. Bei Redaktionsschluss lag eine einschlägige Rechtsprechung hierzu noch nicht vor. Die insoweit gemachten Ausführungen stellen daher Meinungsäußerungen der Autoren dar (vgl. hierzu auch Hofmann/Koppmann „Die neue Bauhandwerkersicherung" 4. Auflage S. 57 ff.).

2.12.1 AGB der Auftraggeberseite

2.12.1.1 Abnahmeerschwernis

PRÜFLISTE	zulässig	Anmerkung
a) Die Abnahme kann nur schriftlich erfolgen.	**strittig**	Die Klausel verstößt gegen § 305b BGB und damit gegen § 307 Abs. 2 Nr. 1 BGB. Bei der gebotenen kundenfeindlichsten Auslegung will sie auch spätere mündliche Vereinbarungen über die Abnahme ausschließen (LG München I vom 19. 05. 1988, Az: 7 O 23960/87, Klausel 24; LG München vom 28. 02. 1991, Az: 7 O 13694/90, unveröffentlicht). Außerdem schließt die Klausel unzulässig die seit dem 01. 05. 2000 gültigen Abnahmeersatzformen der §§ 640 Abs. 1 S. 3, 641a BGB aus. **A. A.** Korbion/Locher/Sienz, K 98; Kleine-Möller/Merl, Handbuch des privaten Baurechts, 3. Aufl. § 11 Rdnr. 8; OLG Koblenz, NJW 2002, 807 ff. mit dem Argument, dass die Klausel die gesetzlichen Abnahmeersatzformen nicht ausschließe, allerdings die Verpflichtung bestehe, „zunächst den Versuch einer schriftlichen Abnahmeerklärung zu unternehmen". Diese Begründung beachtet unseres Erachtens nicht das für AGB maßgebliche Prinzip der „vertragspartnerfeindlichsten Auslegung".

PRÜFLISTE	zulässig	Anmerkung
b) Die **Abnahmefiktionen** der VOB/B (§ 12 Nr. 5 VOB/B) sind **ausgeschlossen.**	ja	Der Ausschluss von § 12 Nr. 5 VOB/B ist zulässig (LG München vom 14. 02. 1991, Az: 7 O 17146/90; BauR 91, 386; OLG Bamberg vom 10. 03. 1994, Az: 3 U 163/94, Baurechts-Report 5/94). Ein unzulässiger Ausschluss der Abnahmefiktion des seit 01. 05. 2000 gültigen § 640 BGB wird nicht vorgenommen. **Allerdings:** Die VOB ist hier nicht mehr „insgesamt einbezogen" (vgl. BGH vom 21. 06. 1990, Az: VII ZR 109/89, NJW 90, 2384). Zu den Folgen vgl. Teil I Ziff. 5.2.
c) Die Abnahmewirkungen treten nur ein, wenn der Auftraggeber die Leistung förmlich abnimmt. Die Abnahmefiktion des § 640 Abs. 1 Satz 3 BGB wird ausgeschlossen.	nein	Mit dem Gesetz zur Beschleunigung fälliger Zahlungen, das am 01. 05. 2000 in Kraft getreten ist, wurde mit § 640 Abs. 1 Satz 3 BGB eine Abnahmefiktion in das BGB aufgenommen. Mit dieser Formulierung hat das Gesetz letztlich eine Entwicklung der Rechtsprechung zur alten Fassung des § 640 BGB entsprochen. Danach hat die Rechtsprechung eine Klage des Auftragnehmers auf Vergütung bei fehlender Abnahme dann als schlüssig angesehen, wenn der Unternehmer vorgetragen hat, dass das Werk mangelfrei hergestellt worden und zum anderen eine von ihm gesetzte angemessene Frist zur Abnahme verstrichen sei. Durch die genannte Regelung würde der Auftraggeber nach der hier vertretenen Ansicht eine gesetzliche Regelung mit wesentlichem Gerechtigkeitsgehalt einseitig abändern. Unzulässig nach § 307 Abs. 2 Nr. 1 BGB.
d) Die Abnahme durch Fertigstellungsbescheinigung (§ 641a BGB) wird ausgeschlossen.	ja	Die Regelung des § 641a BGB ist nach einhelliger Meinung missglückt und gehört nach allgemeiner Meinung nicht zu den Leitgedanken der gesetzlichen Regelung. Im Gegensatz zur Vorauflage wird daher diese Klausel als wirksam erachtet. Ebenso Palandt, Sprau § 641a Rdnr. 2; Markus/Kaiser/Kapellmann, Rdnr. 611. Durch das **neue Forderungssicherungsgesetz** wurde § 641a BGB gänzlich aufgehoben.
e) Eine Abnahme durch **Ingebrauchnahme** ist ausgeschlossen.	nein	Zwar kann der Auftraggeber wirksam die schlüssige Abnahme ausschließen; dem Auftragnehmer muss jedoch dann das Recht eingeräumt werden, in **angemessener Frist (binnen 6 Wochen)** die förmliche Abnahme zu erreichen (BGH vom 25. 01. 1996, Az: VII ZR 233/94, BB 96, 763).

PRÜFLISTE	zulässig	Anmerkung
f) Die förmliche Abnahme erfolgt binnen **6 Monaten** nach Fertigstellung der Leistung, **es sei denn,** der Auftragnehmer fordert schriftlich eine frühere Abnahme.	ja	**Bis zum 30. 04. 2000** Durch das Recht des Auftragnehmers, die förmliche Abnahme schon früher zu verlangen, wird der erste Halbsatz „geheilt" (OLG Bamberg vom 05. 05. 1997, Az: 4 U 188/96, IBR 97, 450).
	nein	**Aber:** Nach der hier vertretenen Auffassung verstößt die Klausel gegen gesetzliche Grundlagen des § 640 BGB und der mit dem **Forderungssicherungsgesetz** eingefügten Neufassung von § 641 Abs. 2 BGB. Die genannte Klausel ist dahingehend auszulegen, dass der Auftragnehmer nur eine förmliche Abnahme verlangen kann, die gesetzlichen Abnahmeersatzformen also ausgeschlossen sind (Verstoß gegen § 307 Abs. 2 Nr. 1 BGB).
g) Die **Vorabnahme** des AG hat nicht die rechtliche Wirkung einer Abnahme. **Variante:** Bei wasserwirtschaftlichen Maßnahmen, die noch vom Wasserwirtschaftsamt abgenommen werden, gilt die Abnahme durch den Auftraggeber nur als **vorläufige Abnahme.**	nein	Die Abnahme der Bauleistung ist rechtlich ein tatsächliches Ereignis. Sie ist dann erfolgt, wenn der AG die Arbeit übernimmt und als im Wesentlichen vertragsgerecht akzeptiert. Diesem Grundgedanken des Gesetzes widerspricht die Klausel, die eine tatsächliche Handlung, die normalerweise als Abnahme im Rechtssinn zu werten wäre, durch vertragliche Regelung rechtlich anders werten will. Damit weicht die Klausel erheblich von dem gesetzlichen Grundgedanken der §§ 638 (Verjährungsbeginn), 641 Abs. 1 Satz 2 (Fälligkeit des Werklohns) und 644 (Gefahrenübergang) ab, die mit der tatsächlichen Abnahme rechtliche Vergünstigungen für den AN und rechtliche Belastungen für den AG vorsehen. Darin liegt eine erheblich gegen Treu und Glauben verstoßende Benachteiligung des AN i. S. des § 307 Abs. 2 Nr. 1 BGB, die die Klausel unwirksam macht (LG München I vom 22. 09. 1988, Az: 7 O 3095/88, nicht veröffentlicht). Zur **Variante** LG Koblenz vom 19. 08. 1994, Az: 8 O 685/93; BauR 95, 138.
h) Ohne Vorlage des ordnungsgemäß geführten **Bautagebuchs** gilt der Werkvertrag als nicht ordnungsgemäß erbracht.	nein	Die Klausel verstößt gegen § 307 BGB, weil sie eine zusätzliche Voraussetzung für die Abnahme schafft, die mit der Ordnungsgemäßheit der Bauleistung nichts zu tun hat (LG Koblenz vom 19. 08. 1994, Az: 8 O 685/93, IBR 94, 461).

PRÜFLISTE	zulässig	Anmerkung
i) Voraussetzungen für die Abnahme sind, dass der Auftragnehmer **sämtliche hierfür erforderlichen Unterlagen,** wie z. B. Revisions- und Bestandspläne, behördliche Bescheinigungen usw. dem Auftraggeber übergeben hat.	**nein**	Unwirksam nach §§ 307 Abs. 1, 308 Nr. 1 BGB, weil die Klausel den Zeitpunkt der Abnahme für den Auftragnehmer nicht eindeutig erkennen lässt (Verstoß gegen das **Transparenzgebot)** vgl. OLG Hamburg vom 06. 12. 1995, Az: 5 U 215/94; **Nichtannahmebeschluss des BGH** vom 05. 06. 1997, Az: VII ZR 54/95; Baurechts-Report 9/97.
j) Auch **unwesentliche Mängel** berechtigen den Auftraggeber, die Abnahme zu verweigern.	**nein**	Im Gegensatz zu der bis zum 30. 04. 2000 gültigen BGB-Regelung sieht der **neue § 640 BGB** nun vor, dass bei „unwesentlichen Mängeln" die Abnahme nicht mehr verweigert werden kann. Aus der gesetzlichen Begründung (Bundestags-Drucksache 14/2752 vom 21. 02. 2000, S. 17) ergibt sich, dass hier die Rechtsprechung zum Begriff des „wesentlichen Mangels" der VOB/B (§ 12 Nr. 3 VOB/B) übernommen werden soll, um die Abnahmefähigkeit einer Leistung nicht unangemessen zu beschränken. Die Herstellung der „alten Rechtslage" durch AGB verstößt nach der hier vertretenen Meinung gegen § 307 Abs. 2 Nr. 1 BGB.
k) **Bauträgervertrag:** Die Vergütung des AN wird nur fällig nach Abnahme der Werkleistung durch den Auftraggeber. Die Abnahme der Gesamtleistung durch den Bauherrn hat auf Vergütungsfälligkeit und Abnahme des Auftragnehmers keinen Einfluss.	**nein**	Die Klausel verletzt den gesetzlichen Grundgedanken des mit dem **Forderungssicherungsgesetz** neu formulierten § 641 Abs. 2 und 3 BGB (siehe hierzu S. 362).

2.12.1.2 Abnahmeverschiebung – Generalunternehmer- oder Bauträgerklauseln

PRÜFLISTE	zulässig	Anmerkung
a) (1) Leistungen des AN bedürfen einer förmlichen Abnahme durch den AG, die im Zeitpunkt der Übergabe des Hauses, bei ETW* bei Übergabe des Gemeinschaftseigentums an den Kunden des AG erfolgt.	nein	Zu Abs. 1.: Die Klausel schafft zwar durch die Sechsmonatsfrist für den Nachunternehmer (NU) berechenbare Abnahmetermine. Eine Frist von sechs Monaten bedeutet jedoch ohne erklärten sachlichen Grund eine unangemessene Benachteiligung des NU. Die Klausel verstößt deshalb gegen §§ 307 und 308 Nr. 1 BGB, zumal dem NU keine Möglichkeit eröffnet wird, früher eine Abnahme zu erreichen (BGH vom 23. 02. 1989, Az: VII ZR 89/87, BauR 1989, 322 = DB 1989, 1181).
(2) Die Regelungen der VOB/B, § 12 Nr. 5 VOB/B, werden ausdrücklich ausgeschlossen, ebenso wie Teilabnahmen.	ja	Zu Abs. 2.: Der zulässige Ausschluss der fiktiven Abnahme (vgl. 2.12.1.1b) lässt sich von Abs. 1 ohne Weiteres trennen (vgl. BGH vom 10. 10. 1996, Az: VII ZR 224/95; BB 97, 176).
(3) Die Abnahmefiktion des § 640 Abs. 1 S. 3 wird ausgeschlossen.	nein	Dies stellt einen unzulässigen Eingriff in gesetzliche Grundlagen dar. Verstoß gegen § 307 Abs. 2 Nr. 1 BGB.
b) Der Nachunternehmer ist verpflichtet, auf die Abnahme seiner Leistungen **bis zu 6 Wochen nach Fertigstellung seiner Arbeiten** zu warten, da der Generalunternehmer die Arbeiten nur zusammen mit den . . . arbeiten abnehmen kann.	ja	Ein Generalunternehmer kann unter eng begrenzten Voraussetzungen, insbesondere innerhalb eines bestimmten Zeitraums, der regelmäßig in Anlehnung an die Frist des § 12 Nr. 1 VOB/B **vier bis sechs Wochen nicht überschreiten** soll, eine Verschiebung der Abnahme in AGB vereinbaren, wenn er ein berechtigtes Interesse daran hat. Das kann z. B. der Fall sein, wenn er die vertragsmäßige Beschaffenheit der Arbeit erst im Zusammenhang mit einer erst später fertig zu stellenden anderen NU-Arbeit beurteilen kann oder wenn er aus besonderen Gründen daran interessiert ist, seine und die Gewährleistungspflicht des NU deckungsgleich zu gestalten (vgl. dazu BGH vom 19. 12. 1985, Az: II 267/84, BauR 1986, 202). Eine Verschiebung des Abnahmezeitpunkts muss aber in jedem Fall den **Zeitpunkt der Abnahme** für den NU **eindeutig erkennen lassen und zeitlich überschaubar sein.** **Sollen NU-Leistungen erst nach zwei Monaten oder später** abgenommen werden, so weicht dies von dem gesetzlichen Leitbild des § 640 BGB

---

* ETW = Eigentumswohnung

PRÜFLISTE	zulässig	Anmerkung
		erheblich ab und ist für den Nachunternehmer grob unangemessen (BGH vom 23. 02. 1989, Az: VII ZR 89/87, BauR 1989, 322; vgl. auch BGH vom 25. 01. 1996, Az: VII ZR 233/94, NJW 96, 1346). Die seit dem 01. 05. 2000 gültige Rechtslage ändert an den vorgenannten Grundsätzen nichts.
c) Die Abnahmewirkungen treten erst mit Abnahme durch den Bauherrn ein. Die zwischen dem Generalunternehmer und dem Bauherrn getroffenen Vereinbarungen über Beginn und Inhalt der Gewährleistungspflicht gelten auch für den Subunternehmer.	**nein**	Die Klausel ist nach § 307 BGB unwirksam, weil die Abnahme und deren Wirkungen von Handlungen Dritter (hier: dem Bauherrn) abhängig gemacht wird. KG Berlin, Urteil vom 21. 09. 2005, Az: 26 U 12/05; BauR 2006, S. 386. **Siehe hierzu auch Ziff. 2.12.1.1, Klausel k.** Weil die „Abnahmewirkung" der Fälligkeit der Vergütung erst „mit Abnahme durch den Bauherrn" eintreten soll, verstößt die Klausel auch gegen die mit dem **Forderungssicherungsgesetz** eingeführte Neufassung des § 641 Abs. 2 und 3 BGB.
d) Die Abnahme aller Leistungen erfolgt frühestens nach **Bezugsfertigkeit** der letzten Wohneinheit. **oder:** . . . Nach **Gebrauchsabnahme** durch die Behörde. **oder:** wenn der Auftragnehmer nachgewiesen hat, dass die für die Leistung nach den **Vorschriften des öffentlichen Rechts** ggf. vorgeschriebenen und zur Vertragserfüllung herbeizuführenden Abnahmen . . . ohne Beanstandung erfolgt sind.	**nein**	Der AG hat den Zeitpunkt der Abnahme völlig in der Hand, sodass eine unbestimmte, jedenfalls aber unangemessen lange Frist für die Abnahme vorbehalten ist. Die Regelung verstößt gegen §§ 307 und 308 Nr. 1 BGB und ist deshalb auch im kaufmännischen Geschäftsverkehr unwirksam (OLG München vom 10. 05. 1979, Az: 6 U 2633/78, Klausel 3, Bunte I, § 9 Nr. 150; OLG München vom 15. 01. 1987, Az: 29 U 4348/86, Klausel Nr. 7, BauR 1987, 554; LG München I vom 07. 06. 1983, Az: 7 O 4693/83, Bunte IV, § 9 Nr. 26; Rundschreiben des Deutschen Städtetages vom 15. 06. 1982, Az: 6/03–10, zu § 12 VOB/B; LG München I vom 04. 08. 1988, Az: 7 O 22388/87; LG München I vom 19. 05. 1988, Az: 7 O 2396/87, Klausel 23, Baurechts-Report 6/88. Zur letzten Variante LG München vom 10. 08. 1989, Az: 7 O 7763/89, nicht veröffentlicht). Zur **Abhängigkeit der Abnahme von der Abnahme von Behörden oder TÜV:** LG Düsseldorf vom 27. 11. 1991, Az: 12 O 56/91, nicht veröffentlicht; LG München vom 17. 12. 1992, Az: 7 O 9858/92, nicht veröffentlicht.
e) Die Abnahme erfolgt nur dann, wenn die Abnahme auch von der vorgesetzten Dienststelle erklärt wird **Verwendung durch öffentlichen Auftraggeber**	**nein**	Die Klausel ist unwirksam, wenn die vorgesetzte Dienststelle nicht auch der Vertragspartner ist, da die Abnahme hier von einem Verhalten eines am Vertrag unbeteiligten Dritten abhängig gemacht wird (Korbion//Locher/Sienz, K 105).

PRÜFLISTE	zulässig	Anmerkung
f) Die stets förmliche Abnahme der Leistung des Anbieters erfolgt durch die Bauleitung als Bevollmächtigte des AG nach vertragsgemäßer **Fertigstellung der gesamten Baumaßnahme.**	**nein**	Der mehrdeutige Begriff der „gesamten Baumaßnahme" gibt dem AG die Möglichkeit, die Vergütungspflicht bis nach Abnahme des gesamten Bauwerks hinauszuschieben. Eine derartige Klausel verstößt gegen § 307 BGB und ist deshalb auch im kaufmännischen Geschäftsverkehr rechtsunwirksam (OLG Düsseldorf vom 22. 07. 1982, Az: 6 U 220/81, BauR 1984, 95).
g) Die vertragsgemäß fertiggestellte Leistung des NU gilt als abgenommen, wenn diese im Rahmen der **Abnahme des Gesamtbauwerks** durch den AG des HU abgenommen ist. Die Leistungen bedürfen in jedem Fall der förmlichen Abnahme.	**nein**	Durch Verschiebung des Abnahmezeitpunkts auf den vom NU nicht beeinflussbaren Zeitpunkt der „Abnahme des Gesamtbauwerkes" wird der NU unangemessen benachteiligt (Verstoß gegen § 307 BGB). Eine solche Klausel **„vernichtet"** gleichzeitig die **VOB als „Vertragsgrundlage"** im Sinne des Rechts der Allgemeinen Geschäftsbedingungen (BGH vom 17. 11. 1994, Az: VII ZR 245/93, NJW 95, 526; vgl. Teil I Ziff. 5.2).
Variante: Muss die Leistung einem **Dritten übergeben** werden, kann die Abnahme bis zur Abnahme durch den Dritten zurückgestellt werden.		Zur **Variante** vgl. OLG München vom 03. 11. 1983, Az: 6 U 1390/83, BB 84, 1386.
h) Die Abnahme der Arbeiten erfolgt erst nach **vollständiger Fertigstellung** der zu leistenden Arbeiten zu einem von **der Bauleitung festzusetzenden Termin.**	**nein**	Nach der Rechtsprechung zur bis zum 30. April 2000 gültigen Fassung des § 640 BGB war die Klausel gültig (vgl. hierzu LG Saarbrücken vom 11. 02. 1981, Az: 12 O 230/81, Bunte II, § 9 Nr. 10; Rundschreiben des Deutschen Städtetages vom 15. 06. 1982, Az: 6/03–10, zu § 12 VOB/B). Aufgrund der ab 01. 05. 2000 geltenden Neufassung des § 640 BGB, wonach die Abnahme bei **„unwesentlichen Mängeln"** nicht verweigert werden darf, dürfte die Klausel mit § 307 BGB kollidieren.

PRÜFLISTE	zulässig	Anmerkung
i) Arbeiten des **inneren Ausbaus** werden frühestens bei Bezugsfertigkeit der Wohn- und sonstigen Räume abgenommen.	nein	Die Klausel gibt dem AG das Recht, die Fälligkeit der Werklohnforderung nach Belieben hinauszuschieben. Er räumt sich damit für die Erbringung seiner Leistung eine unangemessen lange Frist ein, die darüber hinaus auch nicht hinreichend bestimmt ist. Die Regelung weicht deshalb von wesentlichen gesetzlichen Grundgedanken ab (§ 640 BGB) und benachteiligt den Auftragnehmer unangemessen. Die Klausel verstößt gegen §§ 307 Abs. 2 Nr. 1 und 308 Nr. 1 BGB und ist deshalb auch im kaufmännischen Geschäftsverkehr unwirksam (LG München I vom 10. 11. 1981, Az: 7 O 11576/81, Aktuelle Rechtsprechung zum Bau-, Wirtschafts- und Gewerberecht, Zentralverband des Deutschen Baugewerbes, Bonn, Leitsatz 31/82).
j) Ohne Vorlage des ordnungsgemäß geführten Bautagebuchs gilt der Werkvertrag als nicht ordnungsgemäß erbracht.	nein	Die Vorlage des Bautagebuchs hat mit der „Ordnungsgemäßheit der Bauleistung" (Voraussetzungen für die Abnahme) grundsätzlich nichts zu tun. Damit wird die Hauptpflicht des Auftraggebers zur Abnahme in unangemessener Weise relativiert. Verstoß gegen § 307 BGB (LG Koblenz, Az: 8 O 685/93, IBR 1994, 461; Markus/Kaiser/Kapellmann, Rdnr. 612).

2.12.2 Abnahme – AGB der Auftragnehmerseite

PRÜFLISTE	zulässig	Anmerkung
a) Wegen **wesentlicher Mängel** kann die Abnahme bis zur Beseitigung verweigert werden **(Wortlaut des § 12 Nr. 3 VOB/B).**	**ja**	Die Klausel deckt sich inhaltlich mit § 640 Abs. 1 S. 2 BGB. Sie ist somit auch „isoliert" und gegenüber „Verbrauchern" gültig.
b) (1) Wird keine Abnahme verlangt, so gilt die Leistung als abgenommen mit Ablauf von 12 Werktagen nach schriftlicher Mitteilung über die Fertigstellung der Leistung. (2) Hat der Auftraggeber die Leistung oder einen Teil der Leistung in Benutzung genommen, so gilt die Abnahme nach Ablauf von 6 Werktagen nach Beginn der Benutzung als erfolgt, wenn nichts anderes vereinbart ist. Die Benutzung von Teilen einer baulichen Anlage zur Weiterführung der Arbeiten gilt nicht als Abnahme **(Wortlaut des § 12 Nr. 5 Abs. 1 und 2 VOB/B).**	**ja** **nein** **nein**	wenn die VOB/B gegenüber „Nichtverbrauchern" ohne inhaltliche Abweichungen verwendet wird. wenn der Verwender die VOB/B inhaltlich verändert (siehe Teil I S. 33 ff.). nach dem durch das **Forderungssicherungsgesetz** geänderten § 310 Abs. 1 BGB, wenn ein „Verbraucher" Vertragspartner des Verwenders ist (siehe Teil I S. 33 ff., S. 48 und S. 76).
c) Der Erwerber hat ohne Rücksicht auf vorhandene Baumängel vor Übergabe des bezugsfertigen Bauwerks noch nicht fällige **Teile des Erwerbspreises** (14%) nach Anweisung des Veräußerers **zu hinterlegen.**	**nein**	Die Klausel verstößt gegen § 309 Nr. 2a BGB, da das Leistungsverweigerungsrecht des Erwerbers gegenüber dem vorleistungspflichtigen Errichter und Veräußerer des Bauwerks nicht durch AGB ausgeschlossen werden darf (BGH vom 11. 10. 1984, Az: VII ZR 248/83, NJW 1985, 852).
d) Das Kaufobjekt gilt spätestens mit dem **Einzug** des Käufers in die Wohnung **als abgenommen.**	**nein**	Die Klausel verstößt mit der hier vorgenommenen Abnahmefiktion gegen § 309 Nr. 8b BGB (OLG Hamm vom 24. 11. 1993, Az: 12 U 29/93, OLG-Report 94, 74).
e) Die Abnahme wird unwiderruflich durch einen vom Verkäufer zu bestimmenden Sachverständigen vorgenommen.	**nein**	Die Einschränkung des nach § 671 Abs. 1 BGB bestehenden Widerrufsrechts des Käufers benachteiligt diesen unangemessen und ist daher nach § 307 BGB unwirksam. OLG Koblenz vom 17. 10. 2002, Az: 5 U 263/02; BauR 2003, S. 547.

PRÜFLISTE	zulässig	Anmerkung
f) Der Besteller hat auch bei **erheblichen Baumängeln** das Bauwerk bei Einzug abzunehmen. Andernfalls sind Mängelbeseitigungsansprüche ausgeschlossen.	**nein**	Die Klausel benachteiligt den Besteller unangemessen durch unzulässige Beschneidung seiner gesetzlichen Ansprüche (OLG Oldenburg vom 21. 08. 1996, Az: 2 U 104/96; OLG-Report 96, 266). Dies gilt auch nach Inkrafttreten der Neufassung des gesetzlichen Werkvertragsrechts zum 01. 05. 2000, weil danach nur **„unerhebliche"** Mängel (§ 640 BGB n. F.) einer Abnahme nicht entgegenstehen.
g) Der Bauunternehmer kann vor endgültiger Fertigstellung Teilabnahme verlangen	**nein**	Eine derart weitgehende und intransparente Möglichkeit zur Teilabnahme kennt unsere gesetzliche Regelung nicht (ebenso Markus/Kaiser/Kapellmann, Rdnr. 60).

2.13 Gewährleistung/Mängelansprüche (§ 13 VOB/B)

Vorbemerkung:

In keinem Gebiet des Baurechts war die AGB-Rechtsprechung des BGH so einschneidend wie zum Punkt „Gewährleistung". Ausgehend von der Grundsatzentscheidung des 7. Zivilsenats vom 10. 10. 1985 setzte er seine Rechtsprechung zu den Grenzen der Eingriffsmöglichkeiten in die gesetzliche Gewährleistungspflicht nicht nur für den klassischen Bauvertrag, sondern auch für andere Vertragstypen des Werkvertragsrechts fort und zeigte auf, in welch engem Rahmen er die Privilegierung der VOB-Gewährleistungsregelung durch § 309 Nr. 8b) ff. BGB zulassen will.

Die neue Rechtsprechung des BGH, wonach jeder Eingriff in die VOB zum Verlust ihrer privilegierten Stellung führt (vergleiche Teil I Ziff. 5) wirkt sich im besonderen Maße auf die Rechtsprechung zu § 13 VOB/B aus.

Bezüglich des unter 2.13.2.6 abgehandelten notariellen Kaufvertrags ist zu betonen, dass insoweit Wiederholungen aus dem Bauvertrag nicht zu vermeiden waren. Im Übrigen ist festzuhalten, dass Klauseln aus Bauträgerkaufverträgen mit Bauvertragsklauseln der Auftragnehmerseite in ihren Wertungskriterien häufig identisch sind, es sei denn, der § 309 Nr. 8b) ff. BGB verlangt eine „Privilegierung" des Bauvertrags.

Für alle Verträge, die unter der Geltung des seit dem 01. 01. 2002 in Kraft getretenen Werkvertragsrechts geschlossen wurden, ist Folgendes zu beachten:

Der Begriff „Gewährleistung" wurde durch den Begriff „Mängelansprüche" ersetzt. Die Begriffe „Wandelung" und „zugesicherte Eigenschaften" wurden ebenfalls geändert, und zwar in „Rücktritt" vom Vertrag und in „vereinbarte Beschaffenheit".

Der Mängelbegriff in § 633 BGB wurde neu gefasst. Soweit sich dies auf die Beurteilung der behandelten Vertragsklauseln auswirken könnte, wird hierauf jeweils eingegangen. Ist der **Auftragnehmer Verwender,** so sind die durch das **Forderungssicherungsgesetz** eingeführten **Neuregelungen des BGB** und die auch vom BGH (Urteil vom 24. 07. 2008 – Az: VII ZR 55/07 –) betonte Sonderrolle der **Verbraucherverträge** zu beachten (siehe Teil I S. 46 f.).

Die Gliederung des nachfolgenden Stoffes entspricht der Systematik des § 13 VOB/B.

2.13.1 AGB der Auftraggeberseite

2.13.1.1 Vereinbarte Gewährleistungsregelung – Mangelbegriff

PRÜFLISTE	zulässig	Anmerkung
a) Bezüglich der Gewährleistung wird § 13 VOB/B vereinbart.	**ja**	Hier stellt sich der Auftraggeber zwar u. a. in § 13 Nr. 4 VOB/B schlechter als nach BGB. Der Auftraggeber als Verwender kann sich jedoch nicht auf die Unwirksamkeit der von ihm isoliert in den Bauvertrag eingebrachten VOB-Gewährleistungsregelung berufen (BGH vom 04. 12. 1986, Az: VII ZR 354/85; WM 87, 214). Ebenso (OLG Jena vom 08. 04. 2004, Az: 1 U 603/03; BauR 2005, 1682, mit Beschluss des BGH vom 23. 06. 2005, Az: VII ZR 114/04 wurde die Nichtzulassungsbeschwerde zurückgewiesen).

PRÜFLISTE	zulässig	Anmerkung
b) Garantieleistung entsprechend VOB bzw. BGB.	**strittig**	Nach OLG Hamm vom 25. 09. 1987, Az: 12 U 141/86; BB 88, 301, **wirksam.** Aber die **Unklarheit** in der Klausel geht zulasten des Auftraggebers mit der Folge, dass der Auftragnehmer nur 2 Jahre (bzw. 4 Jahre nach VOB/B-Fassung 2002) nach § 13 Nr. 4 VOB/B für Mängel zu haften hat. Nach BGH vom 21. 11. 1985, Az: VII ZR 22/85; NJW 86, 924, und OLG Celle vom 08. 02. 1996, Az: 14 U 23/95; NJW-RR 97, 82, **unwirksam** mit der für den Vertragspartner des Verwenders (Auftragnehmer) unbilligen Folge, dass nun die **BGB-Gewährleistung** gilt (§ 306 Abs. 2 BGB).
c) Gewährleistung und Haftung des Unternehmers richten sich nach der VOB bzw. BGB. Bei unterschiedlicher Auffassung gilt **jeweils die günstigere für den Bauherrn.**	**nein**	Schon allein wegen der Unklarheit der Klausel kommt ihre Unwirksamkeit in Betracht. Auch benachteiligt die Regelung, wonach sich der Auftraggeber gegenüber der gesetzlichen Rechtslage jeweils auf günstigere Bestimmungen der VOB berufen kann, den Auftragnehmer unangemessen im Sinne von § 307 BGB (BGH vom 21. 11. 1985, Az: VII ZR 22/85; NJW 86, 924). Nach Ansicht des BGH führt die Unwirksamkeit der Klausel dazu, dass die **gesetzliche Gewährleistungsregelung** des § 634a BGB zur Anwendung kommt (§ 306 Abs. 2 BGB).
d) Den **Nachweis der Güte und Gebrauchsfähigkeit** von Stoffen und Bauteilen hat der AN auf seine Kosten zu erbringen. Sind nach den Normen **verschiedene Prüfverfahren** zugelassen, so kann der AG den Gütenachweis nach demjenigen Verfahren verlangen, das die **ungünstigeren Ergebnisse** erbringt.	**nein**	Die Klausel widerspricht dem Prinzip der Berechenbarkeit von Leistung und Gegenleistung, wie es in §§ 320 ff. BGB verankert ist, weil der AN in unangemessener Weise zu einem völlig unbestimmten Leistungsumfang verpflichtet wird, ohne hierfür eine Gegenleistung zu erhalten. Der Leistungsumfang ist in keiner Weise kalkulierbar, zumal überhaupt nicht differenziert wird, um welche Stoffe und Bauteile es sich handeln soll. Eine Haftung könnte folglich auch für solche Stoffe und Bauteile eintreten, die vom AG zur Verfügung gestellt wurden (LG München vom 04. 08. 1988, Az: 7 O 22388/87, nicht veröffentlicht).

2.13.1.2 Mitverantwortung des Auftraggebers

PRÜFLISTE	zulässig	Anmerkung
a) In jedem Fall hat der AN **nachzuweisen,** dass er die Ursache für den Mangel nicht gesetzt hat. **Oder:** Der AG hat das objektive Vorliegen eines Mangels, der AN die Schadensursache und seine Nichtverantwortung nachzuweisen.	**nein**	Die Klausel schiebt dem AN auch nach der Abnahme die Beweislast für die Mängelursache zu. Die Umkehr der gesetzlichen Beweislastregelung, nach der der AG nach der Abnahme die Beweislast zu tragen hat, ist gemäß § 309 Nr. 12 BGB unzulässig. Da es in der Bauwirtschaft keinen entsprechenden Handelsbrauch oder eine entsprechende Verkehrssitte gibt, ist die Klausel auch im kaufmännischen Geschäftsverkehr unwirksam (§ 307 BGB) (LG Frankfurt/M. vom 06. 02. 1980, Az: 2/6 O 502/79, Klausel 11, Bunte I, § 24 Nr. 17; LG München vom 04. 08. 1988, Az: 7 O 22388/87, nicht veröffentlicht). Zur **Variante** vgl. LG München vom 14. 07. 1994, Az: 7 O 23409/93, nicht veröffentlicht; OLG Hamburg vom 06. 12. 1995, Az: 5 U 215/94, **Nichtannahmebeschluss des BGH** vom 05. 06. 1997; Az: VII ZR 54/96.
b) Der AN verzichtet darauf, sich bei Mängeln auf **mangelhafte Leistungen aus dem Verantwortungsbereich des AG** zu berufen. § 13 Nr. 3 VOB/B wird deshalb ausdrücklich ausgeschlossen.	**nein**	Der AG haftet für von ihm zu vertretende Folgen seiner Vorgabe nach §§ 242, 254, 278 BGB weiter. Ebenso wenig wie der AG durch AGB seine Haftung für Fehler seines Architekten auf den AN abwälzen kann, darf er seine Verantwortlichkeit für von ihm zu erbringende Vorleistungen allein dem AN anlasten. Die Klausel verstößt gegen wesentliche Grundlagen der gesetzlichen Haftungsregelung (§ 307 BGB) und ist deshalb unwirksam (BGH vom 22. 03. 1984, Az: VII ZR 50/82, BauR 1984, 395). Auch Fehler der Bauleitung können durch AGB nicht auf den AN abgewälzt werden. Darin liegt ein Verstoß gegen § 307 BGB, sodass die Klausel auch im kaufmännischen Geschäftsverkehr unwirksam ist (OLG Düsseldorf vom 26. 02. 1985, Az: 23 U 128/84, BauR 1985, 361, insbesondere zur Rückverlagerung des Mängelrisikos auf den AN für vom AG vorgeschriebenes Material). Ähnlich LG Frankfurt/M. vom 08. 10. 1985, Klausel I, Bunte VI, § 9 Nr. 45.

PRÜFLISTE	zulässig	Anmerkung
c) Berechtigte Beanstandungen des von uns **beigestellten Materials** hinsichtlich Menge, Abmessung und Ausführungsart entlasten den AN nur, wenn die Beanstandung unverzüglich nach Anlieferung erfolgt.	**nein**	Es handelt sich um eine unzulässige Verkürzung der gesetzlichen Rechte des Auftragnehmers, wie sie das HGB in §§ 377 ff. festlegt. Verstoß gegen § 307 BGB (OLG Karlsruhe vom 06. 07. 1993, Az: 3 U 57/92, ZDB-Registernummer 566).
d) Die Vermeidung von **Schall- und Wärmebrücken** gehört zur Verantwortung des Auftragnehmers. Durch das Anbringen geeigneter Dämmstoffe sind diese ebenso wie Tauwasserbildung völlig auszuschließen.	**nein**	Die Klausel ist unwirksam, wenn es sich um einen **„arbeitsteiligen" Bauvertrag** handelt, wonach der AG die Planungsverantwortung trägt. Die Klausel könnte sonst dazu verwendet werden, die Verantwortung für Planungsmängel auf den Auftragnehmer abzuwälzen. Nach dem Wortlaut der Klausel kann sich der Auftragnehmer bei Auftreten solcher Mängel nicht auf eine Mitverantwortung des Auftraggebers bzw. eines Dritten berufen. Damit verletzt die Klausel die §§ 307, 309 Nr. 7b BGB (LG München vom 25. 07. 1989, Az: 7 O 26309/88, nicht veröffentlicht).

2.13.1.3 Dauer der Gewährleistungsfrist/Frist für Mängelansprüche

PRÜFLISTE	zulässig	Anmerkung
a) Für die Gewährleistung des AN **gilt VOB/B § 13.**	**ja**	Diese Regelung ist auch dann gültig, **wenn der die Vertragsbedingungen stellende Auftraggeber die VOB nicht „als Ganzes"** (vgl. hierzu Teil I Ziff. 5) **vereinbart hat.** Der Verwender der AGB kann sich nicht auf die Unwirksamkeit seiner eigenen Bedingungen berufen. Geschützt wird nur der Vertragspartner des Verwenders (OLG Jena vom 08. 04. 2004, Az: 1 U 603/03; BauR 2005, 1682, mit Beschluss des BGH vom 23. 06. 2005, Az: VII ZR 114/04 wurde die Nichtzulassungsbeschwerde zurückgewiesen).
b) Es gilt eine Gewährleistungsfrist von fünf Jahren, ansonsten gelten die Vorschriften der VOB/B.	**ja**	Es ist grundsätzlich nicht zu beanstanden, wenn der Auftraggeber die gesetzlichen Rechte nutzen will.
	aber	Nach OLG Naumburg vom 27. 04. 2006, Az: 2 U 138/05; BauR 2007, 551 ist die VOB nun nicht mehr „als Ganzes vereinbart". Zu den Rechtsfolgen siehe Teil I Ziff. 5.2 und die nachstehende Klausel. Ebenso Ingenstau/Korbion Anhang 1, Rdnr. 62; OLG München BauR 1994, 660; OLG Hamm IBR 1995, 295; Markus/Kaiser/Kapellmann Rdnr. 91. **Anderer Ansicht** (mit der Begründung, dass die VOB/B in § 13 Nr. 4 andere Verjährungsfristen zulässt, und daher kein Eingriff in die VOB/B vorliegt): OLG Hamm OLGR 1997, 62. Der BGH hat diese Frage ausdrücklich offengelassen (vergleiche NJW 1989, 1602). **Anderer Ansicht:** LG Halle vom 08. 07. 2005, Az: 1 S 68/05; BauR 2006, 128. Nach dieser Meinung ist die Klausel **unwirksam,** weil sie zusammen mit der „Quasi-Unterbrechung" in § 13 Nr. 5 Abs. 1 Satz 2 VOB/B (siehe nächste Klausel) den Auftragnehmer unangemessen benachteilige.

PRÜFLISTE	zulässig	Anmerkung
c) **§ 13 Nr. 5 Abs. 1 Satz 2 VOB/B:**	**ja**	wenn die VOB als Ganzes vereinbart ist (vgl. hierzu Teil I Ziff. 5).
Der Anspruch auf Beseitigung der gerügten Mängel verjährt in zwei Jahren, gerechnet vom Zugang des schriftlichen Verlangens an, jedoch nicht vor Ablauf der Regelfristen nach Nummer 4 oder der an ihrer Stelle vereinbarten Frist.	**strittig**	Wenn die VOB nicht als Ganzes vereinbart ist. **Für Unwirksamkeit:** Lenkeit Baurecht 2002, 220; Tempel NZBau 2002, 532. Korbion/Locher/Sienz, F Rdnr. 32, LG Halle vom 08. 07. 2005, Az: 1 S 68/05; BauR 2006, 128. **Für Wirksamkeit:** Weyer NZBau 2003, 521. OLG Celle vom 05. 09. 2007, Az: 7 U 26/07 mit Hinweis auf BGH, Baurecht 1989, 322. Der BGH beurteilt allerdings in dieser Entscheidung die genannte Klausel anhand der Rechtslage vor dem 01. 01. 2002, bei der die VOB/B in § 13 Nr. 4 noch eine Regelverjährungsfrist für Mängelansprüche von zwei Jahren vorsah.
d) Die Verjährung der Mängelansprüche beträgt 5 Jahre zuzüglich 1 Monat.	**ja**	Die Verlängerung der gesetzlichen Verjährungsfrist für Mängelansprüche ist sachlich gerechtfertigt und nicht unüblich. Sie räumt dem Auftraggeber die Möglichkeit ein, die gesetzlich geregelte Frist ohne Zeitdruck auszuschöpfen. So im Ergebnis auch BGH vom 19. 12. 1985, Az: VII ZR 267/84, BauR 1986, 202.
e) **Entwässerungsarbeiten:** „10. Gewährleistung Die Gewährleistung rechnet unbeschadet des Zeitpunkts der Zwischenabnahme (Teilabnahme nach Ziff. 37.2 der ZVB). Entsprechend den Technischen Vorschriften werden folgende Gewährleistungsfristen Vertragsbestandteil: Erdkörper, Entwässerungseinrichtungen einschl. Bodenverbesserungen und Bodenverfestigungen nach den TVV 5 Jahre . . ."	**ja**	Die die Gewährleistungsfristen regelnde Nr. 10 der von der öffentlichen Hand verwendeten **„Zusätzlichen Technischen Vorschriften für Straßenbauarbeiten (ZTV Stra)"** sehen u. a. eine 5-jährige Gewährleistungsfrist für Entwässerungseinrichtungen vor. Die Klausel ist, obwohl sie die in § 13 VOB/B vorgesehene allgemeine Gewährleistungsfrist von 2 Jahren (4 Jahre nach der VOB-2002) verlängert, für ein Fachunternehmen im Tiefbau nicht als überraschend i. S. v. § 305c BGB anzusehen (BGH vom 26. 03. 1987, Az: VII ZR 196/86, BauR 1987, 445).

PRÜFLISTE	zulässig	Anmerkung
f) Die Verjährungsfrist für Mängel der **Dachdeckungsarbeiten** beträgt 7 Jahre.	ja	Der § 202 BGB in der seit dem 01. 01. 2002 gültigen Fassung lässt die Verlängerung von Verjährungsfristen auch durch AGB zu, allerdings nur im Rahmen von § 307 BGB, sie muss also sachgerecht sein. Deshalb ist die bisherige Rechtsprechung noch maßgeblich (so die Entscheidung des OLG Köln vom 29. 04. 1988, Az: 19 U 298/87, BauR 1998, 376), die eine Verlängerung der Verjährungsfrist um 2 Jahre durch AGB zulässt, da sie den AN nicht benachteiligt. Sie ist nur unwesentlich länger als die Regelfrist, nicht unüblich und wegen der Schadenshäufigkeit bei Flachdächern auch nicht ungerechtfertigt. Siehe auch Klausel g).
g) Die **Gewährleistungsfrist** beträgt **10 Jahre.** **(Gewerk: Allgemeine Bauarbeiten)**	nein	Zwar wurde durch die Schuldrechtsreform das generelle Verbot der Erschwerung der Verjährung aufgehoben. Nach h. M. bleibt es jedoch bei der Interessenabwägung nach § 307 BGB, sodass die bisherige Rechtsprechung weiter herangezogen werden kann. Danach muss die Fristverlängerung sachlich gerechtfertigt und nicht unüblich sein (OLG Köln, Urteil vom 29. 04. 1988, Az: 19 U 298/87, BauR 89, 376; Kleine-Möller/Merl/Oelmaier, § 2 Rdnr. 462). Somit sind Klauseln unwirksam, die eine **maßgebliche** Gewährleistungsverlängerung gegenüber der gesetzlichen Regelung vornehmen, ohne eine sachliche Differenzierung vorzunehmen (vgl. Korbion/Locher/Sienz, K 115, OLG Köln vom 29. 04. 1988, Az: 19 U 298/87, BauR 89, 376; BGH vom 17. 01. 1990, Az: VIII ZR 292/88; WM 90, 720).
Aber: **Gewerk: Flachdacharbeiten**	ja	Hier hat der Auftraggeber wegen der bestehenden erheblichen Risiken ein schutzwürdiges Interesse an einer Ausdehnung der gesetzlichen Verjährungsfrist (BGH vom 09. 05. 1996, Az: VII ZR 259/94; BauR 1996, 707).
h) Für verdeckte Mängel beträgt die Verjährungsfrist für Mängelansprüche 30 Jahre.	nein	Die Klausel beinhaltet eine unzulässige Verlängerung der gesetzlichen Gewährleistungsfrist. Darüber hinaus ist sie intransparent. Zwar kennt das Gesetz für arglistig verschwiegene Mängel eine Verlängerung der Verjährungsfrist auf maximal 10 Jahre (§§ 634a Abs. 3 i. V. m. § 199 BGB), nicht jedoch für „verdeckte Mängel". Im Ergebnis ebenso Markus/Kaiser/Kapellmann Rdnr. 636.

PRÜFLISTE	zulässig	Anmerkung
i) Gewährleistungsansprüche verjähren nach den Bestimmungen des BGB, jedoch **keinesfalls** vor abschließender Regelung der **Gewährleistungsansprüche des Bauherrn** aus den Leistungen des AN. Verwender: Hauptunternehmer	**nein**	Die Klausel verschiebt gesetzliche Abnahmewirkungen auf einen vom AN nicht bestimmbaren Zeitpunkt. Verstoß – auch für kaufmännischen Geschäftsbetrieb – gegen § 307 Abs. 2 Nr. 1 BGB (OLG München vom 03. 11. 1984, Az: 6 U 1390/83, BB 1984, 1386; vgl. dazu auch Gutachten des BDI 5/78, VIII Leitsatz). Ähnlich LG Oldenburg vom 15. 07. 1998, Az: 5 O 3057/97; Baurechts-Report 8/98.
j) Die Gewährleistungspflicht des Nachunternehmers verjährt jeweils **1 Monat** nach Verjährung der Gewährleistungspflicht des **Hauptunternehmers** gegen den Auftraggeber. Verwender: Hauptunternehmer	**nein**	Der Subunternehmer hat auf die Vertragsbeziehung und auf die Festlegung der Gewährleistungspflicht zwischen Hauptunternehmer und Auftraggeber keinen Einfluss. Anders nur dann, wenn die Verjährungsfrist zwischen Hauptunternehmer und Auftraggeber zeitlich festgelegt, für die Subunternehmerleistung angemessen ist und die Länge der verlängerten Gewährleistungsfrist für den Auftragnehmer aufgrund des Klauselwerks insgesamt absehbar ist (so Gutachten des BDI 5/78, VIII Leitsatz; ebenso OLG Düsseldorf vom 07.06. 1994, Az: 21 U 90/92, BauR 95, 111).
k) Die Entlassung aus der Gewährleistung erfolgt nicht stillschweigend, sondern bedarf der Schriftform. Sie ist **4 Wochen vor Ablauf** der Gewährleistungszeit schriftlich vom Auftragnehmer zu **beantragen.**	**nein**	Die Klausel stellt eine „gravierende Abweichung von dem gesetzlichen Leitbild des § 638 BGB" // ab 01. 01. 2002: § 634a BGB dar. Entgegen dem gesetzlichen Leitbild wird das Ende der Gewährleistungsfrist nicht an einen bestimmten Zeitpunkt, sondern an ein „Tätigwerden" des durch den Ablauf der Gewährleistungsfrist begünstigten Auftragnehmers geknüpft. Dies ist unangemessen (LG München vom 18. 07. 1991, Az: 7O 24969/90, nicht veröffentlicht; LG München vom 13. 01. 1993, Az: 21 O 12229/92, nicht veröffentlicht).
l) Die Verjährungsfrist für Mängelbeseitigungsansprüche des AG **beginnt** mit dem Schluss des Jahres, in dem der AG den gesamten Bau **abnimmt** und endet entsprechend den Bestimmungen des BGB.	**nein**	Das Ende der Verjährungsfrist ist hier unbestimmt geregelt (Verstoß gegen § 308 Nr. 1 BGB) und bedeutet hier durch eine extreme Benachteiligung des AN (§ 307 BGB) LG Frankfurt vom 08. 10. 1985, Az: 2/13 O 177/85, Klausel d), Bunte VI, § 9 Nr. 45). Ähnlich (zum Gewährleistungsbeginn ab „Übernahme des gebrauchsfertigen Objekts"): LG Frankfurt/M. vom 06. 02. 1980, Az: 2/6 O 502/79, Bunte I, § 24 Nr. 17; LG Saarbrücken vom 11. 02. 1981, Az: 12 O 230/80, Bunte II, § 9 Nr. 10).

PRÜFLISTE	zulässig	Anmerkung
m) Die Gewährleistung **beginnt am Tage der mängelfreien Abnahme des Gesamtbauwerks.** **oder:** Die Gewährleistungsfrist für die Arbeiten des NU beginnt mit der **Übergabe** des Gewerks vom Generalunternehmer **an den Bauherrn.** **oder:** Die Gewährleistungsfrist beginnt mit der **bauaufsichtsrechtlichen Gebrauchsabnahme** für sämtliche Gewerke.	**nein**	Der Gewährleistungsfristbeginn wird hier an den für den einzelnen Handwerker nicht maßgeblichen und nicht beeinflussbaren Termin der Abnahme des **Gesamtbauwerks** geknüpft. Die Klausel verstößt gegen § 307 BGB (OLG Karlsruhe vom 22. 07. 1982, Az: 9 U 27/81, BB 1983, 725; LG Frankfurt/M. vom 08. 10. 1985, Az: 2/13 O 177/85, Klausel d), Bunte VI, § 9 Nr. 45). (Vgl. hierzu auch die „Abnahmeklauseln" Ziff. 2.12.2.) Zur 3. Variante vgl. LG Frankfurt/M. vom 09. 05. 1988, Az: 2/24 S 354/87, NJW-RR 88, 917. Nach OLG Düsseldorf vom 07. 06. 1994, BauR 95, 111 kann eine Klausel, die eine unzulässige Abnahmeverschiebung mit einer zulässigen Gewährleistungsfrist koppelt, mit letzterem Teil gültig sein, wenn sich beide Klauselteile sprachlich trennen lassen.
n) Erst nach mangelfreier Übergabe des Unternehmers beginnt die Gewährleistungsfrist. Diese richtet sich nach der VOB und darüber hinaus nach dem BGB.	**nein**	Die Klausel verstößt gegen das **Transparenzgebot** (Klarheitsgebot) und ist schon deshalb nach § 305c Abs. 2 BGB unwirksam. Die Klausel ist auch unangemessen gemäß § 307 Abs. 1, Satz 2 BGB, weil sie nicht erkennen lässt, zu wessen Gunsten sie greifen soll (OLG Celle vom 08. 02. 1996, Az: 14 U 23/95, BauR 96, 711). Folge: Es gilt die BGB-Regelung (§ 306 Abs. 2 BGB).
oder: Die Gewährleistungsfrist beträgt 5 Jahre. Sie beginnt erst zu laufen, wenn alle gerügten Mängel ordnungsgemäß beseitigt sind.	**nein**	Die zweite Klausel weicht von der gesetzlichen Regelung erheblich ab. Nach § 638 Abs. 2 BGB beginnt die Gewährleistungsfrist mit der Abnahme. Dieser einheitliche Gewährleistungsbeginn bleibt auch dann unverändert, wenn der Auftraggeber während der Gewährleistungszeit einzelne Mängel rügt. Unwirksam nach § 307 Abs. 2 Nr. 1 BGB (OLG Celle vom 20. 07. 2000, Az: 13 U 271/99, BauR 2001, 259).
o) Der Lauf der Verjährung wird durch die schriftliche Aufforderung zur Mängelbeseitigung solange unterbrochen, bis die beanstandeten Mängel beseitigt sind.	**nein**	Die Klausel bewirkt eine Verlängerung der Gewährleistungsfrist für geltend gemachte Mängel bis ins Unendliche und ist deshalb gem. § 307 BGB unwirksam (BGH vom 15. 04. 1999, Az: VII ZR 415/97).

2.13.1.4 Mängelrüge – Mängelansprüche-Ersatzvornahme

PRÜFLISTE	zulässig	Anmerkung
a) Rügt der AG einen Mangel und legt der AN seine etwaige abweichende Auffassung dem AG nicht unverzüglich schriftlich dar, gelten die Beanstandungen als anerkannt.	nein	Die Klausel verletzt das Fiktionsverbot für AGB i. S. v. § 308 Nr. 5 BGB und ist deshalb unwirksam (LG München I vom 05. 03. 1985, Az: O 458/85, ZDB-AGB-Verbandsklageregister Nr. 283/85).
b) Der AG kann Mängel ohne weiteres durch Dritte beseitigen lassen. **oder:** Bei geringfügigen Mängeln besteht dieses Recht, wenn ansonsten andere Handwerker mit ihrer Arbeit aufgehalten wären.	nein	Die Klausel verstößt gegen wesentliche Grundzüge der gesetzlichen Regelung (§ 634 BGB // ab 01. 01. 2002: § 637 BGB), da sie jede Mahnung ausschließt. Sie ist daher gemäß § 307 Abs. 1 BGB auch im kaufmännischen Geschäftsverkehr unwirksam (LG Frankfurt/M. vom 08. 11. 1978, Az: 2/6 O 213/78, Klausel 10, Mitteilungsblatt des Verbandes baugewerblicher Unternehmer Hessen e. V., Frankfurt/M., 1979, 16; LG Kreuznach vom 22. 06. 1988, Az: 2 O 188/87, unveröffentlicht; Wolf/Horn/Lindacher, AGB 2. Aufl., § 23 Rdnr. 288). **Zur Unzulässigkeit der Alternative:** OLG Saarland vom 15. 04. 1998, Az: 1 U 630/97–128.
c) Festgestellte Mängel sind **innerhalb von 8 Tagen** zu beseitigen, widrigenfalls der AG dies auf Kosten des AN tun kann.	nein	Die pauschale und unangemessen kurze Frist von 8 Tagen führt, selbst wenn von einer Nachfristsetzung abgesehen werden könnte, zur Unwirksamkeit der Regelung gemäß § 307 BGB, sodass die Klausel auch im kaufmännischen Geschäftsverkehr unwirksam ist (LG Frankfurt/M. vom 06. 02. 1980, Az: 2/6 O 502/79, Klausel 12, Bunte I, § 9 Nr. 160; Korbion/Locher/Sienz, K 123; Markus/Kaiser/Kapellmann, Rdnr. 651).
d) (1) **ZTV-Asphalt-StB 94:** Abgesehen von seinen Rechten aus den §§ 12 und 13 VOB/B kann der AG bei Nichteinhalten der Grenzwerte für – das Einbaugewicht, – die Einbaudicke, – den Bindemittelgehalt, – den Verdichtungsgrad und – die Ebenheit Abzüge gemäß Anhang 1 vornehmen, die Gewährleistungsverpflichtungen des AN bleiben dabei unberührt. Für Mängel aus sonstigen	nein	Die Klausel schneidet dem AN das ihm bei Mängeln vorrangig zustehende Nachbesserungsrecht unzulässig ab. Die ersatzlose Streichung des Nachbesserungsanspruchs des Unternehmers widerspricht damit wesentlichen gesetzlichen Grundgedanken und verstößt somit gegen § 307 Abs. 2 Nr. 1 BGB (BGH vom 29. 04. 2004, Az: VII ZR 107/03; Baurechts-Report 5/2004, S. 5, BauR 2004, S. 1050).

PRÜFLISTE	zulässig	Anmerkung
Gründen werden in dieser Vorschrift keine Angaben für Abzüge gemacht. (2) Der AN hat jedoch Anspruch auf Rückzahlung des aufgrund eines Mangels abgezogenen Betrages, wenn er diesen Mangel aufgrund seiner Gewährleistungsverpflichtung beseitigt.		
e) Der NU hat Mängel seiner Leistung vor der Abnahme sofort zu beheben. Kommt der NU einer Aufforderung des HU nicht nach, so darf der HU die erforderlichen Arbeiten auf Kosten des NU ausführen, den Vertrag kündigen und **Schadensersatz verlangen.** **Verwender:** Generalunternehmer (HU) im Subunternehmervertrag	**nein**	Der HU behält sich alle Rechte aus einer Vertragsstörung, insbesondere Schadensersatz auch für den Fall vor, dass den NU **kein Verschulden** trifft. Damit verstößt die Klausel in unangemessener Weise gegen die Grundlagen der gesetzlichen Regelung (§ 307 Abs. 2 Nr. 1 BGB), OLG Düsseldorf vom 21. 08. 1984, Az: 21 U 42/84, BauR 1985, 452).
f) Der AG kann zur Mängelbeseitigung erforderlichenfalls **kurzfristig auffordern.** Wird eine solche kurzfristig notwendige Arbeit vom Ausführenden nicht geleistet, so ist die Bauleitung berechtigt, eine andere Firma auf Kosten des AN zu beauftragen.	**nein**	Das Interesse des AG an kurzfristiger Beseitigung von Mängeln ist nicht so hoch zu bewerten, dass die gesetzlich vorgesehene **Nachfrist** (§ 637 Abs. 1 BGB) **durch AGB abbedungen werden könnte.** Die Klausel verstößt daher gegen § 307 BGB und ist auch im kaufmännischen Geschäftsverkehr unwirksam (LG Frankfurt/M. vom 06. 02. 1980, Az: 2/6 O 502/79, Klausel 12, Bunte I, § 24 Nr. 17; LG Frankfurt/M. vom 24. 11. 1981, Az: 2/13 O 284/81, Klausel e), Aktuelle Rechtsprechung zum Bau-, Wirtschafts- und Gewerberecht, Zentralverband des Deutschen Baugewerbes, Bonn, Leitsatz 32/82).
g) Die **Decken** sind vor dem Betonieren **einzunivellieren;** machen sich Differenzen bemerkbar, so werden diese, sofern der Auftragnehmer diese Differenz nicht selbst rechtzeitig ausgleichen lässt, auf Kosten des Auftragnehmers **durch Drittfirmen ausgeglichen.**	**nein**	Die Klausel verstößt gegen § 307 Abs. 2 Nr. 1 BGB i. V. m. den gesetzlichen Verzugs- und Nachbesserungsregelungen. Nach § 637 Abs. 1 BGB ist dem Auftragnehmer Gelegenheit zu geben, etwaige Mängel innerhalb angemessener Frist selbst zu beseitigen. Klauseln, die dies nicht berücksichtigen, greifen unzulässig in wesentliche Grundlagen der gesetzlichen Regelung ein (LG München vom 25. 07. 1989, Az: 7 O 26309/88, Baurechts-Report 8/89).

PRÜFLISTE	zulässig	Anmerkung
h) Der Auftraggeber kann bis zur Behebung aller Mängel aus dem Abnahmeprotokoll **5% der Abrechnungssumme einbehalten.**	**nein**	Dieser pauschale Einbehalt ist abgekoppelt von der Frage der Erheblichkeit der auftretenden Mängel und auch von der Frage, wer die Mängel tatsächlich zu vertreten hat. Damit ist die Klausel unangemessen im Sinne von § 307 BGB (LG München vom 25. 04. 1991, Az: 7 O 20842/90; BauR 91, 797).
i) Bei vom Auftragnehmer zu vertretenden **Mängeln** kann der Auftraggeber **mindestens das 3-fache** der Mängelbeseitigungskosten zurückhalten, bis die Mängel beseitigt sind.	**nein**	Diese Formulierung entspricht mit dem Inkrafttreten des Forderungssicherungsgesetzes nicht mehr der gesetzlichen Rechtslage, wonach nur noch „in der Regel das Doppelte" verlangt werden kann (§ 641 Abs. 3 BGB).
j) Der Auftragnehmer **verzichtet** grundsätzlich auf den **Einwand der** verspäteten **Mängelrüge.**	**nein**	Die Klausel verstößt gegen § 307 Abs. 2 Nr. 1 BGB. Aufgrund der Klausel könnte die Gewährleistungsfrist praktisch beliebig verlängert werden. Dies stellt eine unangemessene Benachteiligung des Auftragnehmers dar (LG München vom 04. 08. 1988, Az: 7 O 22388/87, nicht veröffentlicht).
k) Der AG kann auch **nach Ablauf der 5-jährigen Verjährungsfrist** die Beseitigung von Mängeln verlangen, wenn er sie vor Fristablauf schriftlich gerügt hat, § 13 Ziff. 5 VOB/B.	**nein**	Die Klausel verstößt gegen § 307 Abs. 1 BGB und ist damit – auch im kaufmännischen Geschäftsverkehr – unwirksam. Sie hält über den Ablauf der Verjährungsfrist das Rechtsverhältnis auf unbestimmte Zeit in der Schwebe. Dies belastet den Vertragspartner des Verwenders unangemessen. Auch die BGB-Gewährleistungsregelung mit ihrer Unterbrechungsregelung darf nicht durch AGB ohne entsprechenden Ausgleich für den Vertragspartner einseitig zugunsten des Verwenders geändert werden (LG Ravensburg vom 24. 09. 1987, Az: 2 O 1082/87, unveröffentlicht).

2.13.1.5 *Unverhältnismäßiger Aufwand – Minderung*

PRÜFLISTE	zulässig	Anmerkung
a) Die vom AG festgestellten Mängel sind vom Auftragnehmer innerhalb einer angemessenen Frist auch dann zu beseitigen, wenn hierzu ein **unverhältnismäßig hoher Aufwand** erforderlich ist.	**nein**	Die Klausel weicht zugunsten des AG von der gesetzlichen Regelung des § 633 Abs. 2 Satz 3 BGB // ab 01. 01. 2002: § 635 Abs. 3 BGB ab, wonach dem AN nach Treu und Glauben nicht zugemutet wird, zur Mängelbeseitigung einen Aufwand erbringen zu müssen, der den zur ursprünglichen Herstellung des Werkes erforderlichen Aufwand **bei weitem übersteigt.** Die Klausel verstößt daher gegen § 307 Abs. 1 BGB und ist – auch im kaufmännischen Geschäftsverkehr – unwirksam (LG München I vom 10. 11. 1981, Az: 7 O 11576/81, Bunte II, § 9 Nr. 17).
b) Der Einwand der Unverhältnismäßigkeit des Aufwands ist ausgeschlossen.	**nein**	Das Abbedingen von § 633 Abs. 2 Satz 3 BGB // ab 01. 01. 2002: § 635 Abs. 3 BGB verletzt wesentliche Grundgedanken der gesetzlichen Regelung i. S. v. § 307 Abs. 2 Nr. 1 BGB (OLG Hamburg vom 06. 12. 1995, Az: 5 U 215/94; **Nichtannahmebeschluss des BGH** vom 05. 06. 1997, Az: VII ZR 54/96).

2.13.1.6 Schadensersatz

PRÜFLISTE	zulässig	Anmerkung
a) Der AN hat **alle Aufwendungen** des AG für die Verfolgung von Gewährleistungsmängeln, die der AN verursacht, zu **ersetzen.**	**nein**	Die Klausel ändert die gesetzlichen Verzugsvorschriften wesentlich zulasten des AN und dingt darüber hinaus – bei der gebotenen kundenfeindlichsten Auslegung von AGB – die **Schadensminderungspflicht** des AG ab. Sie verstößt gegen § 307 Abs. 2 Nr. 1 BGB i. V. mit §§ 249, 254, 284 BGB // ab 01. 01. 2002: §§ 249, 254, 286 BGB und ist deshalb – auch im **kaufmännischen Geschäftsverkehr** – unwirksam (LG München I vom 22. 09. 1988, Az: 7 O 3095; ähnlich LG Koblenz vom 13. 11. 1990, Az: 11 O 89/90; beide nicht veröffentlicht).
b) Alle der **Bauleitung entstehenden Kosten für Mängelbeseitigung** infolge mangelhafter Ausführung hat der Auftragnehmer zu ersetzen. Dies gilt auch für alle Kosten, die dem Bauherrn hierdurch entstehen.	**nein**	Hier wird eine **verschuldensunabhängige Haftung** festgeschrieben. Die „mangelhafte Ausführung" kann auf Ursachen zurückzuführen sein, die nicht vom einzelnen Auftragnehmer zu vertreten sind. Verstoß gegen § 307 BGB (LG München vom 23. 01. 1992, Az: 7 O 10431/91, nicht veröffentlicht).
c) Der Auftragnehmer ist verpflichtet, die **Gutachterkosten** zu tragen, sofern sich diese in **angemessenem Rahmen** bewegen, wenn letztlich durch das Gutachten festgestellt wird, dass die zu prüfende Leistung des Auftragnehmers mangelhaft ist.	**nein**	Die Klausel ist unwirksam, weil sie auch den Fall trifft, dass der Auftraggeber die Kosten eines Privatgutachtens zu tragen hat; hierdurch ist eine Beweislastumkehr gegeben. Des Weiteren ist zu beachten, dass die Bestimmung keine Ermessensgrundsätze nach § 315 BGB enthält, da die Formulierung „im angemessenen Rahmen" nicht weiter bestimmt ist (LG München vom 05. 07. 1990, Az: 7 O 24100/89, nicht veröffentlicht).
d) Hat der Auftraggeber an der ordnungsgemäßen Ausführung einer Leistung **Bedenken,** kann er einen vereidigten **Bausachverständigen** für die Erstellung eines Gutachtens zulasten des Handwerkers beauftragen.	**nein**	Die unangemessene Benachteiligung ergibt sich daraus, dass nach dieser Klausel der ohnehin vorleistungspflichtige Handwerker die Kosten des Gutachtens zu tragen hat und zwar ohne Rücksicht darauf, ob die Bedenken letztlich stichhaltig sind. Verstoß gegen § 307 BGB (OLG München vom 22. 05. 1990, Az: 9 U 6108/89, nicht veröffentlicht; ähnlich LG München vom 19. 05. 1993, Az: 21 O 12454/92, Baurechts-Report 6/93).
e) Der Auftragnehmer muss bis zum Ende seines Haftungszeitraums die Versicherung aufrechterhalten.	**ja**	Die Klausel stellt in zulässiger Weise sicher, dass der Auftragnehmer seiner Versicherungspflicht solange nachkommt, wie ein potenzieller Haftungsfall in Betracht kommen kann (LG Frankfurt/M. vom 21. 12. 2000, Az: 2/2 O 2/00).

2.13.2 AGB der Auftragnehmerseite

2.13.2.1 Vereinbarte Gewährleistungsregelung – Mangel

PRÜFLISTE	zulässig	Anmerkung
a) Wir leisten nicht Gewähr für handelsübliche **Farb- und Maserungsabweichungen** bei Holzoberflächen oder bei Textilien in der Ausführung gegenüber Mustern, insbesondere im Farbton.	**nein**	Die Klausel verstößt gegen § 309 Nr. 8b BGB und ist deshalb unwirksam. Dies ergibt die gebotene kundenfeindlichste Auslegung. Sie soll die Haftung für **zugesicherte Eigenschaften ("vereinbarte Beschaffenheit")** in vollem Umfang ausschließen (BGH vom 18. 01. 1989, Az: VIII ZR 142/88, DB 1989, 874).
b) **Zimmererarbeiten:** Verdrehungen der Holzbalken ist kein Reklamationsgrund.	**ja**	Nach OLG Düsseldorf vom 12. 12. 1991, Az: 6 U 104/91, unveröffentlicht, ist die Klausel zulässig, weil sie nur „klarstellt, dass es bei Holzbalken zu natürlichen Verdrehungen kommen kann".
c) Der Einbau von Stoffen und **Bauteilen,** für die **weder DIN-Normen** bestehen, noch eine **amtliche Zulassung** vorgeschrieben ist, bedarf keiner besonderen Zustimmung des AG.	**nein**	Hier handelt es sich in der Regel um technisch neue Baustoffe und Bauteile, die in der Praxis nicht oder kaum erprobt sind. Die Klausel zeichnet somit den AN teilweise·von der Gewährleistungspflicht nach § 13 Nr. 1 VOB/B frei, weil sie objektiv ermöglicht, auch Baustoffe und Bauteile zu verwenden, die den Regeln der Technik nicht entsprechen und somit mangelhaft sind. Nach OLG Koblenz vom 22. 02. 1995, Az: 7 U 141/94, BauR 95, 554, ist bei Verwendung der Klausel die **VOB nicht mehr „insgesamt"** im Sinne von § 309 Nr. 8b ff. BGB vereinbart, sodass nun eine 5-jährige Gewährleistungsfrist nach BGB gilt. Die Klausel dürfte auch einer Wirksamkeitsprüfung nach § 309 Nr. 8b BGB nicht standhalten. **A. A.** Markus/Kaiser/Kapellmann Rdnr. 623 mit dem Hinweis, dass die Klausel den Auftragnehmer nicht davon freizeichnet, eine Leistung entsprechend den anerkannten Regeln der Technik zu erbringen.

2.13.2.2 Dauer der Gewährleistungsfrist/Frist für Mängelansprüche

PRÜFLISTE	zulässig	Anmerkung
a) Die Gewährleistungsfrist für unsere Bauarbeiten beträgt entsprechend § 13 VOB/B 4 Jahre. **oder:** Die Gewährleistung für unsere Bauarbeiten richtet sich nach § 13 Nr. 4 VOB/B.	**ja** **nein** **nein**	wenn die VOB/B gegenüber „Nichtverbrauchern" ohne inhaltliche Abweichungen verwendet wird. wenn der Verwender die VOB/B inhaltlich verändert. nach dem durch das Forderungssicherungsgesetz geänderten § 310 Abs. 1 BGB, wenn ein **„Verbraucher"** Vertragspartner des Verwenders ist (siehe Teil I Ziff. 5.1 und 5.5.5).
b) Bezüglich der Gewährleistungsfrist wird § 13 VOB/B vereinbart. (Verwendung: „Isoliert" im Rahmen eines **Individualvertrags**)	**nein**	Nach BGH vom 07. 05. 1987, Az: VII ZR 129/86, WM 87, 1015, stellen die Regelungen des § 13 VOB/B schon für sich Allgemeine Geschäftsbedingungen dar, die durch bloße Inbezugnahme oder Wiedergabe ihres Wortlauts, also ohne „ausgehandelt" worden zu sein, Vertragsinhalt werden können und deshalb der Kontrolle nach dem Recht der Allgemeinen Geschäftsbedingungen unterliegen. **Anders** nur, wenn die VOB „insgesamt" zur Vertragsgrundlage geworden und der Vertragspartner **kein „Verbraucher"** ist (vgl. oben). **Anders** auch, wenn die Klausel zwischen den Parteien **ausgehandelt** wurde (vgl. auch BGH vom 29. 06. 1989, Az: VII ZR 151/88, BB 89, 1506).
c) Es gilt die VOB Fassung 2000 **Oder:** Es gilt das BGB-Schuldrecht in der Fassung vor dem 01. 01. 2002.	**nein**	Allgemeine Geschäftsbedingungen, die noch auf das alte Schuldrecht Bezug nehmen, sind schon wegen Verstoßes gegen das Transparenzgebot (§ 305c BGB) unwirksam (OLG Köln vom 21. 12. 2005, Az: 11 U 46/05; Baurecht 2006, 687). Das Gleiche ist u. E. anzunehmen, wenn der Auftragnehmer eine alte Fassung der VOB/B seinen Geschäftsbedingungen zugrunde legt.
d) Zur Gewährleistung gilt VOB/B § 13. Die Gewährleistungszeit von 2 Jahren beginnt mit dem Tag der Abnahme. **Verwender:** Generalunternehmer, der mit Generalunternehmervertrag **gleichzeitig Bau- und Architektenleistungen** anbietet.	**nein**	Auch wenn die VOB-2000 (oder eine frühere Ausgabe) „Vertragsgrundlage" ist, kann die 2-jährige Verjährungsfrist des § 13 Nr. 4 VOB/B für die gleichzeitig geschuldeten **Architektenleistungen** nicht wirksam vereinbart werden. Der § 309 Nr. 8b ff. BGB privilegiert **Bauleistungen,** nicht jedoch Architektenleistungen. Für diese verstößt die hier getroffene Regelung gegen § 309 Nr. 8b ff. BGB (BGH vom 17. 09. 1987, Az: VII ZR 166/86, BauR 87, 702; OLG Düsseldorf vom 15. 06. 1989, Az: 5 U 248/88, NJW-RR 91, 219). Die **gleichen Grundsätze** gelten, wenn die VOB/B, **Fassung 2002** für Planungsleistungen zugrunde gelegt wird.

PRÜFLISTE	zulässig	Anmerkung
e) Die Gewährleistungsfrist für den **Architekten** gegenüber dem Bauherrn beträgt 2 Jahre ab Abnahme des Bauwerks.	**nein**	Die Klausel verstößt gegen § 309 Nr. 8 BGB. Sie verkürzt **unmittelbar** die gesetzliche Frist von 5 Jahren bei Architektenwerkleistungen auf 2 (bzw. bei Vereinbarung ab VOB 2002 auf 4) Jahre und **mittelbar** diese Frist noch weiter, weil der Beginn der Verjährungsfrist bei der gesetzlichen Regelung erst mit Abnahme des Architektenwerks und nicht schon des Bauwerks beginnt. Wenn die Zahl „2" auch handschriftlich in ein entsprechendes Formularmuster eingesetzt wurde, ist die **Frist nicht individuell ausgehandelt** (BGH vom 09. 10. 1986, Az: VII 245/86, BauR 1987, 113 = Sch-F-H, Nr. 3 zu § 1 AGB. Dies gilt entsprechend auch für die 4-jährige Frist gem. § 13 Nr. 4 VOB/2002.
Oder: . . . 2 Jahre ab Bezugsfertigkeit des Gebäudes.	**nein**	**Zur zweiten Variante** vgl. BGH vom 25. 06. 1992, Az: VII ZR 128/91; BauR 92, 794.
Oder: . . . 6 Monate für **ingenieurtechnische Leistungen.**		Zur **dritten Variante** vgl. BGH vom 03. 12. 1998, Az: VII ZR 109/97. Unwirksam auch im **kaufmännischen Geschäftsverkehr** (§ 307 BGB).
f) Für **Verschleißteile** haften wir nur 6 Monate.	**nein**	Gemäß Urteil des BGH vom 20. 04. 1993, Az: X ZR 67/92; DB 93, 1716, ist die Klausel gem. § 307 BGB nichtig, weil kein sachlicher Grund vorhanden ist, für Verschleißteile kürzere Verjährungsfristen gegenüber den gesetzlichen Regelverjährungsfristen vorzusehen.
g) Ansprüche auf Ersatz von Schäden, die nicht an dem Liefergegenstand oder dem Werk selbst entstanden sind (Mangelfolgeschäden) verjähren in 6 Monaten, bei Bauwerken in 5 Jahren.	**nein**	Die Klausel bevorzugt einseitig die Interessen des Verwenders an einer möglichst frühzeitigen Beendigung seiner Haftung und läuft damit dem Sinn der Regeln über die Haftung des Werkunternehmers für Mangelfolgeschäden zuwider, die bei dem bis zum 31. 12. 2001 gültigen Werkvertragsrecht zum Teil erst in 30 Jahren verjähren (§ 195 BGB a. a. F.). Die Klausel verstößt daher gegen § 307 BGB (OLG Stuttgart vom 26. 05. 2000, Az: 2 U 224/99, NJW-RR 2000, 1551).

PRÜFLISTE	zulässig	Anmerkung
h) Die **Verjährung** kann nur dadurch **unterbrochen** werden, dass der AN die Mängel anerkennt, der AG ein Beweissicherungsverfahren einleitet oder eine Klage erhebt.	ja	**Aber:** Hier wurde die VOB nicht mehr „insgesamt" im Sinne von § 309 Nr. 8b ff. BGB vereinbart. Somit beträgt hier die Gewährleistungsfrist des AN 5 Jahre gemäß § 634a BGB (OLG Düsseldorf vom 13. 12. 1991, Az: 22 U 116/91, NJW-RR 92, 529). Das am 01. 01. 2002 in Kraft getretene BGB ersetzt den Begriff „Unterbrechung" durch „Neubeginn" (vgl. § 212 BGB).
i) Der Lauf der Verjährung wird durch die schriftliche Aufforderung zur Mangelbeseitigung solange unterbrochen, bis die beanstandeten Mängel beseitigt sind.	nein	Die Klausel bewirkt eine Verlängerung der Gewährleistungsfrist bis „ins Unendliche" und ist deshalb gem. § 202 BGB unwirksam (BGH vom 15. 04. 1999, Az: ZR 415/97, IBR 99, 307).
j) Ansprüche des Auftraggebers wegen erkennbarer Mängel sind ausgeschlossen, wenn diese Mängel nicht binnen einer Frist von zwei Wochen nach Erkennbarkeit vorgebracht werden.	nein	Die Klausel verkürzt unzulässigerweise die gesetzliche Gewährleistungsfrist, ohne dass diesbezüglich ein berechtigtes Interesse besteht und ist daher unwirksam. BGH vom 28. 10. 2004, Az: VII ZR 385/02; Baurechts-Report 2/2005, S. 7; BauR 2005, 383.

2.13.2.3 Mängelrüge – Ersatzvornahme

PRÜFLISTE	zulässig	Anmerkung
a) **Mängelrügen** müssen **unverzüglich,** spätestens aber 2 Wochen nach Warenempfang schriftlich geltend gemacht werden. und: 3 Monate nach Erhalt der Lieferung ist auch die Haftung für **versteckte Mängel** ausgeschlossen.	**nein**	Die Klauseln betreffen Lieferung von Fertigfenstern und -türen. Sie verstoßen gegen § 307, 309 Nr. 8 BGB und sind deshalb unwirksam (LG Nürnberg-Fürth vom 23. 03. 1983, Az: 3 O 8006/82, Bunte IV, § 9 Nr. 131. Ebenso OLG Naumburg vom 18. 02. 1997, Az: 9 U 225/96).
b) Gewährleistungsansprüche des Auftraggebers wegen bei Abnahme **erkennbarer Mängel** sind ausgeschlossen, wenn diese Mängel nicht binnen einer Frist von zwei Wochen seit der Abnahme dem Auftragnehmer gegenüber schriftlich vorgebracht werden. Gewährleistungsansprüche wegen **Mängeln,** die bei der Abnahme **nicht erkennbar waren,** sind ausgeschlossen, wenn sie vom Auftraggeber nicht binnen einer Frist von zwei Wochen nach Erkennbarkeit schriftlich gegenüber dem Auftragnehmer vorgebracht werden.	**nein**	Die Klausel verstößt gegen § 309 Nr. 8 b)ee) BGB. Das BGB kennt für das Werkvertragsrecht keine mit einer Ausschlussfrist verbundene Rügepflicht für erkennbare Mängel. Die Klausel ist deshalb in Allgemeinen Geschäftsbedingungen des Auftragnehmers auch im Rechtsverkehr mit Unternehmern unwirksam (BGH, Az: VII ZR 18/03, NZ Bau 2005,150). Wirksam ist eine Klausel, die im **Handelskauf** eine Ausschlussfrist für offensichtliche Mängel vorsieht, sofern eine unverzügliche Rüge unterbleibt.
c) Der AG muss sämtliche auch **verborgene Mängel** spätestens im Zeitpunkt der Ablieferung rügen. Spätere Geltendmachung entbindet den AN von jeder Haftung.	**nein**	Die Klausel verschiebt die gesetzlichen Grundsätze der Mängelhaftung in einer gegen § 307 BGB verstoßenden Weise (BGH vom 03. 07. 1985, Az: VIII ZR 152/84, BB 1985, 2071).
d) Durch **bloße** schriftliche **Mängelrüge** wird der Lauf der Gewährleistungsfrist nicht unterbrochen.	**ja**	Dies entspricht der Gesetzeslage. **Aber:** Damit schließt der Auftragnehmer den § 13 Nr. 5 Abs. 1 VOB/B aus. Die etwa gleichzeitig vereinbarte VOB ist nicht mehr „Vertragsgrundlage". Somit gilt hier die 5-jährige Gewährleistungsfrist des § 634a BGB (OLG Düsseldorf vom 13. 12. 1991, Az: 22 U 116/91, NJW-RR 92, 529).

2.13.2.4 Beschränkung der Gewährleistungsansprüche/Mängelansprüche

PRÜFLISTE	zulässig	Anmerkung
a) Solange wir unseren Verpflichtungen auf Behebung der Mängel nachkommen, hat der Kunde **nicht das Recht, Herabsetzung der Vergütung oder Rückgängigmachung des Vertrages** zu verlangen, sofern nicht ein Fehlschlagen der Nachbesserung vorliegt.	**ja**	Die von § 309 Nr. 8b bb BGB verlangte „rechtliche Belehrung" des Kunden wird in ausreichender Weise vorgenommen. Die Klausel entspricht auch dem für Allgemeine Geschäftsbedingungen bestehenden Gebot der Klarheit (Transparenzgebot), obwohl hier lediglich vom „Fehlschlagen der Nachbesserung" gesprochen und die Zahl der Nachbesserungsversuche nicht genannt wird (BGH vom 21. 02. 1990, Az: VIII ZR 216/89, BB 90, 950).
b) Das Recht des Bestellers ist **auf Nachbesserung beschränkt.** Insbesondere sind Ansprüche auf Wandelung, Minderung und Schadensersatz ausgeschlossen. **Zusatz:** Dies gilt auch in Fällen des Fehlens einer **zugesicherten Eigenschaft.**	**nein**	Der endgültige und gleichzeitige Ausschluss von Wandelung und Minderung benachteiligt auch den kaufmännischen Vertragspartner unangemessen. Für **ab dem 01. 01. 2002 abgeschlossene Verträge** ist zu beachten, dass die Begriffe **„Wandelung"** und **„zugesicherte Eigenschaften"** aus dem BGB entfernt wurden. Die Klausel dürfte auch bei Neuverträgen wegen Verstoßes gegen §§ 309 Nr. 8b bb, 307 Abs. 2 Nr. 1 BGB nicht wirksam sein. Der Ausschluss von Schadensersatzansprüchen ist auch im **kaufmännischen Geschäftsverkehr** jedenfalls deshalb unwirksam, weil die Klausel mangels jeglicher Einschränkung auch die Haftung des Verwenders bei Verletzung von Vertragspflichten durch leitende Angestellte sowie bei schuldhaftem Verstoß eines Erfüllungsgehilfen gegen „wesentliche Pflichten" ausschließt (§ 307 Abs. 2 Nr. 2 BGB), (BGH vom 26. 06. 1991, Az: VIII ZR 231/90; BB 91, 1522; OLG Zweibrücken vom 30. 09. 1994, Az: 4 U 946/93; NJW-RR 95, 117. Insbesondere zum **Zusatz „zugesicherte Eigenschaften"** vgl. BGH vom 18. 05. 1995, Az: X ZR 114/93, WM 95, 1455).
c) Wandelung und Minderung sind, **soweit gesetzlich zulässig,** ausgeschlossen. **oder:** Rücktritt und Minderung sind – soweit gesetzlich zulässig – ausgeschlossen.	**nein**	Der Zusatz „soweit gesetzlich zulässig" vermag die Unwirksamkeitsfolge der gegen das AGB-Gesetz verstoßenden Regelungen nicht zu beseitigen (BGH vom 26. 06. 1991, Az: VIII ZR 231/90, BB 91, 1522). Derartige Formulierungen missachten das **Transparenzgebot (Klarheitsgebot)** für allgemeine Geschäftsbedingungen.

PRÜFLISTE	zulässig	Anmerkung
d) Die Geltendmachung von Aufrechnungen mit nicht rechtskräftig festgestellten Gegenansprüchen sowie von Zurückbehaltungsrechten ist ausgeschlossen.	**nein**	Die Klausel ist dahin zu verstehen, dass Zurück-behaltungsrechte und damit auch Leistungsver-weigerungsrechte nach §§ 320, 641 Abs. 3 BGB generell ausgeschlossen sind. Insoweit ist die Klausel unwirksam nach § 307 BGB (BGH vom 31. 03. 2005, Az: VII ZR 180/04, BauR 2005, 1010).
e) Werden Änderungen an der Anlage oder **Eingriffe durch Dritte** vorgenommen, erlischt unsere Verpflichtung zum Störungsdienst sowie die Gewährleistung.	**nein**	Diese Klausel ist zumindest im **Verkehr mit Verbrauchern** wegen Verstoßes gegen § 309 Nr. 8 BGB unzulässig (OLG Naumburg vom 18. 02. 1997, Az: 9 U 225/96).
f) Sollten nach Fertigstellung der Abdichtung Durchbrüche, Anbauten oder Bohrungen in dem geschlossenen System vorgenommen werden, gilt die Abdichtung als zerstört und es erlischt die komplette Garantiezusage.	**nein**	Die Klausel benachteiligt den Auftraggeber unangemessen und ist daher unwirksam. OLG Brandenburg vom 30. 11. 2005, Az: 4 U 141/04; BauR 2006, S. 418.
g) Der AN kann Nachbesserung solange verweigern, wie der AG seinen vertraglichen **Zahlungspflichten** nicht **voll nachkommt.**	**nein**	Derartige Umkehr der gesetzlichen Vorleistungs-pflicht des Werkunternehmers durch AGB ver-stößt gegen Treu und Glauben und ist deshalb unzulässig; § 307 Abs. 2 Nr. 1 BGB (BGH vom 09. 04. 1981, Az: VII ZR 194/80, BB 1981, 935).

2.13.2.5 Schadensersatz – Nebenkosten

PRÜFLISTE	zulässig	Anmerkung
a) § 13 Nr. 7 VOB/B.	ja	wenn die VOB/B gegenüber „Nichtverbrauchern" ohne inhaltliche Abweichungen verwendet wird.
	nein	wenn der Verwender die VOB/B inhaltlich verändert.
	nein	nach dem durch das **Forderungssicherungsgesetz** geänderten § 310 Abs. 1 BGB, wenn ein „Verbraucher" Vertragspartner des Verwenders ist (siehe Teil I Ziff. 5.1).
b) Wir haften nicht für **Mangelfolgeschäden,** es sei denn, uns wird Vorsatz oder grobe Fahrlässigkeit nachgewiesen.	nein	Die Klausel ist auch im Geschäftsverkehr mit Unternehmern unzulässig, weil hierdurch die Beweislast für Vorgänge aus dem Verantwortungsbereich des Auftragnehmers dem Auftraggeber überbürdet werden (BGH vom 13. 03. 1996, Az: VIII ZR 333/94, NJW 96, 1537 zum Kaufrecht).
c) **Fenstermontage:** Sind mehrfache Anfahrten wegen fehlerhafter Angabe des Fenstertyps erforderlich, so werden die Kosten der vergeblichen Anfahrt auch bei Garantiearbeiten zusätzlich berechnet.	nein	Nach der maßgeblichen kundenfeindlichsten Auslegung muss der Kunde auch dann für die Kosten der vergeblichen Anfahrt haften, wenn ihm kein Verschulden an den fehlerhaften Angaben zu Last fällt. Eine Haftungserweiterung für verschuldensunabhängiges Fehlverhalten steht im Widerspruch zu wesentlichen Grundlagen des BGB. Somit liegt ein Verstoß gegen § 307 BGB vor (Hanseatisches OLG vom 15. 04. 1992, Az: 5 U 222/91).
d) Da **Fehlersuchzeit** Arbeitszeit ist, wird der entstandene und zu belegende Aufwand dem Kunden in Rechnung gestellt, wenn ein Auftrag nicht durchgeführt werden kann, weil der beanstandete Fehler bei der Überprüfung nicht festgestellt werden konnte, ein benötigtes Ersatzteil nicht mehr zu beschaffen ist, ohne dass der Werkunternehmer diesen Umstand zu vertreten hat.	nein	Bei kundenfeindlichster Auslegung müsste der Kunde entgegen der gesetzlichen Werkvertragsregelung auch dann die Kosten tragen, wenn der von ihm beauftragte Werkunternehmer subjektiv nicht in der Lage war, den Fehler festzustellen, obwohl der Fehler objektiv vorhanden war. Die Klausel benachteiligt den AG unangemessen (Verstoß gegen § 307 Abs. 1 und Abs. 2 BGB), OLG Frankfurt/M. vom 27. 06. 1991, Az: 6 U 85/90; nicht veröffentlicht).

2.13.2.6 Beschränkung der Mängelansprüche in Bauträgerkaufverträgen

Vorbemerkung:

Die in Ziff. 2.13.2. aufgeführten Klauseln sind u. U. auch für Notarkaufverträge relevant.

PRÜFLISTE	zulässig	Anmerkung
a) Bezüglich der Gewährleistungsfrist wird § 13 Nr. 4 VOB/B vereinbart.	**nein**	Mit Urteil vom 10. 10. 1985, Az: VII ZR 325/84, BB 86, 24, hat der BGH betont, dass die VOB-Gewährleistungsfrist nur dann wirksam vereinbart werden könne, wenn die VOB uneingeschränkt „Vertragsgrundlage" sei, wenn sie also „ohne ins Gewicht fallende Einschränkung übernommen worden ist". Dies ist beim sog. notariellen Kaufvertrag für Immobilien nicht der Fall, weil dort allein auf die Verjährungsregelung des § 13 VOB/B Bezug genommen wird, ohne die VOB/B in ihrem Kernbereich einzubeziehen. Die Klausel verstößt gegen § 307 Abs. 2 Nr. 1 BGB.
b) Bezüglich Gewährleistung wird § 13 VOB/B vereinbart. Verwender: Verkäufer (Bauträger) im Rahmen eines **Individualvertrages.**	**nein**	Nach BGH vom 07. 05. 1987, WM 87, 1015 gilt das Verbot der isolierten Vereinbarung der Gewährleistungsregelung der VOB nicht nur, wenn sie in einem Formularvertrag des Bauträgers erfolgt. Auch in einem Individualvertrag darf zum Punkt „Gewährleistung" nicht auf § 13 VOB/B Bezug genommen werden. „Denn die Bestimmungen des § 13 VOB/B stellen schon für sich Allgemeine Geschäftsbedingungen dar, die durch bloße in Bezugnahme oder Wiedergabe ihres Wortlauts, allerdings ohne „ausgehandelt" worden zu sein, Vertragsinhalt werden können" und dann der Kontrolle nach den §§ 307 ff. BGB unterliegen. **Anders ist die Rechtslage dann,** wenn die Freizeichnung mit dem Erwerber unter ausführlicher Belehrung über die einschneidenden Rechtsfolgen **eingehend erörtert** worden ist. Nicht ausreichend ist die bloße Tatsache, dass dem Erwerber von seiner Ausbildung her die grundsätzliche Bedeutung eines Haftungsausschlusses für Mängel bekannt ist und die Freizeichnungsklausel nicht unverständlich abgefasst ist. Der Erwerber muss sich über die Tragweite seiner Erklärung und das damit verbundene Risiko vollständig im Klaren sein. BGH, Urteil vom 08. März 2007, Az: VII ZR 130/05, BauR 2007, S. 1036; ebenso BGH vom 29. 06. 1989, Az: VII ZR 151/88, BB 89, 1506).

PRÜFLISTE	zulässig	Anmerkung
c) Die Gewährleistung für Sachmängel ist ausgeschlossen. (Verwendet in einem notariellen Individualvertrag)	**nein**	Diese Klausel ist auch in einem **individuell** abgeschlossenen Notarvertrag dann ungültig, wenn die zu erwerbende Eigentumswohnung durch Umwandlung eines Bungalows in ein Haus mit zwei Eigentumswohnungen geschaffen worden ist. **Anders** ist die Rechtslage nur dann, wenn die Freizeichnung mit dem Erwerber unter ausführlicher Belehrung über die einschneidenden Rechtsfolgen eingehend erörtert worden ist. Ansonsten verstößt die Klausel auch außerhalb Allgemeiner Geschäftsbedingungen gegen Treu und Glauben (siehe vorherige Klausel).
d) Die Gewährleistungsansprüche der Käufer richten sich nach den **Bestimmungen der VOB/B.** Verwender: Bauträger in Kaufverträgen für Eigentumswohnungen, die in **Altbauten** gebildet wurden.	**nein (im Einzelfall)**	Mit Urteil vom 07. 05. 1987, Az: II ZR 366/85, WM 87, 1016, hat der BGH betont, dass seine Rechtsprechung zur Gewährleistung für neu errichtete Häuser und Eigentumswohnungen auch für den Erwerb von **Altbauten** anzuwenden sei, wenn mit dem Kauf des Grundstücks eine Herstellungsverpflichtung des Verkäufers verbunden sei. Allerdings könne im Einzelfall zweifelhaft sein, ob es sich bei der Renovierung um „Arbeiten an einem Grundstück" (mit 1-jähriger Verjährungsfrist) oder um eine „Bauleistung" (mit 5-jähriger Gewährleistungsfrist) handele. Gehe es nicht nur um die bloße Beseitigung nichttragender Innenwände, Zusammenlegung von Wohnungen u. ä. Maßnahmen, wie sie im Verlauf eines „Lebensalters" eines Wohngebäudes von Zeit zu Zeit vorgenommen werden, ohne die Substanz wesentlich zu verändern, sondern gehe es vielmehr um die Totalisierung eines Altbaues **(„Neubau hinter historischer Fassade"),** so sei die 5-jährige Gewährleistungsfrist maßgeblich. „Maßgeblich ist allein, ob der Veräußerer Leistungen erbringt, die bei Neuerrichtung Arbeiten bei Bauwerken wären und nach Umfang und Bedeutung mit solchen Neubauarbeiten vergleichbar sind" (BGH vom 21. 04. 1988, DB 88, 1493).
e) Die Gewährleistung für **zugesicherte Eigenschaften** wird ausgeschlossen.	**nein**	Auch bei **alten** Immobilien ist der pauschale Ausschluss der Gewährleistung für zugesicherte Eigenschaften // ab 01. 01. 2002 für die vereinbarte Beschaffenheit: §§ 307 BGB und 309 Nr. 8 BGB immer unwirksam (vgl. Reitmann, Meixner, von Heymann, Kauf vom Bauträger, 6. Aufl., Rdnr. 20).

PRÜFLISTE	zulässig	Anmerkung
f) Der Bauträger **tritt seine zukünftigen Ansprüche** gegen die am Bau beteiligten Bauunternehmer, Bauhandwerker und sonstige Dritte auf Gewährleistung und Schadensersatz schon jetzt an den Erwerber des Hauses **ab.**	ja	Nachbesserungsansprüche sind ohne Einschränkung abtretbar (BGH vom 24. 10. 1985, Az: VII ZR 31/85, NJW 1986, 713). Die Klausel ist zulässig, aber eng auszulegen. Sie erfasst daher nicht die Ansprüche auf Mängelbeseitigung und Schadensersatz aus Planungsfehlern des Architekten, sie ist zudem im Zweifel gegen den Verwender auszulegen § 305c BGB), BGH vom 22. 12. 1977, Az: VII ZR 45/77, BB 1978, 220.
Aber: Die Haftung des Bauträgers lebt erst dann wieder auf, wenn sich der Käufer in angemessener und zumutbarer Weise erfolglos um die Durchsetzung seiner Ansprüche bemüht hat, ohne dass er zuvor gerichtlich gegen den Haftenden vorgehen muss.	nein	Nach § 307 Abs. 2 Nr. 2 BGB sind Vertragsklauseln unwirksam, wenn sie wesentliche Rechte und Pflichten des Vertragspartners, die sich aus der Natur des Vertrags ergeben, so einschränken, dass die Erreichung des Vertragszwecks gefährdet ist. Das ist hier der Fall. Ein Vertrag über den Erwerb einer Immobilie vom Bauträger hat für den Käufer den großen Vorteil, nur einen Vertragspartner bei auftretenden Mängeln zu haben. Dieser Vorteil wird hier zunichte gemacht, weil dem Erwerber das Problem verbleibt, bei etwaigen Mangelerscheinungen die konkrete Mangelursache zuzuordnen, um den „richtigen" Handwerker in Anspruch zu nehmen. Auch die Gefahr, dass sich der Käufer nicht „angemessen" um die Durchsetzung seiner Ansprüche bemüht hat, schränkt die Käuferrechte wesentlich ein (BGH vom 21. 03. 2002, Az: VII ZR 493/00, Baurechts-Report 8/2002). Mit diesem Urteil gibt der BGH seine frühere auftragnehmerfreundlichere Rechtsprechung auf (vgl. z. B. BGH vom 04. 12. 1997, VII ZR 6/97, BauR 1998, 335).
g) Für Mängel am Bauwerk hat der Käufer in erster Linie einen Anspruch auf Nachbesserung (Mängelbeseitigung, § 633 BGB), in zweiter Linie einen Anspruch auf Herabsetzung des Kaufpreises (Minderung, § 634 BGB). Das Recht, die Rückgängigmachung des Vertrages (Wandelung, § 634 BGB) zu verlangen, wird ausgeschlossen. Das Recht, Schadensersatz zu verlangen, wird auf den Fall beschränkt, dass der Verkäufer Vorsatz oder grobe Fahrlässigkeit zu vertreten hat.	nein	Eine allgemeine Geschäftsbedingung des Veräußerers von Wohnungseigentum, nach **der die Wandelung ausgeschlossen ist** und der große Schadensersatz nur im Falle grober Fahrlässigkeit und des Vorsatzes geltend gemacht werden kann, ist gemäß § 307 Abs. 1 BGB unwirksam. Die Einschränkungen des Rechts zur Wandelung bei Bauleistungen gelten nicht, wenn Wohnungseigentum vom Bauträger erworben wird. Die Klausel ist mit wesentlichen Grundgedanken der gesetzlichen Regelung, von der abgewichen wird, nicht zu vereinbaren (BGH vom 27. 07. 2006, Az: VII ZR 276/05; BauR 2006, 1747, ebenso BGH vom 12. 10. 2006, Az: VII ZR 307/04; BauR 2007, 113.

2.14 Die Abrechnung (§ 14 VOB/B)

Vorbemerkung:

Da das Werkvertragsrecht des BGB keine speziellen Bestimmungen über die Abrechnung solcher Leistungen enthält, ist es naheliegend, dies vertraglich zu regeln, beispielsweise durch Vereinbarung der VOB/B, die in § 14 allgemeine Grundsätze nennt, die eine prüfbare Abrechnung erfüllen muss.

Speziellere Abrechnungsregeln ergeben sich aus der VOB/C, die bei VOB/B-Verträgen nach § 1 Nr. 1 VOB/B ergänzend zur Anwendung kommt.

Die dort unter Nr. 5 der jeweils einschlägigen DIN genannten Abrechnungsgrundsätze orientieren sich an der Verkehrsüblichkeit im Rahmen der einzelnen Gewerke.

Deshalb kann, auch wenn die VOB nicht vereinbart ist, auf die einschlägigen DIN-Normen der VOB/C der jeweiligen Gewerke zur Ermittlung der Verkehrsüblichkeit zurückgegriffen werden (OLG Saarbrücken vom 27. 06. 2000, Az: 7 U 326/99-80, Baurechts-Report 10/2000, S. 1).

Abrechnungsvorschriften in Form Allgemeiner Geschäftsbedingungen sollten ebenfalls den Zweck verfolgen, die vom Auftragnehmer erbrachte Leistung unter Berücksichtigung der Ausschreibung transparent zu machen und dem Auftraggeber eine möglichst einfache Überprüfung zu ermöglichen.

Soweit vom Auftraggeber verwendete Abrechnungsvorschriften allerdings darauf gerichtet sind, den Vergütungsanspruch des Auftragnehmers durch Verkürzung gesetzlicher Verjährungs- bzw. Verwirkungsregelungen einzuschränken oder bei Nichtbeachtung bestimmter Formalien den Vergütungsanspruch erlöschen zu lassen oder einzuschränken, sind sie unangemessen und damit nach § 307 BGB unwirksam.

Umgekehrt sind vom Auftragnehmer verwendete Abrechnungsvorschriften unwirksam, die den Auftraggeber in seinem gesetzlich verankerten Recht beschränken, Einwendungen gegen die Rechnung geltend machen zu können.

Unwirksam sind auch Aufmaßklauseln, die eine nach dem gesetzlichen Leitbild des § 632 BGB unangemessene Vergütung für die tatsächlich erbrachte Leistung zugestehen, und hiermit den Vertragspartner benachteiligen, beispielsweise dadurch, dass ein fiktiver Leistungsumfang zu dessen Ungunsten festgelegt wird.

2.14.1 Allgemeine Abrechnungsklauseln

2.14.1.1 AGB der Auftraggeberseite

PRÜFLISTE	zulässig	Anmerkung
a) Die Rechnungen sind mit den Vertragspreisen ohne Umsatzsteuer aufzustellen. Der Umsatzsteuerbetrag ist am Schluss der Rechnung mit dem **Steuersatz einzusetzen,** der zum Zeitpunkt des **Entstehens** der Steuer, bei Schlussrechnungen zum Zeitpunkt des **Bewirkens** der Leistung gilt.	**Ja/nein**	Die Klausel legt fest, dass eine Umsatzsteuerhöhe abgerechnet wird, die möglicherweise von derjenigen abweicht, die z. Zeitpunkt des Vertragsabschlusses gelten würde. Dies ist im Hinblick auf § 309 Nr. 1 BGB zumindest gegenüber **Verbrauchern** unwirksam, da eine kurzfristige Erhöhung der Umsatzsteuer eintreten könnte. Gegenüber Unternehmern wird die Klausel für üblich und zulässig erachtet (OLG Stuttgart vom 23. 12. 1997, Az: 10 U 146/97, BauR 1998, 559).

PRÜFLISTE	zulässig	Anmerkung
b) **Ansprüche** und Forderungen, die der AN **erst nach Beendigung** der Arbeiten oder erst mit der Einreichung der Schlussrechnung geltend macht, bleiben unberücksichtigt.	**nein**	Die Klausel setzt den AN der Gefahr aus, berechtigte Ansprüche **allein wegen Zeitablaufs** zu verlieren. Dies widerspricht den Grundsätzen der gesetzlichen Regelung (§§ 631 ff., 632 Abs. 1, 195 BGB). Danach erlöschen solche Ansprüche nur wegen Verjährung oder Verwirkung (LG München vom 19. 05. 1993, Az: 21 O 12454/92), also nach sehr viel längerer Zeit.
c) Der AN **verzichtet** mit Einreichung der Schlussrechnung auf jegliche Nachforderungen, die nicht in der Schlussrechnung geltend gemacht werden.	**nein**	Misst man die Klausel an § 16 Nr. 3 Abs. 2 VOB/B, so ist festzustellen, dass sie den Vergütungsanspruch des Auftragnehmers in noch weit stärkerem Maß einschränkt. Zwar reduziert auch § 16 Nr. 3 Abs. 2 VOB/B das Recht des Auftragnehmers zur Durchsetzung von Vergütungspauschalen zeitlich erheblich gegenüber den gesetzlichen Verjährungsvorschriften. Im Kern bleibt dieses Recht aber erhalten, da der AN selbst nach Eingang der von ihm in der Schlussrechnung begehrten Summe durch entsprechenden Vorbehalt noch Nachforderungen stellen kann (§ 16 Nr. 3 Abs. 2 VOB/B). Selbst diese Einschränkung der gesetzlichen Rechte des AN ist aber nur dann wirksam, wenn die **VOB „insgesamt"** vereinbart ist (siehe insoweit oben 2.16 d). Die genannte Klausel verschiebt also die Interessenlage in unzumutbarer Weise zulasten des AN. Sie ist daher – auch im kaufmännischen Geschäftsverkehr bzw. unter Unternehmern – gem. § 307 Abs. 2 Nr. 1 BGB unwirksam (BGH vom 20. 04. 1989, Az: VII ZR 35/88, BauR 1989, 375; OLG München vom 16. 01. 1987, Az: 23 U 3869/86, BauR 1987, S. 479; Hanseatisches OLG vom 06. 12. 1995, Az: 5 U 215/94, ZfBR 98, 35).
d) Bei Erstellung der Rechnung durch den AG nach **Verzug des AN** verzichtet der AN auf jeden Einspruch gegen deren Vollständigkeit oder Richtigkeit. Er erkennt diese vielmehr als für ihn bindend an.	**nein**	Die Klausel verstößt zum einen gegen § 308 Nr. 5 BGB. Denn sie soll eine Willenserklärung des AN fingieren, wonach dieser auf Einwendungen gegen die Rechnungsstellung des Auftraggebers verzichtet. Eine derartige **Fiktion** ist nur zulässig, wenn der AN zum einen gem. § 308 Nr. 5 BGB entsprechend unter Fristsetzung belehrt wird und ihm darüber hinaus gestattet wird, einen Gegenbeweis zu führen. Dies ist jedoch in der Klausel nicht vorgesehen. Sie ist auch unter Kaufleuten/Unternehmern unwirksam. Solche Erklärungsfiktionen unter Kaufleuten sind nur insoweit erlaubt, als sie im Rahmen anerkannter **handelsrechtlicher Fiktionen** bleiben. Entsprechende Han-

PRÜFLISTE	zulässig	Anmerkung
		delsbräuche für solche Klauseln gibt es jedoch in der Bauwirtschaft nicht. Die Klausel ist zum anderen auch wegen ihres Inhaltes gem. § 307 BGB unwirksam, da sie dem AN sämtliche gesetzlich geregelten Möglichkeiten nimmt, sich gegen eine unrichtige Abrechnung durch den AG zur Wehr zu setzen. (OLG Karlsruhe vom 22. 07. 1982, Az: 9 U 27/81, BB 1983, 725).
e) Es ist zu beachten, dass keine Rechnung vor der Vorlage des durch den AG zu erstellenden Bestellscheins eingereicht werden darf. Eine Rechnung muss stets die SAP-Bestell-Nr. aufweisen.	**nein**	Die Klausel verstößt gegen § 307 BGB, Abs. 2 BGB, da die Fälligkeit von Rechnungen von der Erfüllung von Maßnahmen auf AG-Seite abhängig gemacht wird, die der AN nicht beeinflussen kann (LG Frankfurt/M. vom 03. 12. 2007, Az: 3/01 O 104/07, BauR 2008, 842).
f) Der AN muss die Schlussrechnung **innerhalb von 4 Wochen** nach mängelfreier Beendigung der Leistungen und Lieferungen einreichen; sonst gilt § 14 VOB/B ergänzend.	**nein**	Die Klausel ermöglicht es dem AG, die Zahlung beliebig zu verzögern, weil der AN auch bei kleinsten Mängeln des Bauwerks nicht Rechnung stellen darf. Damit sind die Interessen des AN nicht ausreichend berücksichtigt. Die Klausel verstößt gegen § 307 BGB und ist auch im kaufmännischen Geschäftsverkehr unwirksam (LG München I vom 04. 08. 1988, Az: 7 O 22388/87, unveröffentlicht, und vom 19. 05. 1988, Az: 7 O 23960/87, Klausel 16).
g) Hat der AN vertragswidrig etwaige **Bedenken** gegen die Ausführungsunterlagen nicht geltend gemacht, so berechtigen ihn später erhobene Bedenken nicht, andere Preise oder zusätzliche Leistungen für bedenkenfreie Art der Ausführung in Rechnung zu stellen.	**nein**	Die Klausel schließt jedes Anfechtungsrecht des AN wegen Irrtums ebenso wie jede Haftung des AG für schuldhafte Planungsfehler aus. Damit verstößt sie bei der gebotenen kundenfeindlichsten Auslegung gegen § 309 Nr. 7b BGB, aber auch gegen § 307 Abs. 2 Nr. 1 BGB und ist deshalb auch im kaufmännischen Geschäftsverkehr unwirksam (OLG München vom 30. 01. 1986, Az: 29 U 3832/85, BauR 1986, 579 = Sch-F-H Nr. 30 zu § 9 AGBG = DB 1986, 739).
h) Auch bei einem Einheitspreisvertrag ist die Auftragssumme limitiert. Zusätzliche Leistungen werden nur nach einem schriftlich erteilten Auftrag bezahlt.	**nein**	Die Begrenzung der Auftragssumme steht im Widerspruch zum EP-Vertrag. Bei dieser Vertragsart muss ein AN nicht damit rechnen, dass der EP-Charakter zu seinen Lasten verändert wird. Die Klausel ist deshalb überraschend i. S. von § 305 c Abs. 1 BGB. Satz 2 der Klausel verstößt gegen § 307 Abs. 1 BGB, da es unangemessen ist, dem AN die Vergütung nur mit dem Hinweis mangelnder Schriftform zu versagen (BGH vom 14. 10. 2004, Az: VII ZR 190/03, BauR 2005, 94.

2.14.1.2 AGB der Auftragnehmerseite

PRÜFLISTE	zulässig	Anmerkung
a) Klausel in einem **Einheitspreisvertrag:** „Der AN ist berechtigt, die Rechnung nach dem tatsächlichen Arbeits- und Materialaufwand zu stellen."	**nein**	Der AN hat sich das Recht vorbehalten, uneingeschränkt von dem im Bauvertrag festgelegten **Leistungsumfang** abzuweichen. Ein derartiger weitgehender Änderungsvorbehalt verstößt gegen § 308 Nr. 4 BGB und ist deshalb unwirksam. Das gilt auch im kaufmännischen Geschäftsverkehr, da hier grundlegende gesetzliche Rechte des AG in unzumutbarer Weise (§ 307 BGB) beeinträchtigt werden (OLG Stuttgart vom 02. 12. 1983, Az: 2 U 66/83, Bunte IV, § 9 Nr. 25; LG Heilbronn, Az: 6 O 547/84 AI, ZDB-AGB-Verbandsklageregister Nr. 297/85).
b) **Fehlersuchzeit** wird dem Kunden auch dann in Rechnung gestellt, wenn der beanstandete Fehler bei der Überprüfung nicht festgestellt werden konnte.	**nein**	Solche Aufwandsklauseln sind dann unwirksam, wenn bei Undurchführbarkeit der Aufwand auch für den Fall dem Kunden in Rechnung gestellt wird, in dem nur subjektives Unvermögen zur „Unmöglichkeit", den Fehler festzustellen, geführt hat (LG Frankfurt vom 20. 03. 1990, Az: 2/13 O 377/89).

2.14.2 Aufmaßklauseln

2.14.2.1 AGB der Auftraggeberseite

PRÜFLISTE	zulässig	Anmerkung
a) Wird das Aufmaß vom AN nicht erstellt oder ist es unbrauchbar, so kann es der AG allein erstellen und dem AN die Kosten hierfür anlasten.	**nein**	Die Klausel entbindet den AG von der gesetzlich geregelten Notwendigkeit, den AN zu mahnen, ehe er zu einer Ersatzvornahme schreitet. Dies verstößt gegenüber Verbrauchern, aber auch gegenüber Unternehmern gegen § 307 BGB.
b) Die **Massenberechnung** erfolgt nach den verbindlichen Plänen mit einem Zuschlag von 0,65 m ab Außenkante aufgehendes Mauerwerk, senkrecht gemessen; Höhen werden aus den Planunterlagen und dem Nivellement ermittelt. Abfuhr wird nach festem Boden ermittelt.	**nein**	Die Klausel verstößt gegen § 307 Abs. 2 Nr. 1 BGB, weil nicht gemäß dem gesetzlichen Leitbild des § 632 BGB die tatsächliche vergütungspflichtige Leistung des Auftragnehmers, sondern ein fiktiver (geringerer, nicht gewerbeüblicher) Leistungsumfang für die Vergütung gelten soll. (LG München vom 23. 01. 1992, Az: 7 O 10431/91, Baurechts-Report 2/92).
c) Bei Baugrubenaushub wird nur der durch die **Baumasse verdrängte Aushub** abgerechnet, kein Arbeitsraum. Das gilt auch für Kontrollschächte und Kläranlagen.	**nein**	Die Klausel verstößt gegen § 307 Abs. 2 Nr. 1 BGB. Sie ist mit der Vergütungsregelung des § 632 BGB nicht zu vereinbaren. Gemäß § 632 BGB hat der Werkunternehmer einen Vergütungsanspruch für Leistungen, die den Umständen nach nur gegen eine Vergütung zu erwarten sind. Der Werkunternehmer darf bei einem Baugrubenaushub erwarten, dass er die **tatsächlich** von ihm erbrachte notwendige und vergütungsfähige **Leistung auch vergütet** erhält. Entsprechend den einschlägigen Bestimmungen der VOB/C DIN 18300 Ziff. 5.2.2, deren Anwendung verkehrsüblich ist, ist davon auszugehen, dass die Abrechnungsmaße sich nicht nur aus den Außenmaßen des Baukörpers ergeben, sondern die nach DIN 4124 notwendigen tatsächlichen Arbeitsräume zuzüglich der für Schalungs- und Verbaukonstruktionen notwendigen Maße hinzukommen. Die Reduzierung des Vergütungsanspruchs in maßgeblicher Abweichung von der tatsächlichen Leistung verstößt gegen § 307 Abs. 2 Nr. 1 BGB (LG Nürnberg-Fürth vom 29. 06. 1990, Az: 3 O 8332/89, AGBG, Baurechts-Report 7/90).

PRÜFLISTE	zulässig	Anmerkung
d) Das Überdecken aller Maueröffnungen mit Stürzen, ebenso das Anlegen aller Vorlagen, Tür- und Fensteranschläge und Brüstungsnischen bei allen Wanddicken, soweit solche vorgesehen sind, werden mit ihrem Volumen **im Mauerwerk mit abgerechnet.**	**nein**	Diese Aufmaßregel fingiert eine Leistung, die mit der tatsächlichen Leistung des Auftragnehmers nicht identisch ist. Nach dem gesetzlichen Leitbild des § 632 Abs. 2 BGB hat der Werkunternehmer einen Vergütungsanspruch für die tatsächlich von ihm erbrachten und vergütungsfähigen Leistungen. Abrechnungsklauseln, die hiervon zu seinem Nachteil abweichen, verstoßen gegen § 307 Abs. 2 Nr. 1 BGB.
e) Für das **Aufmaß der Trockenbauarbeiten** gelten die Aufmaßbestimmungen der DIN 18330 (Maurerarbeiten).	**nein**	Nach dem gesetzlichen Leitbild sind Leistungen nach tatsächlichem Aufwand abzurechnen (OLG Düsseldorf vom 17. 01. 1992, Az: 22 U 135/91, NJW-RR 92, 528). Es ist zulässig, aus Vereinfachungsgründen Näherungswerte festzulegen, wie sie sich in den einschlägigen Allgemeinen Technischen Vertragsbedingungen der VOB/C, Abschn. 5 befinden. Werden jedoch diese Näherungswerte für ein Gewerk pauschal auf ein anderes Gewerk übertragen, so kann dies im Einzelfall zu grob unbilligen Ergebnissen und zu einer groben Abweichung von den Vergütungsgrundsätzen des § 632 BGB führen. Dies ist unangemessen nach § 307 BGB, ggf. auch überraschend i. S. von § 305c Abs. 1 BGB.
f) **Bei versäumtem** und nicht mehr feststellbarem **Aufmaß** gelten die Ermittlungen des Architekten bzw. des AG.	**nein**	Die Klausel widerspricht dem in AGB erforderlichen zumutbaren Interessenausgleich. Außerdem widerspricht sie den in § 315 BGB gesetzlich vorgesehenen Regelungen für ein einseitiges Leistungsbestimmungsrecht in unzumutbarer Weise und verstößt damit gegen §§ 307, 308 Nr. 5 BGB. Sie ist deshalb unwirksam (LG München I vom 05. 03. 1985, Az: 7 O 458/85, ZDB-AGB-Verbandsklageregister Nr. 283/85 und LG Nürnberg-Fürth vom 29. 06. 1990, Az: 3 O 8332/89, unveröffentlicht). Ähnlich LG Nürnberg-Fürth vom 19. 11. 1991, Az: 3 O 6940/91, ZDB-AGB-Verbandsklageregister Nr. 481.

PRÜFLISTE	zulässig	Anmerkung
g) **Überladungen** werden nur bis 4% über dem amtlich zulässigen Gesamtgewicht vergütet.	**nein**	Die Klausel zielt darauf ab, die zu vergütende Menge auch dann auf max. 4% über dem zulässigen Gesamtgewicht zu begrenzen, wenn der Vertragspartner den **Nachweis** einer größeren Menge führen kann. Dies verstößt gegen das Leitbild von § 632 BGB, wonach die **tatsächlich** ausgeführte Leistung zu vergüten ist. Die Klausel verstößt gegen § 307 BGB (So auch LG Frankfurt/Main vom 23. 01. 1997, Az: 2/2 O 25/96).

2.14.2.2 AGB der Auftragnehmerseite

PRÜFLISTE	zulässig	Anmerkung
a) Aus den Bedingungen eines **Holzbalkendeckenherstellers:** „Aufmaß nach den jeweiligen Außenmaßen des Bauwerks. Aussparungen über 1 qm werden abgezogen."	**nein**	Die Klausel verstößt gegen § 307 BGB. Da die Decke nicht in vollem Umfang, sondern meist nur ca. 10 cm auf der Außenwand aufliegt, stimmt die tatsächliche Leistung mit der Abrechnungsklausel nicht überein und zwar zuungunsten des Auftraggebers. Die Klausel weicht damit zulasten des Auftraggebers erheblich vom gesetzlichen Leitbild des § 632 BGB ab (OLG Karlsruhe vom 28. 10. 1988, Az: 10 U 71/88, NJW-RR 89, 52).

2.15 Stundenlohnarbeiten (§ 15 VOB/B)

Vorbemerkung:

Bei Stundenlohnvereinbarungen wird die Vergütung nicht nach dem Leistungsergebnis, sondern im Wesentlichen nach der aufgewendeten Zeit ermittelt. Aus diesem Grund birgt eine solche Vereinbarung für den Auftraggeber ein größeres Risiko als eine Leistungsvereinbarung. Allerdings ist der Auftragnehmer für die Anzahl der von ihm in Rechnung gestellten Stunden nachweispflichtig.

Klauseln **der Auftraggeberseite,** die nicht nur darauf abzielen, die aufgewendeten Stunden transparent zu machen, sondern den Anspruch auf Vergütung vereinbarter und erbrachter Stundenlohnarbeiten unabhängig von deren Erforderlichkeit und Beweisbarkeit von der Einhaltung bestimmter Formalien abhängig zu machen, verstoßen in aller Regel gegen § 307 BGB.

Umgekehrt verstoßen Klauseln **der Auftragnehmerseite** gegen § 307 BGB, die darauf abzielen, Leistungen im Stundenlohn verrechnen zu können, die in diesem Umfang gar nicht angefallen sind.

2.15.1 Stundenlohnvereinbarungen

2.15.1.1 AGB der Auftraggeberseite

PRÜFLISTE	zulässig	Anmerkung
a) **Aufsichtsstunden** werden nicht besonders vergütet.	**nein**	Die Klausel entzieht dem AN auch dann den Vergütungsanspruch für zu erbringende Aufsichtsleistungen, wenn der AG entweder ausdrücklich eine Aufsicht fordert, oder eine solche nach den Unfallverhütungsvorschriften erforderlich ist. Sie missachtet deshalb die Grundgedanken der §§ 632, 242 BGB und verstößt deshalb gegen § 307 BGB (Ingenstau-Korbion, Rdnr. 8 zu § 15 Nr. 2 VOB/B; LG München vom 27. 07. 1994, Az: 21 O 11308/93, Baurechts-Report 9/94, S. 2).
b) Aufsichts-, Bauführer- und Meisterstunden werden nicht anerkannt.	**nein**	Die Klausel schließt einen Vergütungsanspruch auch für den Fall angeordneter oder objektiv notwendiger Aufsichtsstunden oder die Vergütung für erforderliches Führungspersonal aus. Dies verstößt gegen gesetzliche Grundsätze (§§ 632 ff. BGB) und damit gegen § 307 Abs. 2 Nr. 1 BGB (LG Mosbach, Az: 1 O 126/94, ZDB-AGB-Verbandsklageregister Nr. 571/95).

PRÜFLISTE	zulässig	Anmerkung
c) Stundenlohnarbeiten werden nur vergütet, wenn der AG sie schriftlich angeordnet hat, und entsprechende **Stundenlohnberichte** des AN **spätestens am folgenden Arbeitstag** dem AG zur Anerkennung vorgelegt wurden.	**nein**	Die Klausel verneint einen Vergütungsanspruch des AN zum einen für den Fall von deren Anordnung durch mündliches oder schlüssiges Verhalten des AG, vor allem auch dann, wenn die Nachweise nicht unverzüglich vorgelegt werden. Sie verstößt gravierend gegen § 307 BGB, da sie dem AG ermöglicht, sich ohne rechtfertigenden Grund seiner Hauptleistungspflicht (Bezahlung) zu entziehen (OLG Düsseldorf vom 17. 01. 1997, Az: 22 U 145/96; OLG Koblenz, Az: 2 U 1813/92, ZDB-AGB-Verbandsklageregister Nr. 575/95; LG Nürnberg-Fürth vom 30. 05. 1990, Az: 3 O 708/90; LG München I vom 14. 07. 1991, Az: 7 O 23409/93, Baurechts-Report 9/94, S. 2; LG München I, Az: 7 O 16246/90).
Variante a): Stundenlohnzettel sind **innerhalb von 5 Tagen** zur Unterschrift und zum Anerkenntnis vorzulegen. Wird dies unterlassen, entfällt der Anspruch auf Vergütung.	**nein**	Die Klausel regelt im Falle verspäteter Vorlage von Stundenlohnzetteln nicht nur Beweisnachteile für den AN, sondern soll zum **Anspruchsverlust** führen. Dies verstößt gegen § 307 BGB (OLG Frankfurt/Main vom 03. 06. 2002, Az: 1 U 26/01; LG Mosbach, Az: 1 O 126/94, ZDB-AGB-Verbandsklageregister Nr. 571/95). In der Variante des Erlöschens innerhalb 1 Woche hat auch das OLG Düsseldorf, Az: 22 U 145/96, NJW-RR 97, 784, die Klausel mit gleicher Begründung für unwirksam erklärt.
Variante b): Der **Bauleiter ist nicht befugt,** für den Auftraggeber Änderungen, Erweiterungen und Ergänzungen vorzunehmen. Dies ist der Geschäftsleitung vorbehalten.	**ja**	Eine Bestimmung in AGB, wonach solche Vereinbarungen der Geschäftsleitung vorbehalten sind, gibt nur die gesetzliche Regelung des Vertretungsrechts wieder (BGH vom 14. 07. 1994, Az: VII ZR 186/93, BauR 94, 760).
Variante c): Vereinbarungen über **Stundenlohnarbeiten** sind **ausschließlich mit dem AG** selbst zu treffen.	**nein**	Durch Allgemeine Geschäftsbedingungen können die Vertretungsbefugnisse der Baubeteiligten zwar beschränkt werden. **Aber:** Die Duldungs- und Anscheinsvollmacht kann durch Allgemeine Geschäftsbedingungen nicht ausgeschlossen werden (vgl. Palandt/Heinrichs, § 307 BGB, Rdnr. 164).

PRÜFLISTE	zulässig	Anmerkung
d) Die **Unterschrift** unter Stundenlohnzetteln gilt nicht als Anerkennung der ausgewiesenen Stunden.	**nein**	Eine Vergütungsvereinbarung nach geleisteter Zeit hat gerade den Zweck, Streit über den erforderlichen Zeitaufwand für meist nicht klar abgrenzbare Leistungen zu vermeiden. Deshalb stellen unterschriebene Stundenlohnzettel ein Schuldanerkenntnis dar. Der Auftraggeber kann gegen den Vergütungsanspruch allenfalls einen Schadensersatzanspruch mit der Begründung unwirtschaftlicher Arbeitsweise wegen „positiver Vertragsverletzung", ab 01. 01. 2002; § 241 Abs. 2 BGB, geltend machen (BGH vom 01. 02. 2000, Az: X ZR 198/97, Baurechts-Report 8/2000, S. 1).
e) Die **Unterschrift** unter Stundenlohnzetteln gilt nicht als Rechnungsanerkennung; es bleibt die Prüfung vorbehalten, ob es sich um Stundenlohn- oder Vertragsarbeiten handelt.	**ja**	Die Klausel gibt nur die Rechtslage wieder. Sie enthält keine Ausweitung der dem AG gesetzlich zustehenden Einwendungen gegen die Forderung des AN auf Bezahlung von Stundenlohnarbeiten, wenn die Leistungen schon in anderer Weise vergütet worden sind. (OLG Düsseldorf vom 14. 07. 1994, Az: 5 U 259/93, OLG-Report Düsseldorf 94, 215).
f) Die Beteiligung des Auftraggebers an der Ermittlung des Leistungsumfangs gilt nicht als Anerkenntnis.	**nein**	Die Klausel nimmt einer tatsächlichen Einigung bzw. einem Anerkenntnisvertrag über das Aufmaßergebnis die Bindungswirkung. Bei der gebotenen kundenfeindlichsten Auslegung ist der Klausel nicht zu entnehmen, dass sie sich nur auf die richtige Anwendung der Aufmaßbestimmungen bezieht. (OLG Frankfurt/Main vom 03. 06. 2002, Az: 1 U 26/01).
g) Die Abzeichnung von Stundenlohnzetteln durch den Bauleiter und die damit verbundene **Anerkenntniswirkung** betreffen nur Art und Umfang der erbrachten Leistungen.	**ja**	Die Klausel entspricht der Rechtslage. Sieht der Vertrag keine Regiearbeiten vor, so kann eine nachträgliche stillschweigende Vereinbarung solcher Arbeiten nicht allein aus der Unterzeichnung von Stundenlohnnachweisen hergeleitet werden, zumindest nicht ohne entsprechende Vertretungsmacht des Unterzeichnenden (BGH vom 14. 07. 1994, Az: VII ZR 186/93, BauR 94, 760).
h) Die Anordnung von **Stundenlohnarbeiten** darf **nur von der Geschäftsleitung** getroffen werden.	**ja**	Diese Klausel gibt nur die gesetzliche Regelung des Vertretungsrechts wieder, sie verstößt deshalb nicht gegen § 307 BGB (BGH, Urteil vom 14. 07. 1994, Az: VII ZR 186/93, BauR 1994, 760).

PRÜFLISTE	zulässig	Anmerkung
i) Lohnstunden werden nur anerkannt, wenn die Geschäftsleitung des AG **schriftlich** zugestimmt hat. Der AN kann sich nicht auf guten Glauben berufen, wenn Dritte, auch Angestellte oder Bauleiter des AG, Lohnstunden anerkennen. Sie sind dazu nicht berechtigt.	**nein**	Die Klausel verstößt gegen §§ 307 Abs. 2 Nr. 1, 305b BGB. Sie schließt abweichende (mündliche) Individualabreden zulasten des AN aus. Sie regelt also nicht nur die Vertretung des Auftraggebers (LG München I vom 19. 05. 1988, Az: 7 O 23960/ 87, Klausel 3).
j) Bei **Stundenlohnarbeiten** gelten die vereinbarten Preise unabhängig von der Anzahl der Stunden. Variante: **Mengenänderungen bei den Stundenlohnarbeiten** von mehr als 10% (§ 2 Nr. 3 VOB/B) berechtigen nicht zu irgendwelchen Nachträgen.	**nein**	Die Klausel ist zumindest dann unzulässig, wenn der AG in der Ausschreibung eine bestimmte Anzahl zu erwartender Stunden vorgegeben hat. Die Klausel würde dem AN gegebenenfalls zustehende Ansprüche auf Mehrvergütung (beispielsweise dann, wenn Mehrstunden aufgrund vom AG zu vertretender Behinderung angefallen sind) abschneiden. Sie verstößt damit gegen § 307 BGB (zum gleichen Ergebnis kommt wohl auch der BGH, Urteil vom 20. 12. 1990, Az: VII ZR 248/89, sowie LG München I vom 22. 09. 1988, Az: 7 O 3095/88, und LG Bamberg vom 16. 04. 1991, Az: 1 O 465/90).
k) Zuschläge für **Nachtschichten,** Fahrtkosten, **Überstunden** und **Feiertagszuschläge,** die aufgrund des Termins oder des Baustellenbetriebes notwendig sind, werden nicht vergütet.	**nein**	Die fragliche Klausel erfasst nach der maßgeblichen kundenfeindlichsten Auslegung auch solche Mehrkosten, die aufgrund unzureichender Mitwirkungshandlungen (Behinderungen, Unterbrechungen) des AG verursacht werden. Verstoß gegen §§ 307, 309 Nr. 7b BGB (vgl. auch Anerkenntnisurteil des LG München vom 03. 09. 1987, Az: 7 O 10815/87, nicht veröffentlicht).
l) „Zuschläge für **Überstunden** etc. werden nur bezahlt, wenn Überstunden verlangt und nicht durch (drohende) Fristenüberschreitung erforderlich wurden."	**nein**	Nach LG Frankfurt/M. vom 20. 09. 1983, Az: 2/13 O 437/82, Bunte V, 278 ist die Klausel unwirksam: „Diese Klausel gibt dem AG die Möglichkeit, bei von ihm zu vertretenden Fristüberschreitungen die Leistung von Überstunden anzuordnen und gleich wohl keinerlei Vergütung für die geleisteten Überstunden zu entrichten. Dies ist ein eklatanter Verstoß gegen § 307 BGB, was zur Unwirksamkeit der Klausel auch gegenüber Kaufleuten führt. Für den Versuch, die Klausel dahingehend auszulegen, dass sie nur für Fälle von Fristüberschreitung Geltung habe, welche vom Auftragnehmer zu vertreten seien, finden sich in der Formulierung der Klausel keinerlei Anhaltspunkte."

2.15.1.2 AGB der Auftragnehmerseite

PRÜFLISTE	zulässig	Anmerkung
a) Der Auftraggeber hat Stundenlohnzettel unverzüglich, spätestens innerhalb von 6 Werktagen nach Zugang zurückzugeben. Nicht fristgemäß zurückgegebene Stundenlohnzettel gelten als anerkannt.	**nein/ja**	Die Klausel entspricht dem Wortlaut von § 15 Nr. 3 VOB/B. Soweit der Auftragnehmer die VOB/B insgesamt ohne Änderung zur Vertragsgrundlage macht und Vertragspartner **kein Verbraucher** ist, ist sie deshalb wegen des VOB-Privilegs wirksam (siehe hierzu Allgemeiner Teil Nr. 5). Anderenfalls verstößt sie wegen ihrer Unangemessenheit gegen § 307 BGB (OLG Frankfurt vom 03. 06. 2002, Az: 1 U 26/01, BauR 2003, 269).
„Fahrzeiten gelten als Arbeitszeiten.“	**nein**	Nach BGH vom 05. 06. 1984, Az: X ZR 75/83, BB 1984, S. 1321 ff. verstößt diese Klausel, die keine Preisvereinbarung darstellt und damit der gesetzlichen Inhaltskontrolle unterliegt gegen § 307 BGB, weil sie den AG in unangemessener Weise benachteiligt. Zwar ist dem AN (Verwender) ein berechtigtes Interesse daran zuzubilligen, dass er für Fahrten zwischen Dienststelle und Einsatzort seinen tatsächlichen Aufwand in Rechnung stellt. Eine schematische Gleichstellung von Arbeitszeit und Fahrzeit ist jedoch unbillig. Im Urteil vom 19. 11. 1991 (vgl. Klausel c) meldet der BGH allerdings Zweifel an seiner Entscheidung an.
b) **„Angefangene Stunden** werden als volle Stunden abgerechnet.“	**ja/nein**	OLG Frankfurt vom 22. 4. 1983, Az: 6 U 90/82, DB 83, 1482: Hier „handelt es sich um eine Preisvereinbarung, die nach § 307 Abs. 3 Satz 2 BGB grundsätzlich der Inhaltskontrolle entzogen ist . . . Dies dürfte jedoch nur dann zutreffend sein, wenn die Klausel Bestandteil der unmittelbaren Preisvereinbarung ist. Befindet sie sich in Vorbemerkungen, kann sie überraschend i. S. von § 305c BGB und auch unangemessen i. S. von § 307 BGB sein, da sie die eigentliche Preisvereinbarung entgegen § 632 Abs. 2 BGB zulasten des Auftraggebers umgestaltet.

PRÜFLISTE	zulässig	Anmerkung
c) **Kfz-Kostenanteil** pro Anteil pauschal . . .	ja	**Preisvereinbarungen,** auch für eine Nebenleistung, unterliegen **keiner Inhaltskontrolle** nach § 307 Abs. 3 Satz 2 BGB. Eine – kontrollfähige – Preisnebenabrede liegt nach Meinung des BGH hier nicht vor, auch wenn es sich bei der Kfz-Anfahrt um eine „Nebenleistung" handelt. „Klauseln, die Preise für Nebenleistungen festlegen, unterliegen als solche . . . nicht der richterlichen Inhaltskontrolle, weil die Höhe einer werkvertraglichen Vergütung, gleichgültig ob sie eine Haupt- oder eine Nebenleistung betrifft, mangels gesetzlicher Kontrollmaßstäbe nicht nach den §§ 157, 242 BGB vom Richter festgesetzt werden kann" (BGH vom 19. 11. 1991, Az: X ZR 63/90; BB 92, 228).
d) Bei der Ausführung des Auftrags wird in jedem Fall der **Gerätewagen** mit .../Std. der gesamten Ausführungszeit zusätzlich zu den Monteurstunden in Rechnung gestellt.	ja	Die Klausel stellt eine Vergütungsregelung dar, die hinreichend transparent ist. Deshalb unterliegt sie nicht der Inhaltskontrolle nach § 307 ff. BGB (BGH, Az: X ZR 12/91, NJW-RR 1993, 430).

2.16 Zahlung (§ 16 VOB/B)

Vorbemerkung:

Die Leistung der Vergütung ist eine Hauptpflicht des Auftraggebers aus dem Bauvertrag. Da der Auftragnehmer vorleistungspflichtig ist, besteht die Zahlungsverpflichtung des Auftraggebers allerdings erst nach Leistungserbringung durch den Auftragnehmer.

Aufgrund des durch das Forderungssicherungsgesetz neu gefassten § 632a BGB steht dem Auftragnehmer für alle Verträge, die nach dessen Inkrafttreten abgeschlossen worden sind, ein Anspruch auf Abschlagszahlung in der Höhe zu, in der der Auftraggeber durch die Leistung einen Wertzuwachs erlangt hat. Diese Neuregelung stellt ein geändertes gesetzliches Leitbild im Hinblick auf Abschlagszahlungen dar.

Beim VOB-Vertrag ist die Schlusszahlung spätestens 2 Monate nach Rechnungszugang fällig (§ 16 Nr. 3 Abs. 1 VOB/B), während die Fälligkeit beim BGB-Vertrag nach § 641 Abs. 1 BGB grds. schon mit der Abnahme der Leistung eintritt.

Allerdings ist die **Fälligkeitsregelung** nach § 16 Nr. 3 Abs.1 VOB und die **Vertragsregelung** nach § 16 Nr. 5 Abs. 3 BGB bei vom Auftraggeber gestellten Vertragsbedingungen nur dann wirksam, wenn Vertragspartner nicht ein Verbraucher ist und die VOB/B ohne jede Änderung Vertragsgrundlage ist, da die 2-Monatsfrist und der Verzugseintritt durch Mahnung erheblich zuungunsten des Auftragnehmers von der gesetzlichen Regelung abweicht (OLG München vom 26. 07. 1994, Az: 13 U 1804/94).

Durch § 286 Abs. 3 BGB in der seit 01. 05. 2000 geltenden Fassung ist geregelt, dass der Auftraggeber spätestens 30 Tage nach Zugang einer Rechnung in Verzug gerät, ohne dass es einer Mahnung durch den Auftraggeber bedarf. Dies stellt das gesetzliche Leitbild bei Klauseln zur Zahlungsfrist und zum Eintritt der Verzugslage dar.

Zahlungsklauseln der **Auftraggeberseite,** die den Zahlungszeitpunkt ohne rechtfertigenden Grund zumindest über die gesetzlich geregelte Frist von 30 Tagen bis zum Eintritt der Verzugslage unangemessen hinausschieben – und auch nicht das Privileg der „insgesamt" vereinbarten VOB genießen – verstoßen deshalb gegen § 307 BGB.

Gleiches gilt für Klauseln, die den Vergütungsanspruch des Auftragnehmers abweichend von gesetzlichen Verjährungsvorschriften einschränken oder zunichte machen, wenn der Auftragnehmer nicht innerhalb bestimmter Fristen entsprechende Vorbehalte erhebt oder sonstige Erklärungen abgibt.

Zahlungsklauseln der **Auftragnehmerseite** sind vor allem dann unwirksam, wenn sie die gesetzlich geregelte Vorleistungspflicht des Auftragnehmers einschränken oder aufheben. Dies betrifft Klauseln, die den Auftraggeber verpflichten, ganz oder teilweise Zahlung zu leisten, obwohl die Leistung mängelbehaftet oder noch nicht erbracht ist, beispielsweise durch nicht vom Bautenstand gerechtfertigte Abschlagszahlungen.

Auch Klauseln, die gesetzliche Sicherungs- oder Zurückbehaltungsrechte des Auftraggebers einschränken oder aufheben, sind wegen Verstoßes gegen § 307 BGB unwirksam.

2.16.1 Allgemeine Zahlungsklauseln

2.16.1.1 AGB der Auftraggeberseite

PRÜFLISTE	zulässig	Anmerkung
a) Eventueller **Zahlungsverzug** des AG infolge nicht freigegebener Mittel aus der Finanzierung aufgrund des Bautenstandes, berechtigen den AN nicht zur Verschiebung der vereinbarten Ausführungsfristen.	nein	Die Klausel verpflichtet den AN auch dann zur Vorleistung, wenn der AG schuldhaft etwaige Abschlagszahlungen verhindert. Sie nimmt dem AN damit das ihm nach § 273 BGB zustehende Zurückbehaltungsrecht und schränkt die Haftung bei Verzug oder Unmöglichkeit zugunsten des AG ein. Sie verstößt daher gegen §§ 307, 309 Nr. 7b BGB und ist – auch im kaufmännischen Geschäftsverkehr – unwirksam (OLG Karlsruhe vom 22. 07. 1982, Az: 9 U 27/81, BB 1983, 725).
b) Die Schlusszahlung ist alsbald nach Prüfung und Feststellung der vom Auftragnehmer vorgelegten Schlussrechnung zu leisten, spätestens innerhalb von 2 Monaten nach Zugang.	ja	Die Klausel entspricht dem **Wortlaut von § 16 Nr. 3 Abs. 1 Satz 1 VOB/B.** Sie ist wegen §§ 308 Nr. 5, bzw. 309 Nr. 8 ff. BGB und der hierauf basierenden Rechtsprechung des BGH wirksam, wenn die VOB „insgesamt" vereinbart ist (siehe hierzu Teil I, Nr. 5.2 ff.).
	nein	Ist die **VOB/B nicht in unveränderter Form** vereinbart oder wurde sie einem **Verbraucher** gestellt, verstößt die Klausel gegen **§ 307 BGB,** da sie deutlich zuungunsten des Auftragnehmers vom gesetzlichen Leitbild des § 286 Abs. 3 BGB abweicht, wonach der AG unabhängig von einer Mahnung schon innerhalb von 30 Tagen nach Fälligkeit und Rechnungszugang in Verzug gerät.
c) Alle **Zahlungen** erfolgen innerhalb einer Frist von **90 Tagen** nach Rechnungsstellung.	nein	Nach § 286 Abs. 3 BGB kommt der Schuldner einer Geldforderung spätestens nach 30 Tagen sogar schon in Verzug. Die Klausel weicht hiervon erheblich zulasten des Auftragnehmers ab und verstößt damit gegen wesentliche Grundgedanken der gesetzlichen Regelung. Diese unangemessene Benachteiligung des AN führt zur Unwirksamkeit nach § 307 BGB (OLG Köln vom 01. 02. 2006, Az: 11 W 5/6).

PRÜFLISTE	zulässig	Anmerkung
d) Als Tag der Zahlung gilt bei Überweisung von einem Konto der Tag der Hingabe oder der Absendung des Auftrags an die Post oder Geldanstalt (VOB-Vertrag).	**nein**	Die Klausel ist unangemessen nach § 307 BGB, da nicht nur die Beauftragung der Post oder Geldanstalt zur „Zahlung" führt, sondern erst der Abschluss des Überweisungsvertrages, der i. d. Regel erst durch die Bearbeitung durch die Bank zustande kommt (Ingenstau-Korbion, Rdnr. 42 zu § 16 Nr. 1 VOB/B). Außerdem soll auch schon die Absendung des Zahlungsauftrags an die Bank die Rechtzeitigkeit der Zahlung wahren. Auch dies weicht zuungunsten des AN von der gesetzlichen Regelung ab und verstößt gegen § 307 BGB (OLG Frankfurt/Main vom 03. 06. 2002, Az: 1 U 26/01).
e) Die Zahlungsanforderungen (Abschlagszahlungen, Schlusszahlung) werden zur Überprüfung an den AG eingereicht und von ihm zur Zahlungsfreigabe **an den Bauherrn weitergeleitet.** Zahlungen können auch vom AG direkt geleistet werden.	**nein**	Das LG Koblenz (vom 21. 02. 1991, Az: 1 O 294/90) geht bei kundenfeindlichster Auslegung davon aus, dass die Klausel die Zahlungen an den AN von den Zahlungen des Bauherrn abhängig machen will. Dies widerspreche den Grundprinzipien des Vertragsrechts und verstoße deshalb gegen §§ 307, 308 Nr. 1 BGB.
f) Alle Ansprüche des AN **verjähren** innerhalb von 6 Monaten nach Zusendung der Schlussrechnung an den AG.	**nein**	Die Klausel führt zu einer deutlichen **Verkürzung der gesetzlichen Verjährungsfrist** für Werklohnforderungen (§ 195 BGB). Diese beginnt erst in dem Jahr zu laufen, das auf den Zeitpunkt der Abnahme der Leistung folgt und beträgt dann 3 Jahre und zwar unabhängig davon, ob gegenüber Privatleuten oder Unternehmern. Die Klausel verstößt gegen § 307 BGB und ist auch unter Kaufleuten unwirksam (OLG Düsseldorf vom 19. 08. 1987, Az: 19 U 92/86, BauR 1988, 222 = Sch-F-H Nr. 36 zu § 9 AGBG).
g) Bei einer **Zwangsvollstreckung** in die Werklohnforderung oder die sonstigen Vergütungsansprüche des AN wird für jede ganze oder teilweise Befriedigung des Vollstreckungsgläubigers ein Kostenbeitrag von 75 € für den damit verbundenen verwaltungsmäßigen Aufwand einbehalten.	**nein**	Die Klausel enthält eine willkürliche Pauschalierung von Schadensersatzansprüchen. Im Normalfall besteht der Verwaltungsaufwand des AG im Falle einer Zwangsvollstreckung lediglich in der Abgabe der Drittschuldnererklärung (§ 840 ZPO), ggf. bei Fälligkeit der Werklohnforderung in der Überweisung des gepfändeten Betrages an den Gläubiger. Auch für den kaufmännischen Geschäftsverkehr sind keine Besonderheiten erkennbar. Die Klausel verstößt gegen §§ 307, 309 Nr. 5a BGB und ist deshalb unwirksam (LG Frankfurt/M. vom 24. 11. 1981, Az: 2/13 O 284/81, Bunte II, § 9 Nr. 18).

PRÜFLISTE	zulässig	Anmerkung
h) Der Auftragnehmer hat keinen Anspruch auf Abschlagszahlungen.	**nein**	Die Klausel ändert wesentliche Grundgedanken schon der seit 01. 01. 2002 geltenden gesetzlichen Regelung gem. §§ 632a, 641 Abs. 2 BGB zulasten des Auftragnehmers ab. Nach der erneuten durch das Forderungssicherungsgesetz erfolgten Änderung des § 632a BGB steht dem Auftragnehmer sogar ein Anspruch in der Höhe zu „in der der Besteller durch die Leistung einen Wertzuwachs erlangt hat".
i) Variante 1: **Standardzahlungsplan:** 60% nach Fertigstellung der Hauptarbeiten, 20% nach Fertigstellung der Nacharbeiten, 20% nach Behebung der Mängel im Übergabeprotokoll.	**nein**	Zwar ist der AN nach § 641 BGB grundsätzlich vorleistungspflichtig. Doch hat der Auftragnehmer nach § 632a BGB ein Recht auf Abschlagszahlungen. Schon hiergegen verstoßen die Klauseln der **Variante 1 und 2,** indem sie dieses Recht unangemessen einschränken. Nach der durch das Forderungssicherungsgesetz erfolgten Änderung des § 632a BGB steht dem AN eine Abschlagszahlung in Höhe des Wertzuwachses zu, wenn der Vertrag nach dem Inkrafttreten der Neuregelung abgeschlossen wurde.
Variante 2: Der AN hat Anspruch auf Abschlagszahlung i. H. von 70% der jeweils nachgewiesenen Leistung.	**nein**	Unabhängig hiervon verlagert die **1. Variante** der Klausel die Fälligkeit der 2. Rate (Nacharbeiten) auf einen Zeitpunkt nach der Abnahme und nimmt den Anspruch auf die restlichen 30% bei gebotener kundenfeindlichster Auslegung auch für den Fall, dass zwar keine oder nur unwesentliche Mängel vorliegen, solche jedoch im Protokoll behauptet werden. Dies verstößt auch unter Kaufleuten gegen § 307 BGB (LG München I vom 14. 09. 1989, Az: 7 O 10340/89, unveröffentlicht).
Variante 3: Liefervertrag mit Montageverpflichtung: Zahlung von 80% der abgeladenen und besichtigten Ware per Scheck, 20% nach Montage.		Die **Variante 3** schränkt gesetzliche Leistungsverweigerungsrechte maßgeblich ein, da zum Zeitpunkt der Besichtigung möglicherweise vorhandene gravierende Mängel noch nicht erkennbar sind. Sie verstößt gegen §§ 307, 309 Nr. 2a und b BGB (OLG Zweibrücken vom 04. 10. 2001, Az: 4 U 115/00).

PRÜFLISTE	zulässig	Anmerkung
j) Abschlagszahlungen erfolgen aufgrund einer prüfungsfähigen Rechnung **bis** 90% der erbrachten Leistung.	**nein**	Soweit ein Anspruch auf Abschlagszahlungen nur **„bis" zu 90%** eingeräumt wird, ist die Klausel grob unbillig und verstößt auch gegen das Transparenzgebot, da die **konkrete Höhe offenbar in das Ermessen des Auftraggebers** gestellt werden soll. Schon dies verstößt gegen § 307 BGB (LG Mainz, Az: 2 O 22/93, ZDB-AGB-Verbandsklageregister Nr. 530/93) und LG München I (vom 02. 03. 1994, Az: 21 O 21162/93 und vom 29. 10. 1996, Az: 11 O 8041/96). Außerdem mindert die Klausel den gesetzlichen Anspruch auf Abschlagszahlung gem. § 632a BGB für alle Verträge, die nach Inkrafttreten des durch das Forderungssicherungsgesetz geschlossen wurden.
Variante: Abschlagszahlungen erfolgen **i. H. von** 90% der erbrachten Leistung.		Auch diese **Variante** ist aufgrund ihrer Abweichung von der gesetzlichen Regelung des durch das Forderungssicherungsgesetz neu gefassten § 632a BGB unwirksam. Dem Auftragnehmer stehen Abschlagszahlungen in der Höhe zu, „in der der Besteller durch die Leistung einen Wertzuwachs erlangt hat."
k) VOB-Vertrag: Aufgrund der dem Unternehmer eingeräumten Möglichkeit, Abschlagszahlungen in Anspruch zu nehmen, ist der Bauherr berechtigt, von der Schlussrechnung **2% Nachlass** abzuziehen.	**nein**	Die Klausel verstößt gegen § 307 BGB, da sie einen Nachlass für etwas gewährt, worauf der AN nach dem neu gefassten § 632a Abs. 1 BGB ohnehin einen Rechtsanspruch hat. Dies gilt allerdings nur für Verträge, die nach Inkrafttreten des durch das Forderungssicherungsgesetz geänderten BGB geschlossen wurden (Art. 2, § 229 EGBGB).
l) Dem Auftragnehmer steht ein Anspruch auf Abschlagszahlung für **bereitgestellte Baustoffe** nicht zu.	**nein**	Die Klausel schließt das dem Auftragnehmer schon in dem seit 01. 01. 2002 geltenden § 632a BGB ausdrücklich eingeräumte Recht auf **Abschlagszahlung** für **bereitgestellte Baustoffe** in vollem Umfang aus. Im neu formulierten § 632a Abs. 1 BGB wurde diese Formulierung übernommen. Dies weicht vom gesetzlichen Leitbild so erheblich ab, dass die Regelung wegen ihrer Unangemessenheit nach § 307 BGB unwirksam ist.

PRÜFLISTE	zulässig	Anmerkung
m) Anspruch auf Abschlagszahlung hat der Auftragnehmer nur für bereits **eingebaute Baustoffe** oder Bauteile.	**nein**	Diese Klausel enthält eine unangemessene und damit unwirksame Abweichung von der gesetzlichen Regelung. § 632a BGB räumt dem Auftragnehmer für eigens angefertigte oder angelieferte Stoffe oder Bauteile – auch in nicht eingebautem Zustand – einen Anspruch auf Abschlagzahlung ein, wenn dem Auftraggeber an den Teilen der Bauleistung bzw. an den Stoffen oder Bauteilen das Eigentum übertragen wird. Der gesetzliche Anspruch besteht auch dann, wenn der Auftragnehmer statt dessen Sicherheit leistet. Ein **völliger Ausschluss** dieser Regelung weicht deshalb vom gesetzlichen Leitbild in unzulässigem Umfang ab, was einen Verstoß gegen § 307 BGB bedeutet.
n) Der AG ist berechtigt, zur Erfüllung seiner Verpflichtungen an Gläubiger des AN zu leisten, soweit sie an der Ausführung der vertraglichen Leistungen aufgrund eines mit diesem abgeschlossenen Vertrages beteiligt sind und der AN in Verzug gekommen ist. **(Wortlaut von § 16 Nr. 6 Satz 1 VOB/B der VOB-2000)**	**nein**	Die Klausel **wiederholt den Wortlaut von § 16 Nr. 6 Satz 1 der VOB-2000. Sie hält einer isolierten Überprüfung** nach dem Gesetz **nicht stand,** da sie gegen das gesetzliche Leitbild der §§ 362 Abs. 2, 185 BGB verstößt (LG München I vom 27. 07. 1994, Az: 21 O 11308/93, rechtskräftig, da **Revision** vom BGH mit Beschluss vom 13. 07. 1995, Az: VII ZR 233/94 **abgelehnt** wurde. Siehe im Einzelnen auch Ingenstau/Korbion, Rdnr. 13 ff. zu § 16 Nr. 6 VOB/B und BGH vom 21. 06. 1990, Az: VII ZR 109/89, NJW 90, 2384).
o) Bei **Mängeln** wird die Bezahlung für diese Leistung und Abnahme bis zur Beseitigung **verweigert.**	**nein**	Nach der gesetzlichen Regelung gem. § 640 Abs. 1 BGB kann die Abnahme, und damit die Bezahlung nur wegen **wesentlicher Mängel** verweigert werden. Die Klausel weicht von der gesetzlichen Regelung insofern ab, als sie dem Auftraggeber das Recht einräumt, Abnahme und Bezahlung auch bei **unwesentlichen Mängeln** zu verweigern. Somit wird von einem zentralen gesetzlichen Gerechtigkeitsgebot abgewichen. Verstoß gegen § 307 Abs. 2 Nr. 1 BGB (so auch Kniffka, ZfBR 2000, 227).

PRÜFLISTE	zulässig	Anmerkung
p) Soweit in Bezug auf Teilbereiche die späteren Nutzer noch nicht feststehen, behält sich der AG das Recht vor, die Fertigstellung ganz oder teilweise zu verschieben, zurückzustellen oder ganz aus dem Leistungsumfang herauszunehmen. Erfolgt d. Abruf dann nicht innerhalb von 12 Monaten, ermäßigt sich der Preis um den Wert der entfallenen Leistungen.	nein	Die Klausel benachteiligt den Auftragnehmer entgegen Treu und Glauben unangemessen, da sie ihm die in § 649 BGB zustehenden Ansprüche auf Vergütung der nicht ausgeführten Leistung bei freier Kündigung nimmt. Die Klausel gegen § 307 Abs. 1 Satz 1 und Abs. 2 Nr. 1 BGB (BGH vom 12. 07. 2007, Az: VII ZR 154/06, BauR 2007, 1724).
q) Auch bei einem Einheitspreisvertrag ist die Auftragssumme limitiert.	nein	Die Klausel ist überraschend i. S. von § 305c Abs. 1 BGB. Beim Einheitspreisvertrag wird nach tatsächlichen Mengen zu den vereinbarten Einheitspreisen abgerechnet, mit einer Limitierung muss hier zumindest ohne deutlichen Hinweis nicht gerechnet werden (BGH vom 14. 10. 2004, Az: VII ZR 190/03, BauR 2005, 94).

2.16.1.2 AGB der Auftragnehmerseite

PRÜFLISTE	zulässig	Anmerkung
a) Die Rechnung ist sofort netto ohne Abzug zu bezahlen.	ja	Die Klausel entspricht der gesetzlichen Regelung, da bei Werkleistungen die Fälligkeit mit der Abnahme eintritt und ein Skonto nur bei besonderer Vereinbarung abgezogen werden kann (OLG Celle, Az: 13 U 165/92, NJW-RR 1993, 1177).
b) Befindet sich der Auftraggeber im **Verzug,** hat er Zinsen i. H. von **5% über dem jeweiligen Basiszinssatz** der Deutschen Bundesbank zu leisten.	ja	Die Klausel entspricht der gesetzlichen Regelung gem. § 288 Abs. 1 Satz 2 BGB, wonach eine Geldschuld mit 5% über dem Basiszinssatz zu verzinsen ist.
c) Bei Nichteinhaltung der Zahlungsbedingungen werden **Verzugszinsen** in Höhe von 4% über dem Bundesbankdiskontsatz erhoben, mindestens 7,5% p. a.	nein	Aus der Formulierung der Klausel („mindestens") ergibt sich, dass der **Gegenbeweis** eines niedrigeren Schadens **ausgeschlossen** sein soll. Sie ist daher schon aus diesem Grund nach § 309 Nr. 5b BGB unwirksam, obwohl Schadenspauschalierungsklauseln nicht den ausdrücklichen Vorbehalt des Rechts zum Gegenbeweis zu enthalten brauchen (BGH vom 16. 06. 1982, Az: VIII ZR 89/81, DB 1982, 1925; vgl. auch BGH vom 28. 05. 1984, Az: III 231/82, DB 1984, 2556).
d) Zahlt der Auftraggenber bei Fälligkeit nicht, so kann ihm der Auftragnehmer eine angemessene Nachfrist setzen. Zahlt er auch innerhalb der Nachfrist nicht, so hat der Auftragnehmer vom Ende der Nachfrist an Anspruch auf **Zinsen** in Höhe der **in § 288 BGB angegebenen Sätze,** wenn er nicht einen höheren Zinssatz nachweist.	ja	Die Klausel **entspricht dem Wortlaut von § 16 Nr. 5 Abs. 3 VOB/B.** Sie war unabhängig vom Verwender für vor dem 01. 01. 2000 abgeschlossene Verträge auch dann rechtswirksam, wenn die VOB/B nicht „insgesamt" vereinbart war, da sie der gesetzlichen Regelung entsprach (so auch OLG Hamm vom 13. 01. 1995, Az: 12 U 84/94, IBR 95, 157 für eine ähnliche Klausel). Für ab dem 01. 01. 2000 abgeschlossene Verträge weicht die Klausel zwar wegen § 286 Abs. 3 BGB vom gesetzlichen Leitbild ab; dies führt bei Verwendung durch den AN allerdings nicht zur Unwirksamkeit, da die Abweichung zugunsten des AG ist.

PRÜFLISTE	zulässig	Anmerkung
e) Der AG stellt dem AN zur Zahlung nach Baufortschritt **bankgarantierte** Lastschrift-anweisungen zur Verfügung, die nach Architekten- oder Oberbauleitungsbestäti-gung über den erreichten Bautenstand einzulösen sind. **Einreden, Zurück-behaltungsrechte oder Aufrechnungen** sind für den AG **unzulässig,** sofern die Gegenansprüche nicht rechtskräftig festgestellt sind. Der AN darf die Lastschriften im Abbuchungsverfahren vom AG-Konto einziehen.	nein	Die Klausel verstößt gegen §§ 306a, 309 Nr. 2 BGB, da der AG jedes Leistungsverweigerungs-recht verliert. Die Bankgarantie führt dazu, dass er den Abbuchungsauftrag von seinem Konto zugunsten des AN nicht widerrufen kann, ohne dann an die Bank zahlen zu müssen, weil der bloße abstrakte Bautenstandsbericht zur Fällig-keit der Abschlagsraten führt. **Ohne die Bank-garantie wäre die Klausel wirksam,** weil dem AG dann die Widerrufsmöglichkeit bleibt (BGH vom 21. 04. 1986, Az: II ZR 126/85, DB 1986, 1616).
Varianten: Bei Zielüberschreitungen ist der Auftragnehmer berech-tigt, Zinsen gem. den **jeweils üblichen Zinssätzen** deut-scher Banken für kurzfristige Kredite zu berechnen.	nein	Die Klausel weicht von der gesetzlichen Rege-lung zulasten des AG ab. Nach dem Gesetz be-schränkt sich der Verzugsschaden auf den Aus-gleich eines tatsächlich eingetretenen Verlustes. Eine Verzugslage darf nicht zu einer zusätzlichen Einnahmequelle für einen Vertragspartner füh-ren. Die Klausel verstößt gegen § 307 BGB (OLG München vom 13. 04. 1994, Az: 7 U 6067/93, BB 94, 1890).
„Rechnungen sind innerhalb 14 Tagen nach Rechnungs-stellung fällig. Verspätete Zahlungseingänge sind mit 12% zu verzinsen."		Diese Klausel verstößt gegen § 307 Abs. 2 Nr. 1 BGB. Die 30-Tagefrist, die gem. § 286 Abs. 3 BGB zur Verzugslage führt hat Leitbildcharakter und kann deshalb nicht zulasten des Auftragge-bers verkürzt werden (so auch Kniffka in ZfBR 2000, 227 ff.).
f) Wenn nicht ausdrücklich et-was anderes vermerkt ist, sind sämtliche Preise **Nettopreise zuzüglich** der am Tag der Rechnungsstellung **gültigen Mehrwertsteuer.**	nein	Die Klausel verstößt gegen § 309 Nr. 1 BGB, da sie auch innerhalb eines 4-Monatszeitraumes nach Vertragsabschluss eine Preiserhöhung zu-lässt. Damit ist sie **gegenüber Verbrauchern** unwirksam, eine solche Preiserhöhung könnte nur individuell vereinbart werden (BGH, Az: VIII ZR 80/79, NJW 1980, 2133).
g) **Beanstandet** der AG die Schlussrechnung des AN nicht innerhalb von 8 Tagen ab Rechnungsdatum schriftlich, so erkennt er sie an.	nein	Die Klausel verstößt gegen das Fiktionsverbot des § 308 Nr. 5 BGB und ist schon deshalb un-wirksam (LG Nürnberg-Fürth vom 23. 03. 1983, Az: 3 O 8006/82, Bunte IV, § 9 Nr. 131).

PRÜFLISTE	zulässig	Anmerkung
h) Die **Zurückhaltung** von Zahlungen oder die **Aufrechnung** wegen etwaiger vom Lieferer bestrittener Gegenansprüche des Bestellers sind **nicht statthaft.**	**ja** (nur teilweise)	Die Klausel enthält zwei voneinander trennbare, einzeln aus sich heraus verständliche Regelungen:

a) **Aufrechnungsverbot:** Während ein absolutes Aufrechnungsverbot gegen §§ 309 Nr. 3, 307 BGB verstößt, hält sich die Klausel an den gem. § 309 Nr. 3 BGB vorgegebenen Rahmen: Zwar erwähnt sie nur bestrittene Gegenansprüche und nicht rechtskräftig festgestellte Forderungen. Solche stellen jedoch nur einen Unterfall von unbestrittenen Forderungen dar. Die Klausel ist insoweit zulässig (BGH vom 18. 04. 1989, Az: X ZR 31/88, NJW 89, 3215).

b) **Verbot der Zurückhaltung:** Ein Verbot der Zurückhaltung auch wegen bestrittener Gegenansprüche des AG verstößt im nichtkaufmännischen Geschäftsverkehr gegen § 309 Nr. 2b BGB und ist insoweit rechtsunwirksam. Ob dieser Klauselteil auch im kaufmännischen Verkehr unwirksam ist und damit gegen § 307 BGB verstößt, ist vom BGH im oben zitierten Urteil vom 18. 04. 1989 offengelassen worden. Palandt/ Heinrichs, § 309, Rdnr. 14 hält die Klausel zwar grundsätzlich für zulässig, meint jedoch, dass der AG als Verwender aus ihr keine Rechte herleiten könne, wenn ihm selbst eine grobe Vertragsverletzung zur Last fällt. Dieser Meinung ist zwar insoweit zuzustimmen, sie führt jedoch bei der gebotenen kundenfeindlichsten Auslegung zur Unwirksamkeit der Klausel selbst.

PRÜFLISTE	zulässig	Anmerkung
i) Stellt der AN Schlussrechnung, gerät der AG ab dem 15. Tag nach Rechnungsdatum in **Verzug,** wenn nicht innerhalb von **14 Tagen** nach Rechnungsdatum seine Zahlung beim AN eingegangen ist.	**nein**	Die Klausel verstößt gegen § 307 Abs. 2 BGB, da die in § 286 Abs. 3 BGB geregelte 30-Tagefrist bis zum Verzugseintritt wegen des gesetzlichen Leitbildcharakters nicht unterschritten werden kann (so auch Kniffka in ZfBR 2000, 227 ff.).

PRÜFLISTE	zulässig	Anmerkung
j) Der AG ist verpflichtet, nach **Einbau der Rohbautreppe** **70%** des Auftragswertes zu zahlen. Evtl. Beanstandungen berechtigen nicht zu Zahlungsabzügen, Einbehalten oder Aufrechnungen.	**nein**	Die Klausel steht im Widerspruch zur Vorleistungspflicht des AN nach § 641 Abs. 1 BGB, soweit dem AG nicht in etwa in der gleichen Höhe wie die verlangten Abschlagszahlungen ein Wertzuwachs durch erbrachte Leistungen des AN zufällt. Übermäßig hohe, den Aufwand des AN erheblich übersteigende Abschlagsforderungen, die nicht im Einklang mit dem Baufortschritt stehen, widersprechen dem durch § 307 BGB geforderten angemessenen Interessenausgleich. Jede Klausel, die den AG verpflichtet, mehr als 5% der Auftragssumme ohne entsprechende Deckung durch Vorleistungen des AN vorauszuzahlen, erscheint deshalb bedenklich. Bei der gebotenen kundenfeindlichsten Auslegung von AGB-Klauseln ist die Regelung daher auch im kaufmännischen Geschäftsverkehr unwirksam (OLG Hamm vom 08. 11. 1988, Az: 26 U 113/88, NJW-RR 1989, 274; OLG Schleswig vom 09. 03. 1994, Az: 9 U 116/93, BauR 94, 513).
Variante (Fertighausvertrag): Der AG beauftragt die Bank unwiderruflich, zulasten seines Treuhandkontos die erste Rate von ... € zwei Tage und die 2. Rate über ... € zwei Wochen nach Montage des Hauses zu überweisen, sodass 90% des Werklohns gezahlt sind.	**nein**	Die Klausel verschiebt den Gerechtigkeitsgehalt der §§ 320, 322, 273 BGB zulasten des AG in unangemessener Weise. Die grundsätzliche Vorleistungspflicht des AN und eine Abhängigkeit der Zahlungen des AG vom Baufortschritt und der dadurch erreichten Werterhöhung müssen zur Wirksamkeit mindestens erhalten bleiben (BGH vom 10. 07. 1986, Az: II ZR 19/85, BauR 1986, 694).
Variante: 60% der Kaufsumme wird am zweiten Aufstellungstag fällig. Weitere 30% bei Inbetriebnahme der Heizungsanlage.	**nein**	Auch diese Klausel legt Zahlungstermine fest, ohne Rücksicht auf den tatsächlichen Umfang der erbrachten Leistung zu nehmen. Dies verstößt gegen § 307 BGB (BGH vom 10. 10. 1991, Az: VII ZR 289, 90, BauR 92, 226). Ähnlich OLG Köln vom 21. 01. 1992, Az: 9 U 78/91, NJW-RR 92, 1047 für folgende Klausel eines Fensterbauers: „95% des Werklohns nach Anlieferung der Fenster, aber vor Montage." Die Zahlung von mehr als der Hälfte des Werklohns darf nicht allein vom Zeitablauf abhängig gemacht werden, ohne dass dabei auf den Baufortschritt abgestellt wird. Die Fälligkeitsregelung ist sonst mit dem Gerechtigkeitsgehalt der §§ 320, 322, 273 BGB nicht vereinbar (BGH vom 10. 10. 1991, Az: VII ZR 289/90, NJW 92, 1107).

PRÜFLISTE	zulässig	Anmerkung
k) Der vereinbarte Preis gilt zuzüglich gesetzlicher Mehrwertsteuer. **Oder:** Veränderungen der Mehrwertsteuer bis zur Fertigstellung des Bauvorhabens betreffen den Gesamtpreis und gehen zulasten bzw. zugunsten des Bauherrn.	**nein**	Zum einen verstößt die Klausel gegenüber Verbrauchern gegen § 307 BGB, da ein individuell vereinbarter Preis nicht durch AGB einseitig erhöht werden kann. Zum anderen beachtet die Klausel § 309 Nr. 1 BGB nicht, wonach Preiserhöhungen nur für Zeiten nach Ablauf von 4 Monaten seit Vertragsabschluss durch AGB vereinbart werden können (BGH vom 23. 04. 1980, Az: VIII ZR 80/79, BB 80, 906; OLG Celle vom 22. 02. 2001, Az: 13 U 105/00, BauR 2001, 1113; LG Berlin, Az: 26 O 180/92, ZDB-AGB-Verbandsklageregister Nr. 509/93).
l) **Fertighausvertrag:** Die Bank wird unwiderruflich beauftragt, zulasten des Kontos des AG an den AN folgende im Einzelnen aufgeführte Zahlungen zu folgenden Daten vorzunehmen: . . . Sollte das Konto des AG keine ausreichende Deckung aufweisen, wird die Bank jetzt schon unwiderruflich beauftragt, die fälligen Raten zwischenzufinanzieren.	**nein**	Die unwiderruflichen Anweisungen beeinträchtigen den AG eines **Fertighauses** in seinen Zurückbehaltungsrechten (§§ 320, 273 BGB) in einer nach § 307 Abs. 1 BGB unangemessenen, Treu und Glauben widersprechenden Weise. Die Bank soll Rechte des AN durchsetzen, die diesem dem AG gegenüber nicht erlaubt sind. Weder der AN (Fertighaushersteller) noch die Bank dürfen Aufrechnungs- und Zurückbehaltungsrechte des AG **völlig** ausschließen (BGH vom 28. 05. 1984, Az: III ZR 63/83, DB 1984, 1872; BGH vom 21. 04. 1986, Az: II ZR 126/85, Schäfer-Finnern-Hochstein, Nr. 12 zu § 320 BGB).
m) Kommt der AG mit fälligen Zahlungen in Verzug oder bestehen nach Vertragsabschluss begründete **Zweifel an der Zahlungs- oder Kreditwürdigkeit** des AG, kann der AN die Bezahlung aller offenen Forderungen verlangen und bis dahin weitere Leistungen verweigern.	**nein**	Die Klausel nimmt dem AG den Vorteil aus der Vorleistungspflicht des AN schon bei „begründeten Zweifeln" und nicht erst bei wesentlicher Verschlechterung im Bereich der Vermögensverhältnisse (§ 321 BGB). Zudem ist es dann allein Sache des AN, seine Vorleistungspflicht wieder herzustellen, frühestens, wenn „alle" offenen, also auch nicht zurückbehaltbare Forderungen (anders § 273 BGB) beglichen sind. Die Klausel weicht deshalb soweit vom dispositiven Gesetzesrecht ab, dass sie nach § 307 Abs. 2 BGB auch gegenüber Kaufleuten bzw. Unternehmern unwirksam ist (BGH vom 26. 11. 1984, Az: VIII ZR 188/83, DB 1985, 1336).

PRÜFLISTE	zulässig	Anmerkung
n) „An den genannten Verkaufspreis hält sich der Hersteller für die Dauer von 12 Monaten, beginnend mit dem Tag der Vertragsunterzeichnung, gebunden. Nach Ablauf der vorgenannten Preisgarantiezeit ist die jeweils gültige **Preisliste des Herstellers** verbindlich vereinbart. Dies gilt nicht, soweit sich die Lieferung und Errichtung des Hauses infolge von Umständen verzögert, die der Hersteller zu vertreten hat."	**nein**	Diese **Preisgleitklausel** verstößt zwar nicht gegen § 309 Nr. 1 BGB, wonach eine Preiserhöhung innerhalb der ersten 4 Monate nach Vertragsabschluss ausgeschlossen ist. Sie verstößt jedoch gegen § 307 BGB, da sie dem Hersteller des Hauses ermöglicht, die vereinbarte Festpreisvergütung ohne Begrenzung auf tatsächlich eingetretene Kostensteigerungen einseitig anzuheben (LG Bonn vom 08. 04. 1992, Az: 19 O 246/ 91, NJW-RR 92, 917).
o) Werden Einwendungen gegen die Prüfbarkeit der Schlussrechnung unter Angabe der Gründe hierfür nicht spätestens innerhalb von 2 Monaten nach Zugang der Schlussrechnung erhoben, so kann der AG sich nicht mehr auf die fehlende Prüfbarkeit berufen.	**ja**	Diese Klausel wiederholt einen Textausschnitt aus § 13 Nr. 3 Abs. 1 VOB/B. Soweit die VOB/B insgesamt als Ganzes vereinbart und **kein Verbraucher** Vertragspartner des Verwenders ist, ist die Klausel deshalb auch bei Berücksichtigung des aufgrund des Forderungssicherungsgesetzes geänderten BGB AGB-konform (siehe hierzu Allg. Teil Nr. 5.2).
	nein	Kann der AN nicht das VOB-Privileg in Anspruch nehmen, verstößt die Klausel gegen § 307 BGB, da sie den AG unangemessen benachteiligt (OLG Naumburg vom 04. 11. 2005, Az: 10 U 11/05, BauR 2006, 849).
p) Der nach Nr. 3–5 ermittelte Mehr- oder Minderbetrag wird nur erstattet, soweit er 0,5% der Abrechnungssumme nicht überschreitet (Bagatell- und Selbstbeteiligungsklausel).	**ja**	Die Klausel ist hinreichend transparent. Sie ist so zu verstehen, dass nur die über 5% hinausgehenden Mehrkosten erstattet werden. Das folgt aus dem Wort „soweit" (BGH vom 22. 11. 2001, Az: VII ZR 150/01, BauR 2002, 467).

2.16.2 Skontoklauseln

2.16.2.1 AGB der Auftraggeberseite

PRÜFLISTE	zulässig	Anmerkung
a) Der Auftragnehmer gewährt einen Skonto in Höhe von 3% der Auftragssumme bei Zahlung innerhalb von 14 Tagen nach Rechnungszugang.	ja	Skontoklauseln sind in AGB grundsätzlich wirksam (BGH vom 25. 01. 1996, Az: VII ZR 233/94, BauR 1996, 378). Die Klausel weist auch die unverzichtbaren Merkmale einer Skontovereinbarung, nämlich eine bestimmte Skonto**höhe** und eine bestimmte angemessene Skonto**frist** auf, sie ist damit rechtswirksam (OLG Stuttgart vom 27. 07. 1997, Az: 10 U 286/96, BauR 1998, 798).
b) Bei Zahlung innerhalb von . . . Tagen **nach Fälligkeit** werden 2% Skonto abgezogen.	nein	Skontoabzüge werden gerade für Zahlungen **vor Fälligkeit,** also innerhalb einer bestimmten Frist nach Rechnungslegung vereinbart. Die Klausel ist daher als **überraschend** im Sinne von § 305c BGB einzustufen (Ingenstau-Korbion Rdnr. 14 zu § 16 Nr. 5 VOB/B; Gutachten des BDI, 5/78, IX. Leitsatz. Vgl. dazu auch LG Aachen vom 22. 02. 1985, Az: 5 S 535/84, BB 1986, 223). Die Klausel verstößt auch gegen § 307 BGB, da die Skontoberechtigung von Umständen abhängig ist (Abnahme, Fälligkeit der Zahlungspflicht), die der AG zulasten des AN beeinflussen kann (LG Berlin, BauR 1986, 700; LG München I vom 10. 08. 1989, Az: 7 O 7763/89; Baurechts-Report 9/89; siehe auch Kainz, „Skonto und Preisnachlass beim Bauvertrag").
Variante: Bei Zahlungen innerhalb von 14 Tagen nach Eingang der geprüften (oder anerkannten) Rechnung beim Bauherrn gewährt der Auftragnehmer zusätzlich 2% Skonto.	nein	Bei der Variante kann der AG die Prüfungsdauer beliebig hinauszögern, das verstößt gegen § 307 BGB (OLG Frankfurt/M. vom 21. 09. 1988, Az: 17 U 191/87, NJW-RR 88, 1485 und LG München I vom 22. 09. 1988, Az: 7 O 3095/88, unveröffentlicht).
c) Die **Skontierungsfrist** beträgt für Abschlagsrechnungen 12 Arbeitstage und für die Schlussrechnung 24 Arbeitstage, jeweils **gerechnet ab dem Ablauf der Prüffrist.**	nein	Die Klausel ist nach §§ 305c, 307 Abs. 1 und Abs. 2 Nr. 1 BGB unwirksam, da sie den AN unangemessen benachteiligt und zusätzlich überraschend i. S. von § 305c Abs. 1 BGB ist. Denn der Kerngehalt einer Skontovereinbarung besteht gerade in der „Belohnung" der Zahlung **vor** Fälligkeit, während die Klausel einer Bezahlung nach Fälligkeit eine Skontierung einräumt (LG München I vom 11. 08. 2006, Az: 18 O 22392/04).

PRÜFLISTE	zulässig	Anmerkung
d) Die Zahlungen auf die Schlussrechnung erfolgen 60 Tage nach Eingang der prüffähigen Schlussrechnung unter Abzug von 3% Skonto.	**nein**	Ein Skonto soll eine „Belohnung" für die Zahlung **vor** Fälligkeit sein. Der Auftraggeber hat zwar bei unverändert vereinbarter VOB/B ein Überprüfungsrecht von bis zu 2 Monaten. Eine Belohnung für die **Zahlung zum Zeitpunkt der Fälligkeit** ist jedoch unangemessen (LG München I vom 18. 03. 1997, Az: 2 O 13230/95, Baurechts-Report 9/97).
e) Der AG ist berechtigt, bei allen Abschlags- und Schlusszahlungen einen **Skonto von 3% abzuziehen.**	**nein**	Zu einer gültigen Skontovereinbarung gehört zwingend die Angabe der **Skontofrist.** Ohne entsprechende Vereinbarung kann kein diesbezügliches Bestimmungsrecht des AG angenommen werden. Die Klausel verstößt damit gegen § 307 BGB (OLG Stuttgart vom 22. 07. 1997, Az: 10 U 286/96, OLGR 98, 59).
f) **Vereinbartes Skonto** wird von jedem Abschlags- und Schlussrechnungsbetrag abgezogen, für den die geforderten Zahlungsfristen eingehalten werden.	**nein**	Die Klausel versucht, individuellen Vereinbarungen der Vertragspartner einen „vorgefertigten" Sinn zu geben. Sie könnte nämlich einer **individuellen Vereinbarung,** die einen Skonto nur dann einräumt, wenn **alle** Zahlungen rechtzeitig erfolgen, **entgegenstehen.** Diese Unklarheit verstößt gegen das Transparenzgebot und damit gegen § 307 Abs. 1 Satz 2 BGB (BGH vom 25. 01. 1996, Az: VII ZR 233/ 94, BauR 96, 378; OLG Frankfurt/Main vom 03. 06. 2002, Az: 1 U 26/02).
g) Zahlungs- und Skontofristen gelten erst von dem Zeitpunkt an, an dem der **Bauherr Zahlung an den AG** geleistet hat. Zahlt der AG innerhalb der darauffolgenden Frist von 14 Tagen, so gilt ein Abzug von 2% von Abschlagszahlungen und von der Schlusszahlung als vereinbart.	**nein**	Die Klausel macht den Ablauf der Skontofrist vom Verhalten eines Dritten abhängig und führt deshalb zu einer zeitlich völlig unbestimmten Fristvereinbarung. Dies verstößt – auch im kaufmännischen Geschäftsverkehr – gegen § 307 BGB (LG Dortmund, Az: 8 O 246/90, ZDB-AGB-Verbandsklageregister Nr. 415).
h) Skontofristen gelten erst von dem Zeitpunkt an, an dem **sämtliche** der Schlussrechnung beizufügenden **Unterlagen** vollständig und ordnungsgemäß über den Architekten beim Auftraggeber eingetroffen sind.	**nein**	Die Klausel benachteiligt den AN entgegen den Geboten von Treu und Glauben unangemessen, da die Skontofrist mit sachfremden Argumenten verlängert werden kann (LG München I vom 22. 09. 1988, Az: 7 O 3095/88; vgl. auch Kainz, „Skonto und Nachlass beim Bauvertrag").

PRÜFLISTE	zulässig	Anmerkung
i) Der AN gewährt ...% Skonto **bei Zahlung nach VOB.**	**nein**	Diese Skontoklausel verstößt u. a. gegen das Transparenzgebot gem. § 307 Abs. 1, Satz 2 BGB, da nicht erkennbar ist, auf welche Zahlungen (Abschlags- und/oder Schlusszahlung) sich der Skonto beziehen soll (OLG Saarbrücken vom 20. 12. 1983, Az: 7 U 26/ 83, Schäfer-Finnern-Hochstein Nr. 3 zu § 16 Nr. 5 VOB/B). So wohl auch OLG München, Az: 27 U 346/91, NJW-RR 92, 790.
j) Die Schlusszahlung erfogt innerhalb von **40 Tagen mit 3% Skonto.**	**ja/nein**	Der BGH hält diese Klausel unter Zugrundelegung des BGB alter Fassung für wirksam, da sie die für eine Skontoklausel erforderlichen Merkmale aufweist, nämlich eindeutige Skontohöhe und Skontofrist regelt (BGH vom 11. 02. 1998, Az: VIII ZR 287/97, BauR 1998, 398). Diese Entscheidung dürfte jedoch bei ab dem 01. 01. 2000 abgeschlossenen Verträgen nicht standhalten, da die Klausel dem AG eine **Skontierung** einräumt, obwohl sich der Verwender nach dem gesetzlichen Leitbild schon im Verzug befindet (§ 286 Abs. 3 BGB).

2.16.2.2 AGB der Auftragnehmerseite

PRÜFLISTE	zulässig	Anmerkung
a) „Skontoabzug ist nicht zulässig (§ 16 Nr. 5 VOB/B)."	**ja**	Die Klausel wiederholt lediglich die Rechtslage bei nicht vereinbartem Skonto (ausdrücklich erwähnt in § 16 Nr. 5 VOB/B), ohne selbst Rechtswirkung zu entfalten.
b) „Der Auftragnehmer gewährt einen Skonto von 3,5% bei Zahlung innerhalb der Fristen nach § 16 Nr. 1 VOB/B."	**ja**	Die Klausel erfüllt die für eine Skontovereinbarung erforderlichen Mindestvoraussetzungen, nämlich – eine bestimmte Skontohöhe – und eine Skontofrist. Dass die Skontofrist mit den Zahlungsfristen nach VOB übereinstimmt, ist unschädlich (OLG Karlsruhe vom 22. 01. 1999, Az: 14 U 146/97, NJW-RR 99, 1033). Würde die Klausel allerdings vom Auftraggeber verwendet, verstieße sie gegen §§ 305c, 307 Abs. 1 BGB, da sie nicht transparent ist. Es wird nicht hinreichend deutlich, ob sie auch für Schlusszahlungen gelten soll, da § 16 Nr. 1 VOB/B nur Abschlagszahlungen betrifft.
c) „Nachlass: Sofern von Ihnen die VOB als Vertragsgrundlage uneingeschränkt eingehalten wird, gewähren wir Ihnen einen Nachlass von 9%".	**ja**	Die Klausel soll einen öffentlichen AG zur Zahlung innerhalb der VOB-Fristen anhalten. Die Klausel ist hinreichend transparent und bewegt sich im Rahmen zulässiger AGB (OLG Celle, Beschluss vom 04. 03. 2004, Az: 14 U 226/03, BauR 2004, 860 ff.).

2.16.3 Fälligkeit der Vergütung

2.16.3.1 AGB der Auftraggeberseite

PRÜFLISTE	zulässig	Anmerkung
a) Die Zahlungsfrist ist gewahrt, wenn der Überweisungsauftrag innerhalb der Zahlungsfristen von der Bank bearbeitet worden ist.	**ja**	Durch die Neufassung von § 676a Abs. 1 BGB reicht für die rechtzeitige Zahlung nicht mehr ein einseitiger Überweisungsauftrag an die Bank bei gedecktem Konto aus. Rechtzeitig bezahlt ist erst dann, wenn zusätzlich ein Überweisungsvertrag zustande gekommen ist, der regelmäßig durch Bearbeitung der Überweisung durch die Bank erfolgt (Ingenstau-Korbion, Rdnr. 42 zu § 16 Nr. 1 VOB/B, Palandt/Heinrichs § 270 BGB, Rdnr. 7). Ob dies allerdings mit Art. 3 Abs. 1c, Ziff. ii der Richtlinie 2000/35/EG vom 29. 06. 2000 vereinbar ist, der Zugang des Geldbetrages beim Gläubiger fordert, ist zumindest zweifelhaft.
b) Die Zahlungsfrist ist gewahrt, wenn der AG innerhalb der Zahlungsfristen einen **Verrechnungsscheck** per Post an den AN **abgesandt** hat.	**ja**	Für die Rechtzeitigkeit der Zahlung kommt es auf den Zeitpunkt der Leistungshandlung, nicht auf den des Leistungserfolgs an. Bei Absendung eines Schecks per Post ist die geschuldete Leistungshandlung erbracht, da der Leistungsort nach §§ 270 Abs. 3, 269 Abs. 1 BGB der Wohnsitz des Schuldners ist (Ingenstau-Korbion, Rdnr. 42 zu § 16 Nr. 1 VOB/B; Palandt/Heinrichs, § 270 BGB, Rdnr. 7; BGH vom 11. 02. 1998, Az: VIII ZR 287/97, NJW 1998, 1302; WM 98, 658). Bei Zustellung durch Boten muss der Scheck in den Verfügungsbereich des Empfängers übergehen, also zumindest vor Fristablauf in dessen Briefkasten sein.
c) Die Zahlungsfrist ist gewahrt, wenn die Dienststelle die **Auszahlungsanordnung** an die Stadtkasse innerhalb der Zahlungsfristen abgesandt hat.	**nein**	Zwar ist bei vereinbarter bargeldloser Überweisung rechtzeitig bezahlt, wenn der Überweisungsauftrag bei gedecktem Konto rechtzeitig vor Fristablauf eingeht. Hinzukommen muss jedoch nach neuerer Rechtslage eine Überweisungsvereinbarung, die i. d. Regel konkludent durch Bearbeitung durch die Bank entsteht. Eine Abbuchung muss nicht vor Fristablauf erfolgen (Ingenstau-Korbion, Rdnr. 42 zu § 16 Nr. 1 VOB/B; Palandt/Heinrichs, § 270 BGB, Rdnr. 7). Die Zwischenschaltung einer zusätzlichen (behördeninternen) Instanz lässt dem AG eine zeitlich unbestimmte und damit unangemessene Frist für die Erbringung seiner Zahlungspflicht, zu der dann zusätzlich noch die Zeit für die Durchführung der Überweisung kommt. Dies verstößt – auch gegenüber Unternehmern – gegen § 307 BGB.

PRÜFLISTE	zulässig	Anmerkung
d) **Zahlungsverzug** für die vom AG zu leistende Schlusszahlung tritt erst **90 Tage,** vom Tage der Ausstellung des Abrechnungsschreibens an gerechnet, ein, vorausgesetzt, dass der AN sämtliche ihm obliegenden Verpflichtungen erfüllt und die Zahlung nochmals angemahnt hat. Im Übrigen gilt die VOB/B.	**nein**	Die Klausel steht mit dem Grundgedanken des § 641 Abs. 1 BGB in Widerspruch, wonach die Fälligkeit der Vergütung mit der Abnahme eintritt. Insbesondere in Kombination mit der Vereinbarung der VOB/B schafft die Klausel einen Fristvorbehalt von bis zu 5 Monaten. Damit behält sich der AG eine **unangemessen lange Frist für die Erbringung seiner Leistungen** vor. Die Klausel ist deshalb wegen Verstoß gegen §§ 307, 308 Nr. 1 BGB – auch im kaufmännischen Geschäftsverkehr – unwirksam; (OLG Köln vom 01. 02. 2006, Az: 11 W 5/06, BauR 2006, 1477; OLG München vom 07. 11. 1989, Az: 9 U 3675/89, NJW-RR 90, 1358; LG München I vom 10. 08. 1989, Az: 7 O 7763/89, unveröffentlicht). Die Klausel ist auch wegen § 286 Abs. 3 BGB unwirksam, da der Verzugseintritt unangemessen hinausgeschoben wird (so auch Kniffka in ZfBR 2000, 227 ff.).
e) Die **Schlusszahlung** ist frühestens 1 Monat nach Abnahme und Vorliegen des **behördlichen Gebrauchsabnahmescheins** zur Zahlung fällig.	**nein**	Die Klausel weicht in unbilliger Weise von der gesetzlichen Regelung gem. § 641 Abs. 1 BGB ab, nach der allein die privatrechtliche **Abnahme zur Fälligkeit** ausreicht (OLG München vom 22. 05. 1979, Az: 6 U 2633/78 Baurechts-Report 6/79).
f) Die **Schlusszahlung** ist 2 Monate nach der Schlussabnahme und Prüfung der Schlussrechnung zur Zahlung fällig (oder nach Vorlage der Abnahmebescheinigungen der Erwerber).	**nein**	Die Klausel verschiebt in unbilliger Weise die Fälligkeit des Schlusszahlungsanspruchs, da der Zeitpunkt der Rechnungsprüfung nach genannter Klausel ins Belieben des Auftraggebers gestellt wird. Sie verstößt gegen § 307 BGB (OLG Karlsruhe vom 06. 07. 1993, Az: 3 U 57/92, NJW-RR 93, 1435; OLG München, Az: 6 U 2633/78).
g) Das **Bautagebuch** ist der Schlussabrechnung beizufügen.	**ja**	Diese Verpflichtung führt zu keiner unangemessenen Benachteiligung des Auftragnehmers, zumal er verpflichtet ist, mit der Schlussrechnung prüfbare Unterlagen vorzulegen (LG Koblenz vom 19. 08. 1994, Az: 8 O 685/93; nicht veröffentlicht). Siehe bezüglich der Fälligkeit der Schlussrechnung aber die nächste Klausel.

PRÜFLISTE	zulässig	Anmerkung
h) Erst mit der Vorlage des **Bautagebuches** zur Schlussabrechnung wird die Zahlungsverpflichtung für den Auftraggeber wirksam. Ohne Vorlage des ordnungsgemäßen Bautagebuches gilt der Werkvertrag als nicht ordnungsgemäß erbracht.	nein	Die Klausel weicht vom gesetzlichen Leitbild des § 641 BGB erheblich zum Nachteil des AN ab. Hat der AN die zur Rechnungsprüfung erforderlichen Belege seiner Rechnung beigefügt, so ist auch beim VOB-Vertrag – ohne Hinzuziehung des Bautagebuches – eine Rechnungsprüfung möglich. Die Klausel verstößt gegen § 307 Abs. 2 Nr. 1 BGB (LG Koblenz vom 19. 08. 1994, Az: 8 O 685/93, unveröffentlicht; siehe auch OLG Celle vom 09. 11. 1994, Az: 13 U 223/93, BauR 95, 261).
i) Die Zahlungs- und Rechnungsprüfungsfrist nach § 16 Nr. 3 Satz 1 VOB/B für den AG **beginnt erst nach Vorlage aller Urkunden** durch den AN, insbesondere der Abnahmebescheinigungen der Erwerber der Eigentumswohnungen/Eigenheime.	nein	Der AN hat keine Rechtsbeziehungen zu den Erwerbern/Käufern. Er trägt auch nicht das Verkaufsrisiko für die Einheiten. Die Zahlungsfrist ist unangemessen lang und völlig unbestimmt. Die Klausel verstößt gegen §§ 307, 308 Nr. 1 BGB (OLG München vom 10. 05. 1979, Az: 6 U 2633/78, Klausel 4, Bunte I, § 9 Nr. 150).
j) Die Schlussrechnung ist innerhalb von 4 Wochen nach **mängelfreier Beendigung** der Leistungen einzureichen, sonst gilt § 14 VOB/B ergänzend.	nein	Die Klausel eröffnet dem AG die Möglichkeit, die Zahlung beliebig hinauszuzögern, da der AN die Schlussrechnung auch dann nicht erstellen darf, wenn nur **kleinste Mängel** vorhanden sind. Die Klausel ist deshalb – auch im kaufmännischen Geschäftsverkehr – unangemessen i. S. von § 307 BGB (LG München I vom 04. 08. 1988, Az: 7 O 22388/87, unveröffentlicht). Die Klausel verstößt auch gegen das gesetzliche Leitbild gem. §§ 641 Abs. 1, BGB, wonach die Abnahme den gesetzlichen Fälligkeitstermin darstellt und nicht wegen unwesentlicher Mängel verweigert werden kann.
k) Die Restforderung aus der Schlussrechnung wird nach **gegenseitiger Anerkennung** der Endbeträge der Teilzahlungsanforderungen, der Schlussrechnung und des Schlussabrechnungsbogens bis auf 5% ausbezahlt.	nein	Bei der gebotenen kundenfeindlichsten Auslegung einer AGB-Klausel führt allein schon die geregelte **Abhängigkeit vom Anerkenntnis** der Schlussrechnung durch den AG zur Unangemessenheit nach § 307 BGB, da auch ungerechtfertigte Abzüge ein Anerkenntnis und damit die Fälligkeit verhindern. Dies gilt auch unter Kaufleuten (LG München I vom 12. 06. 1990, Az: 7 O 777/90, unveröffentlicht).

PRÜFLISTE	zulässig	Anmerkung
Variante 1: Die Schlusszahlung ist alsbald nach Prüfung und Feststellung der vom Auftragnehmer vorgelegten Schlussrechnung zu leisten, spätestens innerhalb von 2 Monaten nach Zugang **(Wortlaut des § 16 Nr. 3 Abs. 1 Satz 1 VOB/B).**	ja/nein	Die Klausel ist **nur dann rechtswirksam,** wenn das Privileg der **insgesamt vereinbarten VOB/B** zur Anwendung kommt, bzw. die VOB/B nicht einem **Verbraucher** gestellt wurde. Anderenfalls weicht sie erheblich vom gesetzlichen Leitbild zu Ungunsten des Auftragnehmers ab, wonach die Fälligkeit der Schlussrechnung sofort nach deren Zugang eintritt (wenn Abnahme vorliegt). Die Klausel verstößt dann gegen § 307 BGB (OLG München vom 26. 07. 1994, Az: 13 U 1804/94, Baurechts-Report 10/94, S. 1). Durch § 286 tritt sogar die **Verzugslage** schon 30 Tage nach Rechnungszugang ein.
Variante 2: Die Schlusszahlung wird nach Ablauf von 2 Monaten nach Einreichen der Schlussrechnung fällig, jedoch **nicht früher als 2 Monate** seit der Abnahme.	nein	Die Klausel begnügt sich nicht damit, dass die Abnahme zum **Zeitpunkt der Fälligkeit** vorliegen muss wie dies der gesetzlichen Regelung (§ 641 Abs. 1 BGB) entspricht, sondern will die 2-monatige Prüfungsfrist auch dann noch um die Frist bis zur Abnahme verlängern, wenn die Leistung abnahmereif und die Schlussrechnung gestellt ist. Dies verstößt gegen § 307 Abs. 2 Nr. 1 BGB (OLG Karlsruhe vom 06. 07. 1993, Az: 3 U 57/92, NJW-RR 93, 1435 und LG München I vom 17. 12. 1992, Az: 7 O 9858/92).
l) **5% der Schlussrechnungssumme** ist erst 5 Jahre nach Fertigstellung aller Leistungen einschließlich evtl. Gewährleistungsansprüche zur Zahlung fällig.	nein	Die Klausel schiebt zum einen die Fälligkeit eines Teilbetrages der Schlussrechnung in unzulässiger Abweichung von § 641 BGB um 5 Jahre hinaus zulasten seiner Liquidität, sie belastet den AN zum anderen für diesen Zeitraum zusätzlich mit dem **Insolvenzrisiko.** Beides stellt einen Verstoß gegen § 307 BGB dar (OLG Hamm vom 09. 11. 1990, Az: 7 U 114/89, ZfBR 91, 71; OLG Hamm vom 19. 01. 1988, Az: 21 Z 110/87, NJW-RR 88, 726).
m) Für die zu montierende Einbauküche ist die **Restzahlung** bei Anlieferung **vor der Montage** zu leisten.	nein	Die Klausel setzt den werkvertraglichen Grundsatz der Vorleistungspflicht des Werkunternehmers außer Kraft und verstößt damit gegen § 307 BGB (OLG Köln vom 19. 09. 2001, Az: 11 U 39/01, BauR 2002, 1898).
n) Der Verkäufer ist zu **vorzeitiger Lieferung** berechtigt. Der Verkaufspreis wird mit der Mitteilung, dass der Vertragsgegenstand zur Abholung am Geschäftssitz des Verkäufers bereitsteht, fällig.	nein	Es kann nicht etwa aus § 271 Abs. 2 BGB hergeleitet werden, dass der Verkäufer im Zweifel vorzeitig liefern darf, da der Käufer i. d. Regel erst dann Verwendungsmöglichkeit hat, wenn die baulichen Voraussetzungen gegeben sind, Verstoß gegen § 307 BGB (BGH vom 25. 10. 2006, Az: VIII ZR 23/06).

PRÜFLISTE	zulässig	Anmerkung
o) **Abschlagszahlungen** werden **in der Regel** innerhalb von 12 Tagen nach Rechnungseingang bezahlt. Der AG kommt aber erst einen Monat nach Rechnungseinreichung in Verzug, sofern der AN sämtliche ihm obliegenden Verpflichtungen erfüllt hat, die Gegenstand der Abschlagsrechnung sind.	**nein**	Die Klausel ist zum einen nicht transparent, da die Zahlungsfrist nur „in der Regel" gilt. Außerdem schließt sie den gesetzlich geregelten Verzugseintritt durch Mahnung aus, die schon vor Ablauf der Monatsfrist erfolgen kann (§ 286 Abs. 1 BGB) und lässt ausschließlich den Verzug durch Ablauf der 30-Tagefrist (§ 286 Abs. 3 BGB) zu, allerdings mit der Einschränkung, dass auch geringste ausstehende Verpflichtungen des AN den Anspruch ausschließen. Dies ist – vor allem auch im Hinblick auf den durch das Forderungssicherungsgesetz neu gefassten § 632a Abs. 1 BGB, der regelt, dass Abschlagszahlungen nicht wegen „unwesentlicher Mängel" verweigert werden können – unangemessen und verstößt gegen § 307 BGB.
p) Zahlungen werden fällig, wenn der AN auf den **vom AG vorgesehenen Formularen** nach Erreichen des jeweiligen Leistungsstandes sie anfordert, der Bauleiter des AG sie überprüft und zur Anweisung an die Hauptverwaltung des AG weitergeleitet hat. Die Zahlung erfolgt 30 Tage nach Eingang der Anforderung des AN.	**nein**	Die Klausel verlangt eine strengere Form als die bloße Schriftform. Sie verstößt damit gegen § 309 Nr. 13 BGB (unzulässiger Formzwang). Die Vielzahl der dem AG zustehenden Verzögerungsmöglichkeiten zur Verhinderung der Fälligkeit benachteiligt den AN gegenüber der gesetzlichen Regelung (§§ 271, 126, 127, 130, 131 BGB) in unangemessener Weise. Sie verstößt – auch unter Kaufleuten – gegen §§ 305, 307 Abs. 1 308 Nr. 1 BGB, und ist deshalb unwirksam (OLG München vom 15. 01. 1987, Az: 29 U 4348/86, BauR 1987, 554, Klausel 9. Revision nicht angenommen: BGH vom 10. 11. 1988, Az: II ZR 89/87).
q) Es ist zu beachten, dass keine Rechnung vor der Vorlage des durch den AG zu erstellenden Bestellscheins eingereicht werden darf. Eine Rechnung muss stets die dort genannte SAP-Bestellnummer haben.	**nein**	Die Klausel verstößt gegen § 307 Abs. 2 BGB, da sie die Fälligkeit von Rechnungen von der Erfüllung interner organisatorischer Maßnahmen auf Verwenderseite abhängig macht (LG Frankfurt/M. vom 03. 12. 2007, Az: 3/01 O 104/07, BauR 2008, 842).
r) Die Prüfungsfristen des § 16 VOB/B sind für Abschlagsrechnungen um zwei Wochen und für die Schlussrechnung um einen Monat verlängert. Sie beginnen nicht vor Abschluss der jeweils abgerechneten Leistungen.	**nein**	Bei Berücksichtigung der unter oben k), Variante 1 genannten Begründung liegt es auf der Hand, dass die Klausel bezüglich der Schlussrechnung bei einer über die Frist des § 16 Nr. 3 Abs. 1 VOB/B weit hinausgehenden Prüfungszeit erst recht gegen § 307 BGB verstößt. Gleiches gilt für die Abschlagszahlung, da die Fälligkeit erst nach Verzugslage (§ 286 Abs. 3 BGB) eintreten würde.

PRÜFLISTE	zulässig	Anmerkung
s) Sofern im Leistungsvertrag nichts Gegenteiliges festgelegt wird, wird die **Mehrwertsteuer in der bei Bauübergabe gesetzlichen Höhe** vergütet. Die Mehrwertsteuer aus den bis zur Bauübergabe geleisteten Abschlagszahlungen wird am 30. des auf die mängelfreie Übergabe an den Bauherrn des AG folgenden Monats bezahlt.	**nein**	Die Regelung, wonach die Mehrwertsteuer in der bei „Bauübergabe" geltenden Höhe vergütet wird, verstößt gegen §§ 307 Abs. 1 und 2 BGB i. V. mit § 614 BGB, da die hier gebotene kundenfeindlichste Auslegung es dem Auftraggeber ermöglicht, die Zahlung nicht von der Abnahme, sondern von der Bauübergabe abhängig zu machen. Im Übrigen benachteiligt die Klausel den Auftragnehmer durch den ungerechtfertigten Einbehalt der Mehrwertsteuer unangemessen (LG München I vom 30. 01. 1990, Az: 7 O 19534/89, Klausel 6, unveröffentlicht).
t) Rückständige Raten sind ab Fälligkeit – vorbehaltlich weiterer Ansprüche der Verkäuferin – **mit 10% zu verzinsen.**	**nein**	Die Klausel stellt einen pauschalierten Schadensersatzanspruch dar, sie verstößt gegen § 309 Nr. 5b BGB, da sie Zinsschäden erfasst, die über die gesetzliche Regelung hinausgehen (OLG Düsseldorf vom 25. 07. 2003, Az: 23 U 78/02, BauR 2004, 514 ff).

2.16.3.2 AGB der Auftragnehmerseite

PRÜFLISTE	zulässig	Anmerkung
a) Die Rechnung ist **sofort** ohne Abzug zahlbar.	**ja**	Die Klausel entspricht der gesetzlichen Regelung, wonach der Werklohn sofort mit abnahmefähiger Leistung fällig ist (§ 632a BGB) und auch bei sofortiger Zahlung kein Skonto abgezogen werden darf (OLG Celle vom 11. 03. 1993, Az: 13 U 165/92, NJW-RR 93, 1334).
b) Zahlt der AG bei Fälligkeit nicht, so kann ihm der AN eine angemessene Nachfrist setzen. Zahlt er auch innerhalb der Nachfrist nicht, so hat der AN vom Ende der Nachfrist an Anspruch auf **Zinsen** in Höhe der in § 288 BGB angegebenen Zinssätze, wenn er nicht einen höheren Verzugsschaden nachweist.	**ja/nein**	Diese Klausel, die den **Wortlaut von § 16 Nr. 5 Abs. 3 VOB/B** wiederholt, ist nur dann rechtswirksam, wenn das Privileg der **insgesamt vereinbarten VOB/B** zur Anwendung kommt und **Vertragspartner nicht ein Verbraucher** ist. Ist dies nicht der Fall, hält sie einer Inhaltskontrolle nach dem gesetzlichen Leitbild gem. § 286 BGB nicht Stand, da die Verzugslage nicht innerhalb von 30 Tagen nach Fälligkeit (Abnahme) und Zugang einer Rechnung auch ohne Mahnung eintritt.

2.16.4 Klauseln mit Verzichtsfunktion

AGB der Auftraggeberseite

PRÜFLISTE	zulässig	Anmerkung
a) Legt der AN nach Abschluss der Leistungen ohne ausreichend begründetem Anlass binnen Jahresfrist keine prüfungsfähige Schlussrechnung vor, **verfällt sein Anspruch auf die Schlusszahlung.**	**nein**	Die gesetzlichen Verjährungsfristen für den Vergütungsanspruch des AN (3 Jahre nach § 195 BGB) werden durch diese Klausel in unzulässiger Weise verkürzt. Dies verstößt gegen § 307 BGB (LG Bamberg, Az: 1 O 369/93, ZDB-AGB-Verbandsklageregister Nr. 545/93).
b) Die Schlussrechnung muss vollständig und abschließend aufgestellt werden. Nachforderungen sind ausgeschlossen. Der AN **verzichtet** ausdrücklich auf alle Ansprüche, die nicht in der Schlussrechnung geltend gemacht werden.	**nein**	Diese Klausel verstößt auch unter Kaufleuten gegen § 307 BGB. Wenn schon die isoliert vereinbarte Regelung des § 16 Nr. 3 Abs. 2 VOB/B (siehe unten c) einer isolierten Inhaltskontrolle aufgrund der Unangemessenheit nicht standhält, so gilt dies hier erst recht! Die Klausel fingiert nämlich zusätzlich einen Forderungsverzicht. Außerdem knüpft sie insoweit an die Erteilung der Schluss**rechnung** an, während die VOB auf die zeitlich spätere Schluss**zahlung** abstellt und danach noch einen Vorbehalt zulässt (BGH vom 20. 04. 1989, Az: VII ZR 35/88, BB 1989, 1371 und BGH vom 08. 07. 1982, Az: VII ZR 13/81, ZfBR 1982, 202; Hanseatisches OLG vom 06. 12. 1995, Az: 5 U 215/94, ZfBR 98, 35; Pfälzisches OLG Zweibrücken vom 06. 02. 2003, Az: 4 U 71/02, Baurechts-Report 9/2003, S. 3).
Variante: Nachforderungen **nach Einreichung** der Schlussrechnung werden gleichgültig aus welchem Grund nicht mehr anerkannt.	**nein**	Die Klausel verkürzt die gesetzlichen Verjährungsfristen in eklatanter Weise auf ein Minimum und verstößt damit gegen § 307 Abs. 2 Nr. 1 BGB (LG Hamburg, Az: 324 O 789/92, ZDB-AGBG-Verbandsklageregister Nr. 520/93; BGH vom 05. 06. 1997, Az: VII ZR 54/96; Hanseatisches OLG vom 06. 12. 1995, Az: 5 U 215/94, ZfBR 98, 35).
c) Die **vorbehaltlose Annahme der Schlusszahlung** schließt Nachforderungen aus, wenn der AN über die Schlusszahlung schriftlich unterrichtet und auf die Ausschlusswirkung hingewiesen wurde.	**ja/nein**	Die Klausel ist nur gültig, wenn für den Vertrag das Privileg der **insgesamt vereinbarten VOB/B** zur Anwendung kommt und nicht ein Verbraucher Vertragspartner ist (siehe hierzu Allg. Teil Nr. 5.2). In diesem Fall hat wegen des einigermaßen ausgewogenen Charakters der VOB/B keine Inhaltskontrolle stattzufinden (BGH vom 09. 10. 2001, Az: X ZR 153/99).

PRÜFLISTE	zulässig	Anmerkung
d) Ein Vorbehalt gegen die Schlusszahlung ist innerhalb von 24 Werktagen nach Zugang der Mitteilung über die Schlusszahlung zu erklären (**§ 16 Nr. 3 Abs. 5 VOB/B**).	**ja/nein**	Wenn die VOB/B nicht insgesamt einbezogen ist, oder die Vertragsbedingungen einem Verbraucher gestellt worden sind, hat in jedem Fall eine Inhaltskontrolle stattzufinden, was zur Unwirksamkeit gem. § 307 BGB auch unter Kaufleuten führt. Die Regelung in § 16 Nr. 3 Abs. 2 VOB/B bedeutet nämlich eine unangemessene Verkürzung gesetzlicher Verjährungsfristen (Ingenstau-Korbion, Rdnr. 97 zu § 16 Nr. 3 VOB/B; BGH vom 09. 10. 2001, Az: X ZR 153/99; LG München I vom 27. 07. 1994, Az: 21 O 11308/93, **Revision** vom BGH **nicht angenommen** durch Beschluss vom 13. 07. 1995, Az: VII ZR 233/94); OLG Köln vom 03. 03. 1995, Az: 19 U 119/94, BB 95, 1926; OLG Brandenburg vom 06. 12. 2002, Az: 4 U 103/02, BauR 2003, 1404 ff.).
e) Die **Frist für Einwendungen** gegen die Abrechnung des AG wird auf 14 Tage beschränkt.	**nein**	Auch diese Klausel verschärft die bei isolierter Inhaltskontrolle ohnehin schon unwirksame Regelung des § 16 Nr. 3 Abs. 2 VOB/B (siehe oben c). Auch hier wird wie bei der Klausel oben b) auf das Abrechnungsschreiben und nicht auf die Schlusszahlung abgestellt. Die eingeräumte 14-Tage-Frist ändert nichts an der Unwirksamkeit der Klausel, auch unter Kaufleuten, gem. § 307 BGB (OLG München vom 07. 11. 1989, Az: 9 U 3675/89, NJW-RR 90, 1358).
f) Bei **Erstellung der Rechnung durch den AG** nach Verzug des AN **verzichtet der AN auf jeden Einspruch** gegen deren Vollständigkeit oder Richtigkeit. Er erkennt diese vielmehr als für ihn bindend an.	**nein**	Die Klausel verstößt gegen §§ 307, 308 und 310 BGB. Sie ist inhaltlich unangemessen zulasten des AN und soll darüber hinaus eine Willenserklärung des AN fingieren, wonach dieser auf Einwendungen gegen die Rechnungstellung des Auftraggebers verzichtet. Eine derartige Fiktion ist nur zulässig, wenn dem AN gestattet wird, einen Gegenbeweis zu führen. Dies ist jedoch in der Klausel nicht vorgesehen. Sie ist auch unter Kaufleuten unwirksam. Erklärungsfiktionen unter Kaufleuten sind nur insoweit erlaubt, als sie im Rahmen anerkannter handelsrechtlicher Fiktionen bleiben. Entsprechende Handelsbräuche gibt es jedoch in der Bauwirtschaft nicht (OLG Karlsruhe vom 22. 07. 1982, Az: 9 U 27/81, BB 1983, 725). Darüber hinaus enthält die Klausel ein einseitiges Leistungsbestimmungsrecht des AG, das gegen § 315 Abs. 1 BGB verstößt. Auch deshalb ist die Klausel unwirksam (OLG Düsseldorf vom 28. 10. 1980, Az: 21 U 65/80, BauR 1981, 392).

2.16.4 Klauseln mit Verzichtsfunktion | 317
AGB der Auftraggeberseite

PRÜFLISTE	zulässig	Anmerkung
g) Kommen Leistungen ganz oder teilweise **nicht zur Aus-führung,** setzt der AG den Preis nach Billigkeit in Relation zum kalkulierten Preis fest (Pauschalvertrag).	**nein**	Werden vereinbarte Leistungen aus Gründen, die nicht beim AN liegen, nicht erbracht, besteht für diese Leistungen grds. ein Vergütungsanspruch (§ 649 BGB). Die Änderung dieses gesetzlich geregelten Anspruchs ist unbillig (OLG Frankfurt/M. vom 25. 09. 1997, Az: 15 U 213/96, NJW-RR 98, 311).

2.16.5 Überzahlungsklauseln

AGB der Auftraggeberseite

PRÜFLISTE	zulässig	Anmerkung
a) **Öffentlicher Auftraggeber:** Der AN hat im Falle einer **Überzahlung** den zu viel erhaltenen Betrag innerhalb von . . . Werktagen nach Zugang der Rückzahlungsaufforderung zurückzubezahlen.	ja	Die Klausel bewegt sich bei öffentlichen Auftraggebern im Rahmen des gesetzlich geregelten Rechts der Ansprüche aus sogen. ungerechtfertigter Bereicherung gem. §§ 812 ff. BGB. Sie ist deshalb auch in AGB rechtswirksam (so auch Ingenstau-Korbion, Rdnr. 45 f. zu § 16 Nr. 3 VOB/B; BGH vom 22. 05. 1975, Az: VII ZR 266/74).
b) Bei Rückforderungen aus **Überzahlungen** kann sich der AN nicht auf den Wegfall der Bereicherung (§ 818 Abs. 3 BGB) berufen.	ja	§ 818 Abs. 3 BGB ist dispositiv. Deshalb wird die Klausel nach h. M. überwiegend für zulässig gehalten (Ingenstau-Korbion Rdnr. 40 zu § 16 Nr. 3 VOB/B).
c) Stellt die **Rechnungsprüfungsbehörde** nach der Schlusszahlung Überzahlungen fest, so verpflichtet sich der AN, **ohne jede Einrede,** die festgestellten Beträge zurückzuerstatten.	nein	Die Klausel verstößt gegen wesentliche Rechte und Pflichten, die sich für AG und AN aus einem Bauvertrag ergeben. Eine uneingeschränkte Rückzahlungspflicht unter Ausschluss jeder Einrede liefert den AN jeglicher Fehlbeurteilung durch eine Rechnungsprüfung vorbehaltlos aus. Der vom AG in einer solchen Klausel geltend gemachte absolute Anspruch auf alleinige richtige Beurteilung der dem AN zustehenden Rechte verschiebt die Gleichberechtigung der Partner eines Werkvertrages so einseitig, dass darin eine unangemessene Benachteiligung des AN liegt. Außerdem schließt die Klausel unzulässig die Einrede der Verjährung aus. Die Klausel verstößt daher gegen § 307 Abs. 1 BGB und ist – auch im kaufmännischen Geschäftsverkehr – unwirksam.
d) Ergibt die Prüfung der Abrechnung des Auftragnehmers auch nach Leistung der Schlussrechnung durch den Auftraggeber, dass der Auftragnehmer mehr an Zahlungen erhalten hat, als ihm nach dem Vertrag zusteht (Überzahlung), so ist der zu viel bezahlte Betrag an den Auftraggeber zurückzuzahlen. Der Betrag der Überzahlung ist von dem **Zeitpunkt der**	nein	Die Klausel begründet unabhängig davon, ob der AN auch tatsächlich Nutzungen aus dem überzahlten Betrag gezogen hat, einen Zinsanspruch des AG und zwar selbst dann, wenn den AN kein Verschulden an der Überzahlung trifft. Damit weicht die Klausel wesentlich von dem Grundgedanken der gesetzlichen Regelung gem. § 818 BGB ab. Nach § 818 Abs. 1 BGB hätte der AN nämlich nur die tatsächlich erlangten Zinsen herauszugeben. Für eine unterlassene mögliche Nutzung des zu viel erlangten Geldes bräuchte der AN selbst dann nicht einzustehen, wenn er die Nutzung des Geldes schuldhaft unterlassen hat.

PRÜFLISTE	zulässig	Anmerkung
Überzahlung an mit einem Prozent über dem jeweiligen Lombardzinssatz der Deutschen Bundesbank **zu verzinsen.**		Es gibt auch keinen Rechtsgrundsatz, wonach derjenige, der ohne Rechtsgrund Geld empfangen hat, dieses als Kapital nutzt und diese Nutzungen in Form üblicher Zinsen als Wertersatz herausgeben müsste. Die Klausel verstößt deshalb – auch unter Kaufleuten – gegen § 307 BGB (BGH vom 08. 10. 1987, Az: VII ZR 185/86, BauR 88, 92; LG München I vom 10. 08. 1989, Az: 7 O 7763/89; LG München I vom 23. 11. 1988, Az: 15 S 15502/82, BauR 89, 486; anderer Ansicht: OLG München vom 13. 01. 1989, Az: 8 U 3852/88, Baurechts-Report 6/89).
e) Im Falle einer **Überzahlung** hat der Auftragnehmer den zu erstattenden Betrag ohne Umsatzsteuer vom Empfang der Zahlung an mit 4 v. H. über dem Basiszinssatz für das Jahr **zu verzinsen, es sei denn,** es werden höhere oder geringere gezogene Nutzungen nachgewiesen.	**nein (strittig)**	Die Klausel weicht von wesentlichen Grundgedanken der gesetzlichen Regelung insoweit ab, als sie entgegen § 819 BGB auch gegenüber einem gutgläubigen Zahlungsempfänger einen, wenn auch widerlegbaren, Zinsanspruch begründet, obwohl solche Zahlungen i. d. Regel nicht verzinslich angelegt werden. Es besteht also keine tatsächliche dahingehende Vermutung, dass der Auftragnehmer regelmäßig aus Überzahlungen bereicherungsrechtlich relevante Nutzungen zieht, sodass die Abweichung von der sachgerechten gesetzlichen Regelung nicht gerechtfertigt ist (BGH vom 08. 10. 1987, Az: VII ZR 185/92, BauR 1988, 92; OLG Hamburg vom 12. 04. 2002. Az: 1 U 73/01; OLG Celle vom 30. 12. 1998, Az: 14a (6) U 127/97, BauR 1999, 1457 ff.; a. A. Ingenstau-Korbion, Rdnr. 59 zu § 16 Nr. 3 VOB/B).

2.16.6 Abtretungsverbote

AGB der Auftraggeberseite

PRÜFLISTE	zulässig	Anmerkung
a) Die Abtretung von Forderungen ist unzulässig.	**ja**	Der Bundesgerichtshof vertrat schon im Urteil vom 30. 10. 1990 (Az: IX ZR 239/89, WM 91, 554) die Auffassung, dass ein Abtretungsausschluss an sich zu keiner unangemessenen Benachteiligung des Vertragspartners führt und damit auch in AGB grundsätzlich wirksam sei. Ausnahmsweise könne ein solches Abtretungsverbot jedoch dann unwirksam sein, wenn **„ein schützenswertes Interesse des Verwenders** (AG) . . . nicht besteht, oder die **berechtigten Belange des Vertragspartners** (AN) an der Abtretbarkeit vertraglicher Forderungen das entgegenstehende Interesse des Verwenders überwiegen". Im Hinblick darauf, dass der AN bei Bauleistungen seine Einkäufe häufig nur unter verlängertem Eigentumsvorbehalt tätigen kann (da er vorfinanzieren muss) – OLG Hamm vom 18. 06. 1979, BB 79, 1425 – wurde früher die Auffassung vertreten, dass eine solche Ausnahme im Baugewerbe zu bejahen sei. Mit Urteil vom 13. 07. 2006, Az: VII ZR 51/05; BauR 2007, 373 hat der BGH allerdings entschieden, dass sich auch im Baugewerbe hieraus keine Ausnahmesituation ergebe. Denn dies sei die typische Interessen- und Sachlage beim Werkvertrag, so dass ein Verstoß gegen § 307 BGB ausscheide.
b) Der NU (AN) verzichtet auf die Abtretung von Forderungen gegen den HU (AG), soweit dieser der Abtretung **nicht zustimmt.** **Variante:** Forderungsabtretungen sind nur mit Zustimmung des AG wirksam.	**ja**	Ein **Abtretungsverbot mit Zustimmungsvorbehalt** für den Schuldner wird grundsätzlich – auch in Form von AGB – für zulässig erachtet (BGH vom 03. 12. 1987, Az: VII ZR 374/86, BauR 1988, 207; BGH vom 29. 06. 1989, DB 89, 2018). Denn der Vorbehalt der Zustimmung ist unproblematisch, da der Auftraggeber seine Zustimmung nicht unbillig verweigern darf (BGH vom 25. 11. 1999, DB 2000, 418; BGH vom 10. 05. 1989, Az: VII ZR 150/88, BauR 1989, 610).

PRÜFLISTE	zulässig	Anmerkung
c) Forderungen des AN gegen den AG können **ohne Zustimmung** des AG nur unter folgenden Bedingungen **abgetreten** werden: Die Abtretung erstreckt sich auf alle Forderungen aus einem genau zu bezeichnenden Auftrag . . . Eine weitere Abtretung ist ausgeschlossen.	**ja/nein**	Auch diese Klausel stellt ein sogen. **abgeschwächtes Abtretungsverbot** dar und wird von der herrschenden Meinung für zulässig erachtet (BGH vom 11. 05. 1989, Az: VII ZR 150/88, NJW-RR 89, 1104; BGH vom 25. 11. 1999, Az: VII ZR 22/99). Allerdings gilt dies wegen § 354a HGB **nicht unter Kaufleuten.**

2.16.7 Aufrechnungsverbote

AGB der Auftraggeberseite

PRÜFLISTE	zulässig	Anmerkung
a) Die **Aufrechnung** mit anderen Forderungen vonseiten des AN ist ausgeschlossen.	**nein**	Die Klausel verstößt gegen § 309 Nr. 3 BGB und ist nach einhelliger Meinung in Literatur und Rechtsprechung auch gegenüber Kaufleuten gemäß § 307 BGB und § 310 BGB unwirksam (BGH vom 20. 06. 1984, Az: VIII ZR 337/82, BB 1984, 1639 und BGH vom 16. 10. 1984, Az: X ZR 97/83, NJW 1985, 319; OLG Koblenz vom 30. 08. 2007, Az: 5 U 105/07, IBR 2008, 322; OLG Karlsruhe vom 22. 07. 1982, Az: 9 U 27/81, BB 1983, 725). Dies gilt vor allem deshalb, weil der AG (als Verwender) in Insolvenz fallen kann (BGH vom 12. 10. 1983, Az: VIII ZR 19/82, BB 1984, 495 = NJW 1984, 357).
b) Die Aufrechnung mit vom AG **bestrittenen** Gegenansprüchen des AN ist ausgeschlossen.	**ja**	Die Klausel hält sich im gesetzlich in § 309 Nr. 3 BGB vorgegebenen Rahmen. Zwar erwähnt sie neben den bestrittenen nicht auch die in § 309 Nr. 3 BGB erwähnten rechtskräftig festgestellten Forderungen. Nach dem Urteil des BGH (vom 18. 04. 1989, Az: X ZR 31/88, NJW 89, 3215) ist dies jedoch unschädlich, da rechtskräftig festgestellte Forderungen nur einen Unterfall bestrittener Forderungen darstellen.
c) Die Aufrechnung ist mit Ausnahme anerkannter oder rechtskräftig festgestellter Ansprüche ausgeschlossen.	**nein**	Die Klausel verstößt auch im kaufmännischen Geschäftsverkehr gegen § 307 BGB, da eine Aufrechnung mit unbestrittenen Forderungen ausgeschlossen ist. Das entspricht nicht den Vorgaben von § 309 Nr. 3 BGB (BGH vom 27. 06. 2007, Az: XII ZR 54/05, NJW 2007, 3421).
d) **Konzernverrechnungsklausel:** „Der HU ist berechtigt, mit Forderungen anderer zum Konzern gehörenden Gesellschaften oder von Argen, denen er angehört, gegen Forderungen des NU aufzurechnen."	**nein**	Zwar sind Forderungen im Rahmen des § 399 BGB – auch in einem Konzern – frei abtretbar, die Aufrechnung mit Arge-Forderungen aber überschreitet die Grenze der vom Gesetz geforderten **Gegenseitigkeitsverhältnisse** so weit, dass eine unangemessene Benachteiligung des NU im Sinne des § 307 Abs. 1 BGB gegeben ist (Gutachten des BDI, 5/78, X. Leitsatz; Markus/Kaiser/Kapellmann, Rdnr. 798).
e) Die Geltendmachung von **Aufrechnungen** mit **nicht rechtskräftig festgestellten** Gegenansprüchen sowie von Zurückbehaltungsrechten ist ausgeschlossen.	**nein**	Eine Klausel, die das Zurückbehaltungs- und **Leistungsverweigerungsrecht nach §§ 320,** 641 Abs. 3 BGB ohne Einschränkung ausschließt, hält der Inhaltskontrolle nach § 307 BGB nicht stand. Die Klausel enthält keine dahingehende Einschränkung, dass das Zurückbehaltungsrecht nur wegen nicht rechtskräftig festgestellter Gegenansprüche ausgeschlossen sein soll (BGH vom 31. 03. 2005, Az: VII ZR 180/04, BauR 2005, 1010, NJW-RR 2005, 919).

2.16.8 Generalunternehmerklauseln gegenüber Nachunternehmern

PRÜFLISTE	zulässig	Anmerkung
a) Hält der Bauherr widerrechtlich Zahlungen zurück, kann der GU vom AN entsprechende Anpassung der Fälligkeiten verlangen.	**nein**	Nach § 641 BGB kann der NU bei Abnahme seiner Leistung Vergütung verlangen, ohne dass es darauf ankommt, ob der GU seinerseits Zahlung vom Bauherrn erhält. Für seine Zahlungsfähigkeit hat er unabhängig hiervon einzustehen. Davon weicht die Klausel auch gegenüber Unternehmern in unangemessener Weise ab (§ 307 Abs. 2 Nr. 1 BGB): OLG München vom 03. 11. 1983, Az: 6 U 1390/83, BB 1984, 1386.
b) Die Zahlung der restlichen **5% des Werklohns ist 60 Monate** nach kompletter Fertigstellung aller vom NU zu erbringenden Lieferungen und Leistungen einschl. evtl. Gewährleistungsansprüche fällig.	**nein**	Die Klausel schiebt die Fälligkeit eines Teiles des Werklohns auf 5 Jahre hinaus. Damit weicht sie vom gesetzlichen Leitbild des § 641 Abs. 1 BGB ab, da der **gesamte** Vergütungsanspruch mit der Abnahme fällig wird. Sie ist deshalb unwirksam (OLG Hamm vom 19. 01. 1988, Az: 21 U 110/87, BB 1988, 868). Außerdem weicht sie von § 641 Abs. 2 BGB unzulässig ab, wenn der AG schon die Vergütung erhalten hat.
c) Ansprüche des **Güternahverkehrsunternehmers** gegen den AG verjähren innerhalb von 3 Monaten, gerechnet von der Ausführung der Frachtleistung an.	**nein**	Nach ständiger Rechtsprechung des BGH sind AGB-Klauseln mit 3-monatigen Verjährungs- und Ausschlussfristen mit § 307 BGB unvereinbar (z. B. BGH 09. 04. 1981, Az: VII ZR 194/80, NJW 1981, 1510 = BB 1981, 935). Die Verjährungsfristen nach § 195 ff. BGB sind durch Vereinbarung auch in Form von AGB, allerdings in angemessenem Umfang abkürzbar. So ist die 6-monatige Verjährungsfrist nach § 26 AGNB (Allgemeine Güternahverkehrsbedingungen) mehrfach als mit § 307 BGB vereinbar erklärt worden (BGH vom 20. 11. 1986, Az: I ZR 87/84, DB 1987, 1582). Eine weitere Abkürzung auch für den kaufmännischen Geschäftsverkehr ist mit der erforderlichen Ausgewogenheit von Leistung und Gegenleistung nicht mehr vereinbar. Außerdem würde eine Verkürzung auf weniger als 6 Monate die Ausschaltung des Vergütungsanspruchs und nicht nur seine zeitliche Begrenzung bedeuten. Das wäre schon im Hinblick auf das zwingende GNT-Tarifrecht unzulässig (BGH vom 19. 05. 1988, Az: I ZR 147/86, DB 1989, 106).
aber: ... verjähren innerhalb von 6 Monaten ...	**ja**	

PRÜFLISTE	zulässig	Anmerkung
d) Der NU erkennt die für den GU bindenden Vertragsbestimmungen der **Staatsbauverwaltung,** insbesondere auch das **Abtretungsverbot** in Ziff. . . . des Hauptvertrages, an.	ja	Das im Vertrag vorgesehene **Abtretungsverbot** macht die Wirksamkeit der Abtretung von der **Zustimmung** des AG bei Einhaltung einer Reihe weiterer Bedingungen abhängig, wird jedoch für zulässig erachtet (siehe oben Klausel 16.6 b; BGH, Az: VII ZR 150/88).

2.17 Die Sicherheitsleistung (§ 17 VOB/B)

Vorbemerkung:

Die Forderung in den **AGB der Auftraggeberseite** nach Sicherheiten durch den Auftragnehmer zur Absicherung der vertragsgemäßen Ausführung der Leistung bzw. zur Sicherstellung evtl. Mängelansprüche ist grundsätzlich zulässig, wie sich aus den §§ 232 ff. BGB ergibt.

Unwirksam sind solche Klauseln allerdings dann, wenn sie **nicht nur einen Sicherungszweck** verfolgen, sondern darüber hinausgehen. (Das gilt nicht nur für Gewährleistungssicherheiten, sondern gleichermaßen für Sicherheiten zur Vertragserfüllung.)

Das ist dann der Fall, wenn der Auftragnehmer das **Bonitätsrisiko** des Auftraggebers (z. B. bei Forderung einer Bürgschaft auf 1. Anfordern) tragen muss, oder seine **Liquidität** eingeschränkt wird (z. B. indem er nicht über den vollen Schlusszahlungsbetrag verfügen kann) oder ihm der **Zinsanspruch** für den einbehaltenen Betrag vorenthalten wird. Auch darf eine Sicherheitsleistung den Auftragnehmer nicht aufgrund ihrer **unangemessenen Höhe** belasten.

Hatte der Auftragnehmer allerdings bei Vertragsabschluss die unwirksame Sicherungsabrede bewusst nicht zur Kenntnis genommen, kann sich der in Anspruch genommene Bürge (z. B. einer Bürgschaft auf 1. Anfordern) im Erstprozess nicht auf die Unwirksamkeit der Sicherungsabrede berufen (OLG Hamm vom 27. 10. 2006, Az: 12 U 76/06, BauR 2007, 1061). Der Auftraggeber verhält sich in so einem Fall also auch dann nicht rechtsmissbräuchlich, wenn er gegen den Bürgen vorgeht.

In **AGB der Auftragnehmerseite** sind Klauseln zur Sicherheitsleistung insbesondere dann unwirksam, wenn sie darauf abzielen, gesetzlich verankerte **Zurückbehaltungsrechte** einzuschränken, um den Auftraggeber damit schlechter zu stellen, als er nach der gesetzlichen Regelung stünde.

2.17.1 AGB der Auftraggeberseite

PRÜFLISTE	zulässig	Anmerkung
a) Es wird ein Sicherheitseinbehalt von 5% der Gesamtauftragssumme, **unverzinslich,** abzulösen durch eine unbefristete **selbstschuldnerische Gewährleistungsbürgschaft** einer Bank oder eines Kreditversicherers vereinbart.	**ja**	Zwar ist die Vereinbarung eines Gewährleistungseinbehalts nach der Rechtsprechung des BGH nur dann wirksam, wenn dem AN ein angemessener Ausgleich dafür eingeräumt wird, dass dem AN nicht der gesamte Schlussrechnungsbetrag ausbezahlt wird (BGH vom 13. 11. 2003, Az: VII ZR 57/62, NJW 2004, 443). Ein solch angemessener Ausgleich besteht hier deshalb, da der AN auf die Möglichkeit der Ablösung des Einbehalts durch eine einfache Bürgschaft (nicht auf eine solche auf 1. Anfordern) verwiesen wird (BGH vom 26. 02. 2004, Az: VII ZR 247/02, BauR 2004, 841).

PRÜFLISTE	zulässig	Anmerkung
b) Es wird ein **Gewährleistungseinbehalt** von 5% der Auftragssumme vereinbart, der nur durch unwiderrufliche selbstschuldnerische Bürgschaft einer **inländischen Bank oder Versicherungsgesellschaft gemäß Muster des Auftraggebers** abgelöst werden kann.	ja	Die Beschränkung auf ein inländisches Geldinstitut steht einem angemessenen Interessenausgleich nicht entgegen (OLG Dresden, Beschluss vom 23. 09. 2004, Az: 12 U 1161/04, BauR 2004, 1992). Darüber hinaus ist auch die Einschränkung, dass die **Bürgschaft nach dem Muster des AG** auszugestalten nach der Rechtsprechung des BGH nicht schädlich. Denn maßgeblich für den Inhalt der Bürgschaftsverpflichtung ist der Vertragstext. Die Formulierung „gem. Muster des Auftraggebers" ist danach dahingehend zu verstehen, dass sich der Bürgschaftstext nur ergänzend nach den Vorgaben des Auftraggebers richtet. Damit ist beispielsweise ausgeschlossen, dass der Auftraggeber nachträglich eine Bürgschaft auf 1. Anfordern verlangen könnte (BGH vom 26. 02. 2004, Az: VII ZR 247/02, BauR 2004, 841).
c) Der AG behält sich das Recht vor, 5% der Gesamtsumme des Auftrags bis zum Ablauf der Garantiezeit als **Sicherheit für die Gewährleistung** einzubehalten. Die Bestimmungen des § 17 Nr. 6 Abs. 1, Satz 2 und 3 VOB/B sind ausdrücklich ausgeschlossen. Der Gewährleistungseinbehalt ist durch eine **Bürgschaft nach dem Muster des AG** ablösbar.	nein	Diese Klausel verstößt gegen das **Tranzparenzgebot,** da sie im Gegensatz zur vorstehenden Klausel bei der Vereinbarung selbst offenlässt, welche Art der Bürgschaft im Muster des AG gefordert werden wird. Das könnte auch eine Forderung nach einer **Bürgschaft auf 1. Anfordern** bedeuten, was keinen angemessenen Interessenausgleich für den Sicherheitseinbehalt bedeutet. Gleichzeitig nimmt die Klausel dem AN die Möglichkeit, unter den verschiedenen Arten der Sicherheit nach § 17 VOB/B zu wählen. Eine solche Klausel verstößt gegen § 307 BGB (BGH vom 02. 03. 2000, Az: VII ZR 475/98, ZfBR 2000, 332).
d) Der Auftraggeber ist dazu berechtigt, 5% der Abrechnungssumme als **Gewährleistungssicherheit** von der Schlussrechnungssumme einzubehalten. Dieser Betrag kann durch eine **Bürgschaft auf 1. Anfordern** abgelöst werden.	nein	Die Klausel kann nicht etwa dahingehend umgedeutet werden, dass der AN zumindest dazu berechtigt ist, den Sicherheitseinbehalt durch eine selbstschuldnerische unbefristete Bürgschaft abzulösen (BGH vom 09. 12. 2004, Az: VII ZR 57/02, BauR 2005, 539). Dies würde eine unzulässige geltungserhaltende Reduktion bedeuten. Sie benachteiligt den Auftragnehmer unangemessen, da ihm kein angemessener Ausgleich dafür zugestanden wird, dass er den Werklohn nicht sofort in voller Höhe ausbezahlt bekommt.

PRÜFLISTE	zulässig	Anmerkung
		Die Stellung einer Bürgschaft auf 1. Anfordern stellt einen solchen Ausgleich nicht dar, da der Auftraggeber diese Bürgschaft ohne Weiteres in Anspruch nehmen kann. Dadurch wird dem Auftragnehmer die **Liquidität** auch dann für längere Zeit wieder **entzogen,** wenn sich herausstellt, dass die Inanspruchnahme des Bürgen gar nicht gerechtfertigt war. Eine **Verzinsung** des Sicherheitseinbehalts ändert an der Unwirksamkeit der Klausel nichts (BGH, Beschluss vom 23. 06. 2005, Az: VII ZR 277/04, BauR 2006, 106; BGH, Beschluss vom 24. 05. 2007, Az: VII ZR 219/06).
		Dies **gilt auch im Rahmen eines VOB-Vertrages.** Die Klausel bringt zum Ausdruck, dass die VOB/B insoweit nur nachrangig gelten soll, sodass sowohl das Wahlrecht nach § 17 Nr. 3 VOB/B, als auch die Verpflichtung des AG zur Einzahlung auf ein Sperrkonto ausgeschlossen sein sollen (BGH vom 23. 06. 2005, Az: VII ZR 277/04, BauR 2006, 106).
e) Zur Sicherung der **Gewährleistungsansprüche** des AG dient die gem. Vertrag zurückbehaltene Garantiesumme (5% d. Auftragssumme). Sicherheitsleistungen können auf Antrag frühestens nach der Hälfte der Laufzeit der Garantiesummenzeit bei Mängelfreiheit durch eine für den AG kostenlose und unbefristete, unter Verzicht auf die Einreden der Anfechtbarkeit, Aufrechenbarkeit und Vorausklage ausgestattete Bankbürgschaft mit **Zahlungsverpflichtung auf 1. Anfordern** ersetzt werden. Ein Anspruch auf Zustimmung besteht nicht. Im Übrigen ist § 17 VOB/B ausgeschlossen.	nein	Diese Klausel verstößt gegen § 307 BGB, da sie den AN entscheidend in seiner **Liquidität** einschränkt und ihm zusätzlich das **Bonitätsrisiko** des AG aufgebürdet wird, ohne dass ihm hierfür ein angemessener Ausgleich gewährt wird. Darüber hinaus schränkt die Klausel die Möglichkeit, den Bareinbehalt durch Bürgschaft abzulösen, durch die Forderung nach Mängelfreiheit unangemessen ein (BGH vom 05. 06. 1997, Az: VII ZR 324/95; BauR 1997, 829).

PRÜFLISTE	zulässig	Anmerkung
f) Der AG ist dazu berechtigt, 5% der Abrechnungssumme als **Gewährleistungssicherheit** von der Schlussrechnungssumme einzubehalten. Zur Ablösung steht dem AN das **Wahlrecht gem. § 17 Nr. 3 VOB/B** zu, wobei bei Ablösung durch Bürgschaft der **Bürge auf 1. Anfordern** zu zahlen hat.	**nein**	Die Klausel ist nicht deshalb wirksam, weil der AN statt der unzulässigen Bürgschaft auf 1. Anfordern die **Hinterlegung** wählen kann. Ebenso wie der Bareinbehalt führt auch die Hinterlegung zum **Verlust der Liquidität,** was zur Unwirksamkeit nach § 307 BGB ausreicht (BGH vom 24. 05. 2007, Az: VII ZR 210/06; BGH vom 24. 05. 2005, Az: VII ZR 277/04, BauR 2006, 106; BGH vom 28. 02. 2008, Az: VII ZR 51/07).
g) VOB-Vertrag: Der AG ist berechtigt, 5% der Schlussrechnungssumme bis zum Ende der Gewährleistungsfrist **zinslos einzubehalten,** wobei dieser Einbehalt durch eine **unbefristete Bankbürgschaft** abgelöst werden kann.	**ja**	Während die Forderung nach einer Bürgschaft auf 1. Anfordern die Wahl anderer Austauschsicherheiten nach § 17 Nr. 3 VOB/B und auch die Verpflichtung des Auftraggebers zur Einzahlung der Sicherheit auf ein Sperrkonto ausschließt, enthält die Forderung nach einfacher Bürgschaft keine Anhaltspunkte dafür, dass § 17 Nr. 6 VOB/B abbedungen werden soll (BGH vom 10. 11. 2005, Az: VII ZR 11/04, BauR 2006, 154; LG Bremen vom 06. 03. 2008, Az: 4 S 284/07; LG München I vom 29. 05. 2008, Az: 2 O 21977/07).
h) Der Auftraggeber ist dazu berechtigt, . . .% der Schlussrechnungssumme als **Gewährleistungssicherheit** einzubehalten. Der einbehaltene Betrag wird auf einem **Sperrkonto hinterlegt,** die anfallenden **Zinsen** stehen dem Auftragnehmer zu.	**nein**	Auch diese Klausel enthält keinen angemessenen Interessenausgleich. Zwar befreit sie den Auftragnehmer vom Bonitätsrisiko und gesteht ihm auch einen Anspruch auf Verzinsung zu. Da er trotzdem nicht über den vollen Werklohn verfügen kann, entzieht sie ihm jedoch die **Liquidität** in Höhe des einbehaltenen Betrages. Dies verstößt gegen § 307 BGB (BGH, Beschluss vom 24. 05. 2007, Az: VII ZR 210/06).
i) Der Auftraggeber ist dazu berechtigt, von der gem. Schlussrechnung geschuldeten Vergütung einen Einbehalt von 5% zur **Absicherung von Gewährleistungsansprüchen** vorzunehmen, den er durch eine Bürgschaft auf 1. Anfordern ablösen kann. Die **Bürgschaft ist 2 Jahre nach der Abnahme freizugeben,** wenn anlässlich einer **Kontrollbegehung keine Mängel** festgestellt werden.	**nein**	Die Klausel ist aufgrund der unter oben c) genannten Gründe **unwirksam** (§ 307 BGB). Insbesondere ändert hieran auch die Möglichkeit der Ablösung nach 2 Jahren schon deshalb nichts, weil damit dem Auftragnehmer nach der Abnahme entgegen der gesetzlichen Regelung die Beweislast für die Mängelfreiheit auferlegt wird. Außerdem würde jeder Streit über das Vorhandensein von Mängeln dazu führen, dass der Freigabeanspruch blockiert würde (BGH, Beschluss vom 23. 06. 2005, Az: VII ZR 11/04, BauR 2006, 154).

PRÜFLISTE	zulässig	Anmerkung
j) **Öffentlicher Auftraggeber:** Von der Schlussrechnung werden 5% der Bruttoabrechnungssumme als **Gewährleistungssicherheit** einbehalten und auf ein **eigenes Verwahrgeldkonto** genommen, das **unverzinst** bleibt. Dem Auftragnehmer steht es frei, die Auszahlung gegen Übergabe einer leistungsfähigen Bank oder Kautionsversicherung, die auf **1. Anforderung** zu zahlen hat, zu erlangen.	**nein**	Eine Bürgschaft auf 1. Anfordern stellt auch dann **keinen angemessen Ausgleich** für den Sicherheitseinbehalt dar, wenn die Klausel von einem **öffentlichen Auftraggeber** gestellt wird, bei dem zwar kein Insolvenzrisiko besteht, die den Auftragnehmer jedoch trotzdem unangemessen benachteiligt, da er auch in diesem Fall bei unberechtigter Inanspruchnahme des Bürgen das Liquiditätsrisiko zu tragen hat (BGH vom 20. 10. 2005, Az: VII ZR 153/04, BauR 2006, 374; BGH vom 09. 12. 2004, Az: VII ZR 153/04, BauR 2006, 374; BGH vom 25. 03. 2004, Az: VII ZR 453/02, BauR 2004, 1143; BGH vom 09. 12. 2004, Az: VII ZR 265/03, BauR 2005, 539).
k) Der Auftragnehmer hat eine **Gewährleistungssicherheit** in Höhe von 5% der Abrechnungssumme zu leisten, wobei ihm das **Wahlrecht unter den in § 17 Nr. 3 VOB/B** genannten Sicherheiten zusteht. Wählt er Sicherheit durch **Bürgschaft,** muss diese **auf 1. Anfordern** ausgestellt sein.	**nein**	Auch diese Variante stellt **keinen angemessenen Ausgleich** für den Sicherheitseinbehalt dar (BGH vom 10. 11. 2005, Az: VII ZR 11/04, BauR 2006, 379; OLG München vom 26. 06. 2007, Az: 13 U 5389/06, BauR 2007, 1617, Nichtzulassungsbeschwerde vom BGH zurückgewiesen).
l) Wenn der Auftragnehmer **Gewährleistungssicherheit** durch Vorlage einer **selbstschuldnerischen Bürgschaft** wählt, gibt der Auftraggeber deren Form vor, diese muss **insbesondere** unbefristet sein und erst mit Rückgabe erlöschen. Sie muss die Geltung deutschen Rechts und den **Verzicht auf die Einreden der Anfechtung und der Vorausklage enthalten.**	**nein**	Die an die Bürgschaft zu stellenden Anforderungen werden in der Klausel nicht vollständig aufgeführt, wie sich aus der Formulierung „inbesondere" ergibt. Deshalb kann der Formulierung nicht entnommen werden, dass eine „einfache" selbstschuldnerische Bürgschaft genügt, wenn sie die weiteren Kriterien erfüllt. Die Klausel ist intransparent i. S. von § 305c Abs. 2 BGB, da auch eine Bürgschaft auf 1. Anfordern gemeint sein könnte. Bei dieser Auslegung verstößt die Klausel gegen § 307 BGB. (OLG München vom 26. 06. 2007, Az: 13 U 5389/06, BauR 2007, 1617, Nichtzulassungsbeschwerde mit Beschluss des BGH vom 24. 05. 2007, Az: VII ZR 21377/06 zurückgewiesen).

PRÜFLISTE	zulässig	Anmerkung
m) Zur Absicherung evtl. **Gewährleistungsansprüche** werden 5% des Pauschalfestpreises für die Dauer von 5 Jahren in Geld einbehalten. Gegen Stellung einer selbstschuldnerischen unbefristeten Bürgschaft einer deutschen Bank gem. § 17 Nr. 4 VOB/B kann der AN die **Auszahlung verlangen, wenn wesentliche Mängel nicht mehr vorhanden sind.**	**nein**	Die Klausel verstößt gegen § 307 BGB. Die Voraussetzung, dass wesentliche Mängel nicht vorhanden sein dürfen, bedeutet eine so weitreichende Beschränkung der Berechtigung eine Austauschbürgschaft zu stellen, dass ein angemessener Interessenausgleich zu verneinen ist. Denn jeder Streit über die Frage des Vorhandenseins wesentlicher Mängel blockiert dieses Austauschrecht selbst dann, wenn die Mängelrügen unberechtigt sind (BGH vom 13. 11. 2003, Az: VII ZR 57/02, BauR 2004, 325, ZfbR 2004, 96).
n) Der AN hat auf Verlangen eine **Ausführungsbürgschaft** von 25% der Auftragssumme zu stellen.	**nein**	Eine Sicherheitsleistung von 25% ist wegen deren **Höhe unbillig.** Der Satz liegt weit über den in der Bauwirtschaft üblichen 5%. Die Klausel verstößt gegen § 307 BGB und ist auch unter Kaufleuten unwirksam (LG Bad Kreuznach vom 22. 06. 1988, Az: 2 O 188/87, unveröffentlicht).
o) Zahlungen auf Schlussrechnungen werden bis zu 95% des Nettowertes geleistet. Der Rest ist durch eine kostenlose und befristete **Gewährleistungsbürgschaft** (Vorgabe der Befristung durch den Auftraggeber) ablösbar.	**nein**	Die Klausel verstößt gegen § 307 BGB, da sie den Zeitraum der Sicherheitsleistung nicht festlegt, sondern ins freie Ermessen des AG stellt (BGH vom 10. 04. 2003, Az: VII ZR 314/01, ZfBR 2003, 627).
p) **Der Bürge wird von seiner Bürgschaftsverpflichtung nicht frei,** wenn die Bank dem Hauptschuldner Stundung gewährt, andere Bürgen aus der Haftung entlässt, Sicherheiten freigibt, oder Sicherheiten aufgibt, um eine sich aus anderen Sicherungsverträgen ergebende Freigabeverpflichtung zu erfüllen.	**nein**	Die Klausel lässt jegliche hinreichend konkrete Begrenzung auf Sachverhalte vermissen, bei denen eine Einschränkung der gesetzlichen Rechte des Bürgen nach § 776 BGB als vertretbar erscheint. Sie ist deshalb intransparent und inhaltlich unangemessen. Sie verstößt gegen § 307 BGB (BGH vom 25. 10. 2002, Az: IX ZR 185/00).

PRÜFLISTE	zulässig	Anmerkung
q) Der Bürge **verzichtet** auf die Einrede gemäß **§ 768 BGB.**	**nein**	Nach der gesetzlichen Regelung des § 768 BGB ist die Bürgschaft von der Hauptschuld abhängig. Dies schließt die Klausel aus und verändert damit die Rechtsnatur des Vertragsverhältnisses. Der Bürge wird hierdurch in seinen Rechten unangemessen benachteiligt (BGH vom 08. 03. 2001, Az: IX ZR 236/00).
oder: Der Bürge verzichtet auf die **Einrede der Aufrechenbarkeit** (§ 770 Abs. 2 BGB).		**zur 2. Klausel:** Auch der formularmäßige Ausschluss dieser Einrede ist unwirksam (BGH vom 16. 01. 2003, Az: IX ZR 171/00; JBR 2003, 244).
r) Der AN kann den Barsicherheitseinbehalt durch eine Gewährleistungsbürgschaft ablösen, wobei der Bürge auf die Einreden aus §§ 768, 770, 771 und 776 BGB verzichten muss.	**nein**	Schon der Ausschluss der Einreden gem. § 768 BGB verstößt gegen § 307 BGB und führt zur Gesamtnichtigkeit der Sicherungsabrede. Nur bei einer normalen Bürgschaft liegt ein angemessener Ausgleich vor, hier ist die Rechtslage mit derjenigen vergleichbar, bei der eine Bürgschaft auf 1. Anfordern verlangt wird (OLG München vom 21. 08. 2008, Az: 9 U 4492/06).
s) Die Sicherheitsleistung erstreckt sich auf die Erfüllung der Ansprüche auf **Gewährleistung** einschließlich **Schadensersatz,** sowie auf die Erstattung von **Überzahlungen** einschließlich der Zinsen.	**nein**	Die Klausel verstößt gegen das **Transparenzgebot** und damit gegen § 307 BGB, da die Ausdehnung des üblichen Inhalts einer Gewährleistungsbürgschaft auf Schadensersatzansprüche und auf Erstattung von Überzahlungen zu einer nicht vorhersehbaren erheblichen Mehrbelastung des Auftragnehmers führt, die diesen unangemessen benachteiligt (OLG Frankfurt/Main vom 03. 06. 2002, Az: 1 U 26/01).
t) Der Auftraggeber ist zu einem Sicherheitseinbehalt in Höhe von **10% der Brutto-Auftragssumme** für eine **Gewährleistungszeit** von **5 Jahren und 1 Monat** berechtigt. Einzahlung auf ein Sperrkonto kann nicht verlangt werden. Der **Sicherheitseinbehalt** ist nach Ablauf der vereinbarten Gewährleistungsfrist zur Rückzahlung fällig und **auszubezahlen,** soweit dem Auftraggeber keine Ansprüche, auch aus sonstigen Rechtsgründen, gegen den Auftragnehmer mehr zustehen.	**nein**	Nach dem gesetzlichen Leitbild (§ 641 Abs. 1 BGB) steht dem AN mit der Abnahme seiner Leistung der volle Werklohn zu. Die Klausel zwingt dagegen den AN, auf die volle Vergütung 5 Jahre und 1 Monat zu warten **(Liquiditätsrisiko)** und in dieser Zeit das **Insolvenzrisiko** zu tragen. Dies stellt eine vom Gesetz nicht vorgesehene unangemessene Belastung des AN dar (OLG München vom 20. 06. 1995, Az: 13 U 5787/94, NJW-RR 1996, 534). Zum gleichen Ergebnis kommt das Brandenburgische OLG (vom 16. 03. 1999, Az: 11 U 107/98, bestätigt durch **Nichtannahmebeschluss** des BGH vom 27. 06. 2000, Az: VII ZR 127/99, BauR 2001, 1450 ff.), allerdings bei 20% Vertragserfüllungsbürgschaft und Anspruch auf Abschlagszahlung von nur 90%.

PRÜFLISTE	zulässig	Anmerkung
u) Der AG **behält** einen Sicherheitsbetrag von 5% für ein Jahr ab letzter Zahlung **unverzinslich ein.** **Variante:** Schlusszahlung wird unter Einbehalt einer **Barsicherheit** von 5% der Abrechnungssumme aus der geprüften Schlussrechnung auf 2 Jahre ab Abnahme der Arbeiten geleistet. Die Sicherheitsleistung wird **nicht verzinst.**	nein	Der **Bareinbehalt** ändert in für den AN unzumutbarer Weise die gesetzliche Regelung des § 641 BGB ab, wonach die Vergütung insgesamt mit der Abnahme fällig wird. Die Klausel zwingt dem AN für eine erheblich lange Zeit das **Insolvenzrisiko** des AG ohne Ausgleich auf. Das verstößt gegen § 307 Abs. 2 Nr. 1 BGB (OLG Hamm vom 19. 01. 1988, Az: 21 U 110/87, BB 1988, 868 = BauR 1988, 731). Der **unverzinsliche** Einbehalt eines Sicherheitsbetrages benachteiligt den AN in unangemessener Weise. Die Klausel verstößt gegen § 307 BGB, auch unter Kaufleuten. Aber **auch mit einer Verzinsungsregelung** wäre die Klausel unwirksam, da hiermit das Insolvenzrisiko nicht ausgeschlossen wird. (BGH vom 23. 06. 2005, Az: VII ZR 277/04, BauR 2006, 106; OLG Karlsruhe vom 05. 10. 1988, Az. 7 U 189/87, BauR 1989, 203; LG München I vom 19. 05. 1988, Az: 7 O 23960/87, Klausel 18, unveröffentlicht; Pfälzisches OLG Zweibrücken vom 10. 03. 1994, Az: 4 U 143/93, BB 95, 13).
v) Nach Prüfung der Schlussrechnung bleiben **5%** des anerkannten Rechnungsbetrages als Garantie **auf 2 Jahre stehen** und werden mit **5% verzinst.** Nur in besonderen Fällen können andere Sicherheiten, z. B. Bankbürgschaft, gestellt werden. Die **Entscheidung** darüber liegt allein **im Ermessen des AG.**	nein	Sowohl das Insolvenzrisiko, als auch die Finanzierung des einbehaltenen Betrages liegen hier beim AN, da er keinen **Anspruch auf Ablösung des Bareinbehaltes** hat. Daran ändert auch die Verzinsung nichts. Die Klausel verstößt gegen § 307 BGB (LG Frankfurt/M., Az: 2/24 O 9/94, ZDB-AGB-Verbandsklageregister Nr. 564/95; siehe auch LG München I vom 19. 06. 1993, Az: 21 O 12454/92; siehe auch BGH vom 23. 06. 2005, Az: VII ZR 277/04, BauR 2006, 106).
w) **5% bleiben** über die Dauer von 2 Jahren seit Abnahme zur Sicherstellung der **Gewährleistungspflicht einbehalten.** Sie können **frühestens 5 Monate nach Abnahme** durch eine Bürgschaft einer deutschen Bank **abgelöst** werden.	nein	Die Klausel **verzögert** de facto die **Fälligkeit** eines Teils der Vergütung um 5 Monate mit der Folge, dass der AN beispielsweise im **Insolvenzfall** des AG das volle Risiko trägt (LG München I vom 25. 04. 1991, Az: 7 O 20842/90; siehe auch z. B. BGH vom 23. 06. 2005, Az: VII ZR 277/04, BauR 2006, 106). Sie verstößt damit wegen der Verzögerung der Fälligkeit um 5 Monate und des Insolvenzrisikos für den AN, auch gegenüber Unternehmern gegen § 307 BGB.

PRÜFLISTE	zulässig	Anmerkung
x) Der Auftragnehmer hat die Rückgabe der Sicherheitsleistung und die Besichtigung der Leistung **3 Monate vor Ablauf der Gewährleistungsfrist** zu beantragen. Zur Feststellung etwaiger Gewährleistungsmängel findet vor Ablauf der Gewährleistungsfrist eine gemeinsame Besichtigung der Leistung statt.	**nein**	Die Klausel vermittelt dem Auftragnehmer den Eindruck, die Rückgabe der Sicherheit oder eine nicht stillschweigende Verlängerung der Gewährleistungsfrist hänge von einer Formalität („Schlussbegehung") ab. Damit wird ein ausgewogener Interessenausgleich maßgeblich gestört und der Unternehmer unangemessen benachteiligt (Verstoß gegen § 307 BGB, LG München I vom 13. 06. 1991, Az: 7 O 22256/90, Baurechts-Report 8/91).
y) Voraussetzung für die Auszahlung des Sicherheitsbetrages ist, dass **keine Baumängel** und Beanstandungen vorliegen und die Abführung fällig gewordener **Sozialbeiträge** nachgewiesen wird.	**nein**	Der AG kann nach der Klausel die Auszahlung des gesamten Sicherheitsbetrages schon dann verweigern, wenn Beanstandungen und zwar unabhängig von ihrer Bedeutung, vorliegen. Darüber hinaus ist die Abhängigkeit des Auszahlungsanspruchs von den Sozialbeiträgen völlig sachfremd. Die Klausel verstößt deshalb, auch im kaufmännischen Geschäftsverkehr, gegen § 307 BGB (LG München I vom 04. 10. 1990, Az: 7 O 9625/90, unveröffentlicht).
z) Als Sicherheit für die **Erfüllung sämtlicher Verpflichtungen** aus diesem Vertrag, insbesondere die vertragsgemäße Ausführung der Leistung, hat der Subunternehmer eine unbefristete **Vertragserfüllungsbürgschaft** in Höhe von 10% der Bruttoauftragssumme zu stellen. Diese Bürgschaft ist **bei der Vertragsunterschrift** dem Generalunternehmer auszuhändigen.	**ja**	Es besteht ein allgemein anerkanntes Interesse des Auftraggebers an der Sicherstellung der Vertragserfüllung. Der Umstand, dass die Bürgschaft schon bei Vertragsabschluss bereitgehalten werden muss und dass dies den Kreditrahmen des Auftragnehmers belastet, reicht nicht aus, um eine Unangemessenheit der Klausel anzunehmen (BGH vom 20. 04. 2000, Az: VII ZR 458/97, Baurechts-Report 8/2000).
aa) Der Auftragnehmer hat auf Verlangen des AG **vor Erteilung** des Auftrags eine **Ausführungsbürgschaft** eines deutschen Kreditinstituts vorzulegen und zwar in Höhe der Angebotssumme.	**nein**	Die Stellung einer Ausfallbürgschaft **vor Erteilung des Auftrags** bedeutet – unabhängig von der unangemessenen Höhe – eine zusätzlich unangemessene Benachteiligung des AN. Sie belastet ihn mit erheblichen zusätzlichen Kosten und schränkt seinen Kreditrahmen ein. Die Klausel verstößt gegen § 307 BGB (LG Koblenz vom 19. 08. 1994, Az: 8O 685/93).

PRÜFLISTE	zulässig	Anmerkung
bb) Der Auftragnehmer hat für die **Vertragserfüllung** eine Bürgschaft **auf 1. Anfordern** i. H. von 10% zu stellen. Es besteht Anspruch auf Abschlagszahlung i. H. von 90%.	**nein** <u>Aber u. U. Vertrauensschutz</u>	Vertragserfüllungsbürgschaften auf 1. Anfordern benachteiligen den AN unangemessen i. S. von § 307 BGB und sind deshalb unwirksam. Der AN wird aufgrund seiner Vorleistungspflicht einem hohen finanziellen Risiko ausgesetzt und muss dabei das Bonitätsrisiko eines vertragsuntreuen AG tragen. Es besteht die Gefahr, dass der AG das Sicherungsmittel in Anspruch nimmt, obwohl der AN seine Leistung ordnungsgemäß erbracht hat (BGH vom 18. 04. 2002, Az: VII ZR 192/01). Mit Urteil vom 04. 07. 2002, Az: VII ZR 502/99; BauR 2002, 1533 hat der BGH entschieden, dass der AG eine solche **Vertragserfüllungsbürgschaft** zwar an den AN **herauszugeben** hat, allerdings im Wege „ergänzender Vertragsauslegung" geprüft werden muss, ob die Vertragspartner nicht die **Stellung einer gewöhnlichen selbstschuldnerischen Bürgschaft** gewählt hätten, wenn ihnen die Unwirksamkeit bekannt gewesen wäre. Dies gelte allerdings **nur** für **bis zum Bekanntwerden** dieser Entscheidung abgeschlossene Verträge. Nachfolgend hat der BGH (Urteil vom 25. 03. 2004, Az: VII ZR 453/02) diese Rechtsprechung noch einmal bestätigt und ausgeführt, dass auch eine Forderung nach einer Vertragserfüllungsbürgschaft auf 1. Anfordern in den AGB eines **öffentlichen Auftraggebers** unwirksam ist. Hier besteht für den AN zwar kein Insolvenzrisiko, es wird ihm jedoch das Liquiditätsrisiko auferlegt, da auch bei einem solchen Auftraggeber nicht auszuschließen ist, dass er den AN zu Unrecht in Anspruch nimmt.
cc) Der AN hat eine **Vertragserfüllungsbürgschaft auf 1. Anfordern** von 10% der Auftragssumme zzgl. Umsatzsteuer zu stellen. Er ist nach seiner Wahl auch dazu berechtigt, die Sicherheit durch **Hinterlegung** von Geld zu leisten.	**nein**	Auch diese Klausel enthält keinen angemessenen Ausgleich für die dem AN durch Bürgschaft auf 1. Anfordern entstehenden Nachteile. Sie befreit ihn zwar vom Insolvenzrisiko, durch den hinterlegten Betrag wird ihm jedoch auch hier **Liquidität entzogen,** da er auf die hinterlegte Summe nur mit Zustimmung des AG zugreifen kann. An der Unwirksamkeit würde sich auch dann nichts ändern, wenn der hinterlegte Betrag zu verzinsen wäre (BGH, Urteil vom 28. 02. 2008, Az: VII ZR 51/07, Baurechts-Report 2008, S. 13).

PRÜFLISTE	zulässig	Anmerkung
dd) Der AN **verzichtet** auf alle Rechte aus **§ 648 BGB.**	**nein**	Der formularmäßige Verzicht auf die **Bestellung** einer **Bauhandwerkersicherungshypothek** wird, da es sich um ein grundlegendes gesetzlich geregeltes Recht des AN handelt, durch die Rechtsprechung nicht akzeptiert (vgl. schon OLG Köln vom 19. 09. 1973, Az: 16 U 63/73, BauR 1974, 282 sowie OLG Karlsruhe vom 04. 06. 1996, Az: 17 U 207/95, IBR 96, 368). Der BGH sieht durch die Klausel auch wesentliche Grundgedanken der gesetzlichen Regelung verletzt (§ 307 BGB). Anders wäre es dann, wenn die Klausel zum Ausdruck bringt, dass dem Auftragnehmer andere Sicherheiten gestellt werden, wie Bankbürgschaft, Hinterlegung von Geld oder von Wertpapieren. (BGH vom 03. 05. 1984, Az: VII ZR 80/82, BB 1984, 1257, für AGB eines Baubetreuers.) Dies gilt auch für Kaufleute. An der Unwirksamkeit ändert sich auch nichts durch § 648a BGB, zumal dieser nur die Vorleistung absichert. Die bloße **Möglichkeit** der Erlangung einer entsprechenden Sicherheit reicht nicht aus (OLG Karlsruhe vom 29.10. 1996, Az: 8 U 18/96, NJW-RR 97, 658).
ee) Der Auftragnehmer **verzichtet** auf Ansprüche aus **§ 648a BGB.**	**nein**	Nach § 648a Abs. 7 BGB sind Vereinbarungen unwirksam, die den Anspruch des Auftragnehmers auf Bauhandwerkersicherung ausschließen (BGH 146, 24 ff.).
ff) Verlangt der AN eine **Sicherheit nach § 648a BGB,** ist er verpflichtet, dem AG Zug um Zug eine **Vertragserfüllungsbürgschaft** in gleicher Höhe zu geben.	**nein**	Auch diese Klausel stellt eine von § 648a Abs. 1 bis 6 BGB abweichende Regelung dar, die die Geltendmachung der Rechte aus § 648a BGB unzulässig erschwert und deshalb gem. § 648a Abs. 7 BGB unwirksam ist (Hofmann/Koppmann, S. 117).
gg) Der Anspruch des AN auf Sicherheit nach **§ 648a BGB** wird durch vereinbarte **Abschlagszahlungen,** sowie aufgrund berechtigter **Mängelrügen** des AG entsprechend **gemindert.**	**nein**	Der Auftragnehmer hat Anspruch auf Sicherheit nach § 648a BGB in **Höhe des vollen Vergütungsanspruchs.** Dieser Anspruch wird durch Vereinbarung von Abschlagszahlungen und durch Mängelrügen des Auftraggebers (solange der AN willens und in der Lage ist, die Mängel zu beseitigen) nicht gemindert (BGH vom 27. 09. 2007, Az: VII ZR 80/05, Baurechts-Report 2007, 46; BGH vom 09. 11. 2000, Az: VII ZR 82/99, Baurechts-Report 1/2001, S. 1). Im Übrigen räumt § 632a BGB in der durch das Forderungssicherungsgesetz geänderten Fassung für nach Inkrafttreten der Änderung abgeschlossene Verträge einen Anspruch auf Abschlagszahlung in Höhe des vollen Wertzuwachses ein.

PRÜFLISTE	zulässig	Anmerkung
hh) Der AN hat Anspruch auf Abschlagszahlungen gem. § 16 Nr. 1 VOB/B. Verlangt er eine Sicherheit nach § 648a BGB, kann er **Abschlagszahlungen** nur noch unter den **Voraussetzungen des § 632a BGB** verlangen.	**nein**	Diese Klausel stellte schon vor Inkrafttreten des durch das Forderungssicherungsgesetz geänderten § 632a BGB einen unwirksamen Umgehungsversuch dar, der darauf abzielt, dem Auftragnehmer seinen Anspruch auf Sicherheitsleistung nach § 648a BGB zu nehmen (Kniffka, ibr-online-Kommentar, Bauvertragsrecht, Stand 17. 03. 2008, § 648a BGB, Rdnr. 13; ebenso M. Frikell, BrBp 2003, 98). Mit Inkrafttreten des durch das Forderungssicherungsgesetz neu gefassten § 632a BGB hat die Klausel zumindest für danach abgeschlossene Verträge ihren Sinn verloren, da sich der Anspruch auf Abschlagszahlung nach VOB/B und BGB nicht mehr nennenswert unterscheidet. Die Klausel räumt dem AN also nicht einmal einen Vorteil für den Verzicht ein; Verstoß gegen § 307 BGB.
ii) Der AN kann **Bezahlung** für erbrachte Teilleistungen **nur** dann **verlangen,** wenn die Voraussetzungen des § 632a BGB vorliegen. **Verzichtet** er jedoch auf das ihm zustehende Recht auf Sicherheitsleistung nach § 648a BGB, hat er Anspruch auf Abschlagszahlung nach § 16 Nr. 1 VOB/B. Eine etwa getroffene individuelle Zahlungsvereinbarung ist in jedem Fall vorrangig.	**nein**	Auch diese Formulierung ändert nichts daran, dass die Klausel darauf abzielt, **§ 648a BGB zu umgehen.** Dies vor allem deshalb, da nach dem durch das Forderungssicherungsgesetz geänderten § 632a BGB zumindest für danach abgeschlossene Verträge ohnehin ein Anspruch auf Abschlagszahlung in der Höhe besteht, in der der Auftraggeber durch die Leistung einen Wertzuwachs erlangt hat. Die Klausel verstößt gegen § 648a Abs. 7 BGB und damit gegen § 307 BGB (so auch Kniffka, ibr-online-Kommentar Bauvertragsrecht, Stand 17. 03. 2008, § 648a Nr. 24.15.3; und M. Frikell, BrBp 2003, 98).
jj) Dem Auftragnehmer steht kein Anspruch auf Eintragung einer **Bauhandwerkersicherungshypothek** zu, soweit er eine Sicherheit nach **§ 648a BGB** erlangt hat.	**ja**	Die Klausel stellt **lediglich die Rechtslage** dar. Am Ausschluss des Anspruchs auf Bauhandwerkersicherungshypothek bei Vorliegen einer Bürgschaft nach § 648a BGB ändert auch der Umstand nichts, dass der Bürge erst bei feststehender Fälligkeit zur Zahlung verpflichtet ist (OLG Köln vom 19. 05. 1995, Az: 20 U 199/94, Schäfer-Finnern-Hochstein, Nr. 1 zu § 648a BGB).

PRÜFLISTE	zulässig	Anmerkung
kk) Hiermit bestätigen wir unwiderruflich, dass die **Finanzierung** über die Auszahlungssumme des Bauvorhabens **sichergestellt** ist, und eine Auszahlung der Finanzierungsmittel nach den vereinbarten Baustandsraten gewährleistet ist (Bedingung eines privaten Bauherrn für sein Einfamilienhaus).	ja	Die Klausel weicht zwar vom weitergehenden Inhalt des § 648a BGB ab. Dies ist jedoch unschädlich, da § 648a Absätze 1 bis 5 BGB wegen § 648a Abs. 6 BGB beim Bau von Einfamilienhäusern durch „natürliche Personen" (Verbraucher) nicht zur Anwendung kommen (OLG Celle vom 03. 03. 1999, Az: 14 a (6) 208/97, OLGR 1999, 251).
ll) Die Urkunde über die **Vertragserfüllungsbürgschaft** wird nach vorbehaltloser Annahme der Schlusszahlung **zurückgegeben,** wenn der Auftragnehmer – die Leistung vertragsgemäß erfüllt hat – etwaige erhobene Ansprüche (einschließlich Ansprüche Dritter) befriedigt hat – eine vereinbarte Sicherheit für Gewährleistung geleistet hat.	nein	Die Klausel verstößt gegen § 307 BGB, weil sie bei kundenfeindlichster Auslegung die Rückgabe der jeweiligen Bürgschaften von der **Erfüllung „erhobener"** und somit auch möglicherweise rechtswidriger Ansprüche abhängig macht (OLG Frankfurt/Main vom 03. 06. 2001, Az: 1 U 26/01).
mm) Die Urkunde über die **Gewährleistungsbürgschaft** wird auf Verlangen **zurückgegeben,** wenn die Verjährungsfristen für die Gewährleistung abgelaufen und die bis dahin erhobenen Ansprüche erfüllt sind.	nein	Die Klausel verstößt mit gleicher Begründung wie bei der vorgenannten gegen § 307 BGB (OLG Frankfurt/Main vom 03 .06. 2002, Az: 1 U 26/01).

PRÜFLISTE	zulässig	Anmerkung
nn) Bauträgervertrag: Die **Bürgschaft** für den Erwerber wird bei dem amtierenden **Notar verwahrt.**	**nein**	Die Klausel verstößt gegen §§ 12, 7 Abs. 1 Satz 2 und 2 Abs. 4 Satz 3 MaBV und damit gegen § 307 BGB. Nur wenn sich aus der Vereinbarung eindeutig entnehmen ließe, dass der Notar die Urkunde nur treuhänderisch für den Erwerber verwahrt und damit ausschließlich dessen Weisungen unterliegt, sodass er die Urkunde auch jederzeit an diesen herauszugeben hat, ohne dass dies an weitere Bedingungen wie beispielsweise den Nachweis der Kaufpreiszahlung geknüpft ist, wäre die Klausel wirksam (BGH vom 11. 01. 2007, Az: VII ZR 229/05, BauR 2007, 697).
oo) Für die **Vorauszahlung** ist als Sicherheit in gleicher Höhe eine selbstschuldnerische **Bürgschaft auf 1. Anfordern** zu stellen. Die Vorauszahlung wird auf die nächstfälligen Zahlungen für durchgeführte und nachgewiesene Leistungen angerechnet.	**ja**	Eine Bürgschaft auf 1. Anfordern für eine noch nicht ausgeführte Bauleistung bedeutet keine unangemessene Benachteiligung des Auftragnehmers. Denn mit dieser Bürgschaftform kann der Auftraggeber die gesetzlich geregelte Vorleistungspflicht des Auftragnehmers kurzfristig wieder herstellen. Deshalb besteht keine Abweichung vom gesetzlichen Leitbild (BGH vom 21. 04. 1988, Az: IX ZR 113/87, BauR 1988, 594).
pp) Der AN hat eine Gewährleistungssicherheit von 5% und eine Vertragserfüllungssicherheit von 10% der Auftragssumme zu leisten.	**nein**	Diese Kombination stellt eine unangemessene Benachteiligung des AN dar, da die Möglichkeit besteht, dass der AG **beide Sicherheiten** ggf. über einen langen Zeitraum **nebeneinander beanspruchen** kann (OLG Dresden vom 15. 07. 2008, Az: 12 U 781/08).

2.17.2 AGB der Auftragnehmerseite

PRÜFLISTE	zulässig	Anmerkung
a) Die Sicherheitsleistung nach § 648a BGB kann auch **nach Abnahme** der Werkleistung verlangt werden, solange noch ein fälliger Werklohnanspruch des AN und ein Erfüllungs- bzw. Mängelbeseitigungsanspruch des AG bestehen.	ja	Die Klausel enstprach schon bisher der Rechtslage gem. § 648a BGB a. F. (OLG München vom 21. 01. 2003, Az: 13 U 4425/02, Baurechts-Report 4/03. OLG Hamm vom 28. 11. 2002, Az: 24 U 62/02, NJW-RR 2003, 520). Im durch das Forderungssicherungsgesetz neu gefassten § 648a BGB wird nun ausdrücklich erwähnt, dass die Abnahme dem Anspruch auf Sicherheit nicht entgegensteht.
b) Der AG darf **höchstens 10%** des Rechnungswertes bis zur Mängelbeseitigung durch den AN **einbehalten.**	nein	Die Klausel schränkt gesetzliche Zurückbehaltungsrechte des AG in unzulässiger Weise ein – § 309 Nr. 2 BGB (LG Nürnberg-Fürth vom 23. 03. 1983, Az: 3 O 8006/82, Bunte IV, § 9 Nr. 131). Sie widerspricht auch dem gesetzlichen Leitbild des § 641 Abs. 3 BGB, nach dem dem Auftraggeber für die Mängelbeseitigung ein Zurückbehaltungsrecht von bisher mindestens des 3-fachen der Mängelbeseitigungskosten zusteht. Auch nach dem durch das Forderungssicherungsgesetz neu gefassten § 641 Abs. 3 BGB bleibt die Klausel unwirksam, da der AG i. d. Regel noch immer das Doppelte zurückbehalten kann.
c) Der AG hat vor Übergabe des bezugsfertigen Bauwerks die noch nicht fälligen Kaufpreisanteile von . . .% nach Weisung des AN zu dessen Gunsten zu hinterlegen.	nein	Die Klausel soll das Leistungsverweigerungsrecht des AG für den Fall mangelhafter Ausführung ausschließen oder einschränken. Das bedeutet einen Verstoß gegen §§ 307, 309 Nr. 2a BGB (BGH vom 11.10. 1984, Az: VII ZR 248/83, BB 1985, 148).
d) Der AN behält sich das **Eigentum an den gelieferten Baustoffen bis zur Bezahlung** der Gesamtforderung vor (Saldovorbehalt). Werden die Baustoffe be- oder verarbeitet, verbunden oder vermischt, so tritt der AG uns jetzt schon Eigentums- und Miteigentumsrechte ab. Mit Abschluss des Kaufvertrages zwischen AN und AG tritt der AG uns Forderungen gegen seinen Auftraggeber (Bauherr) in voller Höhe ab. Übersteigt der Wert der Sicherheit unsere Gesamtforderung um mehr als 20%, so ist der AN auf Verlangen des AG zur Rückübertragung verpflichtet.	ja	Zumindest zwischen Kaufleuten ist ein sog. verlängerter und erweiterter Eigentumsvorbehalt nach Handelsbrauch zulässig, soweit eine unangemessene Übersicherung ausgeschlossen ist. Das ist durch die Freigabeklausel, die eine Wertdifferenz von 10 bis 20% je nach Branche und Art des Geschäfts berücksichtigt, in einer unangemessene Benachteiligung ausschließenden Weise erreicht (BGH vom 20. 03. 1985, Az: VIII ZR 342/83, BB 1985, 1085).

PRÜFLISTE	zulässig	Anmerkung
e) Zum Nachweis, dass die Finanzierung des Bauvorhabens gesichert ist, muss der AG eine **unwiderrufliche Zahlungsgarantie** einer Bank vorlegen.	**nein**	Die Klausel kann nicht nur als bloße Nachweisgarantie ausgelegt werden. Das müsste ausdrücklich zum Ausdruck kommen. Sie ist vielmehr eindeutig dahin zu verstehen, dass eine nicht durch Einwendungen und Einreden beschränkte **Zahlungsgarantie** gefordert wird. Dies verstößt gegen § 307 BGB (BGH vom 16. 09. 1993, Az: VII ZR 206/92, Schäfer-Finnern-Hochstein, Nr. 60 zu § 9 AGBG; siehe auch LG Koblenz vom 19. 08. 1994, Az: 8 O 685/93, BauR 95, 138). Zulässig ist allerdings eine Klausel, die eine Sicherheit i. S. von § 648a BGB regelt.
f) Der AG hat dem AN durch eine unwiderrufliche, unbedingte und unbefristete Erklärung (Finanzierungsnachweis) einer inländischen Bank nachzuweisen, dass der vereinbarte Vertragspreis zur Verfügung steht, von dem AN entsprechend dem **vereinbarten Zahlungsplan** dann von diesem **abgefordert werden kann** und dieser an den AN ausgezahlt wird.	**nein**	Die Klausel erweckt den Eindruck, als ob der Vertragspreis auch dann vom AN verlangt werden könne, wenn hiergegen berechtigte Einwendungen des AG bestehen. Deshalb ist die Klausel zumindest unklar i. S. von § 305c Abs. 2 BGB, bei entsprechender Auslegung zulasten des AN verstößt sie gegen § 307 BGB (LG Hamburg vom 18. 12. 2002, Az: 329 O 382/02, BauR 2003, 1235).
g) Der Auftraggeber hat eine Zahlungsbürgschaft in Höhe des vereinbarten Werklohns zu leisten.	**nein**	Die Klausel verstößt gegenüber Verbrauchern gegen § 307 Abs. 1 Satz 1 bzw. Abs. 2 Nr. 2 BGB, da sie diese unangemessen dadurch benachteiligt, dass sie ihnen abweichend von § 648a BGB die Bürgschaftskosten auferlegt und der AN zusätzlich eine Sicherungshypothek beanspruchen kann (OLG Celle vom 03. 07. 2008, Az: 13 U 68/08).
h) Die bürgende Bank kann anstelle der selbstschuldnerischen Bürgschaft jederzeit den entsprechenden Geldbetrag in bar bei der zuständigen **Hinterlegungsstelle** als Sicherheit hinterlegen und sich von der Bürgschaft befreien.	**ja**	Da die Klage des AG (Gläubigers) gegen die Bank auf Zustimmung zur Auszahlung des hinterlegten Betrages nicht ausgeschlossen ist, ist die Klausel wirksam (kein Verstoß gegen §§ 307, 305c BGB). In die gesetzliche Regelung der Rechte des Pfandgläubigers gemäß §§ 233, 1257, 1273 ff. BGB wird nicht eingegriffen (BGH vom 14. 02. 1985, Az: IX ZR 76/84, DB 1985, 1073).

2.18 Streitigkeiten (§ 18 VOB/B)

Vorbemerkung:

Regelungen, die für den Fall späterer Streitigkeiten aus dem Vertrag getroffen werden, sind in AGB nur dann gültig, wenn sie den Vertragspartner des Klauselverwenders nicht in seinen gesetzlich verankerten Möglichkeiten zur Durchsetzung seiner Rechte beschränken.

So dürfen sogenannte Gerichtsstandsklauseln, also Regelungen, die festlegen, an welchem Ort das Gericht anzurufen ist, nicht von dem in § 38 ZPO für solche Vereinbarungen abgesteckten Rahmen zuungunsten des Vertragspartners abweichen:

Gemäß § 38 Abs. 1 ZPO sind Gerichtsstandsvereinbarungen nur ausnahmsweise u. a. nur dann zugelassen, wenn die Vertragspartner Vollkaufleute, juristische Personen des öffentlichen Rechts oder öffentlich-rechtliche Sondervermögen sind, wobei auch unter diesen Vertragspartnern eine Gerichtsstandsvereinbarung für das Mahnverfahren ausgeschlossen ist.

Aber auch außerhalb gerichtlicher Verfahren darf der Vertragspartner des Verwenders einer Klausel, die Streitfälle regeln soll, nicht in seinen gesetzlich verankerten Rechten beschränkt werden. So sind beispielsweise Klauseln unwirksam, die gesetzliche Zurückbehaltungsrechte (Einstellung der Leistung, Einbehalt von Geld) einschränken oder ausschließen wollen.

2.18.1 AGB der Auftraggeberseite

PRÜFLISTE	zulässig	Anmerkung
a) Für die Regelung der vertraglichen und außervertraglichen Beziehungen zwischen den Vertragspartnern gilt **ausschließlich** für ein evtl. gerichtliches Verfahren das **Prozessrecht der Bundesrepublik Deutschland.**	**nein**	Da internationales Prozessrecht zwingend dem deutschen Prozessrecht vorgehen kann, verstößt die Klausel gegen § 307 BGB (OLG Frankfurt/Main vom 03. 06. 2002, Az: 1 U 26/01).
b) Als **Gerichtsstand** wird X vereinbart.	**nein**	Die Klausel unterscheidet nicht danach, ob die Vertragspartner Kaufleute sind, sondern bezieht auch Verbraucher mit ein. Sie verstößt damit gegen den in § 38 ZPO gesetzten Rahmen und ist deshalb gemäß § 307 Abs. 2 Nr. 1 BGB auch im kaufmännischen Geschäftsverkehr unwirksam (LG Karlsruhe, Beschluss vom 08. 11. 1995 Az: O 102/95 KfH II, NJW-RR 97,56; OLG München vom 22. 05. 1990, Az: 9 U 6108/89). Eine **andere Ansicht** vertritt das OLG Frankfurt/Main (Urteil vom 03. 02. 1998, Az: 5 U 267/96, BB 98, 2230), das die Klausel für **trennbar** hält und der Auffassung ist, dass sie gegenüber Kaufleuten wirksam und gegenüber Nichtkaufleuten unwirksam ist.

PRÜFLISTE	zulässig	Anmerkung
c) Im kaufmännischen Geschäftsverkehr wird als **Gerichtsstand X** (Sitz des Verwenders) vereinbart.	ja	Gem. § 38 Abs. 1 ZPO kann ein örtlich unzuständiges Gericht durch Vereinbarung zuständig werden, wenn beide Vertragspartner Kaufleute sind. Damit weicht eine entsprechende Klausel nicht wesentlich vom Grundgedanken der gesetzlichen Regelung ab, so dass kein Verstoß gem. § 307 BGB vorliegt. Im Einzelfall können jedoch auch unter Kaufleuten Gerichtsstandsvereinbarungen gegen § 307 BGB verstoßen, wenn sie den Vertragspartner stark belasten und kein berechtigtes Interesse des Verwenders an der Gerichtsstandsbestimmung ersichtlich ist. Dies gilt jedoch nicht für Klauseln, die den Sitz des Verwenders statt den Sitz des Vertragspartners regeln (OLG Karlsruhe vom 22. 03. 1996, Az: 10 U 249/95, NJW 96, 2041).
d) Liegen die Voraussetzungen für eine Gerichtsstandsvereinbarung nach § 38 Zivilprozessordnung vor, richtet sich der Gerichtsstand für Streitigkeiten aus dem Vertrag nach dem Sitz der für die **Prozessvertretung** des Auftraggebers **zuständigen Stelle,** wenn nichts anderes vereinbart ist. Sie ist dem Auftragnehmer auf Verlangen mitzuteilen (Text von § 18 Nr. 1 VOB/B).	ja	Die Klausel gibt den Wortlaut von § 18 Nr. 1 VOB/B wieder. Sie ist damit, soweit sie in einen Vertrag einbezogen ist, dem die **VOB/B insgesamt** zugrunde liegt, zumindest außerhalb von Verbraucherverträgen von vornherein der Inhaltskontrolle des AGBG entzogen. Aber auch bei isolierter Inhaltskontrolle ist sie trotz gewisser Bedenken aufgrund eingeschränkter Transparenz nicht zu beanstanden (OLG Oldenburg vom 24. 04. 1996, Az: 2 U 49/96, NJW-RR 96, 1486 ff., ZfBR 96, 324 ff; Ingenstau-Korbion, Rdnr. 42 zu § 18 Nr. 1 VOB/B).
e) Im kaufmännischen Geschäftsverkehr wird als Gerichtsstand X (Sitz des Verwenders) vereinbart. Das insoweit zuständige **Amtsgericht ist auch für landgerichtliche Streitwerte** zuständig.	nein	Die Klausel führt zu einer erheblichen Benachteiligung des Vertragspartners, da ihm auch bei Fragen von erheblicher rechtsgrundsätzlicher Bedeutung der **Weg zum OLG und zum BGH abgeschnitten** wird. Damit verstößt die Klausel – entgegen AG Frankenthal, NJW 97, 203 – gegen § 307 BGB.

PRÜFLISTE	zulässig	Anmerkung
f) Im nichtkaufmännischen Geschäftsverkehr: **Gerichtsstand** ist Düsseldorf oder wahlweise der Sitz des Bauherrn.	**nein**	Auch derartige Gerichtsstandsklauseln verstoßen gegen § 38 ZPO und sind deshalb nach § 307 BGB unwirksam, da der rechtsunkundige Vertragspartner durch die Klausel veranlasst werden kann, ein unzuständiges Gericht anzurufen (LG Düsseldorf vom 27. 11. 1991, Az: 12 O 56/91).
Variante: Gerichtsstand ist das zuständige Gericht des AG.	**nein**	Diese Klausel ist wegen § 38 ZPO ebenfalls unwirksam (LG Frankfurt/Main, Az: 2/24 O 9/94 ZDB-AGB-Verbandsklageregister Nr. 564/95), da sie die gesetzlich geregelten Gerichtsstände zuungunsten des AN abändert.
g) Erfüllungsort und Gerichtsstand **für das Mahnverfahren** ist für beide Teile nach Wahl des AG dessen Hauptsitz oder eine seiner Niederlassungen.	**nein**	Die Klausel verstößt gegen die gemäß § 40 Abs. 2 ZPO **unabdingbare** gesetzliche Zuständigkeitsregelung des § 689 Abs. 2 ZPO, wonach für das Mahnverfahren das Amtsgericht ausschließlich zuständig ist, in dessen Bezirk der Antragsteller seinen allgemeinen Gerichtsstand hat. Deshalb ist die Klausel gemäß § 307 Abs. 2 Nr. 1 BGB unwirksam, sie benachteiligt den AN entgegen den Geboten von Treu und Glauben unangemessen. Dies gilt auch im kaufmännischen Geschäftsverkehr (BGH, Az: VII ZR 226/83, NJW 1985, 320; OLG Düsseldorf vom 30. 04. 1981, Az: 6 U 260/80, DB 1981, 1663; a. A. OLG Koblenz vom 06. 05. 1983, Az: 2 U 91/82, BB 1983, 1635).
h) Erfüllungsort und Gerichtsstand ist, **soweit gesetzlich zulässig,** Sitz des AG.	**nein**	Derartige „salvatorische Klauseln" („soweit zulässig") bürden dem AN auf, den rechtlichen Inhalt zu überprüfen und zu werten. Dies bedeutet eine einseitige Ausnutzung der Vertragsgestaltungsfreiheit, was dem AN nicht zumutbar ist. Die Klausel ist daher gemäß § 307 BGB unwirksam. Auch unter Kaufleuten ist eine Klausel überraschend und damit unzulässig, bei der der Verwender einen Ort als Gerichtsstand wählt, an dem keiner der Vertragspartner einen allgemeinen Gerichtsstand hat und der auch nicht Erfüllungsort ist (Überraschungsklausel § 305c BGB, LG Konstanz vom 23. 06. 1983, Az. 3 HO 31/83, BB 1983, 1372; LG München I vom 10. 08. 1989, Az: 7 O 7763/89; Klausel 25).
i) Gerichtsstand ist der **Sitz der zur Prozessvertretung** des Auftraggebers zuständigen Stelle.	**nein**	Die Klausel verstößt gegen § 307 BGB, da sie bei kundenfeindlichster Auslegung auch dann einen Gerichtsstand am Sitz der Prozessvertretung des Auftraggebers eröffnet, wenn die Voraussetzungen des § 38 ZPO nicht vorliegen (OLG Frankfurt/Main vom 03. 06. 2002, Az: 1 U 26/01).

PRÜFLISTE	zulässig	Anmerkung
j) Liegen die Voraussetzungen für eine Gerichtsstandsvereinbarung nach § 38 ZPO vor, richtet sich der Gerichtsstand für Streitigkeiten aus dem Vertrag nach dem **Sitz der für die Prozessvertretung** des Auftraggebers zuständigen Stelle, wenn nichts anderes vereinbart ist. Sie ist dem Auftraggeber auf Verlangen mitzuteilen **(§ 18 Nr. 1 VOB/B).**	**ja**	Insbesondere öffentliche Auftraggeber dürften ein berechtigtes Interesse daran haben, an ihrem Sitz zu klagen (OLG Oldenburg vom 24. 04. 1996, Az: 2 U 49/96, ZfBR 96, 324). Deshalb dürfte die Regelung selbst dann nicht unangemessen sein, wenn die VOB/B nicht „insgesamt" vereinbart ist, zumal die Klausel im Gegensatz zur vorhergehenden Klausel den § 38 ZPO beachtet. Bei Verbraucherverträgen dürfte die Klausel allerdings unzulässig sein.
k) **Gerichtsstand** für das **Mahnverfahren** ist für beide Teile . . .	**nein**	Nach §§ 689 Abs. 2, 40 Abs. 2 ZPO ist der Bezirk bei Mahnverfahren ausschließlich zuständig, in dem der Antragsteller seinen allgemeinen Gerichtsstand hat. Deshalb verstößt die Klausel gegen § 307 BGB (BGH, Az: VII ZR 226/83, NJW 1985, 320).
l) **Erfüllungsort** ist X.	**nein**	Erfüllungsortklauseln haben meist nicht den Sinn, den Ort der Leistungserbringung festzulegen, sondern sie **zielen auf eine Gerichtsstandsvereinbarung** ab. Gem. § 29 Abs. 2 ZPO gelten für solche abstrakten Erfüllungsortklauseln deshalb praktisch die gleichen Beschränkungen wie für Gerichtsstandsvereinbarungen. Die Klausel verstößt deshalb, da sie auch den nichtkaufmännischen Geschäftsverkehr mit einbezieht, gegen § 307 BGB (so auch Heinrichs in NJW 97, 1415 f.).
m) Alle Streitigkeiten aus diesem Vertrag werden unter **Ausschluss des ordentlichen Rechtswegs durch ein Schiedsgericht** nach der Schiedsgerichtsordnung der Wirtschaftsvereinigung Bauindustrie e. V. in der jeweils gültigen Fassung entschieden. Gerichtsstand ist der Sitz der Firma des Hauptunternehmers.	**ja**	Eine in AGB enthaltene Schiedsvereinbarung stellt als solche **keine unangemessene Benachteiligung** des Vertragspartners nach § 307 Abs. 1 Satz 1 BGB dar. Die Schiedsvereinbarung erfüllt auch alle Formerfordernisse einer wirksamen Schiedsvereinbarung (BGH vom 25. 01. 2007, Az: VII ZR 105/06, BauR 2007,741; BGH vom 01. 03. 2007, Az: III ZR 164/06, BauR 2007, 1039).

PRÜFLISTE	zulässig	Anmerkung
n) Über alle Streitigkeiten aus diesem Bauträgervertrag zwischen den Parteien soll, soweit gesetzlich zulässig, unter Ausschluss des ordentlichen Rechtswegs ein **Schiedsgericht** entscheiden, dessen Entscheidung endgültig und verbindlich ist. **Schiedsrichter ist Herr . . .,** Vorsitzender Richter am Landgericht . . . Das Schiedsgericht bestimmt das Verfahren nach den einschlägigen Vorschriften der ZPO nach pflichtgemäßem Ermessen.	ja	Auch diese Schiedsvereinbarung erfüllt alle Formanforderungen, die auch bei Beteiligung eines **Verbrauchers** zu erfüllen sind. Zwar stellt die **namentliche Festlegung** der Person des Schiedsrichters in AGB eine unzulässige Benachteiligung des Vertragspartners dar. Nach der **Einführung des § 1034 Abs. 2 ZPO** führt das jedoch nicht mehr zur Unwirksamkeit der Schiedsvereinbarung, wie dies nach der alten Fassung der §§ 1025 ff. ZPO der Fall war. Denn nach der neuen Fassung kann die benachteiligte Partei bei Gericht beantragen, den Schiedsrichter abweichend von der ursprünglichen Benennung zu bestellen. Die Schiedsvereinbarung unterliegt dann einer gerichtlichen Inhaltskontrolle im Hinblick auf eine ausgewogene Zusammensetzung des Schiedsgerichts. Aus diesem Grund bleibt die **Schiedsvereinbarung** als solche **wirksam** (BGH vom 01. 03. 2007, Az: 164/06, BauR 2007, 1039).
o) Bei Meinungsverschiedenheiten über die **Eigenschaft von Stoffen und Bauteilen,** für die allgemeingültige Prüfungsverfahren bestehen, und über die Zulässigkeit oder Zuverlässigkeit der bei der Prüfung verwendeten Maschinen oder angewendeten Prüfungsverfahren kann jede Vertragspartei nach vorheriger Benachrichtigung der anderen Vertragspartei die materialtechnische Untersuchung durch eine staatliche oder staatlich anerkannte Materialprüfungsstelle vornehmen lassen; deren Feststellungen sind verbindlich. Die Kosten trägt der unterliegende Teil.	ja	Die Klausel entspricht dem **Wortlaut von § 18 Nr. 3 VOB/B** und ist nach OLG Celle (vom 26. 01. 1995, Az: 14 U 48/94, BauR 95, 556) auch dann rechtswirksam, wenn die VOB/B nicht „insgesamt" vereinbart ist. Sie hindert nämlich weder die sofortige, noch eine spätere Klageerhebung und verletzt auch nicht den Anspruch des AN auf rechtliches Gehör.

PRÜFLISTE	zulässig	Anmerkung
p) Macht der AN Ansprüche gerichtlich geltend, so darf er nur einen vom AG (Baubetreuer) zu benennenden Bauherrn entsprechend dessen **Anteil aus Gründen der Kostenersparnis** in Anspruch nehmen.	**nein**	Eine solche Musterprozessklausel schränkt das gesetzliche Prozessführungsrecht des AN entgegen den Geboten von Treu und Glauben ein und ist deshalb nach § 307 BGB unwirksam (BGH vom 28. 06. 1984, Az: VII ZR 38/83, DB 1984, 2295).
q) Streitfälle berechtigen den AN nicht, die Arbeiten einzustellen **(§ 18 Nr. 4 VOB/B).**	**ja**	Die Klausel, die den Wortlaut von § 18 Nr. 4 VOB/B wiederholt, hat lediglich klarstellende Bedeutung. Mit ihr sollen dem AN keine Leistungsverweigerungsrechte nach der VOB/B oder nach gesetzlichen Vorschriften abgeschnitten werden (BGH vom 25. 01. 1996, Az: VII ZR 233/94, NJW 96, 1346).
r) Der Bieter **verzichtet** ausdrücklich **auf Einwendungen** aus den gesetzlichen Regelungen der Allgemeinen Geschäftsbedingungen, es sei denn, die Einwendungen werden mit Einreichung des Angebots substantiiert begründet.	**nein**	Die Klausel verstößt gegen das Umgehungsverbot des § 306a BGB und ist deshalb nach § 307 BGB unwirksam (LG München II, Az: 7 O 13014/87).
s) Sollte(n) eine oder mehrere Bestimmungen dieses Vertrages unwirksam oder nichtig sein, wird die **Wirksamkeit der übrigen Bestimmungen nicht berührt.**	**ja**	Diese **„salvatorische Klausel"** entspricht der gesetzlichen Regelung gem. § 306 Abs. 1 BGB. Allerdings führt sie zu einer abweichenden Beweislastverteilung: Während nach dem Gesetz derjenige darlegungs- und beweispflichtig ist, der den teilnichtigen Vertrag **aufrechterhalten** will, trifft diese Pflicht hier denjenigen, der den ganzen Vertrag **verwerfen** will (BGH vom 24. 09. 2002, Az: KZR 10/01, ZfBR 2003, 138).
t) Eine unwirksame Bedingung ist durch eine solche **zu ersetzen,** die dem **gewollten** wirtschaftlichen Zweck **am nächsten** kommt.	**nein**	Eine solche **„salvatorische Klausel"** verstößt gegen § 307 Abs. 1 Satz 1 BGB, da sie zum einen nicht mit der gesetzlichen Regelung gem. § 306 Abs. 2 BGB übereinstimmt, wonach sich der Vertragsinhalt bei unwirksamen Klauseln nach den gesetzlichen Vorschriften richtet. Darüber hinaus verstößt sie mit ihrem unbestimmten Inhalt auch gegen das Transparenzgebot (LG Frankfurt/Main vom 21. 12. 2000, Az: 2/2 O 2/00; OLG Frankfurt/M. vom 09. 11. 2000, Az: 2/2 O 40/00; LG Hamburg vom 07. 01. 1983, Az: 74 O 389/82, Bunte IV, Nr. 24 zu § 6).

2.18.2 AGB der Auftragnehmerseite

PRÜFLISTE	zulässig	Anmerkung
a) Notarieller Kaufvertrag: „Der Käufer unterwirft sich wegen der Zahlungsverpflichtung der **sofortigen Zwangsvollstreckung** aus dieser Urkunde in sein gesamtes Vermögen. Eine vollstreckbare Ausfertigung ist dem Auftragnehmer jederzeit **ohne Nachweis der die Vollstreckbarkeit** begründenden Tatsachen zu erteilen.	**nein**	Die Klausel benachteiligt den Käufer unangemessen, da sie mit wesentlichen Grundgedanken der gesetzlichen Regelung nicht vereinbar ist. Sie verstößt deshalb gegen § 307 BGB. Die Klausel **entbindet** den Verkäufer von dem gem. §§ 795, 726 ZPO erforderlichen **Nachweis der Vollstreckungsvoraussetzungen,** insbesondere vom Fälligkeitsnachweis der behaupteten Forderung. Dieser wäre ohne die Klausel erforderlich, wenn sich aus der Zahlungsvereinbarung keine festen Raten entnehmen lassen. Deshalb setzt die Klausel den Käufer eines erheblichen Risikos hinsichtlich unberechtigter Vollstreckungsmaßnahmen aus (BGH vom 27. 09. 2001, Az: VII ZR 388/00, NJW 2002, 138; OLG München, Az: 28 U 2485/98, BauR 2000, 1760).
b) Klausel in einem **Fertighausvertrag:** Treten während oder nach Fertigstellung des Hauses Mängel auf, über deren Beseitigung oder Minderung keine Einigung erzielt werden kann, entscheidet das Urteil eines vereidigten Sachverständigen als Schiedsgutachter.	**nein**	Für Verträge über die Lieferung von **Fertighäusern** muss eine Schiedsgutachterklausel ohne Rücksicht auf ihre inhaltliche Ausgestaltung als unangemessen i. S. von § 307 BGB angesehen werden. Wegen des besonderen Risikos für den Kunden, das im **Verzicht auf den staatlichen Rechtsschutz** besteht, können solche Klauseln keinen Bestand haben (BGH vom 10. 10. 1991, Az: VII ZR 2/91, NJW 92, 433; OLG Köln vom 07. 02. 1992, Az: 19 W 54/92, IBR 92, 235). Das OLG Düsseldorf (vom 18. 06. 1993, Az: 22 U 293/92, BauR 94, 128) hält auch in einem **Bauträgervertrag** die formularmäßige Vereinbarung einer obligatorischen Schiedsgutachterklausel gem. § 307 BGB für unwirksam.
c) Der AN hat das Recht, unter **Ausschluss des ordentlichen Rechtswegs** ein Schiedsgericht anzurufen. In diesem Fall vereinbaren die Parteien als Grundlage §§ 1025–1048 ZPO. Einigen sich die Parteien nicht auf einen Einzelschiedsrichter, hat jede Partei das Recht, einen Schiedsrichter zu bestellen . . . Die schiedsrichterliche Entscheidung ist endgültig und für beide Parteien bindend.	**nein**	Soweit diese Klausel Bestandteil eines AGB-Bauvertrages ist, ist sie unwirksam, da sie **nur dem AN das Recht einräumt, zwischen ordentlichem Gericht und Schiedsgericht zu entscheiden.** Hierdurch ist zu befürchten, dass eine Entscheidung ergeht, die auf unwirksamen AGB beruht, da nicht auszuschließen ist, dass die Mitglieder des Schiedsgerichts nicht hinreichend mit der AGB-Materie vertraut sind (BGH, Az: III ZR 141/90, NJW 1992, 575).

Teil III

AUSZUG AUS DEM BÜRGERLICHEN GESETZBUCH (BGB)
in der durch das „Gesetz zur Sicherung von Werkunternehmeransprüchen
und zur verbesserten Durchsetzung von Forderungen
(Forderungssicherungsgesetz –FoSiG)" geänderten Fassung

Allgemeine Geschäftsbedingungen

§ 305. [Einbeziehung Allgemeiner Geschäftsbedingungen in den Vertrag]

(1) Allgemeine Geschäftsbedingungen sind alle für eine Vielzahl von Verträgen vorformulierten Vertragsbedingungen, die eine Vertragspartei (Verwender) der anderen Vertragspartei bei Abschluss eines Vertrags stellt. Gleichgültig ist, ob die Bestimmungen einen äußerlich gesonderten Bestandteil des Vertrags bilden oder in die Vertragsurkunde selbst aufgenommen werden, welchen Umfang sie haben, in welcher Schriftart sie verfasst sind und welche Form der Vertrag hat. Allgemeine Geschäftsbedingungen liegen nicht vor, soweit die Vertragsbedingungen zwischen den Vertragsparteien im Einzelnen ausgehandelt sind.

(2) Allgemeine Geschäftsbedingungen werden nur dann Bestandteil eines Vertrags, wenn der Verwender bei Vertragsschluss

1. die andere Vertragspartei ausdrücklich oder, wenn ein ausdrücklicher Hinweis wegen der Art des Vertragsschlusses nur unter unverhältnismäßigen Schwierigkeiten möglich ist, durch deutlich sichtbaren Aushang am Ort des Vertragsschlusses auf sie hinweist und

2. der anderen Vertragspartei die Möglichkeit verschafft, in zumutbarer Weise, die auch eine für den Verwender erkennbare körperliche Behinderung der anderen Vertragspartei angemessen berücksichtigt, von ihrem Inhalt Kenntnis zu nehmen,

und wenn die andere Vertragspartei mit ihrer Geltung einverstanden ist.

(3) Die Vertragsparteien können für eine bestimmte Art von Rechtsgeschäften die Geltung bestimmter Allgemeiner Geschäftsbedingungen unter Beachtung der in Absatz 2 bezeichneten Erfordernisse im Voraus vereinbaren.

§ 305a. [Einbeziehung in besonderen Fällen] Auch ohne Einhaltung der in § 305 Abs. 2 Nr. 1 und 2 bezeichneten Erfordernisse werden einbezogen, wenn die andere Vertragspartei mit ihrer Geltung einverstanden ist,

1. die mit Genehmigung der zuständigen Verkehrsbehörde oder auf Grund von internationalen Übereinkommen erlassenen Tarife und Ausführungsbestimmungen der Eisenbahnen und die nach Maßgabe des Personenbeförderungsgesetzes genehmigten Beförderungsbedingungen der Straßenbahnen, Obusse und Kraftfahrzeuge im Linienverkehr in den Beförderungsvertrag,

2. die im Amtsblatt der Regulierungsbehörde für Telekommunikation und Post veröffentlichten und in den Geschäftsstellen des Verwenders bereitgehaltenen Allgemeinen Geschäftsbedingungen

a) in Beförderungsverträge, die außerhalb von Geschäftsräumen durch den Einwurf von Postsendungen in Briefkästen abgeschlossen werden,

b) in Verträge über Telekommunikations-, Informations- und andere Dienstleistungen, die unmittelbar durch Einsatz von Fernkommunikationsmitteln und während der Erbringung einer Telekommunikationsdienstleistung in einem Mal erbracht werden, wenn die Allgemeinen Geschäftsbedingungen der anderen Vertragspartei nur unter unverhältnismäßigen Schwierigkeiten vor dem Vertragsschluss zugänglich gemacht werden können.

§ 305b. [Vorrang der Individualabrede] Individuelle Vertragsabreden haben Vorrang vor Allgemeinen Geschäftsbedingungen.

§ 305c. [Überraschende und mehrdeutige Klauseln] (1) Bestimmungen in Allgemeinen Geschäftsbedingungen, die nach den Umständen, insbesondere nach dem äußeren Erscheinungsbild des Vertrags, so ungewöhnlich sind, dass der Vertragspartner des Verwenders mit ihnen nicht zu rechnen braucht, werden nicht Vertragsbestandteil.

(2) Zweifel bei der Auslegung Allgemeiner Geschäftsbedingungen gehen zu Lasten des Verwenders.

§ 306. [Rechtsfolgen bei Nichteinbeziehung und Unwirksamkeit] (1) Sind Allgemeine Geschäftsbedingungen ganz oder teilweise nicht Vertragsbestandteil geworden oder unwirksam, so bleibt der Vertrag im Übrigen wirksam.

(2) Soweit die Bestimmungen nicht Vertragsbestandteil geworden oder unwirksam sind, richtet sich der Inhalt des Vertrags nach den gesetzlichen Vorschriften.

(3) Der Vertrag ist unwirksam, wenn das Festhalten an ihm auch unter Berücksichtigung der nach Absatz 2 vorgesehenen Änderung eine unzumutbare Härte für eine Vertragspartei darstellen würde.

§ 306a. [Umgehungsverbot] Die Vorschriften dieses Abschnitts finden auch Anwendung, wenn sie durch anderweitige Gestaltungen umgangen werden.

§ 307. [Inhaltskontrolle] (1) Bestimmungen in Allgemeinen Geschäftsbedingungen sind unwirksam, wenn sie den Vertragspartner des Verwenders entgegen den Geboten von Treu und Glauben unangemessen benachteiligen. Eine unangemessene Benachteiligung kann sich auch daraus ergeben, dass die Bestimmung nicht klar und verständlich ist.

(2) Eine unangemessene Benachteiligung ist im Zweifel anzunehmen, wenn eine Bestimmung

1. mit wesentlichen Grundgedanken der gesetzlichen Regelung, von der abgewichen wird, nicht zu vereinbaren ist oder

2. wesentliche Rechte oder Pflichten, die sich aus der Natur des Vertrags ergeben, so einschränkt, dass die Erreichung des Vertragszwecks gefährdet ist.

(3) Die Absätze 1 und 2 sowie die §§ 308 und 309 gelten nur für Bestimmungen in Allgemeinen Geschäftsbedingungen, durch die von Rechtsvorschriften abweichende oder diese ergänzende Regelungen vereinbart werden. Andere Bestimmungen können nach Absatz 1 Satz 2 in Verbindung mit Absatz 1 Satz 1 unwirksam sein.

§ 308. [Klauselverbote mit Wertungsmöglichkeit] In Allgemeinen Geschäftsbedingungen ist insbesondere unwirksam

1. (Annahme- und Leistungsfrist)
   eine Bestimmung, durch die sich der Verwender unangemessen lange oder nicht hinreichend bestimmte Fristen für die Annahme oder Ablehnung eines Angebots oder die Erbringung einer Leistung vorbehält; ausgenommen hiervon ist der Vorbehalt, erst nach Ablauf der Widerrufs- oder Rückgabefrist nach § 355 Abs. 1 und 2 und § 356 zu leisten;

2. (Nachfrist)
   eine Bestimmung, durch die sich der Verwender für die von ihm zu bewirkende Leistung abweichend von Rechtsvorschriften eine unangemessen lange oder nicht hinreichend bestimmte Nachfrist vorbehält;

3. (Rücktrittsvorbehalt)
   die Vereinbarung eines Rechts des Verwenders, sich ohne sachlich gerechtfertigten und im Vertrag angegebenen Grund von seiner Leistungspflicht zu lösen; dies gilt nicht für Dauerschuldverhältnisse;

4. (Änderungsvorbehalt)
   die Vereinbarung eines Rechts des Verwenders, die versprochene Leistung zu ändern oder von ihr abzuweichen, wenn nicht die Vereinbarung der Änderung oder Abweichung unter Berücksichtigung der Interessen des Verwenders für den anderen Vertragsteil zumutbar ist;

5. (Fingierte Erklärungen)
   eine Bestimmung, wonach eine Erklärung des Vertragspartners des Verwenders bei Vornahme oder Unterlassung einer bestimmten Handlung als von ihm abgegeben oder nicht abgegeben gilt, es sei denn, dass

   a) dem Vertragspartner eine angemessene Frist zur Abgabe einer ausdrücklichen Erklärung eingeräumt ist und

   b) der Verwender sich verpflichtet, den Vertragspartner bei Beginn der Frist auf die vorgesehene Bedeutung seines Verhaltens besonders hinzuweisen;

6. (Fiktion des Zugangs)
   eine Bestimmung, die vorsieht, dass eine Erklärung des Verwenders von besonderer Bedeutung dem anderen Vertragsteil als zugegangen gilt;

7. (Abwicklung von Verträgen)
   eine Bestimmung, nach der der Verwender für den Fall, dass eine Vertragspartei vom Vertrag zurücktritt oder den Vertrag kündigt,

    a) eine unangemessen hohe Vergütung für die Nutzung oder den Gebrauch einer Sache oder eines Rechts oder für erbrachte Leistungen oder

    b) einen unangemessen hohen Ersatz von Aufwendungen verlangen kann;

8. (Nichtverfügbarkeit der Leistung)
die nach Nummer 3 zulässige Vereinbarung eines Vorbehalts des Verwenders, sich von der Verpflichtung zur Erfüllung des Vertrags bei Nichtverfügbarkeit der Leistung zu lösen, wenn sich der Verwender nicht verpflichtet,

    a) den Vertragspartner unverzüglich über die Nichtverfügbarkeit zu informieren und

    b) Gegenleistungen des Vertragspartners unverzüglich zu erstatten.

§ 309. [Klauselverbote ohne Wertungsmöglichkeit] Auch soweit eine Abweichung von den gesetzlichen Vorschriften zulässig ist, ist in Allgemeinen Geschäftsbedingungen unwirksam

1. (Kurzfristige Preiserhöhungen)
eine Bestimmung, welche die Erhöhung des Entgelts für Waren oder Leistungen vorsieht, die innerhalb von vier Monaten nach Vertragsschluss geliefert oder erbracht werden sollen; dies gilt nicht bei Waren oder Leistungen, die im Rahmen von Dauerschuldverhältnissen geliefert oder erbracht werden;

2. (Leistungsverweigerungsrechte)
eine Bestimmung, durch die

    a) das Leistungsverweigerungsrecht, das dem Vertragspartner des Verwenders nach § 320 zusteht, ausgeschlossen oder eingeschränkt wird oder

    b) ein dem Vertragspartner des Verwenders zustehendes Zurückbehaltungsrecht, soweit es auf demselben Vertragsverhältnis beruht, ausgeschlossen oder eingeschränkt, insbesondere von der Anerkennung von Mängeln durch den Verwender abhängig gemacht wird;

3. (Aufrechnungsverbot)
eine Bestimmung, durch die dem Vertragspartner des Verwenders die Befugnis genommen wird, mit einer unbestrittenen oder rechtskräftig festgestellten Forderung aufzurechnen;

4. (Mahnung, Fristsetzung)
eine Bestimmung, durch die der Verwender von der gesetzlichen Obliegenheit freigestellt wird, den anderen Vertragsteil zu mahnen oder ihm eine Frist für die Leistung oder Nacherfüllung zu setzen;

5. (Pauschalierung von Schadensersatzansprüchen)
die Vereinbarung eines pauschalierten Anspruchs des Verwenders auf Schadensersatz oder Ersatz einer Wertminderung, wenn

    a) die Pauschale den in den geregelten Fällen nach dem gewöhnlichen Lauf der Dinge zu erwartenden Schaden oder die gewöhnlich eintretende Wertminderung übersteigt oder

b) dem anderen Vertragsteil nicht ausdrücklich der Nachweis gestattet wird, ein Schaden oder eine Wertminderung sei überhaupt nicht entstanden oder wesentlich niedriger als die Pauschale;

6. (Vertragsstrafe)
eine Bestimmung, durch die dem Verwender für den Fall der Nichtabnahme oder verspäteten Abnahme der Leistung, des Zahlungsverzugs oder für den Fall, dass der andere Vertragsteil sich vom Vertrag löst, Zahlung einer Vertragsstrafe versprochen wird;

7. (Haftungsausschluss bei Verletzung von Leben, Körper, Gesundheit und bei grobem Verschulden)

a) (Verletzung von Leben, Körper, Gesundheit)
ein Ausschluss oder eine Begrenzung der Haftung für Schäden aus der Verletzung des Lebens, des Körpers oder der Gesundheit, die auf einer fahrlässigen Pflichtverletzung des Verwenders oder einer vorsätzlichen oder fahrlässigen Pflichtverletzung eines gesetzlichen Vertreters oder Erfüllungsgehilfen des Verwenders beruhen;

b) (Grobes Verschulden)
ein Ausschluss oder eine Begrenzung der Haftung für sonstige Schäden, die auf einer grob fahrlässigen Pflichtverletzung des Verwenders oder auf einer vorsätzlichen oder grob fahrlässigen Pflichtverletzung eines gesetzlichen Vertreters oder Erfüllungsgehilfen des Verwenders beruhen;

die Buchstaben a und b gelten nicht für Haftungsbeschränkungen in den nach Maßgabe des Personenbeförderungsgesetzes genehmigten Beförderungsbedingungen und Tarifvorschriften der Straßenbahnen, Obusse und Kraftfahrzeuge im Linienverkehr, soweit sie nicht zum Nachteil des Fahrgastes von der Verordnung über die Allgemeinen Beförderungsbedingungen für den Straßenbahnund Obusverkehr sowie den Linienverkehr mit Kraftfahrzeugen vom 27. Februar 1970 abweichen; Buchstabe b gilt nicht für Haftungsbeschränkungen für staatlich genehmigte Lotterie- oder Ausspielverträge;

8. (Sonstige Haftungsausschlüsse bei Pflichtverletzung)

a) (Ausschluss des Rechts, sich vom Vertrag zu lösen)
eine Bestimmung, die bei einer vom Verwender zu vertretenden, nicht in einem Mangel der Kaufsache oder des Werks bestehenden Pflichtverletzung das Recht des anderen Vertragsteils, sich vom Vertrag zu lösen, ausschließt oder einschränkt; dies gilt nicht für die in der Nummer 7 bezeichneten Beförderungsbedingungen und Tarifvorschriften unter den dort genannten Voraussetzungen;

b) (Mängel)
eine Bestimmung, durch die bei Verträgen über Lieferungen neu hergestellter Sachen und über Werkleistungen

aa) (Ausschluss und Verweisung auf Dritte)
die Ansprüche gegen den Verwender wegen eines Mangels insgesamt oder bezüglich einzelner Teile ausgeschlossen, auf die Einräumung

von Ansprüchen gegen Dritte beschränkt oder von der vorherigen gerichtlichen Inanspruchnahme Dritter abhängig gemacht werden;

bb) (Beschränkung auf Nacherfüllung)

die Ansprüche gegen den Verwender insgesamt oder bezüglich einzelner Teile auf ein Recht auf Nacherfüllung beschränkt werden, sofern dem anderen Vertragsteil nicht ausdrücklich das Recht vorbehalten wird, bei Fehlschlagen der Nacherfüllung zu mindern oder, wenn nicht eine Bauleistung Gegenstand der Mängelhaftung ist, nach seiner Wahl vom Vertrag zurückzutreten;

cc) (Aufwendungen bei Nacherfüllung)

die Verpflichtung des Verwenders ausgeschlossen oder beschränkt wird, die zum Zwecke der Nacherfüllung erforderlichen Aufwendungen, insbesondere Transport-, Wege-, Arbeits- und Materialkosten, zu tragen;

dd) (Vorenthalten der Nacherfüllung)

der Verwender die Nacherfüllung von der vorherigen Zahlung des vollständigen Entgelts oder eines unter Berücksichtigung des Mangels unverhältnismäßig hohen Teils des Entgelts abhängig macht;

ee) (Ausschlussfrist für Mängelanzeige)

der Verwender dem anderen Vertragsteil für die Anzeige nicht offensichtlicher Mängel eine Ausschlussfrist setzt, die kürzer ist als die nach dem Doppelbuchstaben ff zulässige Frist;

ff) (Erleichterung der Verjährung)

die Verjährung von Ansprüchen gegen den Verwender wegen eines Mangels in den Fällen des § 438 Abs. 1 Nr. 2 und des § 634a Abs. 1 Nr. 2 erleichtert oder in den sonstigen Fällen eine weniger als ein Jahr betragende Verjährungsfrist ab dem gesetzlichen Verjährungsbeginn erreicht wird;

9. (Laufzeit bei Dauerschuldverhältnissen)

bei einem Vertragsverhältnis, das die regelmäßige Lieferung von Waren oder die regelmäßige Erbringung von Dienst- oder Werkleistungen durch den Verwender zum Gegenstand hat,

a) eine den anderen Vertragsteil länger als zwei Jahre bindende Laufzeit des Vertrags,

b) eine den anderen Vertragsteil bindende stillschweigende Verlängerung des Vertragsverhältnisses um jeweils mehr als ein Jahr oder

c) zu Lasten des anderen Vertragsteils eine längere Kündigungsfrist als drei Monate vor Ablauf der zunächst vorgesehenen oder stillschweigend verlängerten Vertragsdauer;

dies gilt nicht für Verträge über die Lieferung als zusammengehörig verkaufter Sachen, für Versicherungsverträge sowie für Verträge zwischen den Inhabern urheberrechtlicher Rechte und Ansprüche und Verwertungsgesellschaften im Sinne des Gesetzes über die Wahrnehmung von Urheberrechten und verwandten Schutzrechten;

10. (Wechsel des Vertragspartners)
eine Bestimmung wonach bei Kauf-, Dienst- oder Werkverträgen ein Dritter anstelle des Verwenders in die sich aus dem Vertrag ergebenden Rechte und Pflichten eintritt oder eintreten kann, es sei denn, in der Bestimmung wird

a) der Dritte namentlich bezeichnet oder

b) dem anderen Vertragsteil das Recht eingeräumt, sich vom Vertrag zu lösen;

11. (Haftung des Abschlussvertreters)
eine Bestimmung, durch die der Verwender einem Vertreter, der den Vertrag für den anderen Vertragsteil abschließt,

a) ohne hierauf gerichtete ausdrückliche und gesonderte Erklärung eine eigene Haftung oder Einstandspflicht oder

b) im Fall vollmachtsloser Vertretung eine über § 179 hinausgehende Haftung

auferlegt;

12. (Beweislast)
eine Bestimmung, durch die der Verwender die Beweislast zum Nachteil des anderen Vertragsteils ändert, insbesondere indem er

a) diesem die Beweislast für Umstände auferlegt, die im Verantwortungsbereich des Verwenders liegen, oder

b) den anderen Vertragsteil bestimmte Tatsachen bestätigen lässt;

Buchstabe b gilt nicht für Empfangsbekenntnisse, die gesondert unterschrieben oder mit einer gesonderten qualifizierten elektronischen Signatur versehen sind;

13. (Form von Anzeigen und Erklärungen)
eine Bestimmung, durch die Anzeigen oder Erklärungen, die dem Verwender oder einem Dritten gegenüber abzugeben sind, an eine strengere Form als die Schriftform oder an besondere Zugangserfordernisse gebunden werden.

§ 310. [Anwendungsbereich]

(1) § 305 Abs. 2 und 3 und die §§ 308 und 309 finden keine Anwendung auf Allgemeine Geschäftsbedingungen, die gegenüber einem Unternehmer, einer juristischen Person des öffentlichen Rechts oder einem öffentlich-rechtlichen Sondervermögen verwendet werden. § 307 Abs. 1 und 2 findet in den Fällen des Satzes 1 auch insoweit Anwendung, als dies zur Unwirksamkeit von in den §§ 308 und 309 genannten Vertragsbestimmungen führt; auf die im Handelsverkehr geltenden Gewohnheiten und Gebräuche ist angemessen Rücksicht zu nehmen. In den Fällen des Satzes 1 findet § 307 Abs. 1 und 2 auf Verträge, in die die Vergabe- und Vertragsordnung für Bauleistungen Teil B (VOB/B) in der jeweils zum Zeitpunkt des Vertragsschlusses geltenden Fassung ohne inhaltliche Abweichungen insgesamt einbezogen ist, im Bezug auf eine Inhaltskontrolle einzelner Bestimmungen keine Anwendung.

(2) Die §§ 308 und 309 finden keine Anwendung auf Verträge der Elektrizitäts-, Gas-, Fernwärme- und Wasserversorgungsunternehmen über die Versorgung von Sonderabnehmern mit elektrischer Energie, Gas, Fernwärme und Wasser aus dem Versorgungsnetz, soweit die Versorgungsbedingungen nicht zum Nachteil der Abneh-

mer von Verordnungen über Allgemeine Bedingungen für die Versorgung von Tarifkunden mit elektrischer Energie, Gas, Fernwärme und Wasser abweichen. Satz 1 gilt entsprechend für Verträge über die Entsorgung von Abwasser.

(3) Bei Verträgen zwischen einem Unternehmer und einem Verbraucher (Verbraucherverträge) finden die Vorschriften dieses Abschnitts mit folgenden Maßgaben Anwendung:

1. Allgemeine Geschäftsbedingungen gelten als vom Unternehmer gestellt, es sei denn, dass sie durch den Verbraucher in den Vertrag eingeführt wurden;

2. § 305c Abs. 2 und §§ 306 und 307 bis 309 dieses Gesetzes sowie Artikel 29a des Einführungsgesetzes zum Bürgerlichen Gesetzbuche finden auf vorformulierte Vertragsbedingungen auch dann Anwendung, wenn diese nur zur einmaligen Verwendung bestimmt sind und soweit der Verbraucher auf Grund der Vorformulierung auf ihren Inhalt keinen Einfluss nehmen konnte;

3. bei der Beurteilung der unangemessenen Benachteiligung nach § 307 Abs. 1 und 2 sind auch die den Vertragsschluss begleitenden Umstände zu berücksichtigen.

(4) Dieser Abschnitt findet keine Anwendung bei Verträgen auf dem Gebiet des Erb-, Familien- und Gesellschaftsrechts sowie auf Tarifverträge, Betriebs- und Dienstvereinbarungen. Bei der Anwendung auf Arbeitsverträge sind die im Arbeitsrecht geltenden Besonderheiten angemessen zu berücksichtigen; § 305 Abs. 2 und 3 ist nicht anzuwenden. Tarifverträge, Betriebs- und Dienstvereinbarungen stehen Rechtsvorschriften im Sinne von § 307 Abs. 3 gleich.

Werkvertrag und ähnliche Verträge

§ 631. [Vertragstypische Pflichten beim Werkvertrag] (1) Durch den Werkvertrag wird der Unternehmer zur Herstellung des versprochenen Werkes, der Besteller zur Entrichtung der vereinbarten Vergütung verpflichtet.

(2) Gegenstand des Werkvertrags kann sowohl die Herstellung oder Veränderung einer Sache als auch ein anderer durch Arbeit oder Dienstleistung herbeizuführender Erfolg sein.

§ 632. [Vergütung] (1) Eine Vergütung gilt als stillschweigend vereinbart, wenn die Herstellung des Werkes den Umständen nach nur gegen eine Vergütung zu erwarten ist.

(2) Ist die Höhe der Vergütung nicht bestimmt, so ist bei dem Bestehen einer Taxe die taxmäßige Vergütung, in Ermangelung einer Taxe die übliche Vergütung als vereinbart anzusehen.

(3) Ein Kostenanschlag ist im Zweifel nicht zu vergüten.

§ 632a. [Abschlagszahlungen] (1) Der Unternehmer kann von dem Besteller für eine vertragsgemäß erbrachte Leistung eine Abschlagszahlung in der Höhe verlangen, in der der Besteller durch die Leistung einen Wertzuwachs erlangt hat. Wegen unwesentlicher Mängel kann die Abschlagszahlung nicht verweigert werden. § 641 Abs. 3 gilt entsprechend. Die Leistungen sind durch eine Aufstellung nachzuweisen, die eine rasche und sichere Beurteilung der Leistungen ermöglichen muss. Die Sätze 1 bis 4 gelten auch für erforderliche Stoffe oder Bauteile, die angeliefert oder eigens angefertigt und bereitgestellt sind, wenn dem Besteller nach seiner Wahl Eigentum an den Stoffen oder Bauteilen übertragen oder entsprechende Sicherheit hierfür geleistet wird.

(2) Wenn der Vertrag die Errichtung oder den Umbau eines Hauses oder eines vergleichbaren Bauwerks zum Gegenstand hat und zugleich die Verpflichtung des Unternehmers enthält, dem Besteller das Eigentum an dem Grundstück zu übertragen oder ein Erbbaurecht zu bestellen oder zu übertragen, können Abschlagszahlungen nur verlangt werden, soweit sie gemäß einer Verordnung auf Grund von Artikel 244 des Einführungsgesetzes zum Bürgerlichen Gesetzbuche vereinbart sind.

(3) Ist der Besteller ein Verbraucher und hat der Vertrag die Errichtung oder den Umbau eines Hauses oder eines vergleichbaren Bauwerks zum Gegenstand, ist dem Besteller bei der ersten Abschlagszahlung eine Sicherheit für die rechtzeitige Herstellung des Werkes ohne wesentliche Mängel in Höhe von 5 vom Hundert des Vergütungsanspruchs zu leisten. Erhöht sich der Vergütungsanspruch infolge von Änderungen oder Ergänzungen des Vertrages um mehr als 10 vom Hundert, ist dem Besteller bei der nächsten Abschlagszahlung eine weitere Sicherheit in Höhe von 5 vom Hundert des zusätzlichen Vergütungsanspruchs zu leisten. Auf Verlangen des Unternehmers ist die Sicherheitsleistung durch Einbehalt dergestalt zu erbringen, dass der Besteller die Abschlagszahlungen bis zu dem Gesamtbetrag der geschuldeten Sicherheit zurückhält.

(4) Sicherheiten nach dieser Vorschrift können auch durch eine Garantie oder ein sonstiges Zahlungsversprechen eines im Geltungsbereich dieses Gesetzes zum Geschäftsbetrieb befugten Kreditinstituts oder Kreditversicherers geleistet werden.

§ 633. [Sach- und Rechtsmangel] (1) Der Unternehmer hat dem Besteller das Werk frei von Sach- und Rechtsmängeln zu verschaffen.

(2) Das Werk ist frei von Sachmängeln, wenn es die vereinbarte Beschaffenheit hat. Soweit die Beschaffenheit nicht vereinbart ist, ist das Werk frei von Sachmängeln,

1. wenn es sich für die nach dem Vertrag vorausgesetzte, sonst

2. für die gewöhnliche Verwendung eignet und eine Beschaffenheit aufweist, die bei Werken der gleichen Art üblich ist und die der Besteller nach der Art des Werks erwarten kann.

Einem Sachmangel steht es gleich, wenn der Unternehmer ein anderes als das bestellte Werk oder das Werk in zu geringer Menge herstellt.

(3) Das Werk ist frei von Rechtsmängeln, wenn Dritte in Bezug auf das Werk keine oder nur die im Vertrag übernommenen Rechte gegen den Besteller geltend machen können.

§ 634. [Rechte des Bestellers bei Mängeln] Ist das Werk mangelhaft, kann der Besteller, wenn die Voraussetzungen der folgenden Vorschriften vorliegen und soweit nicht ein anderes bestimmt ist,

1. nach § 635 Nacherfüllung verlangen,

2. nach § 637 den Mangel selbst beseitigen und Ersatz der erforderlichen Aufwendungen verlangen,

3. nach den §§ 636, 323 und 326 Abs. 5 von dem Vertrag zurücktreten oder nach § 638 die Vergütung mindern und

4. nach den §§ 636, 280, 281, 283 und 311a Schadensersatz oder nach § 284 Ersatz vergeblicher Aufwendungen verlangen.

§ 634a. [Verjährung der Mängelansprüche] (1) Die in § 634 Nr. 1, 2 und 4 bezeichneten Ansprüche verjähren

1. vorbehaltlich der Nummer 2 in zwei Jahren bei einem Werk, dessen Erfolg in der Herstellung, Wartung oder Veränderung einer Sache oder in der Erbringung von Planungs- oder Überwachungsleistungen hierfür besteht,

2. in fünf Jahren bei einem Bauwerk und einem Werk, dessen Erfolg in der Erbringung von Planungs- oder Überwachungsleistungen hierfür besteht, und

3. im Übrigen in der regelmäßigen Verjährungsfrist.

(2) Die Verjährung beginnt in den Fällen des Absatzes 1 Nr. 1 und 2 mit der Abnahme.

(3) Abweichend von Absatz 1 Nr. 1 und 2 und Absatz 2 verjähren die Ansprüche in der regelmäßigen Verjährungsfrist, wenn der Unternehmer den Mangel arglistig verschwiegen hat. Im Fall des Absatzes 1 Nr. 2 tritt die Verjährung jedoch nicht vor Ablauf der dort bestimmten Frist ein.

(4) Für das in § 634 bezeichnete Rücktrittsrecht gilt § 218. Der Besteller kann trotz einer Unwirksamkeit des Rücktritts nach § 218 Abs. 1 die Zahlung der Vergütung insoweit verweigern, als er auf Grund des Rücktritts dazu berechtigt sein würde. Macht er von diesem Recht Gebrauch, kann der Unternehmer vom Vertrag zurücktreten.

(5) Auf das in § 634 bezeichnete Minderungsrecht finden § 218 und Absatz 4 Satz 2 entsprechende Anwendung.

§ 635. [Nacherfüllung] (1) Verlangt der Besteller Nacherfüllung, so kann der Unternehmer nach seiner Wahl den Mangel beseitigen oder ein neues Werk herstellen.

(2) Der Unternehmer hat die zum Zwecke der Nacherfüllung erforderlichen Aufwendungen, insbesondere Transport-, Wege-, Arbeits- und Materialkosten zu tragen.

(3) Der Unternehmer kann die Nacherfüllung unbeschadet des § 275 Abs. 2 und 3 verweigern, wenn sie nur mit unverhältnismäßigen Kosten möglich ist.

(4) Stellt der Unternehmer ein neues Werk her, so kann er vom Besteller Rückgewähr des mangelhaften Werkes nach Maßgabe der §§ 346 bis 348 verlangen.

§ 636. [Besondere Bestimmungen für Rücktritt und Schadensersatz] Außer in den Fällen der §§ 281 Abs. 2 und 323 Abs. 2 bedarf es der Fristsetzung auch dann nicht, wenn der Unternehmer die Nacherfüllung gemäß § 635 Abs. 3 verweigert oder wenn die Nacherfüllung fehlgeschlagen oder dem Besteller unzumutbar ist.

§ 637. [Selbstvornahme] (1) Der Besteller kann wegen eines Mangels des Werkes nach erfolglosem Ablauf einer von ihm zur Nacherfüllung bestimmten angemessenen Frist den Mangel selbst beseitigen und Ersatz der erforderlichen Aufwendungen verlangen, wenn nicht der Unternehmer die Nacherfüllung zu Recht verweigert.

(2) § 323 Abs. 2 findet entsprechende Anwendung. Der Bestimmung einer Frist bedarf es auch dann nicht, wenn die Nacherfüllung fehlgeschlagen oder dem Besteller unzumutbar ist.

(3) Der Besteller kann von dem Unternehmer für die zur Beseitigung des Mangels erforderlichen Aufwendungen Vorschuss verlangen.

§ 638. [Minderung] (1) Statt zurückzutreten, kann der Besteller die Vergütung durch Erklärung gegenüber dem Unternehmer mindern. Der Ausschlussgrund des § 323 Abs. 5 Satz 2 findet keine Anwendung.

(2) Sind auf der Seite des Bestellers oder auf der Seite des Unternehmers mehrere beteiligt, so kann die Minderung nur von allen oder gegen alle erklärt werden.

(3) Bei der Minderung ist die Vergütung in dem Verhältnis herabzusetzen, in welchem zur Zeit des Vertragsschlusses der Wert des Werkes in mangelfreiem Zustand zu dem wirklichen Wert gestanden haben würde. Die Minderung ist, soweit erforderlich, durch Schätzung zu ermitteln.

(4) Hat der Besteller mehr als die geminderte Vergütung gezahlt, so ist der Mehrbetrag vom Unternehmer zu erstatten. § 346 Abs. 1 und § 347 Abs.1 finden entsprechende Anwendung.

§ 639. [Haftungsausschluss] Auf eine Vereinbarung, durch welche die Rechte des Bestellers wegen eines Mangels ausgeschlossen oder beschränkt werden, kann sich der Unternehmer nicht berufen, wenn er den Mangel arglistig verschwiegen oder eine Garantie für die Beschaffenheit des Werkes übernommen hat.

§ 640. [Abnahme] (1) Der Besteller ist verpflichtet, das vertragsmäßig hergestellte Werk abzunehmen, sofern nicht nach der Beschaffenheit des Werkes die Abnahme ausgeschlossen ist. Wegen unwesentlicher Mängel kann die Abnahme nicht verweigert werden. Der Abnahme steht es gleich, wenn der Besteller das Werk nicht innerhalb einer ihm vom Unternehmer bestimmten angemessenen Frist abnimmt, obwohl er dazu verpflichtet ist.

(2) Nimmt der Besteller ein mangelhaftes Werk gemäß Absatz 1 Satz 1 ab, obschon er den Mangel kennt, so stehen ihm die in § 634 Nr. 1 bis 3 bezeichneten Rechte nur zu, wenn er sich seine Rechte wegen des Mangels bei der Abnahme vorbehält.

§ 641. [Fälligkeit der Vergütung] (1) Die Vergütung ist bei der Abnahme des Werkes zu entrichten. Ist das Werk in Teilen abzunehmen und die Vergütung für die einzelnen Teile bestimmt, so ist die Vergütung für jeden Teil bei dessen Abnahme zu entrichten.

(2) Die Vergütung des Unternehmers für ein Werk, dessen Herstellung der Besteller einem Dritten versprochen hat, wird spätestens fällig,

1. soweit der Besteller von dem Dritten für das versprochene Werk wegen dessen Herstellung seine Vergütung oder Teile davon erhalten hat,

2. soweit das Werk des Bestellers von dem Dritten abgenommen worden ist oder als abgenommen gilt oder

3. wenn der Unternehmer dem Besteller erfolglos eine angemessene Frist zur Auskunft über die in den Nummern 1 und 2 bezeichneten Umstände bestimmt hat.

Hat der Besteller dem Dritten wegen möglicher Mängel des Werks Sicherheit geleistet, gilt Satz 1 nur, wenn der Unternehmer dem Besteller entsprechende Sicherheit leistet.

(3) Kann der Besteller die Beseitigung eines Mangels verlangen, so kann er nach der Fälligkeit die Zahlung eines angemessenen Teils der Vergütung verweigern; angemessen ist in der Regel das Doppelte der für die Beseitigung des Mangels erforderlichen Kosten.

(4) Eine in Geld festgesetzte Vergütung hat der Besteller von der Abnahme des Werkes an zu verzinsen, sofern nicht die Vergütung gestundet ist.

§ 641a.
weggefallen

§ 642. [Mitwirkung des Bestellers] (1) Ist bei der Herstellung des Werkes eine Handlung des Bestellers erforderlich, so kann der Unternehmer, wenn der Besteller durch das Unterlassen der Handlung in Verzug der Annahme kommt, eine angemessene Entschädigung verlangen.

(2) Die Höhe der Entschädigung bestimmt sich einerseits nach der Dauer des Verzugs und der Höhe der vereinbarten Vergütung, andererseits nach demjenigen, was der Unternehmer infolge des Verzugs an Aufwendungen erspart oder durch anderweitige Verwendung seiner Arbeitskraft erwerben kann.

§ 643. [Kündigung bei unterlassener Mitwirkung] Der Unternehmer ist im Falle des § 642 berechtigt, dem Besteller zur Nachholung der Handlung eine angemessene Frist mit der Erklärung zu bestimmen, dass er den Vertrag kündige, wenn die Handlung nicht bis zum Ablaufe der Frist vorgenommen werde. Der Vertrag gilt als aufgehoben, wenn nicht die Nachholung bis zum Ablauf der Frist erfolgt.

§ 644. [Gefahrtragung] (1) Der Unternehmer trägt die Gefahr bis zur Abnahme des Werkes. Kommt der Besteller in Verzug der Annahme, so geht die Gefahr auf ihn über. Für den zufälligen Untergang und eine zufällige Verschlechterung des von dem Besteller gelieferten Stoffes ist der Unternehmer nicht verantwortlich.

(2) Versendet der Unternehmer das Werk auf Verlangen des Bestellers nach einem anderen Ort als dem Erfüllungsort, so findet die für den Kauf geltende Vorschrift des § 447 entsprechende Anwendung.

§ 645. [Verantwortlichkeit des Bestellers] (1) Ist das Werk von der Abnahme infolge eines Mangels des von dem Besteller gelieferten Stoffes oder infolge einer von dem Besteller für die Ausführung erteilten Anweisung untergegangen, verschlechtert oder unausführbar geworden, ohne dass ein Umstand mitgewirkt hat, den der Unternehmer zu vertreten hat, so kann der Unternehmer einen der geleisteten Arbeit entsprechenden Teil der Vergütung und Ersatz der in der Vergütung nicht inbegriffenen Auslagen verlangen. Das Gleiche gilt, wenn der Vertrag in Gemäßheit des § 643 aufgehoben wird.

(2) Eine weitergehende Haftung des Bestellers wegen Verschuldens bleibt unberührt.

§ 646. [Vollendung statt Abnahme] Ist nach der Beschaffenheit des Werkes die Abnahme ausgeschlossen, so tritt in den Fällen des § 634a Abs. 2 und der §§ 641, 644 und 645 an die Stelle der Abnahme die Vollendung des Werkes.

§ 647. [Unternehmerpfandrecht] Der Unternehmer hat für seine Forderungen aus dem Vertrag ein Pfandrecht an den von ihm hergestellten oder ausgebesserten beweglichen Sachen des Bestellers, wenn sie bei der Herstellung oder zum Zwecke der Ausbesserung in seinen Besitz gelangt sind.

§ 648. [Sicherungshypothek des Bauunternehmers] (1) Der Unternehmer eines Bauwerks oder eines einzelnen Teiles eines Bauwerks kann für seine Forderungen aus dem Vertrag die Einräumung einer Sicherungshypothek an dem Baugrundstück des Bestellers verlangen. Ist das Werk noch nicht vollendet, so kann er die Einräumung der Sicherungshypothek für einen der geleisteten Arbeit entsprechenden Teil der Vergütung und für die in der Vergütung nicht inbegriffenen Auslagen verlangen.

(2) Der Inhaber einer Schiffswerft kann für seine Forderungen aus dem Bau oder der Ausbesserung eines Schiffs die Einräumung einer Schiffshypothek an dem Schiffsbauwerk oder dem Schiff des Bestellers verlangen; Absatz 1 Satz 2 gilt sinngemäß. § 647 findet keine Anwendung.

§ 648a. [Bauhandwerkersicherung]

(1) Der Unternehmer eines Bauwerks, einer Außenanlage oder eines Teils davon kann vom Besteller Sicherheit für die auch in Zusatzaufträgen vereinbarte und noch nicht gezahlte Vergütung einschließlich dazugehöriger Nebenforderungen, die mit 10 vom Hundert des zu sichernden Vergütungsanspruchs anzusetzen sind, verlangen. Satz 1 gilt in demselben Umfang auch für Ansprüche, die an die Stelle der Vergütung treten. Der Anspruch des Unternehmers auf Sicherheit wird nicht dadurch ausgeschlossen, dass der Besteller Erfüllung verlangen kann oder das Werk abgenommen hat. Ansprüche, mit denen der Besteller gegen den Anspruch des Unternehmers auf Vergütung aufrechnen kann, bleiben bei der Berechnung der Vergütung unberücksichtigt, es sei denn, sie sind unstreitig oder rechtskräftig festgestellt. Die Sicherheit ist auch dann als ausreichend anzusehen, wenn sich der Sicherungsgeber das Recht vorbehält, sein Versprechen im Falle einer wesentlichen Verschlechterung der Vermögensverhältnisse des Bestellers mit Wirkung für Vergütungsansprüche aus Bauleistungen zu widerrufen, die der Unternehmer bei Zugang der Widerrufserklärung noch nicht erbracht hat.

(2) Die Sicherheit kann auch durch eine Garantie oder ein sonstiges Zahlungsversprechen eines im Geltungsbereich dieses Gesetzes zum Geschäftsbetrieb befugten Kreditinstituts oder Kreditversicherers geleistet werden. Das Kreditinstitut oder der Kreditversicherer darf Zahlungen an den Unternehmer nur leisten, soweit der Besteller den Vergütungsanspruch des Unternehmers anerkennt oder durch vorläufig vollstreckbares Urteil zur Zahlung der Vergütung verurteilt worden ist und die Voraussetzungen vorliegen, unter denen die Zwangsvollstreckung begonnen werden darf.

(3) Der Unternehmer hat dem Besteller die üblichen Kosten der Sicherheitsleistung bis zu einem Höchstsatz von 2 vom Hundert für das Jahr zu erstatten. Dies gilt nicht, soweit eine Sicherheit wegen Einwendungen des Bestellers gegen den Vergütungsanspruch des Unternehmers aufrechterhalten werden muss und die Einwendungen sich als unbegründet erweisen.

(4) Soweit der Unternehmer für seinen Vergütungsanspruch eine Sicherheit nach den Absätzen 1 oder 2 erlangt hat, ist der Anspruch auf Einräumung einer Sicherungshypothek nach § 648 Abs. 1 ausgeschlossen.

(5) Hat der Unternehmer dem Besteller erfolglos eine angemessene Frist zur Leistung der Sicherheit nach Absatz 1 bestimmt, so kann der Unternehmer die Leistung verweigern oder den Vertrag kündigen. Kündigt er den Vertrag, ist der Unternehmer berechtigt, die vereinbarte Vergütung zu verlangen; er muss sich jedoch dasjenige anrechnen lassen, was er infolge der Aufhebung des Vertrages an Aufwendungen

erspart oder durch anderweitige Verwendung seiner Arbeitskraft erwirbt oder böswillig zu erwerben unterlässt. Es wird vermutet, dass danach dem Unternehmer 5 vom Hundert der auf den noch nicht erbrachten Teil der Werksleistung entfallenden vereinbarten Vergütung zustehen.

(6) Die Vorschriften der Absätze 1 bis 5 finden keine Anwendung, wenn der Besteller

1. eine juristische Person des öffentlichen Rechts oder ein öffentlich-rechtliches Sondervermögen ist, über deren Vermögen ein Insolvenzverfahren unzulässig ist, oder

2. eine natürliche Person ist und die Bauarbeiten zur Herstellung oder Instandsetzung eines Einfamilienhauses mit oder ohne Einliegerwohnung ausführen lässt.

Satz 1 Nr. 2 gilt nicht bei Betreuung des Bauvorhabens durch einen zur Verfügung über die Finanzierungsmittel des Bestellers ermächtigten Baubetreuer.

(7) Eine von den Vorschriften der Absätze 1 bis 5 abweichende Vereinbarung ist unwirksam.

§ 649. [Kündigungsrecht des Bestellers] Der Besteller kann bis zur Vollendung des Werkes jederzeit den Vertrag kündigen. Kündigt der Besteller, so ist der Unternehmer berechtigt, die vereinbarte Vergütung zu verlangen; er muss sich jedoch dasjenige anrechnen lassen, was er infolge der Aufhebung des Vertrags an Aufwendungen erspart oder durch anderweitige Verwendung seiner Arbeitskraft erwirbt oder zu erwerben böswillig unterlässt. Es wird vermutet, dass danach dem Unternehmer 5 vom Hundert der auf den noch nicht erbrachten Teil der Werkleistung enfallenden vereinbarten Vergütung zustehen.

§ 650. [Kostenanschlag] (1) Ist dem Vertrag ein Kostenanschlag zugrunde gelegt worden, ohne dass der Unternehmer die Gewähr für die Richtigkeit des Anschlags übernommen hat, und ergibt sich, dass das Werk nicht ohne eine wesentliche Überschreitung des Anschlags ausführbar ist, so steht dem Unternehmer, wenn der Besteller den Vertrag aus diesem Grunde kündigt, nur der im § 645 Abs. 1 bestimmte Anspruch zu.

(2) Ist eine solche Überschreitung des Anschlags zu erwarten, so hat der Unternehmer dem Besteller unverzüglich Anzeige zu machen.

§ 651. [Anwendung des Kaufrechts] Auf einen Vertrag, der die Lieferung herzustellender oder zu erzeugender beweglicher Sachen zum Gegenstand hat, finden die Vorschriften über den Kauf Anwendung. § 442 Abs. 1 Satz 1 findet bei diesen Verträgen auch Anwendung, wenn der Mangel auf den vom Besteller gelieferten Stoff zurückzuführen ist. Soweit es sich bei den herzustellenden oder zu erzeugenden beweglichen Sachen um nicht vertretbare Sachen handelt, sind auch die §§ 642, 643, 645, 649 und 650 mit der Maßgabe anzuwenden, dass an die Stelle der Abnahme der nach den §§ 446 und 447 maßgebliche Zeitpunkt tritt.

Änderung des Einführungsgesetzes zum Bürgerlichen Gesetzbuche

Das Einführungsgesetz zum Bürgerlichen Gesetzbuche in der Fassung der Bekanntmachung vom 21. September 1994 (BGBl. I S. 2494, 1997 I S. 1061), zuletzt geändert durch Artikel 5 des Gesetzes vom 26. März 2008 (BGBl. I, S. 441), wird wie folgt geändert:

1. Dem Artikel 229 wird folgender § 18 angefügt:

§ 18. [Überleitungsvorschrift zum Forderungssicherungsgesetz] (1) Die Vorschriften der §§ 204, 632a, 641, 648a und 649 des Bürgerlichen Gesetzbuchs in der seit dem ... [einsetzen: Datum des Inkrafttretens dieses Gesetzes] geltenden Fassung sind nur auf Schuldverhältnisse anzuwenden, die nach diesem Tag entstanden sind.

(2) § 641a des Bürgerlichen Gesetzbuchs ist auf Schuldverhältnisse, die vor dem ... [einsetzen: Datum des Inkrafttretens dieses Gesetzes] entstanden sind, in der bis zu diesem Zeitpunkt geltenden Fassung anzuwenden.

2. In Artikel 244 werden nach den Wörtern „die Errichtung" die Wörter „oder den Umbau" eingefügt.

GESETZ
ÜBER UNTERLASSUNGSKLAGEN BEI
VERBRAUCHERRECHTS- UND ANDEREN VERSTÖSSEN
(Unterlassungsklagegesetz – UKlaG)

Abschnitt 1
Ansprüche bei Verbraucherrechts- und anderen Verstößen

§ 1. [Unterlassungs- und Widerrufsanspruch bei Allgemeinen Geschäftsbedingungen] Wer in Allgemeinen Geschäftsbedingungen Bestimmungen, die nach den §§ 307 bis 309 des Bürgerlichen Gesetzbuchs unwirksam sind, verwendet oder für den rechtsgeschäftlichen Verkehr empfiehlt, kann auf Unterlassung und im Fall des Empfehlens auch auf Widerruf in Anspruch genommen werden.

§ 2. [Unterlassungsanspruch bei verbraucherschutzgesetzwidrigen Praktiken]
(1) Wer in anderer Weise als durch Verwendung oder Empfehlung von Allgemeinen Geschäftsbedingungen Vorschriften zuwiderhandelt, die dem Schutz der Verbraucher dienen (Verbraucherschutzgesetze), kann im Interesse des Verbraucherschutzes auf Unterlassung in Anspruch genommen werden. Werden die Zuwiderhandlungen in einem geschäftlichen Betrieb von einem Angestellten oder einem Beauftragten begangen, so ist der Unterlassungsanspruch auch gegen den Inhaber des Betriebs begründet.

(2) Verbraucherschutzgesetze im Sinne dieser Vorschrift sind insbesondere

1. die Vorschriften des Bürgerlichen Gesetzbuchs, die für Verbrauchsgüterkäufe, Haustürgeschäfte, Fernabsatzverträge, Teilzeit-Wohnrechteverträge, Reiseverträge, Verbraucherdarlehensverträge sowie für Finanzierungshilfen, Ratenlieferungsverträge und Darlehensvermittlungsverträge zwischen einem Unternehmer und einem Verbraucher gelten,

2. die Vorschriften zur Umsetzung der Artikel 5, 10 und 11 der Richtlinie 2000/31/EG des Europäischen Parlaments und des Rates vom 8. Juni 2000 über bestimmte rechtliche Aspekte der Dienste der Informationsgesellschaft, insbesondere des elektronischen Geschäftsverkehrs, im Binnenmarkt („Richtlinie über den elektronischen Geschäftsverkehr", ABl. EG Nr. L 178 S. 1),

3. das Fernunterrichtsschutzgesetz,

4. die Vorschriften des Bundes- und Landesrechts zur Umsetzung der Artikel 10 bis 21 der Richtlinie 89/552/EWG des Rates vom 3. Oktober 1989 zur Koordinierung bestimmter Rechts- und Verwaltungsvorschriften der Mitgliedstaaten über die Ausübung der Fernsehtätigkeit (ABl. EG Nr. L 298 S. 23), geändert durch die Richtlinie 97/36/EG des Europäischen Parlaments und des Rates vom 30. Juni 1997 zur Änderung der Richtlinie 89/552/EWG des Rates zur Koordinierung bestimmter Rechts- und Verwaltungsvorschriften der Mitgliedstaaten über die Ausübung der Fernsehtätigkeit (ABl. EG Nr. L 202 S. 60),

5. die entsprechenden Vorschriften des Arzneimittelgesetzes sowie Artikel 1 §§ 3 bis 13 des Gesetzes über die Werbung auf dem Gebiete des Heilwesens,

6. § 126 des Investmentgesetzes,

7. die Vorschriften des Abschnitts 6 des Wertpapierhandelsgesetzes, die das Verhältnis zwischen einem Wertpapierdienstleistungsunternehmen und einem Kunden regeln,

8. das Rechtsdienstleistungsgesetz.

(3) Der Anspruch auf Unterlassung kann nicht geltend gemacht werden, wenn die Geltendmachung unter Berücksichtigung der gesamten Umstände missbräuchlich ist, insbesondere wenn sie vorwiegend dazu dient, gegen den Zuwiderhandelnden einen Anspruch auf Ersatz von Aufwendungen oder Kosten der Rechtsverfolgung entstehen zu lassen.

§ 2a. [Unterlassungsanspruch nach dem Urheberrechtsgesetz] (1) Wer gegen § 95b Abs. 1 des Urheberrechtsgesetzes verstößt, kann auf Unterlassung in Anspruch genommen werden.

(2) Absatz 1 gilt nicht, soweit Werke und sonstige Schutzgegenstände der Öffentlichkeit auf Grund einer vertraglichen Vereinbarung in einer Weise zugänglich gemacht werden, dass sie Mitgliedern der Öffentlichkeit von Orten und zu Zeiten ihrer Wahl zugänglich sind.

(3) § 2 Abs. 3 gilt entsprechend.

§ 3. [Anspruchsberechtigte Stellen] (1) Die in den §§ 1 und 2 bezeichneten Ansprüche auf Unterlassung und auf Widerruf stehen zu:

1. qualifizierten Einrichtungen, die nachweisen, dass sie in die Liste qualifizierter Einrichtungen nach § 4 oder in dem Verzeichnis der Kommission der Europäischen Gemeinschaften nach Artikel 4 der Richtlinie 98/27/EG des Europäischen Parlaments und des Rates vom 19. Mai 1998 über Unterlassungsklagen zum Schutz der Verbraucherinteressen (ABl. EG Nr. L 166 S. 51) in der jeweils geltenden Fassung eingetragen sind,

2. rechtsfähigen Verbänden zur Förderung gewerblicher oder selbständiger beruflicher Interessen, soweit sie insbesondere nach ihrer personellen, sachlichen und finanziellen Ausstattung imstande sind, ihre satzungsgemäßen Aufgaben der Verfolgung gewerblicher oder selbständiger beruflicher Interessen tatsächlich wahrzunehmen, und, bei Klagen nach § 2, soweit ihnen eine erhebliche Zahl von Unternehmern angehört, die Waren oder Dienstleistungen gleicher oder verwandter Art auf demselben Markt vertreiben und der Anspruch eine Handlung betrifft, die die Interessen ihrer Mitglieder berührt und die geeignet ist, den Wettbewerb nicht unerheblich zu verfälschen;

3. den Industrie- und Handelskammern oder den Handwerkskammern.

Der Anspruch kann nur an Stellen im Sinne des Satzes 1 abgetreten werden.

(2) Die in Absatz 1 Nr. 1 bezeichneten Einrichtungen können Ansprüche auf Unterlassung und auf Widerruf nach § 1 nicht geltend machen, wenn Allgemeine Geschäftsbedingungen gegenüber einem Unternehmer (§ 14 des Bürgerlichen Gesetzbuchs) verwendet oder wenn Allgemeine Geschäftsbedingungen zur ausschließlichen Verwendung zwischen Unternehmern empfohlen werden.

§ 3a. [Anspruchsberechtigte Verbände nach § 2a] Der in § 2a Abs. 1 bezeichnete Anspruch auf Unterlassung steht rechtsfähigen Verbänden zur nicht gewerbsmäßigen und nicht nur vorübergehenden Förderung der Interessen derjenigen zu, die durch § 95b Abs. 1 Satz 1 des Urheberrechtsgesetzes begünstigt werden. Der Anspruch kann nur an Verbände im Sinne des Satzes 1 abgetreten werden.

§ 4. [Qualifizierte Einrichtungen] (1) Das Bundesamt für Justiz führt eine Liste qualifizierter Einrichtungen. Diese Liste wird mit dem Stand zum 1. Januar eines jeden Jahres im Bundesanzeiger bekannt gemacht und der Kommission der Europäischen Gemeinschaften unter Hinweis auf Artikel 4 Abs. 2 der Richtlinie 98/27/EG des Europäischen Parlaments und des Rates vom 19. Mai 1998 über Unterlassungsklagen zum Schutz der Verbraucherinteressen (ABl. EG Nr. L 166 S. 51) zugeleitet.

(2) In die Liste werden auf Antrag rechtsfähige Verbände eingetragen, zu deren satzungsmäßigen Aufgaben es gehört, die Interessen der Verbraucher durch Aufklärung und Beratung nicht gewerbsmäßig und nicht nur vorübergehend wahrzunehmen, wenn sie in diesem Aufgabenbereich tätige Verbände oder mindestens 75 natürliche Personen als Mitglieder haben, seit mindestens einem Jahr bestehen und auf Grund ihrer bisherigen Tätigkeit Gewähr für eine sachgerechte Aufgabenerfüllung bieten. Es wird unwiderleglich vermutet, dass Verbraucherzentralen und andere Verbraucherverbände, die mit öffentlichen Mitteln gefördert werden, diese Voraussetzungen erfüllen. Die Eintragung in die Liste erfolgt unter Angabe von Namen, Anschrift, Registergericht, Registernummer und satzungsmäßigem Zweck. Sie ist mit Wirkung für die Zukunft aufzuheben, wenn

1. der Verband dies beantragt oder

2. die Voraussetzungen für die Eintragung nicht vorlagen oder weggefallen sind.

Ist auf Grund tatsächlicher Anhaltspunkte damit zu rechnen, dass die Eintragung nach Satz 4 zurückzunehmen oder zu widerrufen ist, so soll das Bundesamt für Justiz das Ruhen der Eintragung für einen bestimmten Zeitraum von längstens drei Monaten anordnen. Widerspruch und Anfechtungsklage haben im Fall des Satzes 5 keine aufschiebende Wirkung.

(3) Entscheidungen über Eintragungen erfolgen durch einen Bescheid, der dem Antragsteller zuzustellen ist. Das Bundesamt für Justiz erteilt den Verbänden auf Antrag eine Bescheinigung über ihre Eintragung in die Liste. Es bescheinigt auf Antrag Dritten, die daran ein rechtliches Interesse haben, dass die Eintragung eines Verbands in die Liste aufgehoben worden ist.

(4) Ergeben sich in einem Rechtsstreit begründete Zweifel an dem Vorliegen der Voraussetzungen nach Absatz 2 bei einer eingetragenen Einrichtung, so kann das Ge-

richt das Bundesamt für Justiz zur Überprüfung der Eintragung auffordern und die Verhandlung bis zu dessen Entscheidung aussetzen.

(5) Das Bundesministerium der Justiz wird ermächtigt, durch Rechtsverordnung, die der Zustimmung des Bundesrates nicht bedarf, die Einzelheiten des Eintragungsverfahrens, insbesondere die zur Prüfung der Eintragungsvoraussetzungen erforderlichen Ermittlungen, sowie die Einzelheiten der Führung der Liste zu regeln.

§ 4a. [Unterlassungsanspruch bei innergemeinschaftlichen Verstößen] (1) Wer innergemeinschaftlich gegen Gesetze zum Schutz der Verbraucherinteressen im Sinne von Artikel 3 Buchstabe b der Verordnung (EG) Nr. 2006/2004 des Europäischen Parlaments und des Rates vom 27. Oktober 2004 über die Zusammenarbeit zwischen den für die Durchsetzung der Verbraucherschutzgesetze zuständigen nationalen Behörden (ABl. EU Nr. L 364 S. 1), geändert durch Artikel 16 Nr. 2 der Richtlinie 2005/29/EG des Europäischen Parlaments und des Rates vom 11. Mai 2005 (ABl. EU Nr. L 149 S. 22), verstößt, kann auf Unterlassung in Anspruch genommen werden.

(2) § 2 Abs. 3 und § 3 Abs. 1 gelten entsprechend.

Abschnitt 2
Verfahrensvorschriften

Unterabschnitt 1
Allgemeine Vorschriften

§ 5. [Anwendung der Zivilprozessordnung und anderer Vorschriften] Auf das Verfahren sind die Vorschriften der Zivilprozessordnung und § 12 Abs. 1, 2 und 4 des Gesetzes gegen den unlauteren Wettbewerb anzuwenden, soweit sich aus diesem Gesetz nicht etwas anderes ergibt.

§ 6. [Zuständigkeit] (1) Für Klagen nach diesem Gesetz ist das Landgericht ausschließlich zuständig, in dessen Bezirk der Beklagte seine gewerbliche Niederlassung oder in Ermangelung einer solchen seinen Wohnsitz hat. Hat der Beklagte im Inland weder eine gewerbliche Niederlassung noch einen Wohnsitz, so ist das Gericht des inländischen Aufenthaltsorts zuständig, in Ermangelung eines solchen das Gericht, in dessen Bezirk

1. die nach den §§ 307 bis 309 des Bürgerlichen Gesetzbuchs unwirksamen Bestimmungen in Allgemeinen Geschäftsbedingungen verwendet wurden,

2. gegen Verbraucherschutzgesetze verstoßen wurde oder

3. gegen § 95b Abs. 1 des Urheberrechtsgesetzes verstoßen wurde.

(2) Die Landesregierungen werden ermächtigt, zur sachdienlichen Förderung oder schnelleren Erledigung der Verfahren durch Rechtsverordnung einem Landgericht für

die Bezirke mehrerer Landgerichte Rechtsstreitigkeiten nach diesem Gesetz zuzuweisen. Die Landesregierungen können die Ermächtigung durch Rechtsverordnung auf die Landesjustizverwaltungen übertragen.

(3) Die vorstehenden Absätze gelten nicht für Klagen, die einen Anspruch der in § 13 bezeichneten Art zum Gegenstand haben.

§ 7. [Veröffentlichungsbefugnis] Wird der Klage stattgegeben, so kann dem Kläger auf Antrag die Befugnis zugesprochen werden, die Urteilsformel mit der Bezeichnung des verurteilten Beklagten auf dessen Kosten im Bundesanzeiger, im Übrigen auf eigene Kosten bekannt zu machen. Das Gericht kann die Befugnis zeitlich begrenzen.

Unterabschnitt 2
Besondere Vorschriften für Klagen nach § 1

§ 8. [Klageantrag und Anhörung] (1) Der Klageantrag muss bei Klagen nach § 1 auch enthalten:

1. den Wortlaut der beanstandeten Bestimmungen in Allgemeinen Geschäftsbedingungen,

2. die Bezeichnung der Art der Rechtsgeschäfte, für die die Bestimmungen beanstandet werden.

(2) Das Gericht hat vor der Entscheidung über eine Klage nach § 1 die Bundesanstalt für Finanzdienstleistungsaufsicht (Bundesanstalt) zu hören, wenn Gegenstand der Klage

1. Bestimmungen in Allgemeinen Versicherungsbedingungen sind oder

2. Bestimmungen in Allgemeinen Geschäftsbedingungen sind, die die Bundesanstalt nach Maßgabe des Gesetzes über Bausparkassen oder des Investmentgesetzes zu genehmigen hat.

§ 9. [Besonderheiten der Urteilsformel] Erachtet das Gericht die Klage nach § 1 für begründet, so enthält die Urteilsformel auch:

1. die beanstandeten Bestimmungen der Allgemeinen Geschäftsbedingungen im Wortlaut,

2. die Bezeichnung der Art der Rechtsgeschäfte, für welche die den Unterlassungsanspruch begründenden Bestimmungen der Allgemeinen Geschäftsbedingungen nicht verwendet oder empfohlen werden dürfen,

3. das Gebot, die Verwendung oder Empfehlung inhaltsgleicher Bestimmungen in Allgemeinen Geschäftsbedingungen zu unterlassen,

4. für den Fall der Verurteilung zum Widerruf das Gebot, das Urteil in gleicher Weise bekannt zu geben, wie die Empfehlung verbreitet wurde.

§ 10. [Einwendung wegen abweichender Entscheidung] Der Verwender, dem die Verwendung einer Bestimmung untersagt worden ist, kann im Wege der Klage nach § 767 der Zivilprozessordnung einwenden, dass nachträglich eine Entscheidung des Bundesgerichtshofs oder des Gemeinsamen Senats der Obersten Gerichtshöfe des Bundes ergangen ist, welche die Verwendung dieser Bestimmung für dieselbe Art von Rechtsgeschäften nicht untersagt, und dass die Zwangsvollstreckung aus dem Urteil gegen ihn in unzumutbarer Weise seinen Geschäftsbetrieb beeinträchtigen würde.

§ 11. [Wirkungen des Urteils] Handelt der verurteilte Verwender einem auf § 1 beruhenden Unterlassungsgebot zuwider, so ist die Bestimmung in den Allgemeinen Geschäftsbedingungen als unwirksam anzusehen, soweit sich der betroffene Vertragsteil auf die Wirkung des Unterlassungsurteils beruft. Er kann sich jedoch auf die Wirkung des Unterlassungsurteils nicht berufen, wenn der verurteilte Verwender gegen das Urteil die Klage nach § 10 erheben könnte.

Unterabschnitt 3
Besondere Vorschriften für Klagen nach § 2

§ 12. [Einigungsstelle] Für Klagen nach § 2 gelten § 15 des Gesetzes gegen den unlauteren Wettbewerb und die darin enthaltene Verordnungsermächtigung entsprechend.

Abschnitt 3
Auskunft zur Durchführung von Unterlassungsklagen

§ 13. [Auskunftsanspruch der anspruchsberechtigten Stellen] (1) Wer geschäftsmäßig Post-, Telekommunikations-, Tele- oder Mediendienste erbringt oder an der Erbringung solcher Dienste mitwirkt, hat den nach § 3 Abs. 1 Nr. 1 und 3 anspruchsberechtigten Stellen und Wettbewerbsverbänden auf deren Verlangen den Namen und die zustellungsfähige Anschrift eines am Post-, Telekommunikations-, Tele- oder Mediendiensteverkehr Beteiligten mitzuteilen, wenn die Stelle oder der Wettbewerbsverband schriftlich versichert, dass diese Angaben

1. zur Durchsetzung eines Anspruchs nach § 1 oder § 2 benötigt werden und

2. anderweitig nicht zu beschaffen sind.

(2) Der Anspruch besteht nur, soweit die Auskunft ausschließlich anhand der bei dem Auskunftspflichtigen vorhandenen Bestandsdaten erteilt werden kann. Die Auskunft darf nicht deshalb verweigert werden, weil der Beteiligte, dessen Angaben mitgeteilt werden sollen, in die Übermittlung nicht einwilligt.

(3) Die Wettbewerbsverbände haben einer anderen nach § 3 Abs. 1 Nr. 2 anspruchs-berechtigten Stelle auf deren Verlangen die nach Absatz 1 erhaltenen Angaben her-auszugeben, wenn sie eine Versicherung in der in Absatz 1 bestimmten Form und mit dem dort bestimmten Inhalt vorlegt.

(4) Der Auskunftspflichtige kann von dem Anspruchsberechtigten einen angemes-senen Ausgleich für die Erteilung der Auskunft verlangen. Der Beteiligte hat, wenn der gegen ihn geltend gemachte Anspruch nach § 1 oder § 2 begründet ist, dem An-spruchsberechtigten den gezahlten Ausgleich zu erstatten.

(5) Wettbewerbsverbände sind

1. die Zentrale zur Bekämpfung unlauteren Wettbewerbs und

2. Verbände der in § 3 Abs. 1 Nr. 2 bezeichneten Art, die branchenübergreifend und überregional tätig sind.

Die in Satz 1 Nr. 2 bezeichneten Verbände werden durch Rechtsverordnung des Bun-desministeriums der Justiz, die der Zustimmung des Bundesrates nicht bedarf, für Zwecke dieser Vorschrift festgelegt.

§ 13a. [Auskunftsanspruch sonstiger Betroffener] Wer von einem anderen Un-terlassung der Lieferung unbestellter Sachen, der Erbringung unbestellter sonstiger Leistungen oder der Zusendung oder sonstiger Übermittlung unverlangter Werbung verlangen kann, hat den Auskunftsanspruch nach § 13 Abs. 1, 2 und 4 mit der Maß-gabe, dass an die Stelle des Anspruchs nach § 1 oder § 2 sein Anspruch auf Unter-lassung nach allgemeinen Vorschriften tritt. Satz 1 ist nicht anzuwenden, soweit nach § 13 oder nach § 8 Abs. 5 Satz 1 des Gesetzes gegen den unlauteren Wettbewerb ein Auskunftsanspruch besteht.

Abschnitt 4
Behandlung von Kundenbeschwerden

§ 14. [Kundenbeschwerden] (1) Bei Streitigkeiten aus der Anwendung

1. der §§ 675a bis 676g und 676h Satz 1 des Bürgerlichen Gesetzbuchs oder

2. der Vorschriften des Bürgerlichen Gesetzbuchs betreffend Fernabsatzverträge über Finanzdienstleistungen einschließlich damit zusammenhängender Streitig-keiten aus der Anwendung des § 676h des Bürgerlichen Gesetzbuchs können die Beteiligten unbeschadet ihres Rechts, die Gerichte anzurufen, eine Schlichtungs-stelle anrufen, die bei der Deutschen Bundesbank einzurichten ist. Die Deutsche Bundesbank kann mehrere Schlichtungsstellen einrichten. Sie bestimmt, bei wel-cher ihrer Dienststellen die Schlichtungsstellen eingerichtet werden.

(2) Das Bundesministerium der Justiz regelt durch Rechtsverordnung die näheren Ein-zelheiten des Verfahrens der nach Absatz 1 einzurichtenden Stellen nach folgenden Grundsätzen:

1. Durch die Unabhängigkeit der Einrichtung muss unparteiisches Handeln sicherge-stellt sein.

2. Die Verfahrensregeln müssen für Interessierte zugänglich sein.

3. Die Beteiligten müssen Tatsachen und Bewertungen vorbringen können, und sie müssen rechtliches Gehör erhalten.

4. Das Verfahren muss auf die Verwirklichung des Rechts ausgerichtet sein.

Die Rechtsverordnung regelt auch die Pflicht der Unternehmen, sich nach Maßgabe eines geeigneten Verteilungsschlüssels an den Kosten des Verfahrens zu beteiligen; das Nähere, insbesondere zu diesem Verteilungsschlüssel, regelt die Rechtsverord-nung.

(3) Das Bundesministerium der Justiz wird ermächtigt, im Einvernehmen mit den Bun-desministerien der Finanzen und für Wirtschaft und Technologie durch Rechtsverord-nung mit Zustimmung des Bundesrates die Streitschlichtungsaufgaben nach Absatz 1 auf eine oder mehrere geeignete private Stellen zu übertragen, wenn die Aufgaben dort zweckmäßiger erledigt werden können.

Abschnitt 5
Anwendungsbereich

§ 15. [Ausnahme für das Arbeitsrecht] Dieses Gesetz findet auf das Arbeitsrecht keine Anwendung.

Abschnitt 6
Überleitungsvorschriften

§ 16. [Überleitungsvorschrift zur Aufhebung des AGB-Gesetzes] (1) Soweit am 1. Januar 2002 Verfahren nach dem AGB-Gesetz in der Fassung der Bekanntma-chung vom 29. Juni 2000 (BGBl. I S. 946) anhängig sind, werden diese nach den Vorschriften dieses Gesetzes abgeschlossen.

(2) Das beim Bundeskartellamt geführte Entscheidungsregister nach § 20 des AGB-Gesetzes steht bis zum Ablauf des 31. Dezember 2004 unter den bis zum Ablauf des 31. Dezember 2001 geltenden Voraussetzungen zur Einsicht offen. Die in dem Re-gister eingetragenen Entscheidungen werden 20 Jahre nach ihrer Eintragung in das Register, spätestens mit dem Ablauf des 31. Dezember 2004 gelöscht.

(3) Schlichtungsstellen im Sinne von § 14 Abs. 1 sind auch die auf Grund des bishe-rigen § 29 Abs. 1 des AGB-Gesetzes eingerichteten Stellen.

(4) Die nach § 22a des AGB-Gesetzes eingerichtete Liste qualifizierter Einrichtungen wird nach § 4 fortgeführt. Mit Ablauf des 31. Dezember 2001 eingetragene Verbände brauchen die Jahresfrist des § 4 Abs. 2 Satz 1 nicht einzuhalten.

LITERATUR- UND ABKÜRZUNGSVERZEICHNIS

a. A.	=	andere Ansicht
a.a.O.	=	am angegebenen Ort
Abs.	=	Absatz
AG	=	Auftraggeber
AGB	=	Allgemeine Geschäftsbedingungen
AGBG	=	Gesetz zur Regelung des Rechts der allgemeinen Geschäftsbedingungen v. 09. 12. 1976 (BGBG II S. 3317)
AN	=	Auftragnehmer
Arge	=	Arbeitsgemeinschaft
Art.	=	Artikel
AVB	=	Allgemeine Vertragsbedingungen
BauR	=	Baurecht, Zeitschrift für das gesamte öffentliche und zivile Baurecht, Werner-Verlag, Düsseldorf
Baurechts-Report	=	Aktuelle Baurechtsinformation für die Praktiker am Bau Verlag Ernst Vögel GmbH, 93491 Stamsried
BB	=	Betriebs-Berater, Zeitschrift für Recht und Wirtschaft, Verlag Recht u. Wirtschaft
BGB	=	Bürgerliches Gesetzbuch
BGBL	=	Bundesgesetzblatt
BGH	=	Bundesgerichtshof
Bunte	=	Bunte, Entscheidungssammlung zum AGB-Gesetz, Bände I–VI, Verlagsgesellschaft Recht und Wirtschaft mbH, Heidelberg
DB	=	Der Betrieb, Düsseldorf
Englert/Grauvogl/Maurer	=	Handbuch des Baugrund- und Tiefbaurechts, 3. Auflage
Frieling	=	Klauseln im Bauvertrag, Beck-Verlag München
Frikell-Glatzel-Hofmann	=	Frikell-Glatzel-Hofmann, Bauvertragsklauseln und AGB-Gesetz 2. Auflage, Verlagsgesellschaft Rudolf Müller, Köln Gutachten des BDI-Gutachter-Ausschusses
DIN	=	Deutsche Industrienorm
GOA	=	Geschäftsführung ohne Auftrag
GU	=	Generalunternehmer
GWB	=	Gesetz gegen Wettbewerbsbeschränkungen
Heiermann, Riedl, Rusam	=	Heiermann, Riedl, Rusam, Handkommentar zur VOB, 10. Auflage, Bauverlag Wiesbaden
HU	=	Hauptunternehmer
Ingenstau-Korbion	=	Ingenstau-Korbion, VOB-Kommentar, 16. Auflage, Werner-Verlag, Düsseldorf
Hofmann-Frikell	=	Der VOB-Pauschalvertrag, VOB-Verlag Ernst Vögel, Stamsried

Kainz	= Kainz, Skonto und Preisnachlass beim Bauvertrag, 4. Auflage, Verlag Ernst Vögel GmbH
Kleine-Möller/Merl/ Oelmaier	= Kleine-Möller/Merl/Oelmaier, Handbuch des privaten Baurechts, 3. Auflage, Beck-Verlag München
Kniffka	= Kniffka, ibr-online-Kommentar
Korbion/Locher/Sienz	= Korbion/Locher/Sienz, AGB-Gesetz und Bauerrichtungsverträge, 4. Auflage, Werner Verlag
KO	= Konkursordnung
LG	= Landgericht
Markus-Kaiser-Kapellmann	= AGB-Handbuch Bauvertragsklauseln, 2. Auflage, Werner-Verlag
Nicklisch-Weick	= Nicklisch-Weick, Kommentar zur VOB, 3. Auflage, Beck-Verlag München
m. w. N.	= mit weiteren Nachweisen
NJW	= Neue Juristische Wochenschrift
NJW-RR	= Neue Juristische Wochenschrift, Rechtsprechungs-Report
OLG	= Oberlandesgericht
Palandt	= Palandt, Kommentar zum BGB, 67. Auflage, Beck-Verlag München
Rdnr.	= Randnummer
Schäfer-Finnern-Hochstein	= Schäfer-Finnern-Hochstein Rechtssprechungssammlung seit 1978 Werner-Verlag, Düsseldorf Schriftenreihe der Deutschen Gesellschaft für Baurecht
SU	= Subunternehmer
Ulmer-Brandner-Hensen	= Ulmer-Brandner-Hensen, AGB-Gesetz, 10. Auflage, Verlag Dr. Otto Schmidt KG, Köln
VOB	= Vergabe- und Vertragsordnung
ZfBR	= Zeitschrift für deutsches und internationales Baurecht
Zöller, Zivilprozessordnung	= Zöller, Zivilprozessordnung, 26. Auflage
ZTVStra	= Zusätzliche Technische Vertragsbedingungen für Straßenbauarbeiten

STICHWORTVERZEICHNIS

Die notwendige Grundausstattung für jeden Baupraktiker

Textausgaben der VOB in der jeweils neuesten Fassung

Die VOB/B als Beilage zum Angebot Fassung 2006 im DIN A4-Doppelblattformat

Die VOB/B ist eine „Allgemeine Geschäftsbedingung" und wird nur dann Vertragsbestandteil, wenn der Vertragspartner in zumutbarer Weise von ihr Kenntnis nehmen kann (§ 305 Abs. 2 BGB). **Deshalb bei Privatkunden: Die VOB/B beilegen!**

– Bestellzeichen: VOB/B

1 Block mit je 25 VOB-Texten € **7,20**, 2–5 Blocks € **6,70**, 6–20 Blocks € **5,90**, ab 21 Blocks pro Block € **4,90**

Die VOB/B als Beilage zum Angebot Fassung 2006 für Verbraucherverträge

Wenn die VOB/B gegenüber einem „Verbraucher" (= Personen, die den Bauvertrag weder im Rahmen ihrer gewerblichen, noch selbstständigen beruflichen Tätigkeit abschließen) gestellt werden soll (§ 305 ff. BGB), empfiehlt es sich, aufgrund des Urteils des BGH vom 24. 07. 2008 – Az.: VII ZR 55/07 – einige Punkte der VOB/B abzuändern, um unwirksame Regelungen zu vermeiden. Dieser Textblock berücksichtigt die aus heutiger Sicht erforderlichen Änderungen.

Bestellzeichen: VOB/Bverbrauch

1 Block mit je 25 VOB-Texten € **7,20**, 2–5 Blocks € **6,70**, 6–20 Blocks € **5,90**, ab 21 Blocks pro Block € **4,90**

Die VOB/B als Beilage zum Angebot für Fliesenleger Fassung 2006

Sonderausgabe für Fliesen- und Plattenleger, Ausstattung/Preise wie vor.

Bestellzeichen: VOB-Fli1

1 Block mit je 25 VOB-Texten € **7,20**, 2–5 Blocks € **6,70**, 6–20 Blocks € **5,90**, ab 21 Blocks pro Block € **4,90**

Gesamttextausgabe der VOB (Teil A, B und C) 2006

Inhalt: Die komplette VOB, Teile A, B und C mit den neuesten ATV.

– ISBN 978-3-410-61167-7

Einzelpreis € **36,—**

VOB für innerdeutsche Vergaben Fassung 2006

(unterhalb des EU-Schwellenwerts)

VOB/A Abschn. 1, VOB/B, VOB/C DIN 18 299, BGB-Vorschriften zur Verjährung, zum allgemeinen Schuldrecht, Kauf- und Werkvertragsrecht.

ISBN 978-3-89650-228-5 – Bestellzeichen: VOB-D

Einzelpreis € **6,—**, ab 5 Stück € **5,40**, ab 20 Stück € **4,50**, ab 50 Stück € **3,60**

VOB für innerdeutsche und europaweite Vergaben Fassung 2006

VOB/A Abschn. 1–4 mit Anwendungshinweisen auch zum Bieterschutz nach dem GWB und der neuen Vergabeverordnung; ansonsten identisch mit „VOB für innerdeutsche Vergaben"

ISBN 978-3-89650-241-4 – Bestellzeichen: VOB-EU

Einzelpreis € **9,—**, ab 5 Stück € **7,90**, ab 20 Stück € **6,50**, ab 50 Stück € **5,50**

Die wichtigste Literatur

Die neue Bauhandwerkersicherung Hofmann – Koppmann, 4. Auflage 2000

Das Gesetz zur Beschleunigung fälliger Zahlungen, das Bauhandwerkersicherungsgesetz, die Bauhandwerkersicherungshypothek und das Gesetz zum Schutz von Bauforderungen werden praxisnah kommentiert. **Musterbriefe, Formulare und Musterschriftsätze** können unmittelbar in die Praxis umgesetzt werden. Umfang 312 Seiten, Harteinband.

– ISBN 978-3-89650-101-1

Einzelpreis € **24,54**, ab 10 Stück € **21,47**, ab 50 Stück € **18,41**, ab 100 Stück € **15,34**

Die VOB in Formularen Frikell – Hofmann, 18. Auflage 2007

Dieses Standardwerk wurde auf den neuesten Stand gebracht. Die einschlägigen Regelungen des BGB und der neuen VOB-2006 sind berücksichtigt. Die „VOB in Formularen" rationalisiert den Schriftverkehr des Auftragnehmers nach VOB entscheidend. Jetzt alle Formbriefe auf CD-ROM!

ISBN 978-3-89650-237-7

Einzelpreis € **52,—**, ab 25 Stück € **43,—**, ab 100 Stück € **40,—**, ab 200 Stück € **36,—**

VOB-Verlag Ernst Vögel, Kalvarienbergstraße 22, 93491 Stamsried
Telefon (0 94 66) 94 00-0, Telefax (0 94 66) 12 76
Internet-Bestellung: http://www.vob-buecher.de

Die CD-ROM zur VOB in Formularen

Alle Formbriefe auf der Grundlage der neuen VOB-2006, einschließlich Stichwortverzeichnis, aber ohne Erläuterungen auf CD-ROM zum Einlesen in Ihren Computer zum günstigen Preis. Die CD-ROM unterstützt das Textprogramm „Word" sowie alle anderen Textprogramme als ASCII-File.

ISBN 978-3-89650-238-4 – Bestellzeichen: VOB-CD

Einzelpreis € **30,—**, ab 50 Stück € **22,60**, ab 200 Stück € **15,40**, ab 400 Stück € **11,30**

Standard-Bauvertrag Stand 2007

Während eine Vielzahl der in der Praxis verwendeten Bauverträge die differenzierte Rechtsprechung zum Recht der Allgemeinen Geschäftsbedingungen und das Zahlungsbeschleunigungsgesetz nicht genügend berücksichtigt und übersieht, dass die Abänderung der VOB zu unerwünschten Konsequenzen führen kann, beruht dieser Bauvertrag auf der unverfälschten Grundlage der VOB. Er ist für beide Vertragspartner fair und praxisgerecht! Die jeweils neueste Rechtslage ist eingearbeitet. – Bestellzeichen: VER-01

1 Block (10 Stück), DIN A4, jeweils 6 Seiten € **5,40**

Im anwendungsfreundlichen Durchschreibesatz!

Bestellzeichen: VER-01S – 1 Block (10 Stück) € **7,70**, ab 6 Blocks € **6,80**, ab 21 Blocks € **6,20**

Rechtspraxis für Bauleiter Frickell – Hofmann, 1. Auflage 2005

Eine gute Bauleitung muss nicht nur die organisatorischen und technischen Belange berücksichtigen: Zunehmend kommt es entscheidend darauf an, rechtliche Chancen zu nutzen und Fehler zu vermeiden. Dieses Buch ist speziell für Praktiker konzipiert. Klar, verständlich, effektiv. – ISBN 978-3-89650-204-9

Einzelpreis € **24,—**, ab 10 Stück € **19,50**, ab 50 Stück € **17,50**, ab 100 Stück € **15,50**

Subunternehmer-Standardvertrag

Subunternehmerverträge sind schwierig. Einerseits sind sie inhaltlich mit dem Generalunternehmervertrag abzustimmen, anderseits müssen sie dem Recht der Allgemeinen Geschäftsbedingungen entsprechen. Der Subunternehmervertrag bietet hierzu Lösungen. – Bestellzeichen: SUB-1

1 Block (10 Stück) € **6,70**, ab 6 Blocks € **5,70**, ab 21 Blocks € **5,20**

Der Subunternehmervertrag – Bau Eckhard Frickell – Michael Frickell, 2. Auflage 1999

Dieses Buch beantwortet 36 wichtige Fragen zum Subunternehmereinsatz und enthält und erläutert u. a. einen ausgewogenen und AGB-gerechten Subunternehmer-Mustervertrag. **Immer aktuell durch kostenlosen online-service!**

ISBN 978-3-89650-059-5

Einzelpreis € **17,38**, ab 25 Stück € **14,32**, ab 100 Stück € **13,29**

Der VOB-Pauschalvertrag Hofmann – Frickell, 1. Auflage 2002

Pauschalverträge und Mischformen zwischen Pauschal- und Einheitspreisverträgen nehmen in der Bauwirtschaft immer mehr zu. Dabei herrscht oft große Unsicherheit über die Handhabung dieses Vertragstyps. Das Buch „Der VOB-Pauschalvertrag" behandelt alle Fragen hierzu praxisnah und umfassend. Schaubilder fassen den Stoff systematisch zusammen. 110 Seiten konzentrierte Information für alle Baubeteiligten und ihre Berater. – ISBN 978-3-89650-136-3

Einzelpreis € **19,—**, ab 20 Ex. € **16,80**, ab 50 Ex. € **15,—**, ab 100 Ex. € **14,—**

Der Baurechts-Report Frickell – Hofmann

Die monatlich erscheinende Rechtsprechungsübersicht zum besonders günstigen Preis vermittelt den Baupraktikern (Bauunternehmer, Architekten, Ingenieure, Baubehörden, Rechtsanwälten) nicht nur die wichtigsten Entscheidungen zum privaten Baurecht, sondern macht sie unmittelbar für die betriebliche Praxis nutzbar.

Jahresabo incl. Stichwortverzeichnis: € **25,20**

Der Baurechts-Report 1978–2006 auf CD-ROM Version 4.5

ISBN 978-3-89650-236-0

Die Baurechts-Datenbank für Praktiker € **63,60**
Jährlicher Aktualisierungsdienst (wird automatisch zugesandt!) € **45,20**

Der Vergaberechts-Report Hans-Peter Burchardt

Das Vergaberecht bei öffentlichen Bauaufträgen wird immer wichtiger. Immer mehr Auftraggeber, Architekten, Bieter und ihre juristischen Berater müssen sich darüber informieren, ob Vergabeentscheidungen korrekt und ggf. Schadenersatzansprüche bei Verstößen denkbar sind. Der Vergaberechts-Report informiert über alle neuen Entwicklungen genauso praxisnah wie der Baurechts-Report.

Jahresabo incl. Stichwortverzeichnis: € **27,—**

VOB-Verlag Ernst Vögel, Kalvarienbergstraße 22, 93491 Stamsried
Telefon (0 94 66) 94 00-0, Telefax (0 94 66) 12 76
Internet-Bestellung: http://www.vob-buecher.de

Der Planerrechts-Report Hans-Peter Burchardt – Michael Frikell

Den Planerrechts-Report brauchen alle, die mit Planungsleistungen zu tun haben!

Für Architekten, Ingenieure und alle übrigen Planer – alles Wichtige zu Honorar, Haftung und Vergabe – exakt, kurz, leicht verständlich. – 10 Minuten Lesezeit, die sich wirklich lohnen!

Der Planerrechts-Report erscheint monatlich. Der gleichzeitige Bezug des Baurechts-Reports oder des Vergaberechts-Reports stellt eine hervorragende Ergänzung zum Planerrechts-Report dar.

Jahresabo incl. Stichwortverzeichnis: € **29,40**

Die wichtigsten Urteile nach VOB Band 5 2007, Frikell – Hofmann

Diese Sammlung enthält wie schon die Bände Nr. 1, 2, 3 und 4 ca. 100 Gerichtsentscheidungen, die jeder Baupraktiker (Bauunternehmer, Architekten, Ingenieure, Auftraggeber) kennen sollte. In der bewährten Art des „Baurechts-Reports" werden die Urteile nicht nur allgemein verständlich in ihrer Kernaussage kommentiert. Es wird darüber hinaus auch aufgezeigt, wie die jeweilige Entscheidung für die Praxis nutzbar gemacht werden kann. – ISBN 978-3-89650-239-1

Einzelpreis: € **19,60**

Band 4, 2001, ISBN 978-3-89650-118-9, € **19,43**,
Band 3, 1997, ISBN 978-3-89650-021-2, € **17,38**,
Band 2, 1992, ISBN 978-3-925355-45-5, € **16,36**,
Band 1, 1988, ISBN 978-3-925355-02-8, € **14,83**

Skonto und Preisnachlass beim Bauvertrag Dieter Kainz, 4. Auflage 1998

In den letzten Jahren nahmen die Streitigkeiten zwischen den am Bau Beteiligten über die Berechtigung eines im Bauvertrag vereinbarten Skontoabzuges im erheblichen Umfang zu. Die Broschüre beantwortet die strittigen Fragen über Skontovereinbarungen und nennt eine klare und eindeutige Skontoklausel. Die Neuauflage wurde um das wichtige Thema der Vereinbarung von Nachlässen erweitert. Die Broschüre für jeden „Baumenschen"! – ISBN 978-3-89650-040-3

Einzelpreis € **17,38**, ab 10 Stück € **14,32**, ab 50 Stück € **10,23**, ab 100 Stück € **7,67**

Das Trockenbau-Handbuch incl. Taschenbuch

Frikell – Hofmann – Schneider – Schmelmer – Schmid, 7. Auflage 2007

Dieses Standardwerk für den Trockenbau wurde mit der 7. Auflage 2007 auf den neuesten Stand gebracht. Die Technik des Trockenbaus und die DIN 18229 und 18340 werden auf 500 Seiten von der Ausschreibung bis zur Abrechnung mit einem umfassenden Rechtsteil praxisnah kommentiert. **Das Taschenbuch „für die Baustelle" ist beigefügt.** – ISBN 978-3-89650-248-3

Einzelpreis € **32,80**, ab 10 Stück € **26,20**, ab 50 Stück € **21,60**

Das Trockenbau-Handbuch Taschenbuch

Frikell – Hofmann – Schneider – Schmelmer – Schmid, 1. Auflage 2007

Dieses handliche Taschenbuch beinhaltet die wichtige Kommentierung der Trockenbau-DIN 18340 sozusagen „für die Hosentasche". Damit sind alle mit Führungsaufgaben betrauten Trockenbauer und ihre Vertragspartner in der Lage, auf der Baustelle aufkommende Zweifelsfragen bei Ausführung, Aufmaß und Abrechnung gleich zu klären. – ISBN 978-3-89650-261-2

Einzelpreis € **9,80**, ab 10 Stück € **8,80**, ab 50 Stück € **7,90**

Der VOB-Check Kainz, 6. Auflage 2002

Die völlig neue Art VOB/B-Wissen zu testen und zu lernen. Im einfachen Frage-Antwort-Spiel wird der wichtigste Inhalt der neuen VOB-2002 behandelt. Für alle Mitarbeiter, die mit Vertragsabschluss oder -abwicklung zu tun haben, zu empfehlen. Diese Broschüre macht Spaß!

ISBN 978-3-89650-161-5

Einzelpreis € **16,—**, ab 20 Stück € **11,—**, ab 100 Stück € **9,—**

Nachträge am Bau Hofmann – Frikell, 3. Auflage 2000

Dieses Thema wird für alle Baubeteiligten immer wichtiger. Gegliedert nach Vertragstypen (Einheitspreisvertrag, Pauschalvertrag, Stundenlohnvertrag) werden alle für die Praxis wichtigen Fragen zu den Voraussetzungen, zur Berechnung der Vergütung, zur Wirksamkeit von Vergütungsklauseln, zur Vollmacht usw. beantwortet. Für Auftraggeber und Auftragnehmer gleichermaßen wichtig! Umfang 248 Seiten, Harteinband. – ISBN 978-3-89650-099-1

Einzelpreis € **22,50**, ab 10 Stück € **19,43**, ab 50 Stück € **17,38**, ab 100 Stück € **15,34**

DIN 4109 mit Erläuterungen

Die 2. aktualisierte Auflage berücksichtigt die einschlägigen bauaufsichtlichen Bekanntmachungen und beinhaltet ein Sachwortverzeichnis der genormten Regelungen. – ISBN 978-3-89650-079-3

Einzelpreis € **14,32**

VOB-Verlag Ernst Vögel, Kalvarienbergstraße 22, 93491 Stamsried

Telefon (0 94 66) 94 00-0, Telefax (0 94 66) 12 76

Internet-Bestellung: http://www.vob-buecher.de

VOB-Verlag Ernst Vögel, Kalvarienbergstraße 22, 93491 Stamsried

Telefon (0 94 66) 94 00-0, Telefax (0 94 66) 12 76

Internet-Bestellung: http://www.vob-buecher.de